KB235955

쉽고 재미있게
생각하는 연산!

연산력 수학

노크

A6
(6~7세)

세 수의 덧셈과 뺄셈

하루에 4쪽 20일 완성

똑!똑! 연산력 수학 노크의 구성

연산 학습

▶ 하루에 4쪽씩 한 가지 주제를 학습합니다.

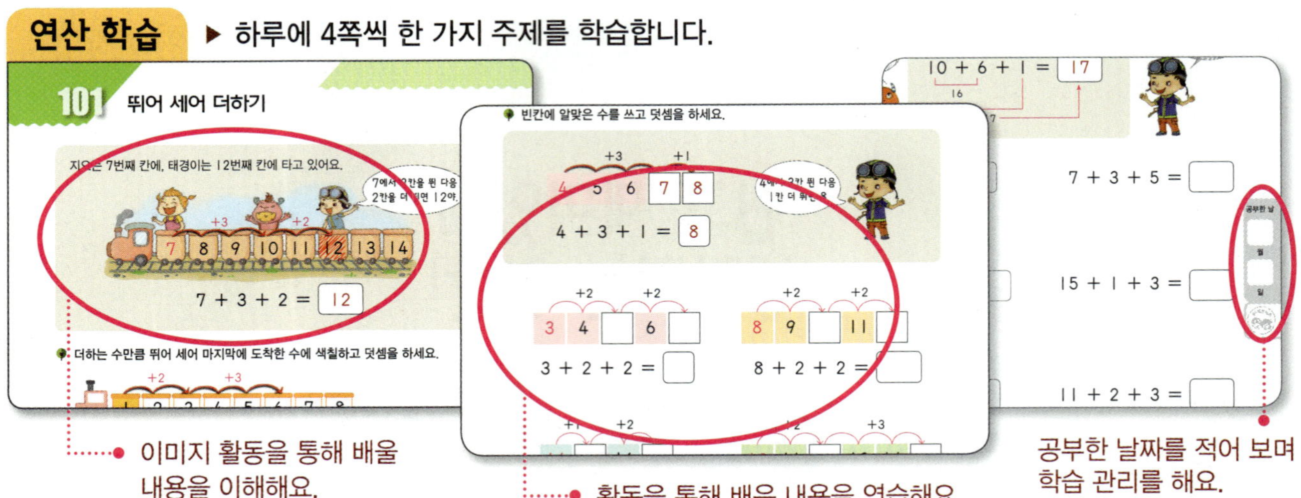

101 뛰어 세어 더하기
지우는 7번째 칸에, 태경이는 12번째 칸에 타고 있어요.
7 + 3 + 2 = 12
더하는 수만큼 뛰어 세어 마지막에 도착한 수에 색칠하고 덧셈을 하세요.
빈칸에 알맞은 수를 쓰고 덧셈을 하세요.
4 + 3 + 1 = 8
3 + 2 + 2 =
8 + 2 + 2 =
10 + 6 + 1 = 17
7 + 3 + 5 =
15 + 1 + 3 =
11 + 2 + 3 =

이미지 활동을 통해 배울 내용을 이해해요.

활동을 통해 배운 내용을 연습해요.

공부한 날짜를 적어 보며 학습 관리를 해요.

평가

▶ 배웠던 주제를 평가해 봅니다.

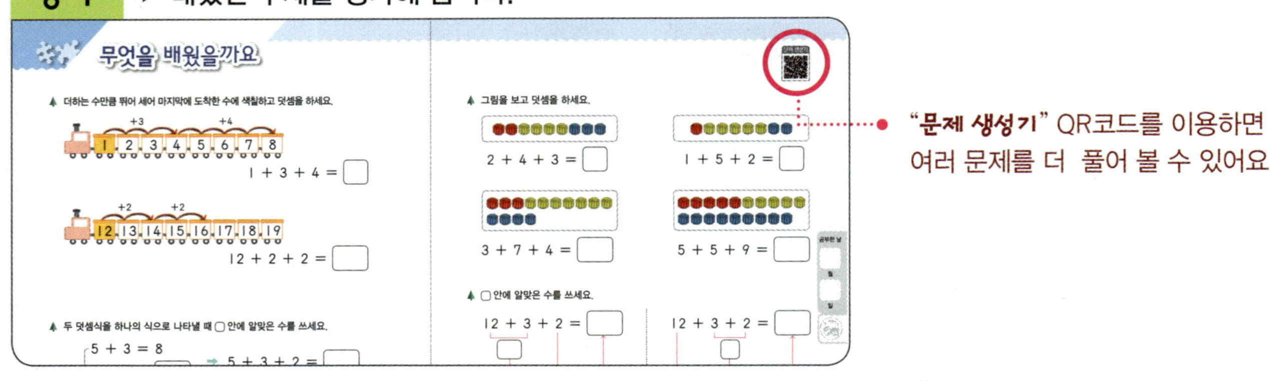

무엇을 배웠을까요
더하는 수만큼 뛰어 세어 마지막에 도착한 수에 색칠하고 덧셈을 하세요.
1 + 3 + 4 =
12 + 2 + 2 =
두 덧셈식을 하나의 식으로 나타낼 때 ○안에 알맞은 수를 쓰세요.
그림을 보고 덧셈을 하세요.
2 + 4 + 3 =
1 + 5 + 2 =
3 + 7 + 4 =
5 + 5 + 9 =
□ 안에 알맞은 수를 쓰세요.
12 + 3 + 2 =

"**문제 생성기**" QR코드를 이용하면 여러 문제를 더 풀어 볼 수 있어요.

연산 보충 학습

▶ 연산 학습의 부족한 부분을 연습합니다.

세 수 더하기 (1)

관련 쪽수: 6~23쪽

✚ 두 덧셈식을 하나의 식으로 나타내세요.

2 + 4 = 6, 6 + 1 = □ → 2 + 4 + 1 = □

3 + 2 = 5, 5 + 4 = □ → 3 + 2 + 4 = □

1 + 5 = 6, 6 + 3 = □ → 1 + 5 + 3 = □

✚ □ 안에 알맞은 수를 쓰세요.

1 + 2 + 3 = □   1 + 2 + 3 = □

2 + 3 + 4 = □   2 + 3 + 4 = □

4 + 5 + 5 = □   4 + 5 + 5 = □

각 주제별로 학습했던 연산 학습 중 연습이 더 필요한 부분을 본책 맨 뒤에서 제공합니다.

해당 연산 학습을 끝낸 후에 사용하세요.

연산력 수학 노크만의 스마트 학습

문제 생성기

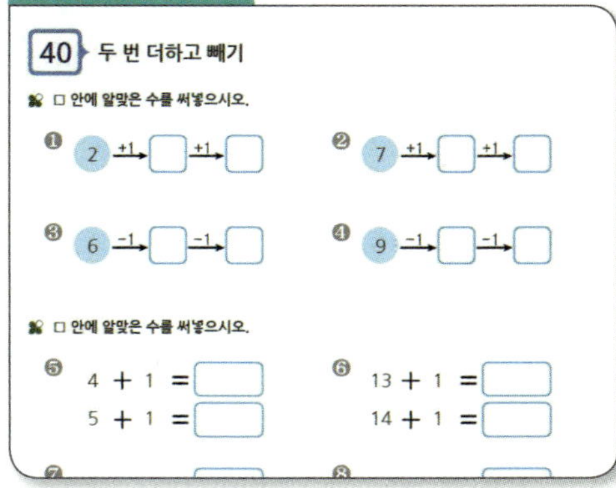

40 두 번 더하고 빼기
□ 안에 알맞은 수를 써넣으시오.
□ 안에 알맞은 수를 써넣으시오.

"무엇을 배웠을까요"를 풀고 난 후 QR코드를 찍어 보세요.
새로운 문제들이 계속 생성됩니다.
출력하여 사용하세요.

연산력 게임

3+5+1
7
8
9

"연산력 게임" 코너에 있는 QR코드를 찍어 보세요.
연산 학습과 연계된 재미있는 연산력 게임을 할 수 있습니다.

연산력 수학 노크에 나오는 친구들을 소개해요!!

애니메이션

모험가 친구들

지오
호기심 공주

태경
활동파 리더

마법사 멀린과 수학 요정

마법사 멀린

꼬마 요괴

딴소리

한입

장난

딴짓

멍하니

잠만자

울보

거꾸로

연산력 수학 노크 A6

차례

세 수 더하기 (1) ······ 5

- 뛰어 세어 더하기
- 개수 세어 더하기
- 가지 그려 더하기
- 바꾸어 더하기

세 수 더하기 (2) ······ 25

- 더하기 2
- 더하기 3
- 더하기 5
- 더하기 10

세 수 빼기 (1) ······ 45

- 뛰어 세어 빼기
- 개수 세어 빼기
- 가지를 그리면서 빼기
- 더하고 빼기

세 수 빼기 (2) ······ 65

- 빼기 2
- 빼기 3
- 빼기 5
- 빼기 10

뛰어 세기 ······ 85

- 2씩 뛰어 세기
- 3씩 뛰어 세기
- 10씩 뛰어 세기
- 5씩 뛰어 세기

연산 보충 학습 ······ 105

노크랜드로
출발해 볼까?

세 수 더하기 (1)

101 뛰어 세어 더하기 ······ 6

102 개수 세어 더하기 ······ 10

103 가지 그려 더하기 ······ 14

104 바꾸어 더하기 ······ 18

무엇을 배웠을까요 ······ 22

▶ 연산 보충 학습(106~107쪽)에서 더 풀어 보세요.

학부모 지도 가이드

이 차시에서는 세 수의 덧셈을 공부합니다. 뛰어 세어 더하고 연결큐브의 수를 세어 더하면서 세 수의 덧셈을 쉽게 접할 수 있도록 지도해 주세요.

+3
+1
4
5
6
7
8
4 + 3 + 1 = 8
6 + 5 + 2 = 13

수식을 간단한 이미지로 나타내는 훈련을 하면 복잡한 문장제 문제를 도식화하는 데 도움이 됩니다.

동그라미를 그리는 대신 붙임 딱지를 붙이거나 연결큐브 대신 블록을 쌓아 볼 수도 있습니다. 집에 있는 교구들을 꺼내서 활용해 보세요.

101 뛰어 세어 더하기

지오는 7번째 칸에, 태경이는 12번째 칸에 타고 있어요.

7에서 3칸을 뛴 다음
2칸을 더 뛰면 12야.
+3
+2
7
8
9
10
11
12
13
14

$7 + 3 + 2 =$ 12

더하는 수만큼 뛰어 세어 마지막에 도착한 수에 색칠하고 덧셈을 하세요.

+2
+3
1
2
3
4
5
6
7
8

$1 + 2 + 3 =$ ☐

+1
+5
9
10
11
12
13
14
15
16

$9 + 1 + 5 =$ ☐

+2 +2

13 14 15 16 17 18 19 20

$13 + 2 + 2 =$ ☐

빈칸에 알맞은 수를 쓰고 덧셈을 하세요.

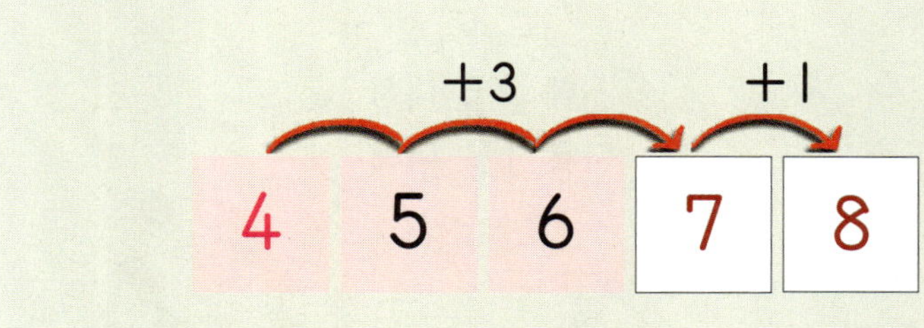
+3
+1
4
5
6
7
8

4 + 3 + 1 = 8

4에서 3칸 뛴 다음
1칸 더 뛰면 8

+2 +2

3 4 ☐ 6 ☐

3 + 2 + 2 = ☐

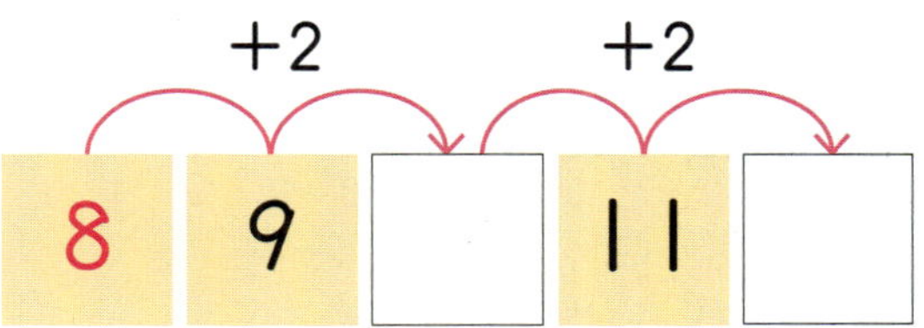
+2
+2
8
9
11

8 + 2 + 2 = ☐

+1 +2

14 ☐ 16 ☐

14 + 1 + 2 = ☐

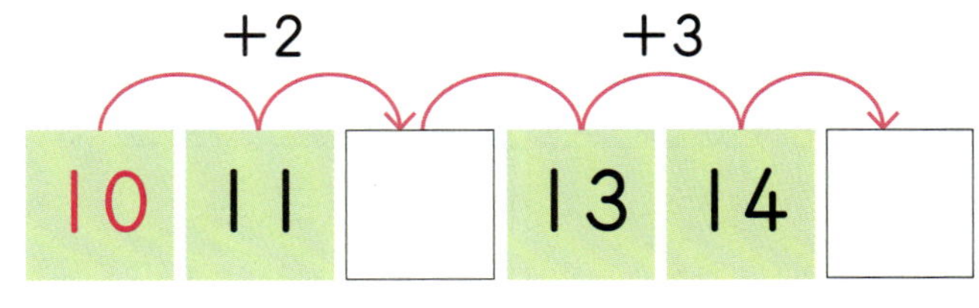
+2
+3
10
11
13
14

10 + 2 + 3 = ☐

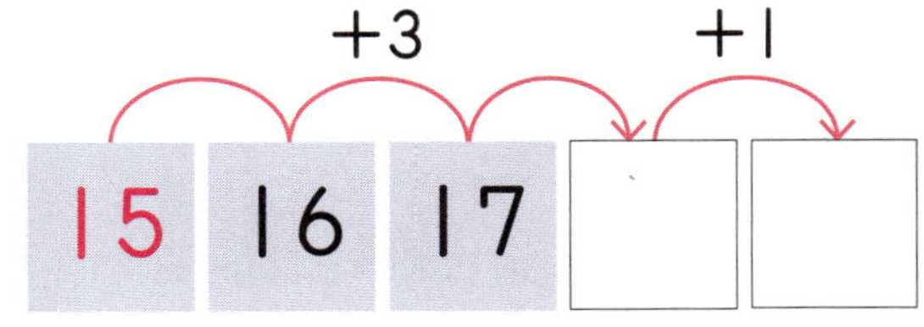
+3
+1
15
16
17

15 + 3 + 1 = ☐

+3 +2

13 14 15 ☐ 17 ☐

13 + 3 + 2 = ☐

두 덧셈식을 하나의 식으로 나타낼 수 있어요.

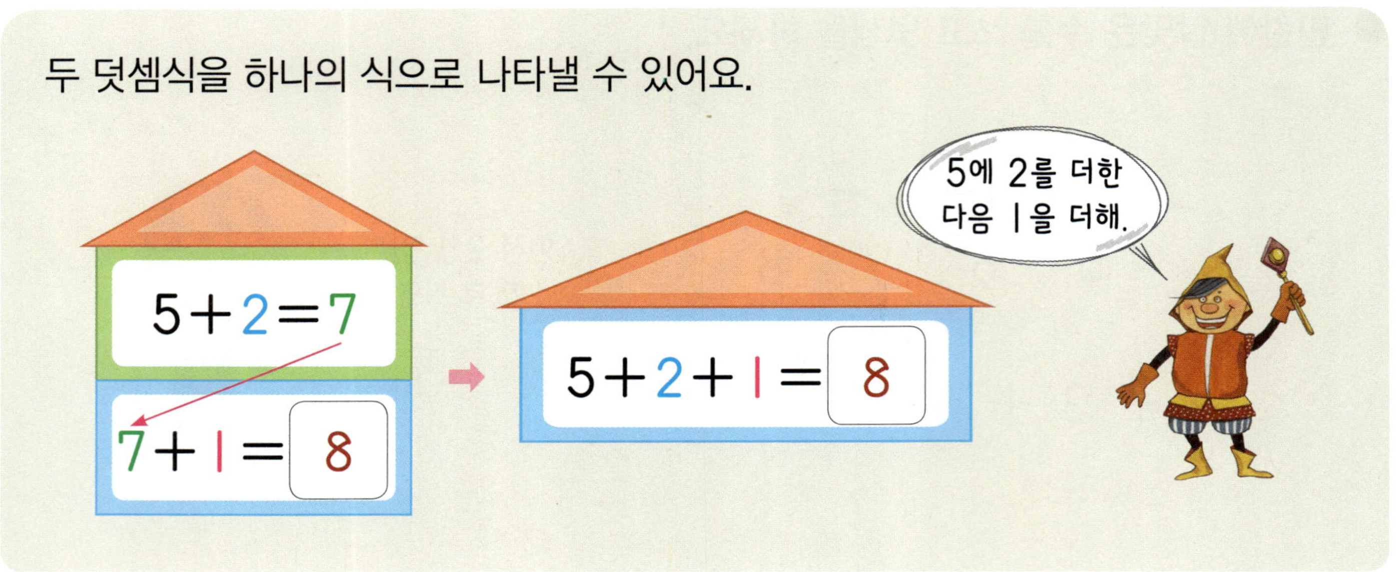
5+2=7
7+1=8
5+2+1=8
5에 2를 더한
다음 1을 더해.

안에 알맞은 수를 쓰세요.

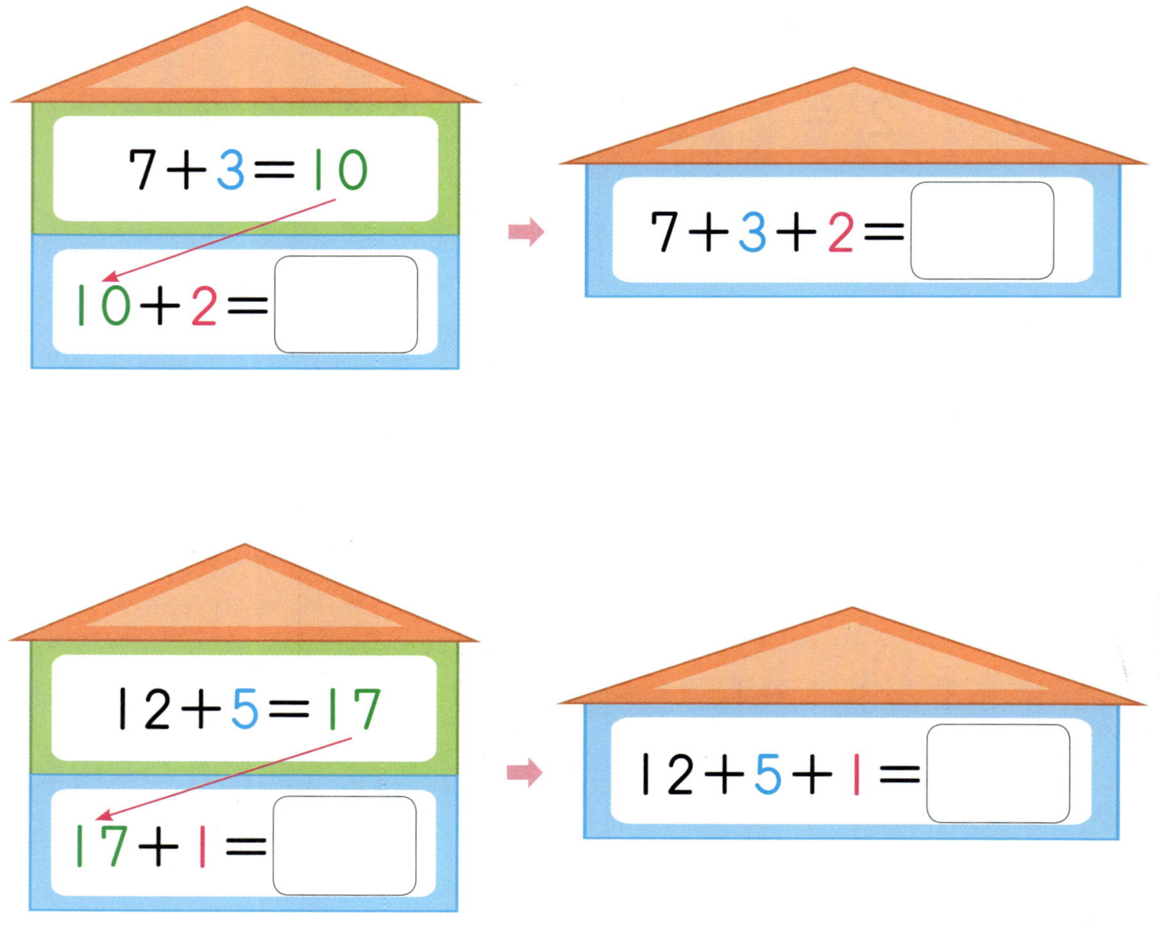
7+3=10
10+2=
7+3+2=
12+5=17
17+1=
12+5+1=

덧셈을 하세요.

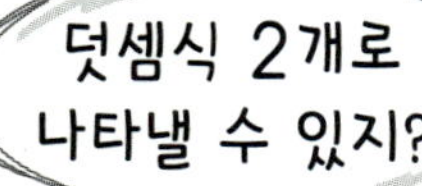
덧셈식 2개로
나타낼 수 있지?

$10 + 6 + 1 = 17$

16

17

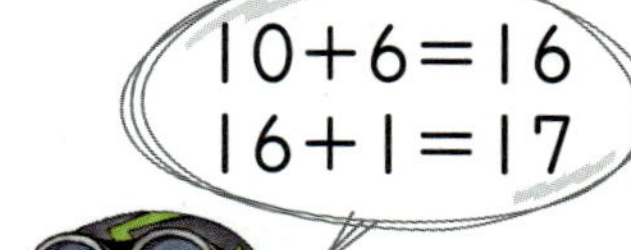
10+6=16
16+1=17

$4 + 1 + 3 = \square$

$7 + 3 + 5 = \square$

$9 + 1 + 2 = \square$

$15 + 1 + 3 = \square$

$8 + 2 + 9 = \square$

$11 + 2 + 3 = \square$

$13 + 3 + 2 = \square$

$16 + 1 + 2 = \square$

공부한 날

월

일

102 개수 세어 더하기

태경이와 지오가 연결큐브의 수를 더하고 있어요.

5개에 1개를
더하면 6개이고,
6개에 2개를
더하면 8개야.
5
6
6
8

5 + 1 + 2 = 8

연결큐브의 수를 모두 세어 ☐ 안에 알맞은 수를 쓰세요.

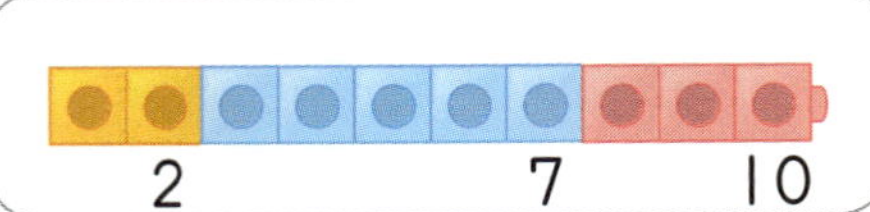
2
7
10

2 + 5 + 3 = ☐

3 5 7

3 + 2 + 2 = ☐

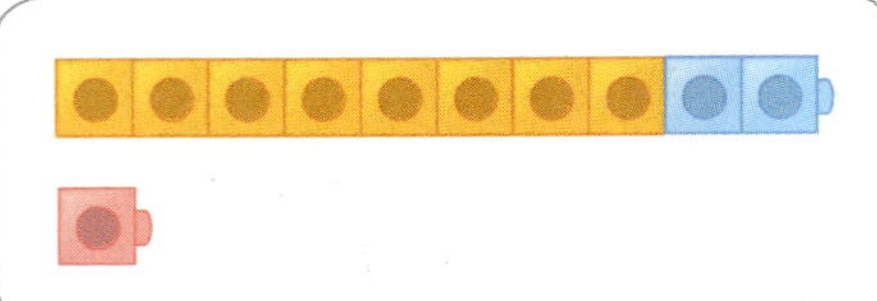

8 + 2 + 1 = ☐

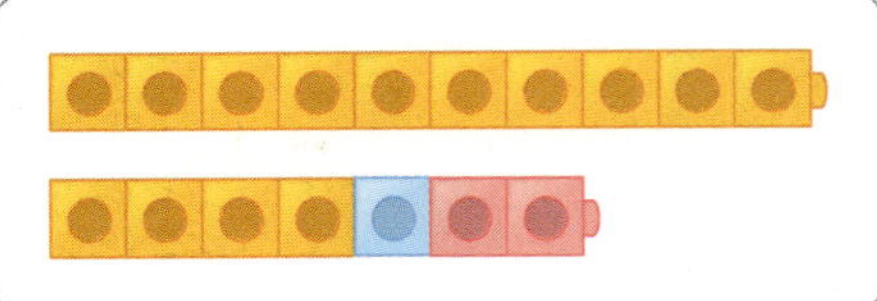

14 + 1 + 2 = ☐

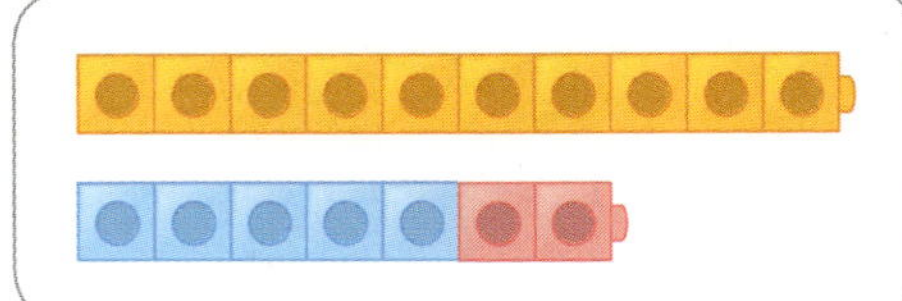

10 + 5 + 2 = ☐

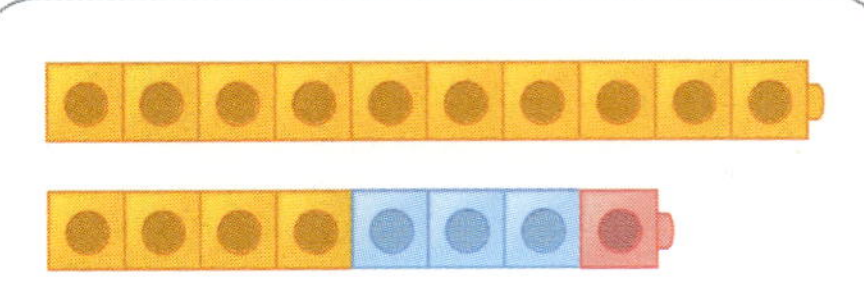

14 + 3 + 1 = ☐

연결큐브의 수를 모두 세어 덧셈을 하세요.

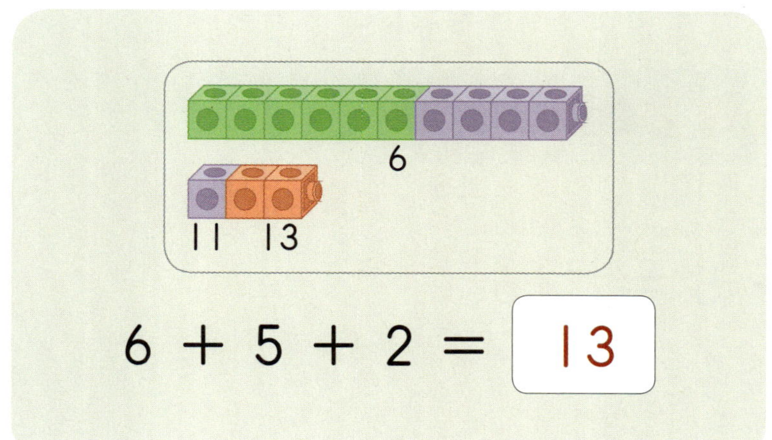
6
11 13

$6 + 5 + 2 = $ 13

6개에 5개를 더한 다음 2개를 더하면 13개야.

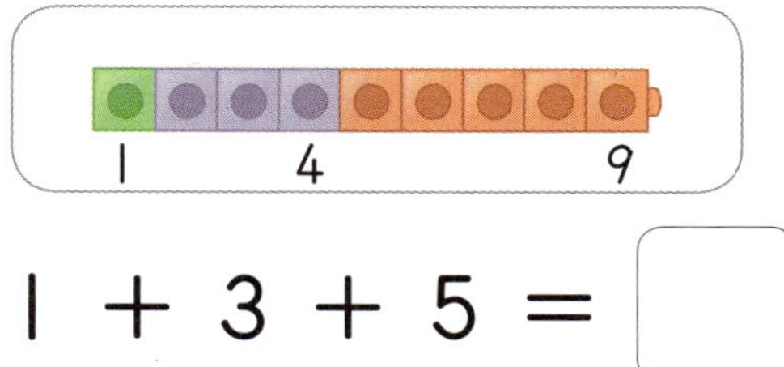
1 4 9

$1 + 3 + 5 = $ ☐

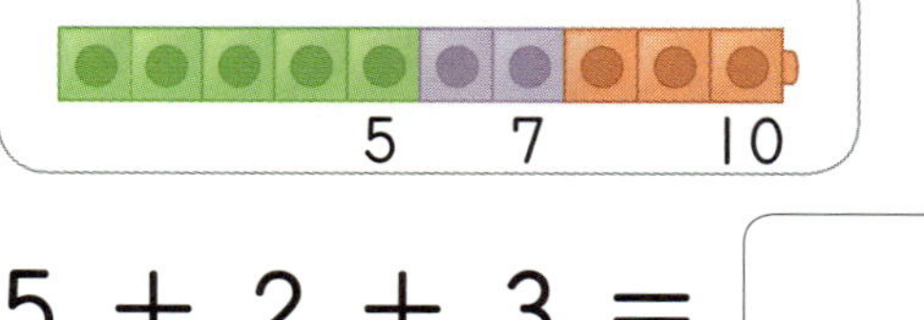
5 7 10

$5 + 2 + 3 = $ ☐

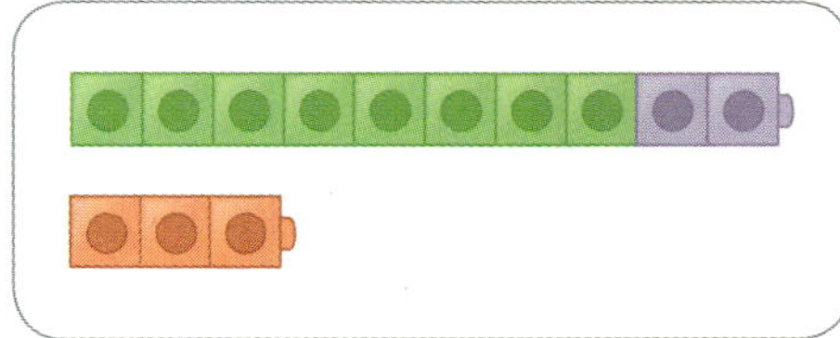

$8 + 2 + 3 = $ ☐

$9 + 1 + 3 = $ ☐

$10 + 3 + 3 = $ ☐

$7 + 5 + 5 = $ ☐

9개, 2개, 5개를 각각 색칠하면 색칠한 ○는 모두 16개예요.

5
10
15
20

$9 + 2 + 5 = $ 16

더하는 수만큼 ○를 색칠하고 ▢ 안에 알맞은 수를 쓰세요.

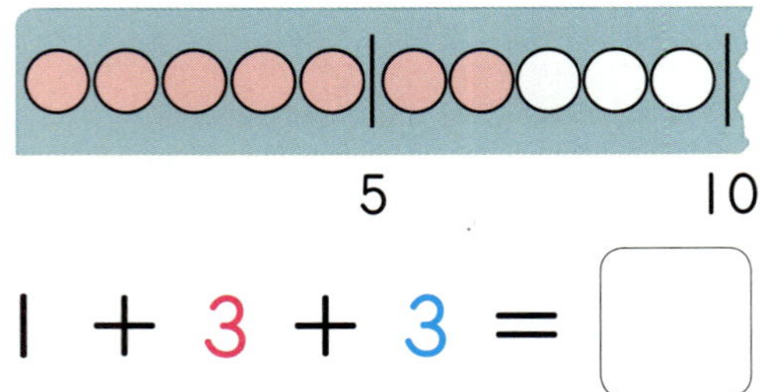
5
10

$1 + 3 + 3 = $ ▢

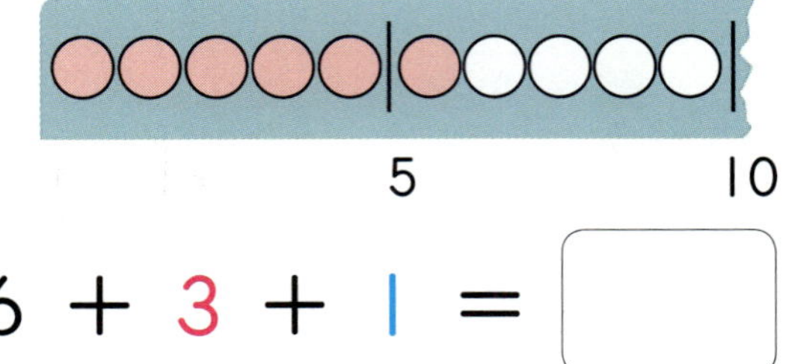
5
10

$6 + 3 + 1 = $ ▢

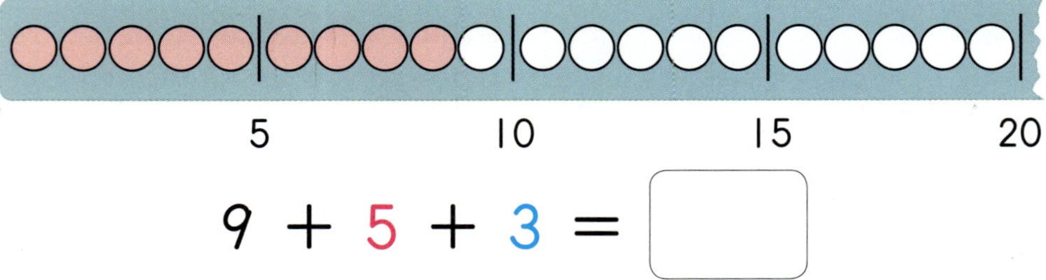
5
10
15
20

$9 + 5 + 3 = $ ▢

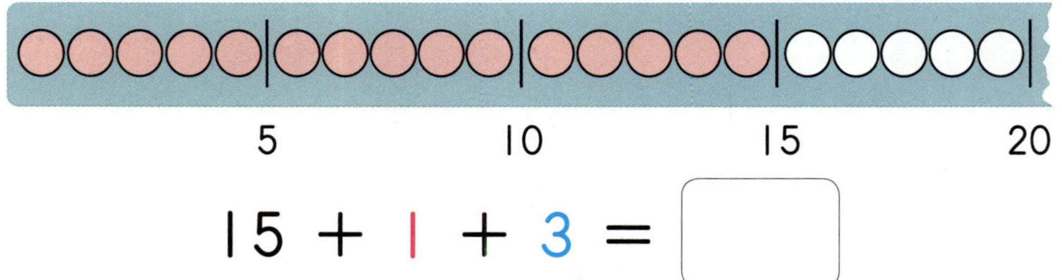
5
10
15
20

$15 + 1 + 3 = $ ▢

● 덧셈을 하세요.

세 수 더하기는
복잡해. 잉~

11 + 1 + 2 = 14

먼저 11+1=12를
계산하고 2를 더하면
14야.

2 + 5 + 3 = ☐

6 + 2 + 2 = ☐

9 + 1 + 2 = ☐

8 + 2 + 3 = ☐

10 + 1 + 5 = ☐

13 + 3 + 1 = ☐

12 + 5 + 2 = ☐

16 + 2 + 1 = ☐

공부한 날 ☐ 월 ☐ 일

103 가지 그려 더하기

지오와 태경이가 나뭇잎에 적혀 있는 수를 더하고 있어요.

6 + 2 + 3 = 11
앞의 두 수를 더하면 6+2=8
8
11
8에 3을 더하면 8+3=11

□ 안에 알맞은 수를 쓰세요.

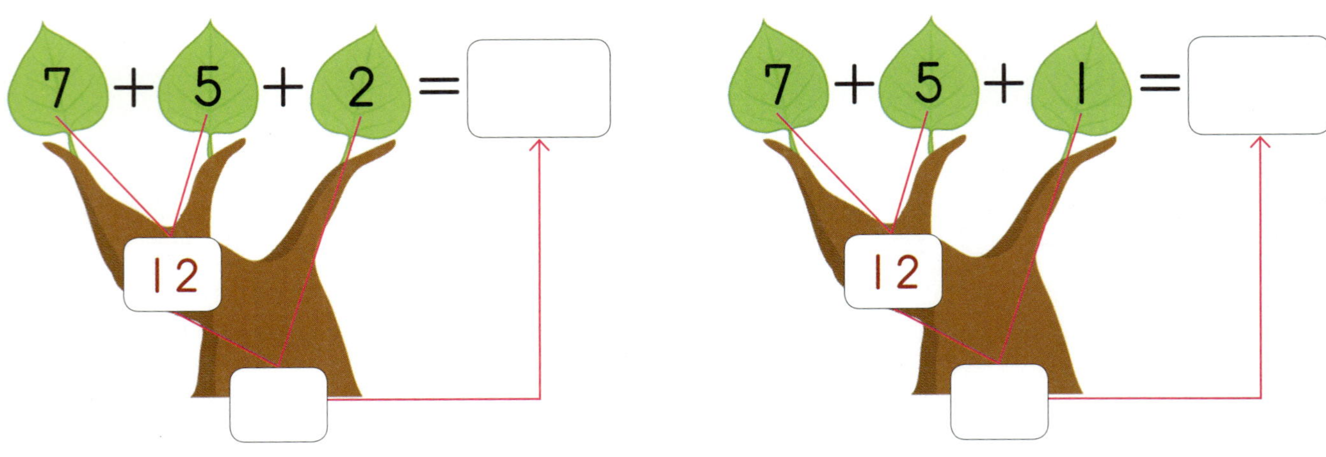
7 + 5 + 2 =
12
7 + 5 + 1 =
12

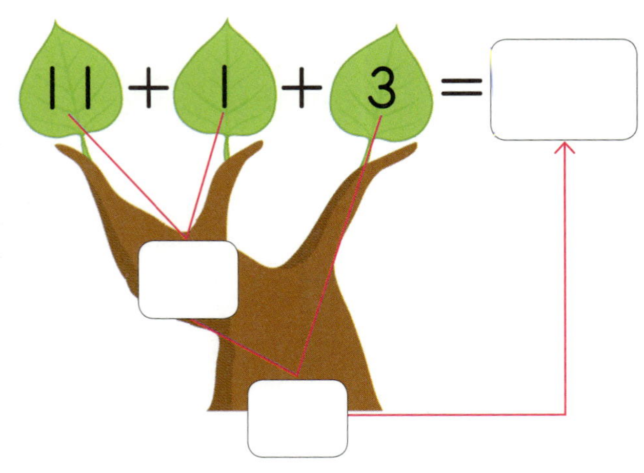
11 + 1 + 3 =

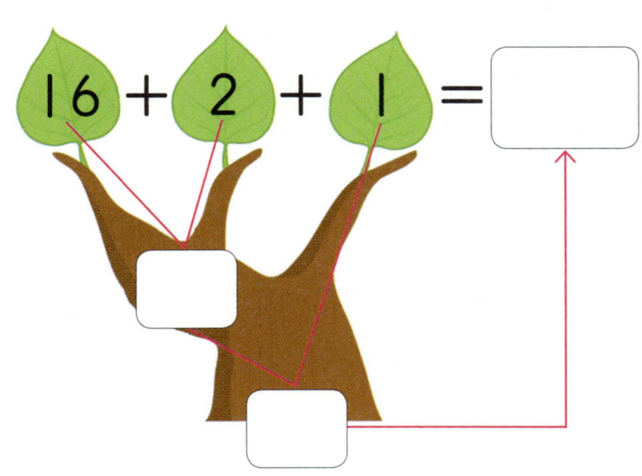
16 + 2 + 1 =

▢ 안에 알맞은 수를 쓰세요.

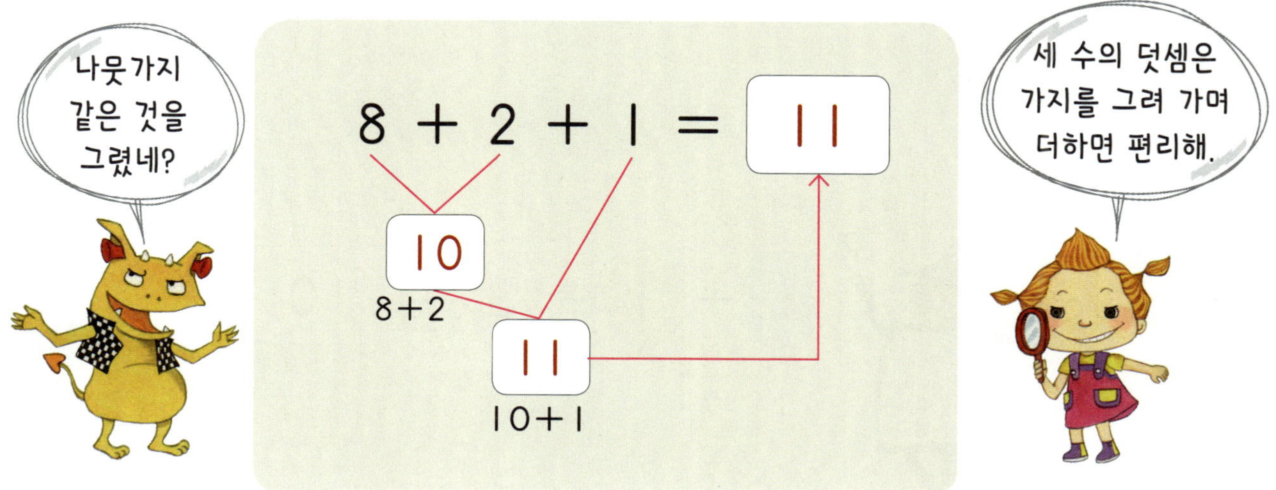
나뭇가지 같은 것을 그렸네?
8 + 2 + 1 = 11
10
8+2
11
10+1
세 수의 덧셈은 가지를 그려 가며 더하면 편리해.

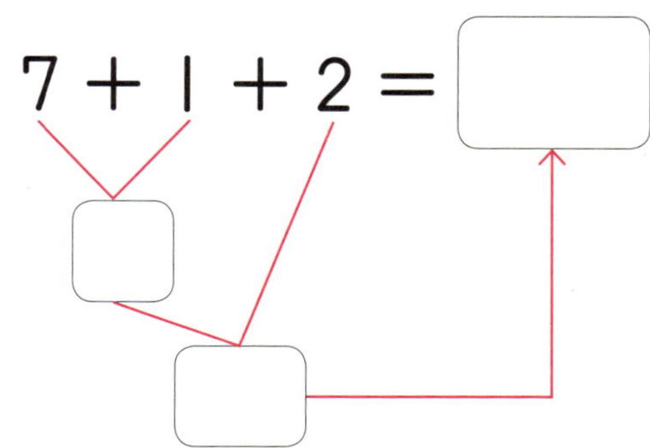
7 + 1 + 2 =

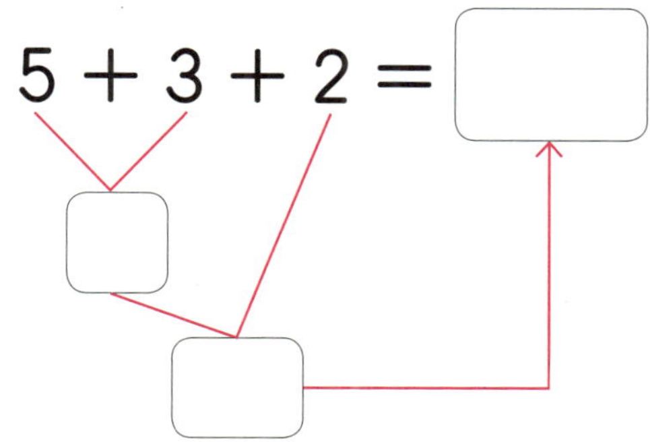
5 + 3 + 2 =

13 + 1 + 2 = ▢

15 + 2 + 2 = ▢

안의 두 수를 먼저 더한 다음 남은 수를 더해요.
안을 먼저 계산하고 남은 수를 더하면 7+3=10
6 + 1 + 3 = 10
7
10
뭐라고? 안 들려. 풍선을 터뜨리고 싶네.

덧셈을 하세요.

$5 + 2 + 2 = \square$ (7, 9)

$2 + 3 + 3 = \square$ (5, 8)

$8 + 2 + 3 = \square$

$7 + 10 + 1 = \square$

$12 + 2 + 1 = \square$

$14 + 3 + 2 = \square$

● ▢ 안에 알맞은 수를 쓰세요.

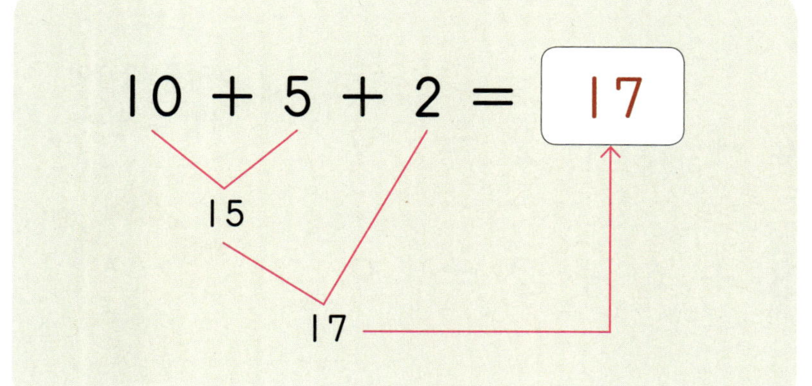
10 + 5 + 2 = 17
15
17

10과 5를 더한 다음
남은 2를 더해.

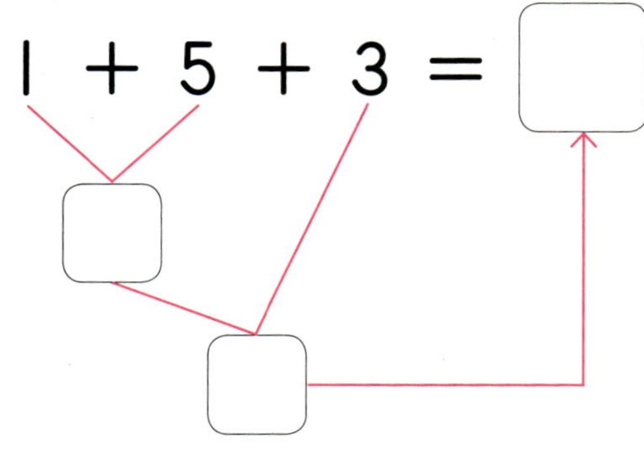
1 + 5 + 3 =

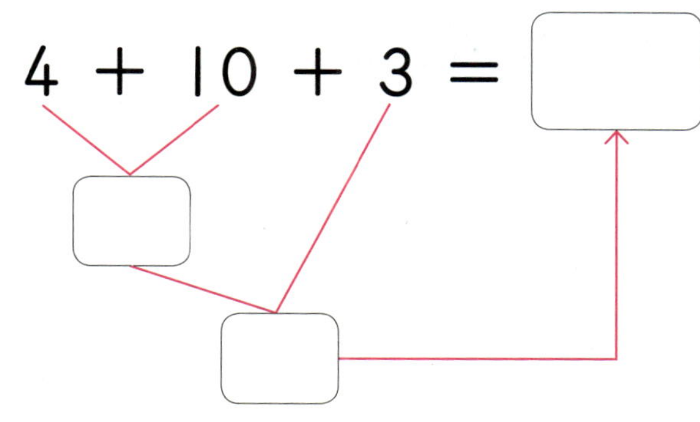
4 + 10 + 3 =

공부한 날 월 일

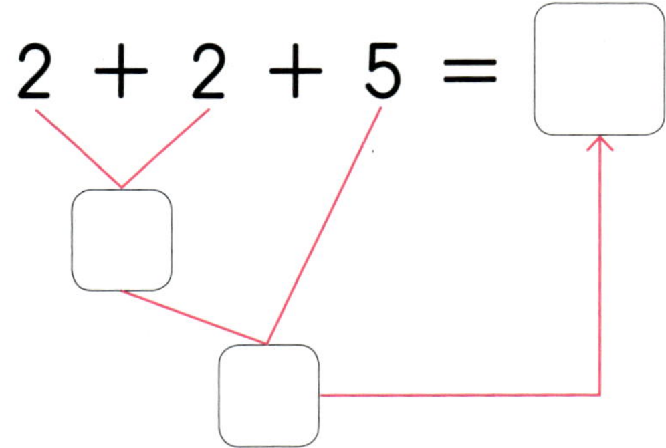
2 + 2 + 5 =

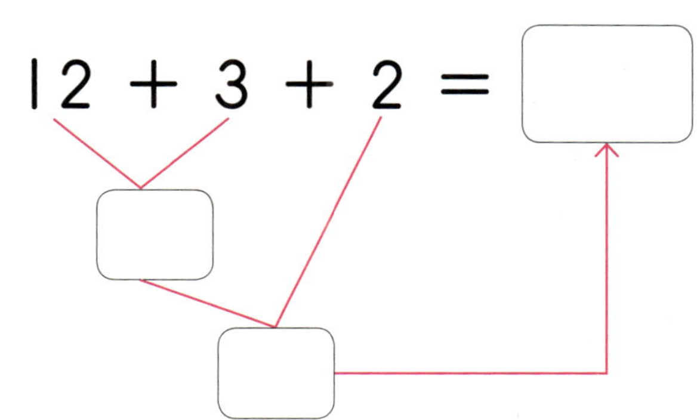
12 + 3 + 2 =

14 + 1 + 1 = ▢

13 + 5 + 1 = ▢

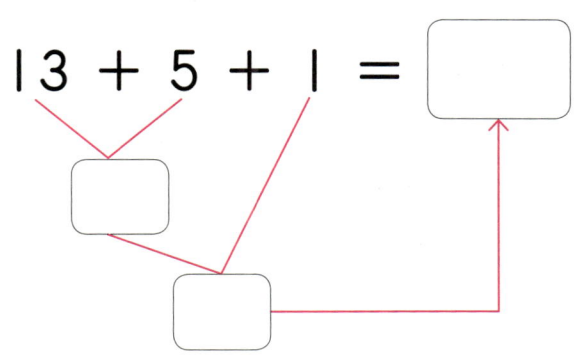

104 바꾸어 더하기

지오가 색깔이 다른 사탕의 순서를 바꾸어 더하고 있어요.

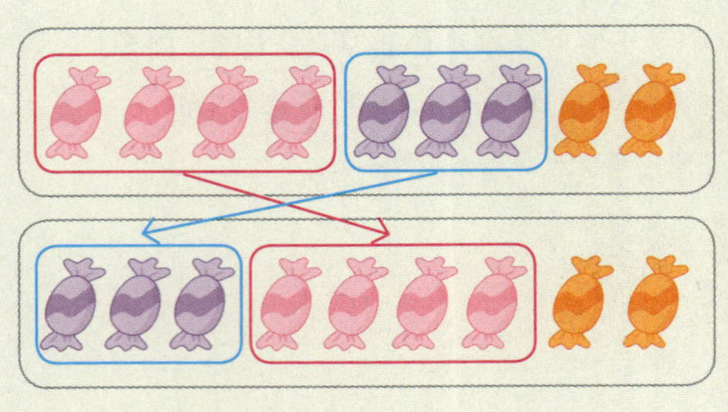

$4 + 3 + 2 =$ 9

$3 + 4 + 2 =$ 9

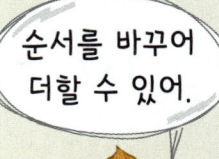

순서를 바꾸어
더할 수 있어.

덧셈을 하세요.

$6 + 1 + 2 =$ □

$1 + 6 + 2 =$ □

$5 + 2 + 3 =$ □

$2 + 5 + 3 =$ □

$7 + 1 + 3 =$ □

$1 + 7 + 3 =$ □

덧셈을 하세요.

$3 + 1 + 9 =$ 13

$9 + 1 + 3 =$ 13

9와 3의 자리를
바꾸어 더해도
결과가 같아.

$4 + 1 + 3 = \square$

$1 + 4 + 3 = \square$

$8 + 2 + 2 = \square$

$2 + 8 + 2 = \square$

$10 + 3 + 2 = \square$

$3 + 10 + 2 = \square$

$7 + 2 + 5 = \square$

$5 + 2 + 7 = \square$

$14 + 1 + 2 = \square$

$14 + 2 + 1 = \square$

$12 + 5 + 1 = \square$

$1 + 5 + 12 = \square$

두더쥐의 땅굴은 순서를 바꾸어 들어가도 결과가 같아요.

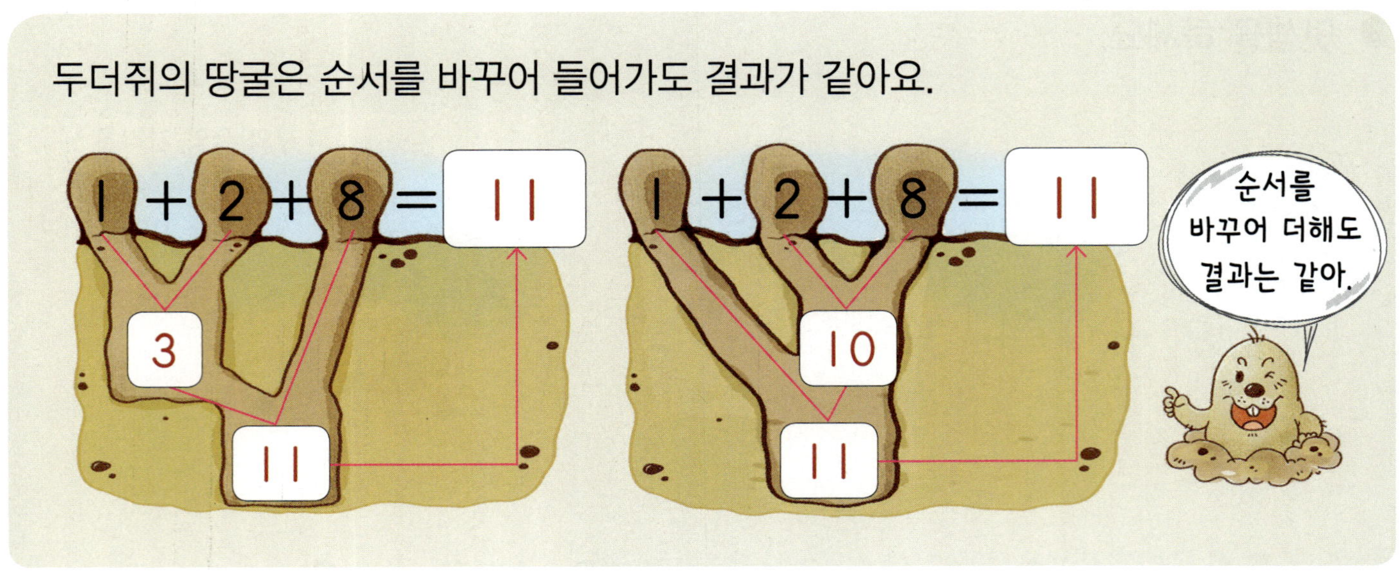
1 + 2 + 8 = 11
3
11
1 + 2 + 8 = 11
10
11
순서를
바꾸어 더해도
결과는 같아.

☐ 안에 알맞은 수를 쓰세요.

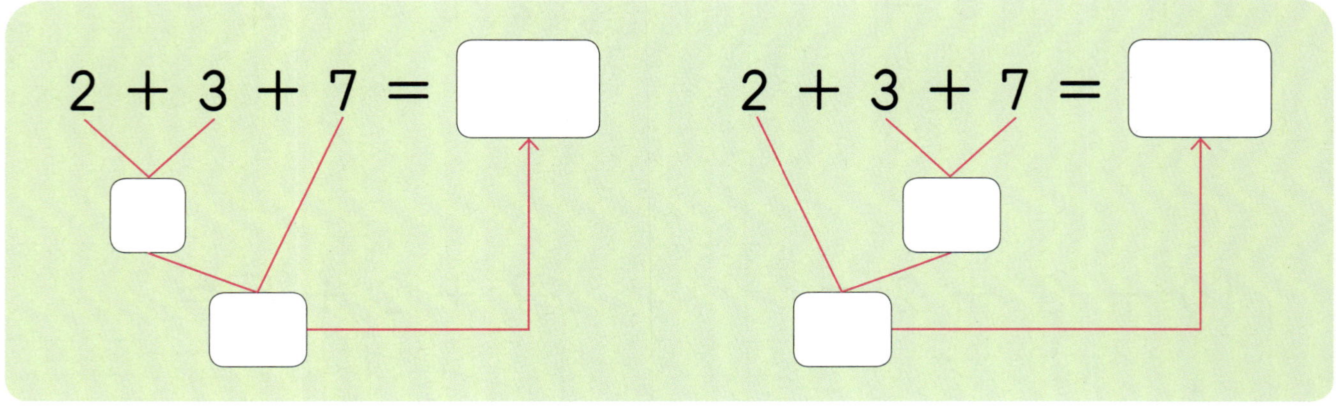
2 + 3 + 7 =
2 + 3 + 7 =

9 + 5 + 5 = ☐

9 + 5 + 5 = ☐

□ 안에 알맞은 수를 쓰세요.

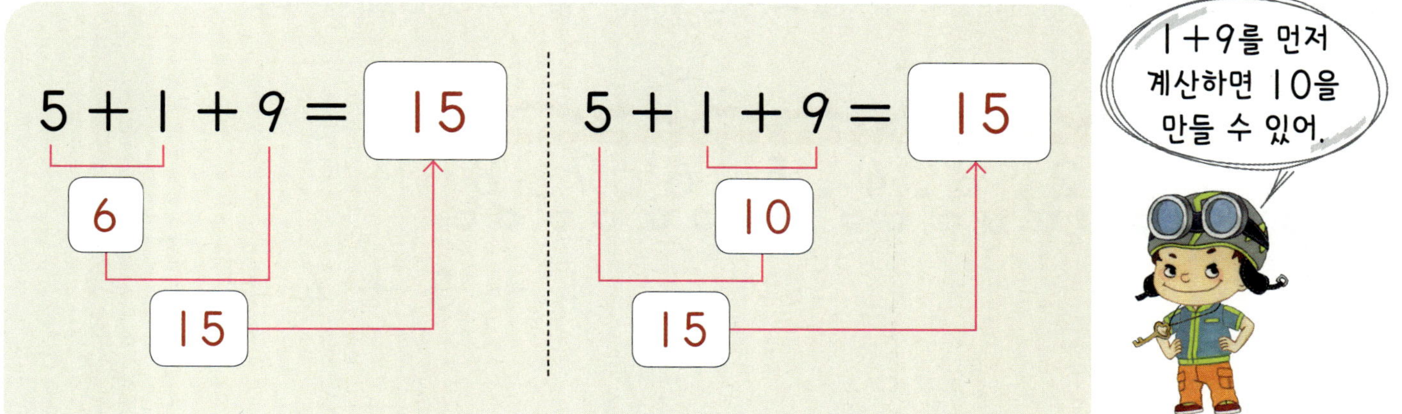

5 + 1 + 9 = 15
6
15
5 + 1 + 9 = 15
10
15
1+9를 먼저 계산하면 10을 만들 수 있어.

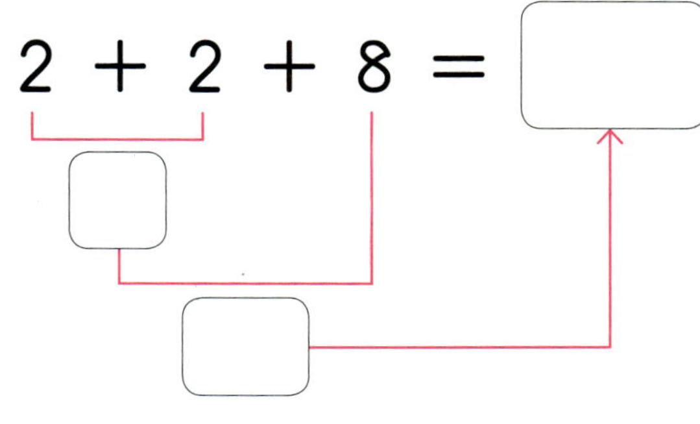

2 + 2 + 8 =

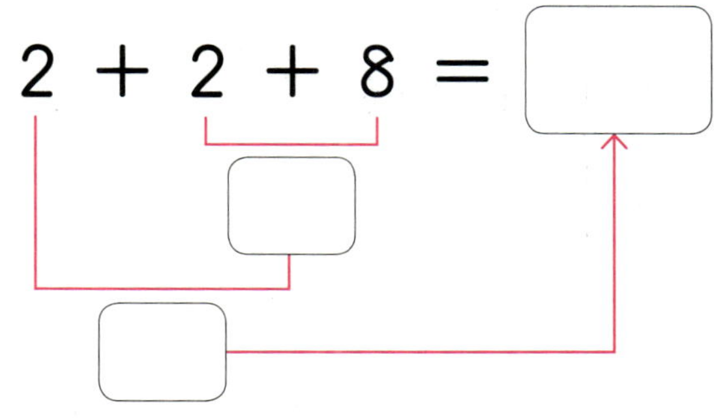

2 + 2 + 8 =

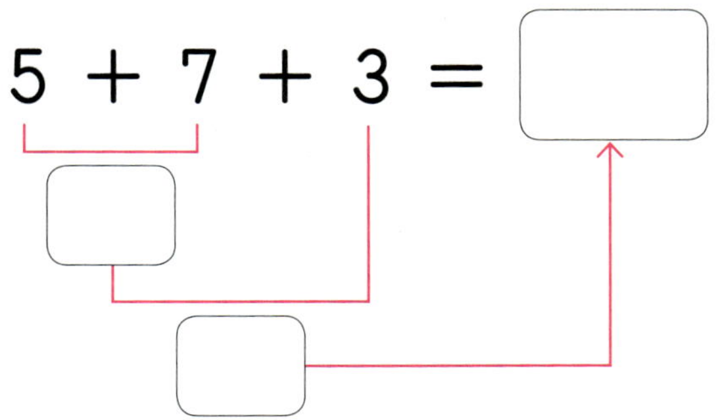

5 + 7 + 3 =

5 + 7 + 3 = □

7 + 9 + 1 = □

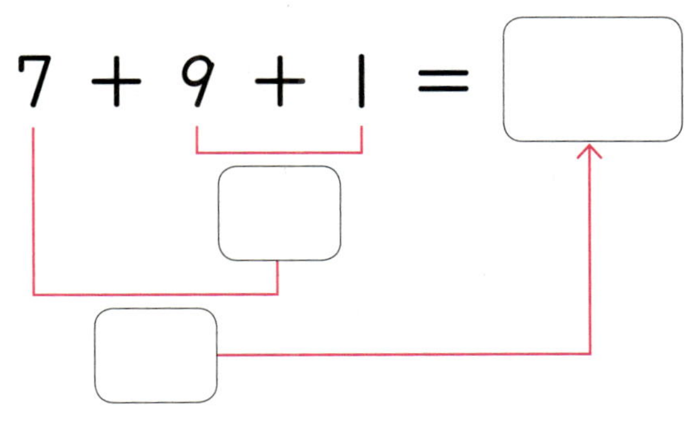

7 + 9 + 1 =

공부한 날

월

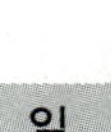

일

무엇을 배웠을까요

▲ 더하는 수만큼 뛰어 세어 마지막에 도착한 수에 색칠하고 덧셈을 하세요.

+3
+4
1
2
3
4
5
6
7
8

$1 + 3 + 4 = \square$

+2
+2
12
13
14
15
16
17
18
19

$12 + 2 + 2 = \square$

▲ 두 덧셈식을 하나의 식으로 나타낼 때 ☐ 안에 알맞은 수를 쓰세요.

$\begin{cases} 5 + 3 = 8 \\ 8 + 2 = \square \end{cases}$ ➡ $5 + 3 + 2 = \square$

$\begin{cases} 7 + 5 = 12 \\ 12 + 5 = \square \end{cases}$ ➡ $7 + 5 + 5 = \square$

$\begin{cases} 13 + 1 = 14 \\ 14 + 5 = \square \end{cases}$ ➡ $13 + 1 + 5 = \square$

문제 생성기

▲ 그림을 보고 덧셈을 하세요.

2 + 4 + 3 = ☐

1 + 5 + 2 = ☐

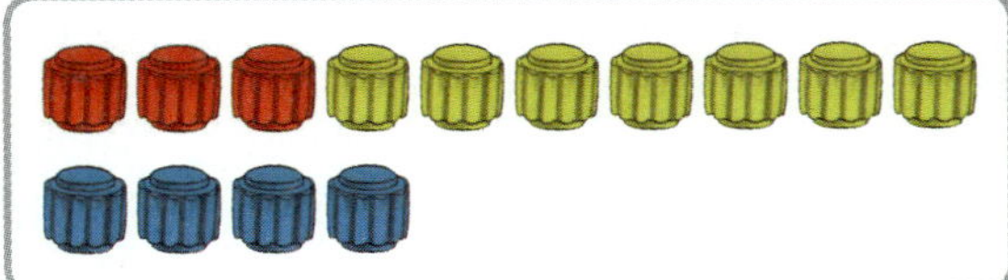

3 + 7 + 4 = ☐

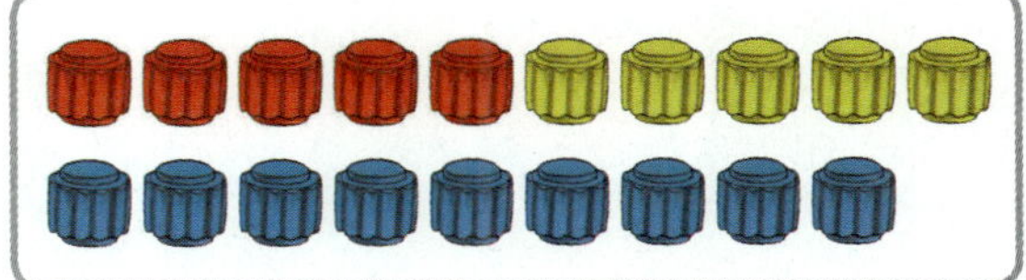

5 + 5 + 9 = ☐

공부한 날

월

일

▲ ☐ 안에 알맞은 수를 쓰세요.

12 + 3 + 2 = ☐

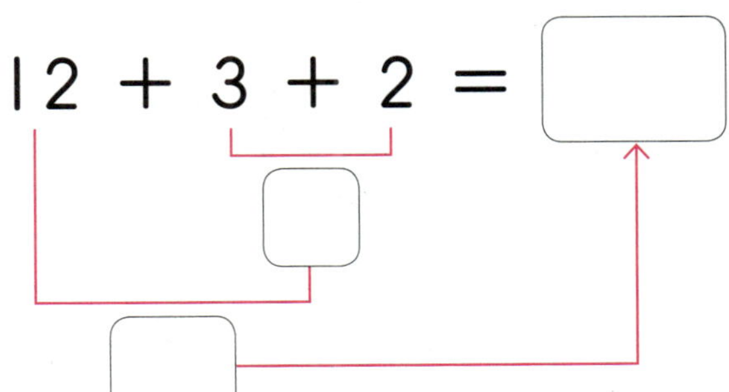

12 + 3 + 2 = ☐

8 + 5 + 5 = ☐

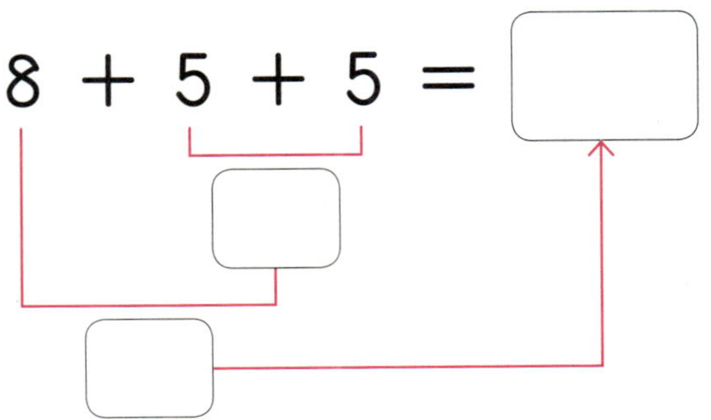

8 + 5 + 5 = ☐

연산력 게임

PLAY

QR코드를 찍으면 다양한 연산 게임을 할 수 있어요.

나는 사격왕
3+5+1
7
8
9

세 수의 덧셈을 해 보세요.

세 수의 덧셈 결과를 아래의 과녁판에서 찾아 손가락으로 누르세요.
9를 누르면 정답입니다.

세 수의 덧셈식을 만들어 보세요.

팻말을 보고 조건에 맞는 풍선 3개를 찾아 손가락으로 누르세요.
2+8+6=16이므로 2, 8, 6이 써 있는 풍선을 누르면 정답입니다.

풍선 게임
2
3
8
4
6
3개 더해서 16

세 수 더하기 (2)

105 더하기 2 26

106 더하기 3 30

107 더하기 5 34

108 더하기 10 38

무엇을 배웠을까요 42

▶ 연산 보충 학습(108~109쪽)에서 더 풀어 보세요.

학부모 지도 가이드

덧셈과 뺄셈의 기본은 수를 세는 데 있습니다.
이 차시에서는 3+2가 3에서 1씩 2번을 더 센 것임을 배우게 됩니다.

+1
+1
3
4
5
+2

$$\begin{cases} 3 + 1 + 1 = 5 \\ 3 + 2 = 5 \end{cases}$$

마찬가지로 3+10도 3에서 5씩 2번을 더 센 것임을 간단한 이미지로 나타내어 더하기 10을 쉽게 접근할 수 있게 지도해 주세요.

105 더하기 2

태경이는 비행기를 타고, 지오는 배를 타고 섬에 도착했어요.

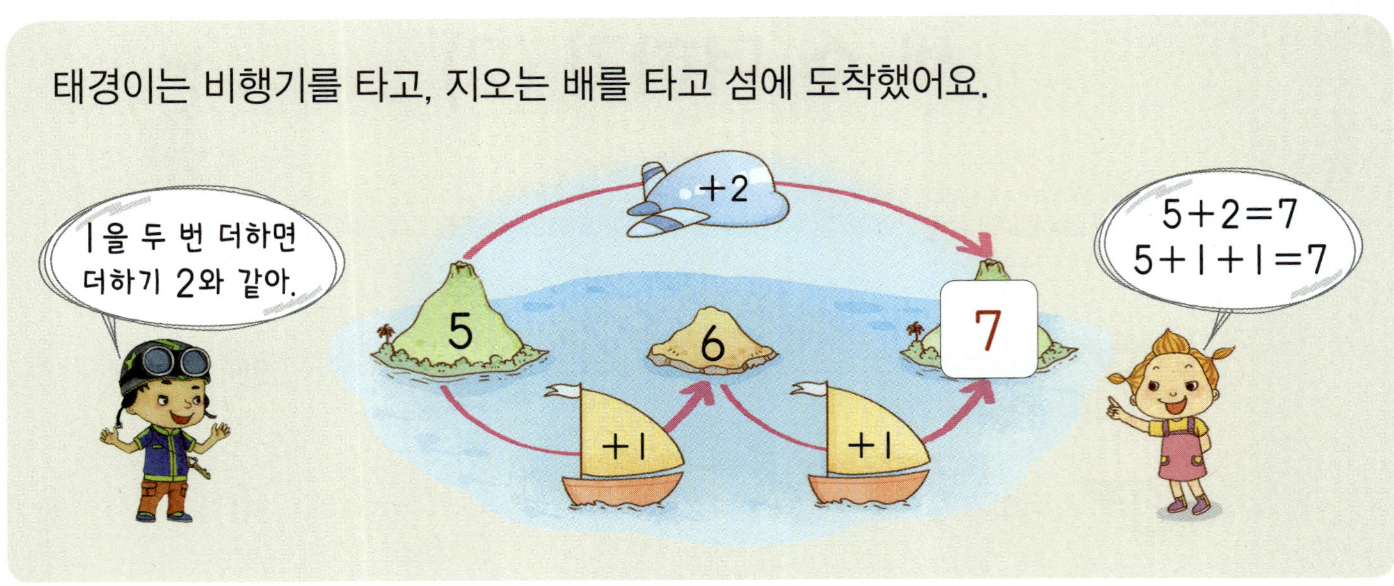
1을 두 번 더하면
더하기 2와 같아.
+2
5
6
7
+1
+1
5+2=7
5+1+1=7

● ▢ 안에 알맞은 수를 쓰세요.

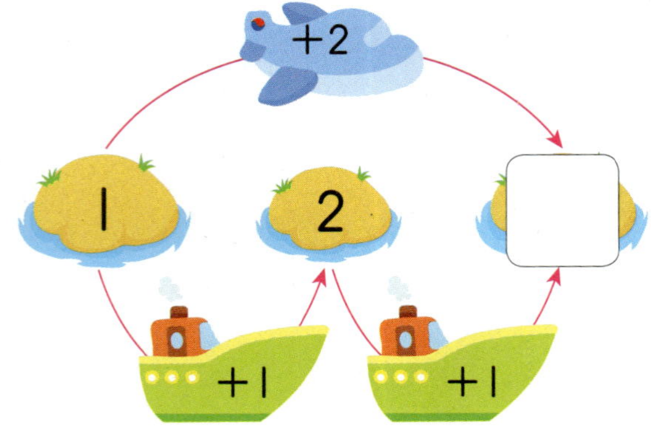
+2
1
2
+1
+1

+2
8
9
+1
+1

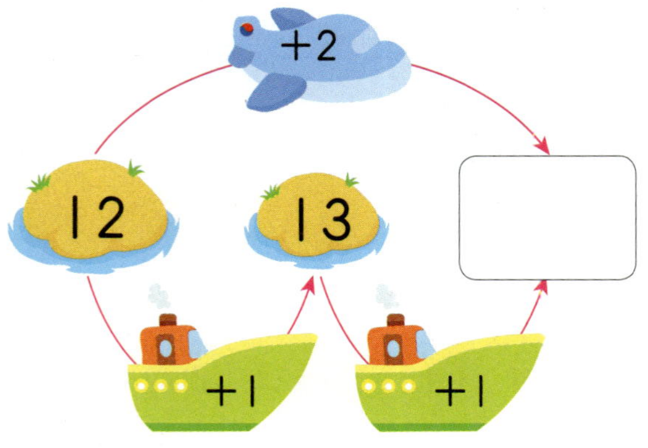
+2
12
13
+1
+1

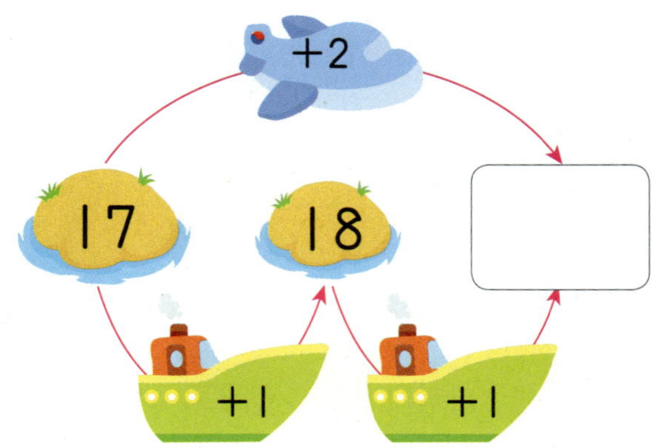
+2
17
18
+1
+1

덧셈을 하세요.

두 식의
계산 결과가 같아!

$3+2=$ 5

$3+1+1=$ 5

더하기 2는 다음
다음 수이므로 1을 두 번
더하는 것과 같아.

$2+2=$ ☐

$2+1+1=$ ☐

$5+2=$ ☐

$5+1+1=$ ☐

$6+2=$ ☐

$6+1+1=$ ☐

$8+2=$ ☐

$8+1+1=$ ☐

$10+2=$ ☐

$10+1+1=$ ☐

$15+2=$ ☐

$15+1+1=$ ☐

1을 두 번 더하는 것은 2를 더하는 것과 같아요.

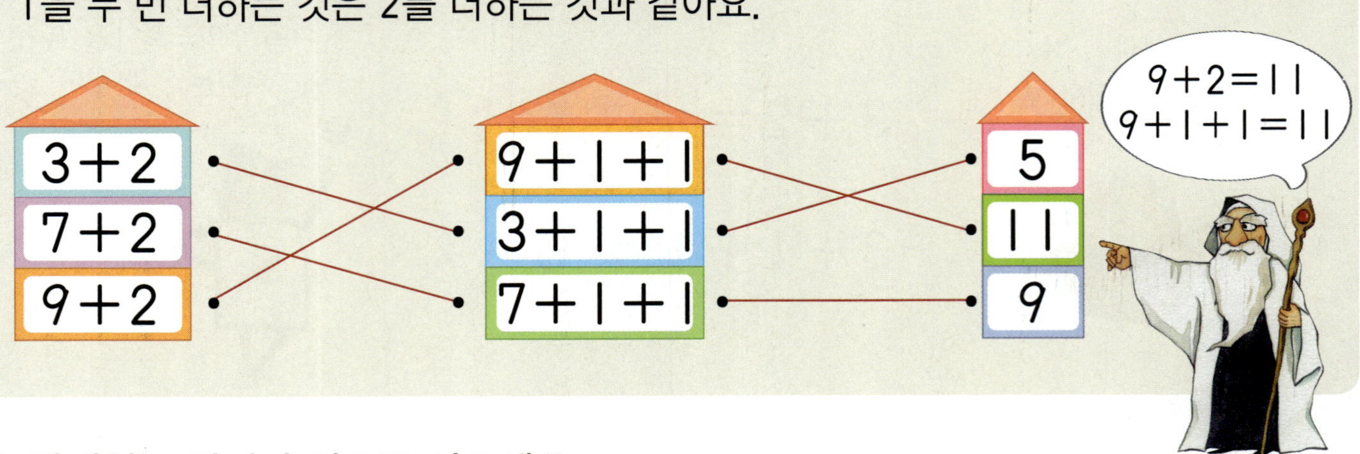
3+2
7+2
9+2
9+1+1
3+1+1
7+1+1
5
11
9
9+2=11
9+1+1=11

관계있는 것끼리 선으로 이으세요.

5+2	10+1+1	7
8+2	5+1+1	10
10+2	8+1+1	12

6+2	6+1+1	13
13+2	11+1+1	15
11+2	13+1+1	8

18+2	17+1+1	19
15+2	15+1+1	20
17+2	18+1+1	17

● 덧셈을 하세요.

$12 + 1 + 1 = \boxed{14}$ (1+1: +2)

1+1=2를
먼저 계산하면 편해.

$1 + 1 + 1 = \square$ (1+1: +2)

$4 + 1 + 1 = \square$ (1+1: +2)

$5 + 1 + 1 = \square$ (1+1: +2)

$6 + 1 + 1 = \square$ (1+1: +2)

$10 + 1 + 1 = \square$ (1+1: +2)

$13 + 1 + 1 = \square$ (1+1: +2)

$14 + 1 + 1 = \square$ (1+1: +2)

$16 + 1 + 1 = \square$ (1+1: +2)

공부한 날
월
일

106 더하기 3

울타리를 지오는 한 번에 3칸 뛰었고, 태경이는 2칸 뛴 다음 1칸을 더 뛰었어요.

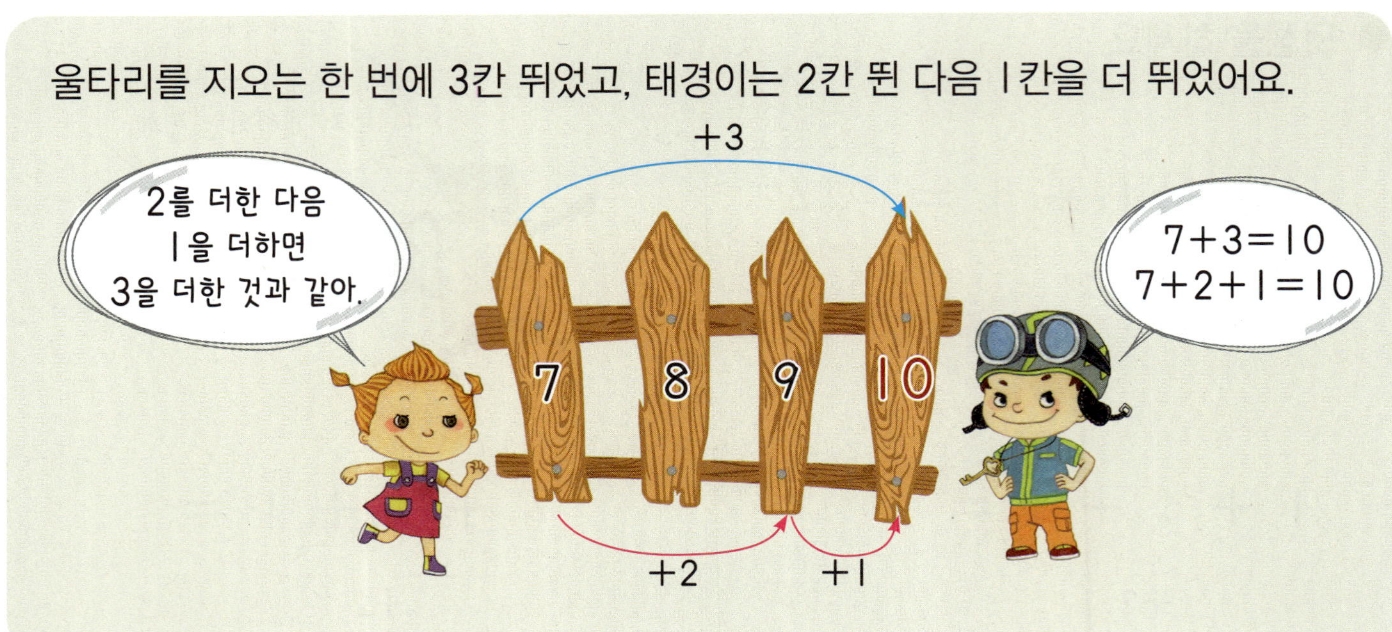
+3
2를 더한 다음
1을 더하면
3을 더한 것과 같아.
7
8
9
10
7+3=10
7+2+1=10
+2
+1

빈 곳에 알맞은 수를 쓰세요.

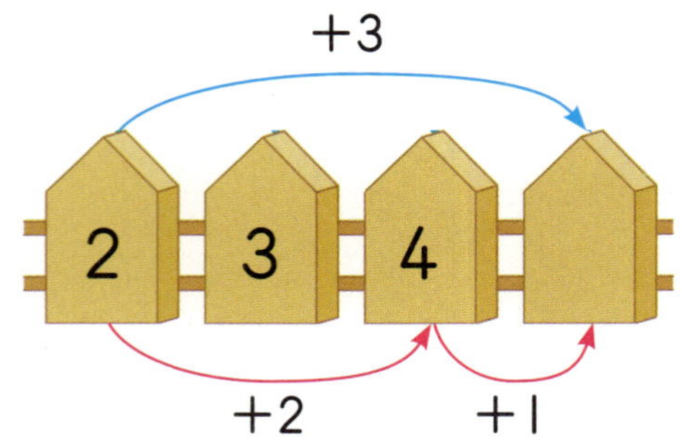
+3
2
3
4
+2
+1

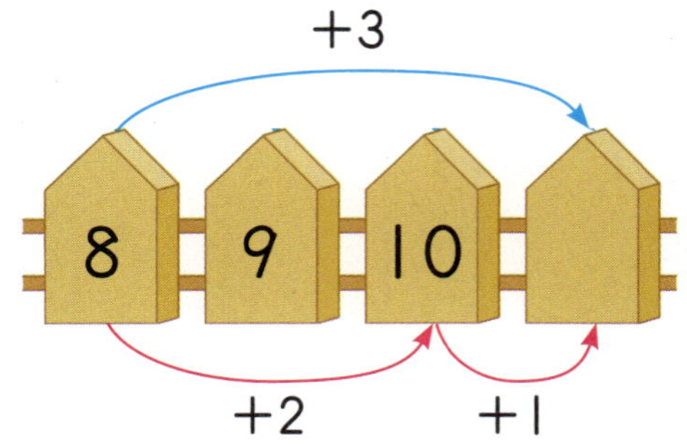
+3
8
9
10
+2
+1

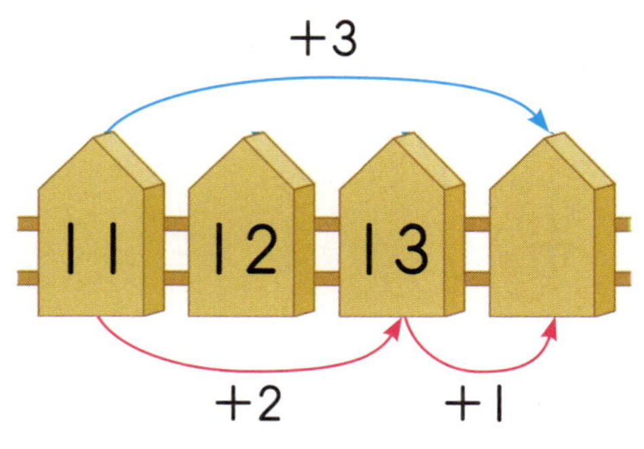
+3
11
12
13
+2
+1

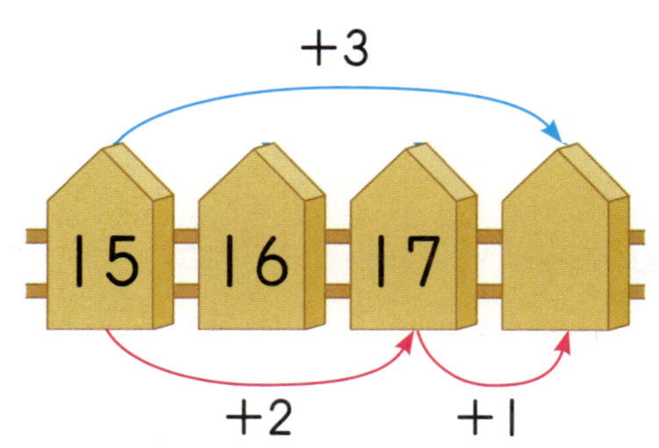
+3
15
16
17
+2
+1

덧셈을 하세요.

$4 + 3 = \boxed{7}$

$4 + 1 + 2 = \boxed{7}$

$4 + 2 + 1 = \boxed{7}$

계산 결과는 7로
모두 같아.

$1 + 3 = \square$

$1 + 2 + 1 = \square$

$2 + 3 = \square$

$2 + 1 + 2 = \square$

$5 + 3 = \square$

$5 + 2 + 1 = \square$

$6 + 3 = \square$

$6 + 2 + 1 = \square$

$7 + 3 = \square$

$7 + 1 + 2 = \square$

$9 + 3 = \square$

$9 + 2 + 1 = \square$

$14 + 3 = \square$

$14 + 1 + 2 = \square$

$17 + 3 = \square$

$17 + 1 + 2 = \square$

덧셈식으로 집을 지었어요.

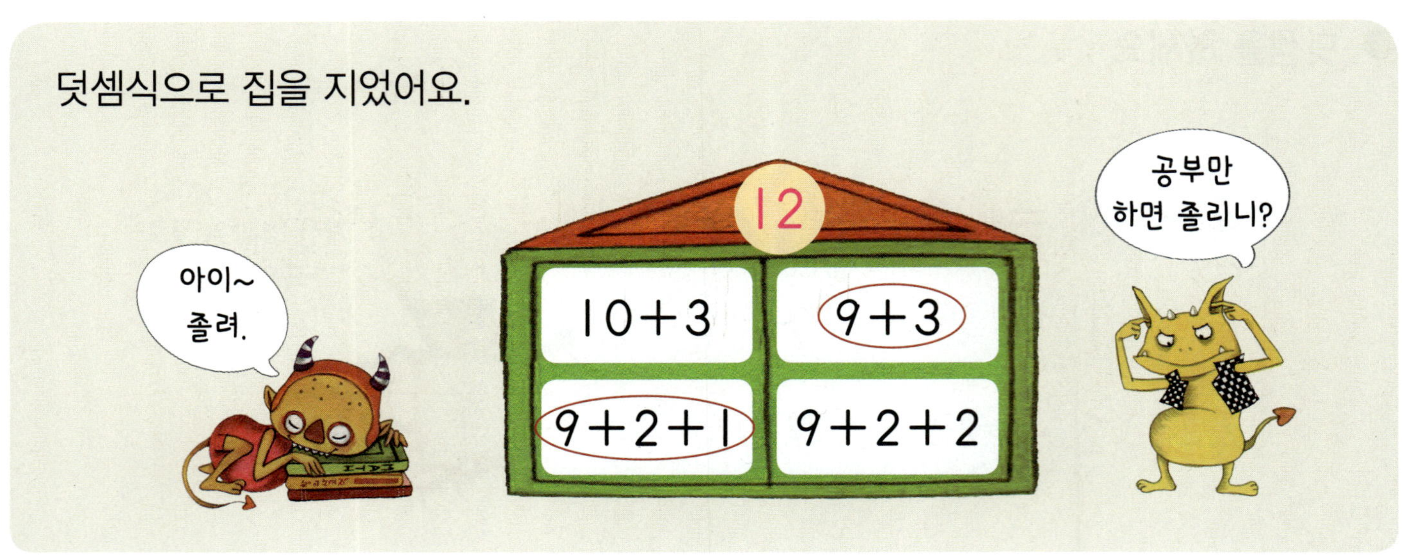
아이~
졸려.
12
10+3
9+3
9+2+1
9+2+2
공부만
하면 졸리니?

덧셈을 하여 지붕의 수가 나오는 식 2개를 찾아 ◯표 하세요.

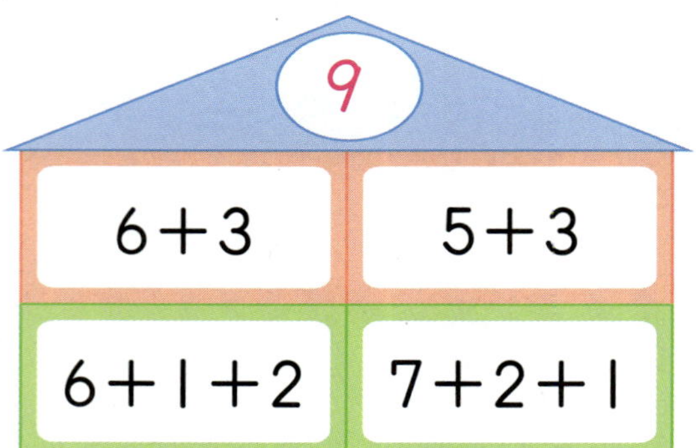
9
6+3
5+3
6+1+2
7+2+1

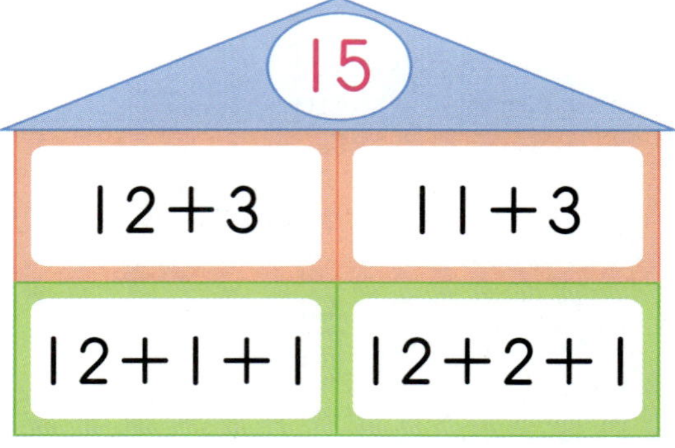
15
12+3
11+3
12+1+1
12+2+1

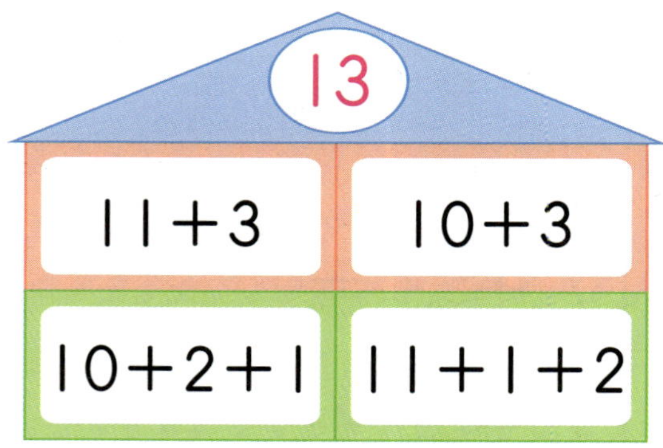
13
11+3
10+3
10+2+1
11+1+2

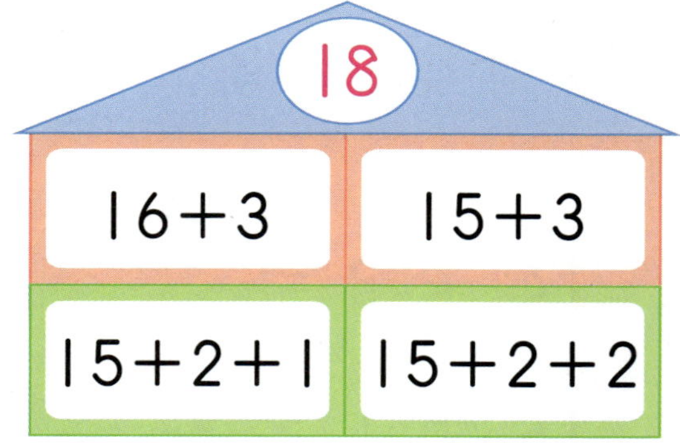
18
16+3
15+3
15+2+1
15+2+2

덧셈을 하세요.

15+2+1에서
먼저 2+1을
계산해.

$15 + \underbrace{2 + 1}_{+3} = $ 18

15+3=18

$5 + \underbrace{2 + 1}_{+3} = \square$

$7 + \underbrace{1 + 2}_{+3} = \square$

$10 + \underbrace{2 + 1}_{+3} = \square$

$8 + \underbrace{2 + 1}_{+3} = \square$

$16 + \underbrace{2 + 1}_{+3} = \square$

$12 + \underbrace{2 + 1}_{+3} = \square$

$11 + \underbrace{2 + 1}_{+3} = \square$

$13 + \underbrace{2 + 1}_{+3} = \square$

공부한 날
월
일

107 더하기 5

지오는 가지고 있는 구슬이 모두 몇 개인지 알아보고 있어요.

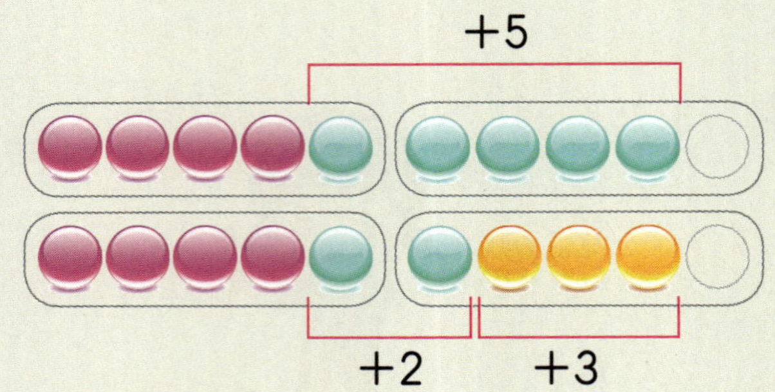
+5
+2
+3

4 + 5 = 9

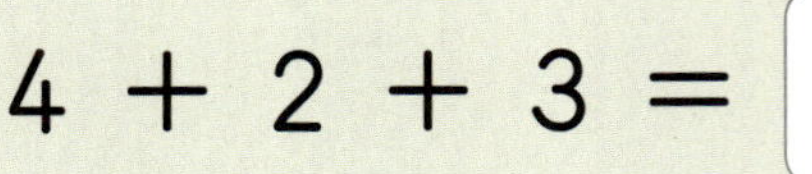
4 + 2 + 3 = 9

2를 더한 다음 3을 더하면 5를 더한 것과 같아.

더하는 수만큼 붙임 딱지를 붙이고 덧셈을 하세요. ➡ 책 앞에 있는 붙임 딱지를 사용하세요.

3 + 5 = ☐

3 + 2 + 3 = ☐

5 + 5 = ☐

5 + 2 + 3 = ☐

2 + 5 = ☐

2 + 2 + 3 = ☐

덧셈을 하세요.

$8 + 5 = \boxed{13}$

$8 + 2 + 3 = \boxed{13}$

5를 더하는 것은
2+3을 더하는
것과 같아.

$4 + 5 = \square$

$4 + 2 + 3 = \square$

$7 + 5 = \square$

$7 + 2 + 3 = \square$

$12 + 5 = \square$

$12 + 2 + 3 = \square$

$9 + 5 = \square$

$9 + 2 + 3 = \square$

$14 + 5 = \square$

$14 + 2 + 3 = \square$

$11 + 5 = \square$

$11 + 2 + 3 = \square$

저울에 추를 올려 같은 수를 만들어요.

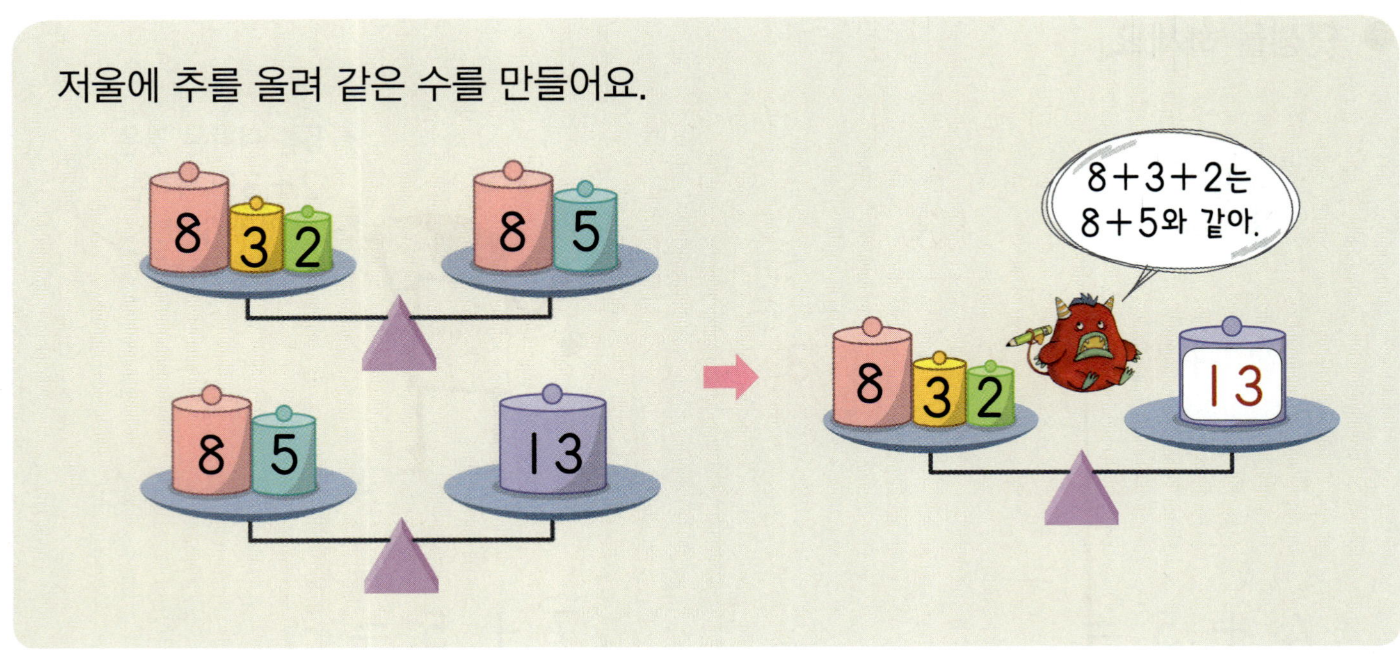
8
3
2
8
5
8
5
13
8+3+2는
8+5와 같아.
8
3
2
13

추에 적힌 세 수를 더하여 ◯ 안에 쓰세요.

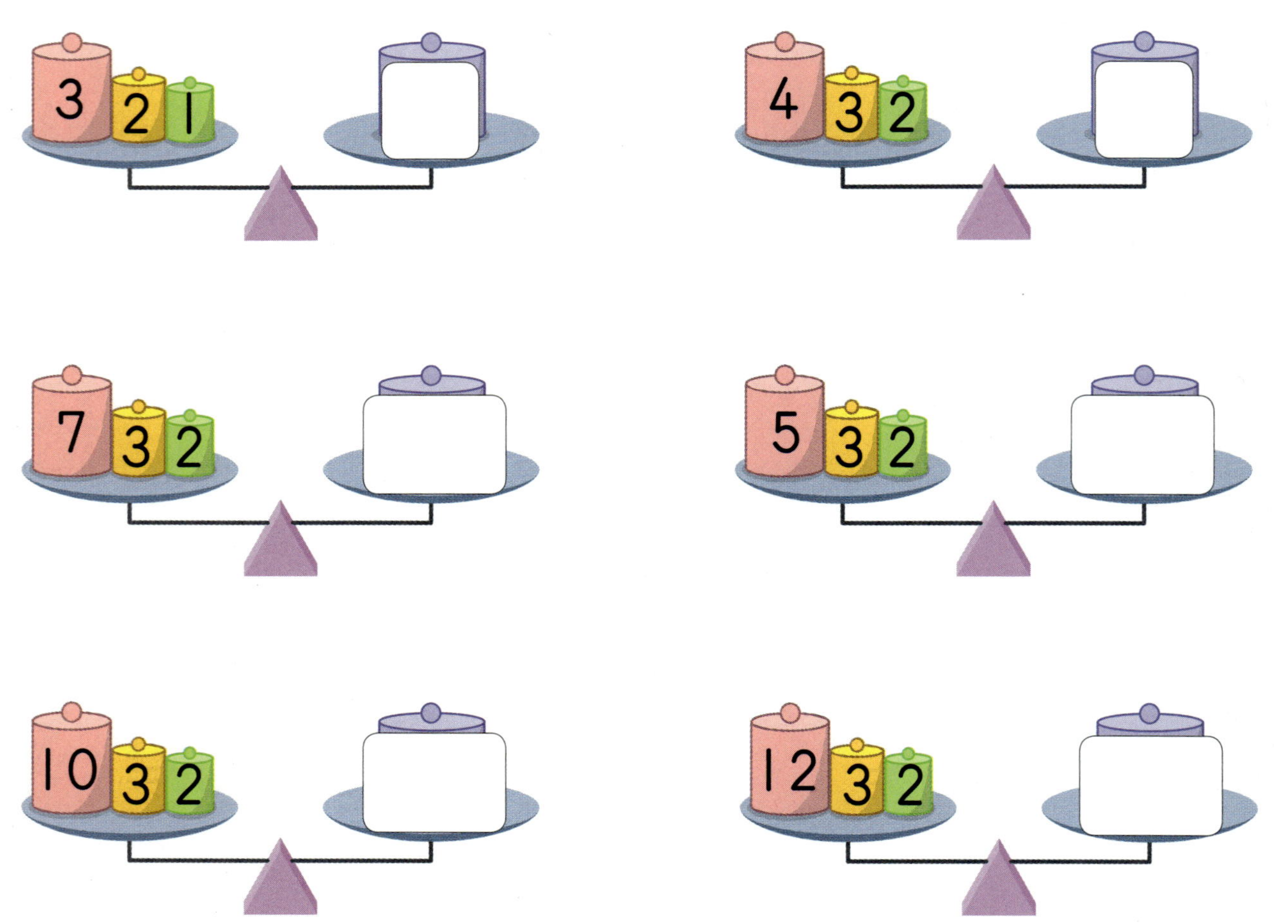
3
2
1
4
3
2
7
3
2
5
3
2
10
3
2
12
3
2

덧셈을 하세요.

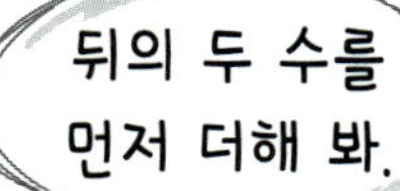
뒤의 두 수를
먼저 더해 봐.

$11 + 3 + 2 = $ 16 (+5)

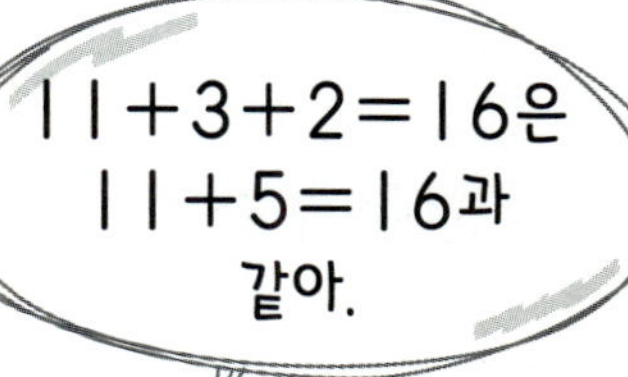
11+3+2=16은
11+5=16과
같아.

$3 + 3 + 2 = \square$ (+5)

$1 + 3 + 2 = \square$ (+5)

$8 + 3 + 2 = \square$ (+5)

$2 + 3 + 2 = \square$ (+5)

$14 + 3 + 2 = \square$ (+5)

$11 + 3 + 2 = \square$ (+5)

$13 + 3 + 2 = \square$ (+5)

$15 + 3 + 2 = \square$ (+5)

공부한 날 월 일

108 더하기 10

연결큐브를 5개씩 두 번 더했어요.

+10

+5 +5

7 + 10 = 17

7 + 5 + 5 = 17

5를 두 번 더하면 더하기 10과 같아.

더하는 수만큼 색칠하고 덧셈을 하세요.

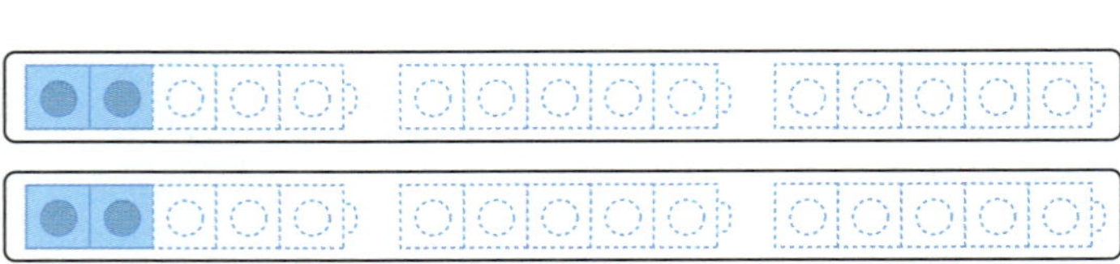

2 + 10 = □

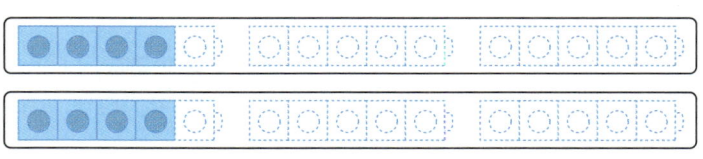

2 + 5 + 5 = □

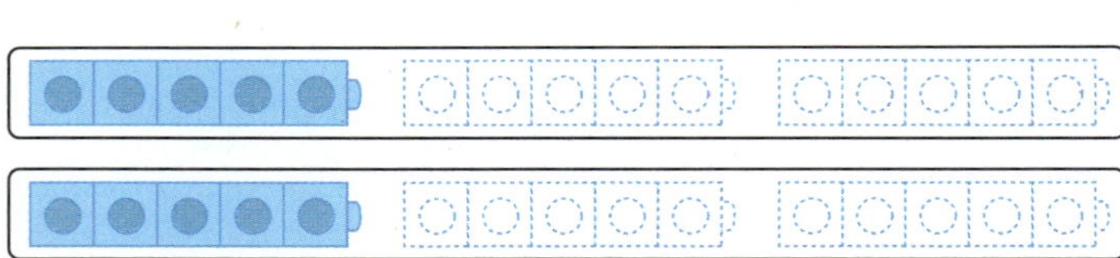

5 + 10 = □

5 + 5 + 5 = □

4 + 10 = □

4 + 5 + 5 = □

덧셈을 하세요.

3에서 5씩
두 번을 더 세.

$3 + 5 + 5 = $ 13

$3 + 10 = $ 13

5+5=10이므로
5를 두 번 더하는 대신
10을 더해도 돼.

$1 + 5 + 5 = \square$

$1 + 10 = \square$

$2 + 5 + 5 = \square$

$2 + 10 = \square$

$4 + 5 + 5 = \square$

$4 + 10 = \square$

$5 + 5 + 5 = \square$

$5 + 10 = \square$

$8 + 5 + 5 = \square$

$8 + 10 = \square$

$10 + 5 + 5 = \square$

$10 + 10 = \square$

과녁판에 화살로 맞힌 점수를 모두 더하여 ☐ 안에 쓰세요.

7, 5, 5를
맞혔어.
5가 두 번이므로
7에 5+5=10을
더해.
7 + 5 + 5 = 17

1
5
5

1 + 5 + 5

2
5
5

2 + 5 + 5

3
5
5

5
5
5

8
5
5

9
5
5

덧셈을 하세요.

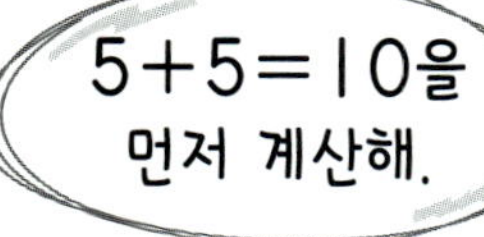
5+5=10을
먼저 계산해.

$2 + 5 + 5 = $ 12 (5 + 5 → +10)

알아. 난 꿈 속에서도
공부했어.

$1 + 5 + 5 = \square$ (5 + 5 → +10)

$3 + 5 + 5 = \square$ (5 + 5 → +10)

$4 + 5 + 5 = \square$

$5 + 5 + 5 = \square$

$6 + 5 + 5 = \square$

$8 + 5 + 5 = \square$

$9 + 5 + 5 = \square$

$10 + 5 + 5 = \square$

공부한 날 □ 월 □ 일

무엇을 배웠을까요

▲ ☐ 안에 알맞은 수를 쓰세요.

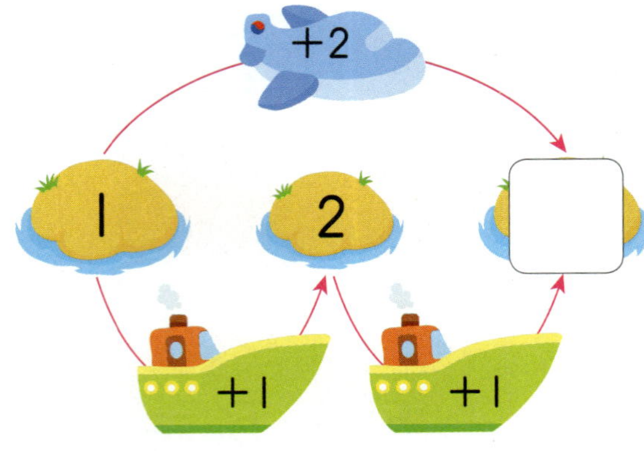

+2
1
2
+1
+1

+2
8
9
+1
+1

+2
12
13
+1
+1

+2
17
18
+1
+1

▲ 덧셈을 하세요.

$3 + 3 =$ ☐
$3 + 1 + 2 =$ ☐

$4 + 3 =$ ☐
$4 + 1 + 2 =$ ☐

$10 + 3 =$ ☐
$10 + 2 + 1 =$ ☐

$12 + 3 =$ ☐
$12 + 2 + 1 =$ ☐

문제 생성기

▲ 더하는 수만큼 색칠하고 덧셈을 하세요.

$2 + 3 =$ □

$2 + 1 + 2 =$ □

$5 + 5 =$ □

$5 + 2 + 3 =$ □

공부한 날 월 일

참! 잘했어요

▲ 덧셈을 하세요.

$2 + 5 =$ □
$2 + 3 + 2 =$ □

$1 + 10 =$ □
$1 + 5 + 5 =$ □

$4 + 5 =$ □
$4 + 3 + 2 =$ □

$6 + 10 =$ □
$6 + 5 + 5 =$ □

$9 + 5 =$ □
$9 + 2 + 3 =$ □

$8 + 10 =$ □
$8 + 5 + 5 =$ □

연산력 게임

PLAY

알록달록 공 찾기
17 만들기
0
9
12
3
2

저울에 공 3개를 올려 덧셈식을 만들어 보세요.

오른쪽에서 세 수의 합이 17이 되는 공 3개를 찾아 손가락으로 끌어서 넣으세요.
12, 3, 2를 넣으면 정답입니다.

세 수의 덧셈을 해 보세요.

세 수의 합이 14가 되는 두더지 3마리를 찾아 손가락으로 누르세요.
9, 3, 2를 누르면 정답입니다.

두더지를 잡아요
3개 더해서 14
9
3
8
2

세 수 빼기 (1)

109 뛰어 세어 빼기 …… 46

110 개수 세어 빼기 …… 50

111 가지를 그리면서 빼기 …… 54

112 더하고 빼기 …… 58

무엇을 배웠을까요 …… 62

▶ 연산 보충 학습(110쪽)에서 더 풀어 보세요.

학부모 지도 가이드

이 차시에서는 세 수의 뺄셈을 공부합니다. 세 수의 뺄셈을 처음 시작하는 단계이므로 숫자를 연결큐브나 사탕 모형과 같은 셀 수 있는 물건으로 나타내어 뺄셈을 계산하는 연습을 합니다.

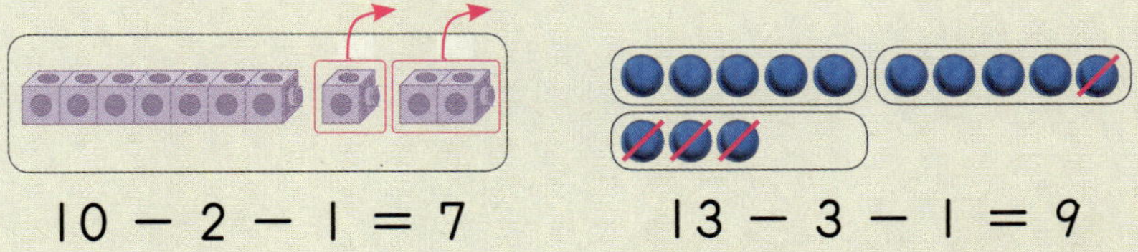

$10 - 2 - 1 = 7$ $\qquad$ $13 - 3 - 1 = 9$

빼는 수만큼 덜어 내거나 지워 보면서 빼어지는 수와 빼는 수 사이의 관계를 이해할 수 있도록 지도해 주세요.

109 뛰어 세어 빼기

지오가 울타리를 거꾸로 뛰어 세면서 뺄셈을 해요.

−3
−2
3
4
5
6
7
8
9
9−2−3은
9에서 거꾸로 2칸
뛴 다음 3칸을
더 뛰는 거야.

9 − 2 − 3 = 4

빼는 수만큼 거꾸로 뛰어 세어 마지막에 도착한 수에 ◯표 하고 뺄셈을 하세요.

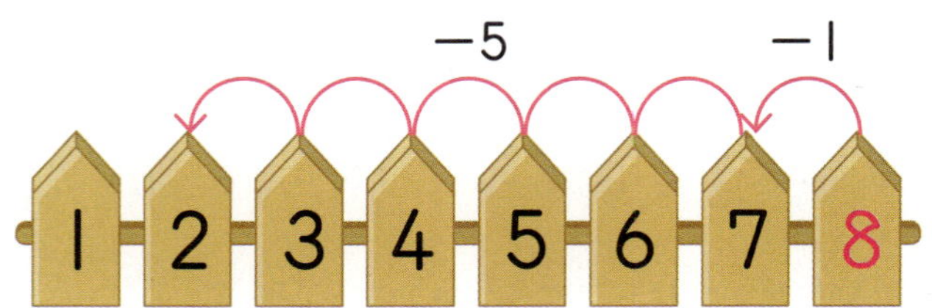

−5
−1
1
2
3
4
5
6
7
8

8 − 1 − 5 = □

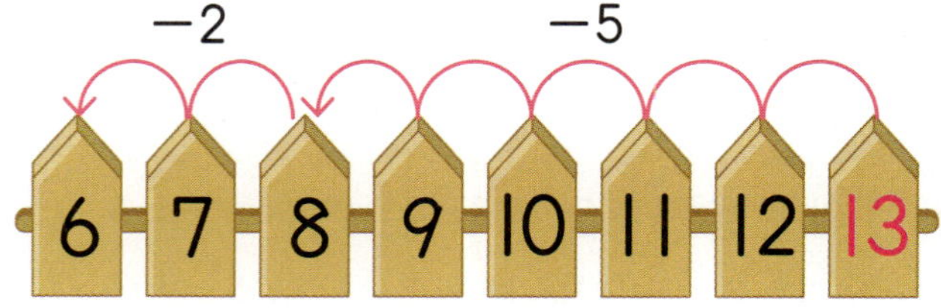

−2
−5
6
7
8
9
10
11
12
13

13 − 5 − 2 = □

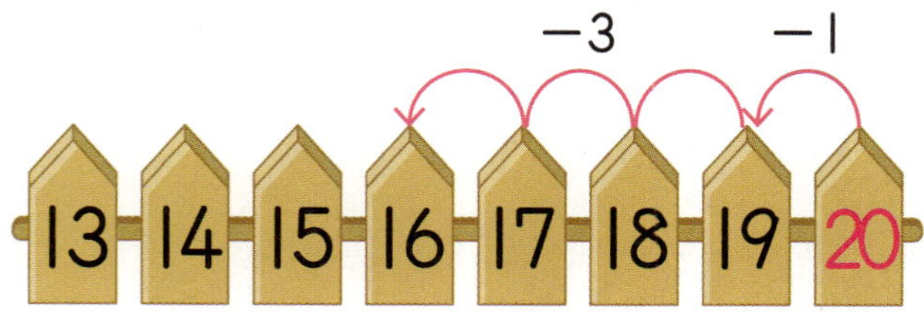

−3
−1
13
14
15
16
17
18
19
20

20 − 1 − 3 = □

● 그림을 보고 뺄셈을 하세요.

거꾸로 뛰는 것은
자신 있어.

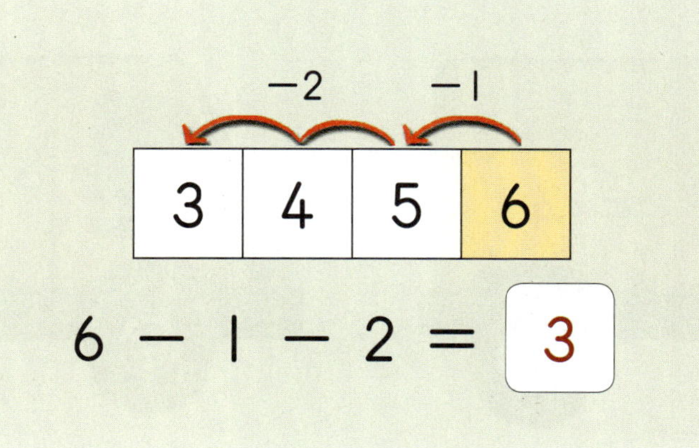
−2
−1
3 4 5 6
6 − 1 − 2 = 3

6에서 거꾸로 1
뛴 다음 2를
더 뛰면 3이야.

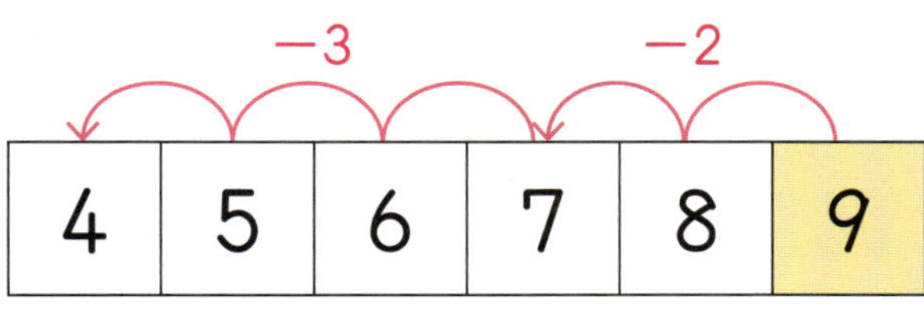
−3
−2
4 5 6 7 8 9

$9 - 2 - 3 = \square$

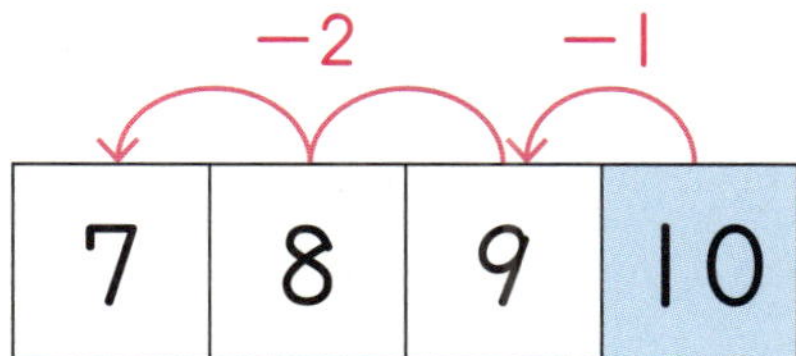
−2
−1
7 8 9 10

$10 - 1 - 2 = \square$

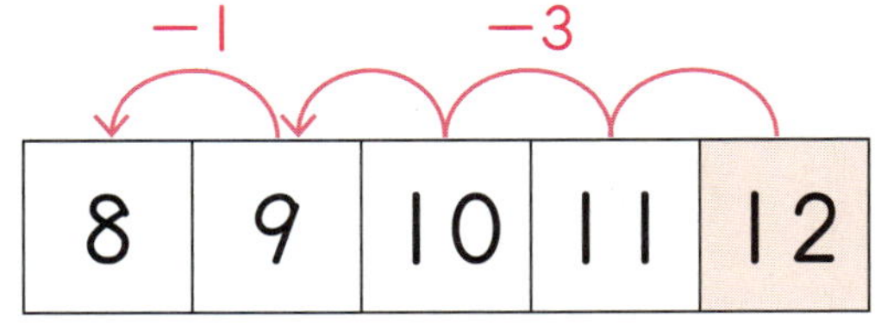
−1
−3
8 9 10 11 12

$12 - 3 - 1 = \square$

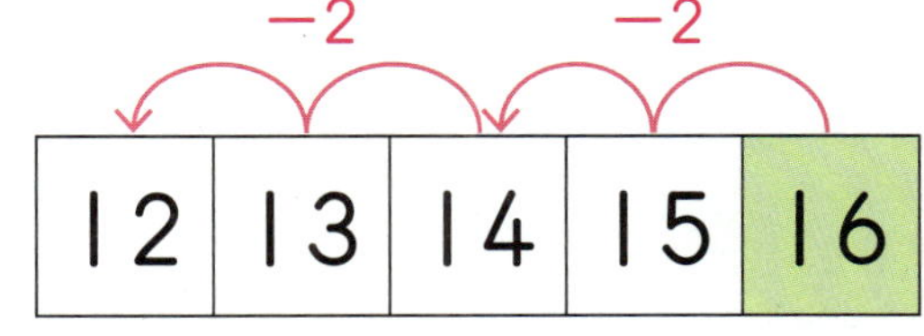
−2
−2
12 13 14 15 16

$16 - 2 - 2 = \square$

−3
−2
15 16 17 18 19 20

$20 - 2 - 3 = \square$

−3 −1

11	12	13	14	15

$15 - 1 - 3 = \square$

두 뺄셈식을 하나의 식으로 나타내세요.
8－1＝7
7－3＝4
8－1－3＝4
8에서 1을 뺀 다음 3을 더 빼는 것을 하나의 뺄셈식으로 나타내.
빨리 차에 타기나 해.

□ 안에 알맞은 수를 쓰세요.

$6-3=3$

$3-2=\square$ → $6-3-2=\square$

$19-2=17$

$17-2=\square$ → $19-2-2=\square$

뺄셈을 하세요.

$$\begin{cases} 12-2=10 \\ 10-3=7 \end{cases} \Rightarrow 12-2-3=\boxed{7}$$

두 뺄셈식을
하나의 식으로
나타낼 수 있어.

$8-1-5=\square$　　$7-1-2=\square$

$9-5-3=\square$　　$15-1-3=\square$

$13-3-2=\square$　　$19-3-3=\square$

$17-2-2=\square$　　$18-3-1=\square$

공부한 날 월 일

110 개수 세어 빼기

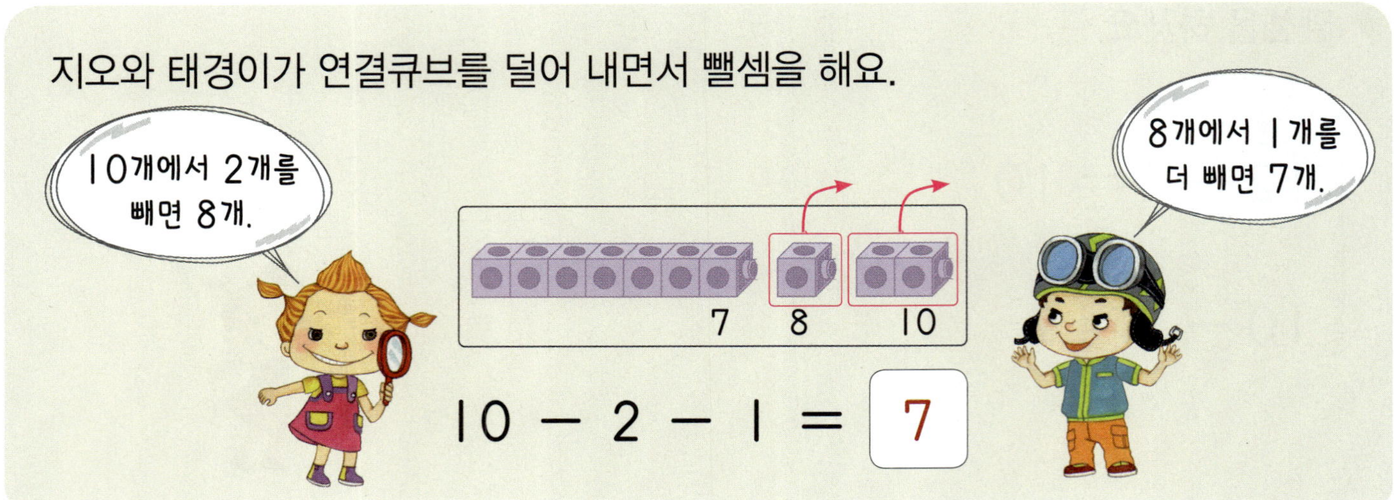
지오와 태경이가 연결큐브를 덜어 내면서 뺄셈을 해요.
10개에서 2개를 빼면 8개.
8개에서 1개를 더 빼면 7개.
7
8
10
10 − 2 − 1 = 7

그림을 보고 뺄셈을 하세요.

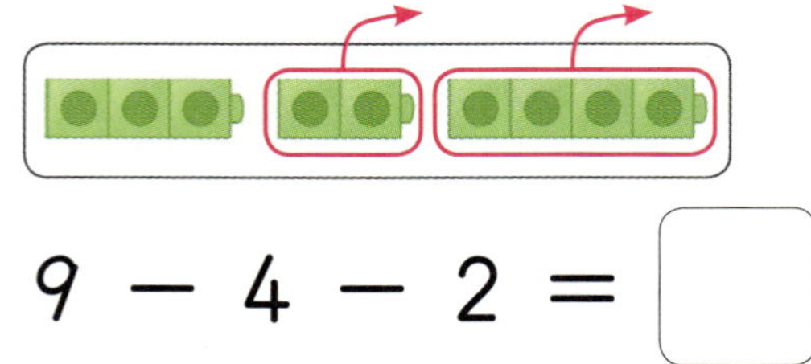

9 − 4 − 2 = ☐

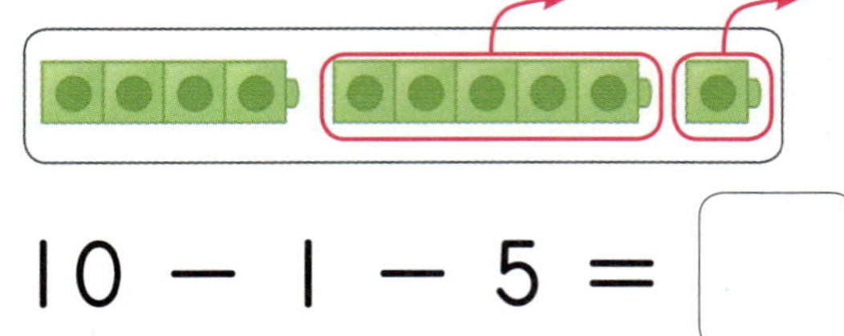

10 − 1 − 5 = ☐

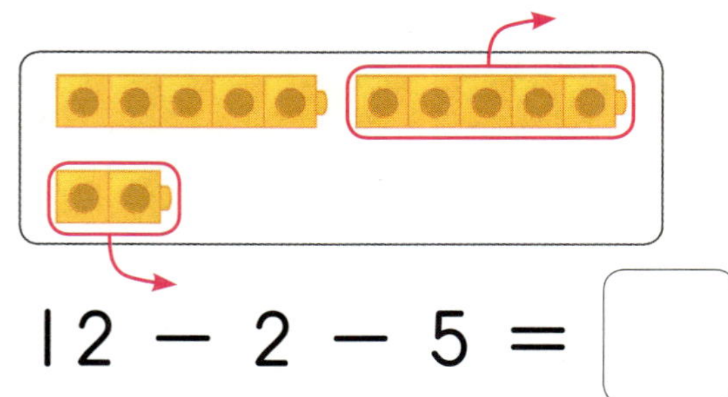

12 − 2 − 5 = ☐

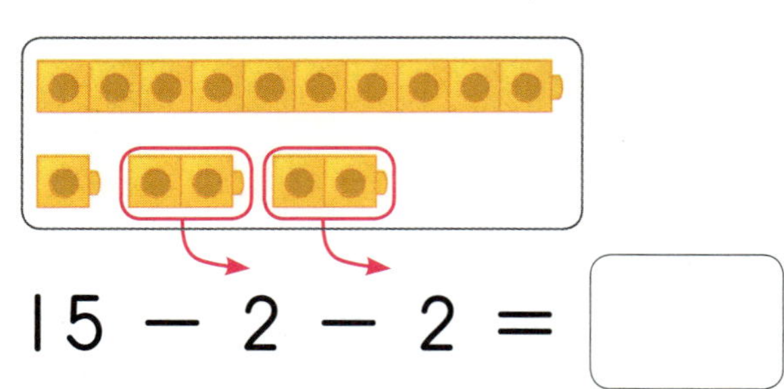

15 − 2 − 2 = ☐

17 − 3 − 1 = ☐

20 − 5 − 3 = ☐

빼는 수만큼 연결큐브를 덜어 내고 뺄셈을 하세요.

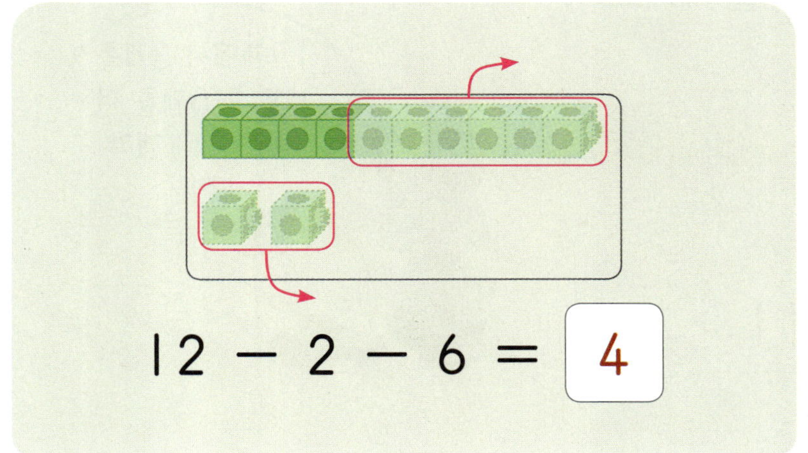

$12 - 2 - 6 = \boxed{4}$

12개에서 2개를
뺀 다음 6개를 더
빼면 4개가 남아.

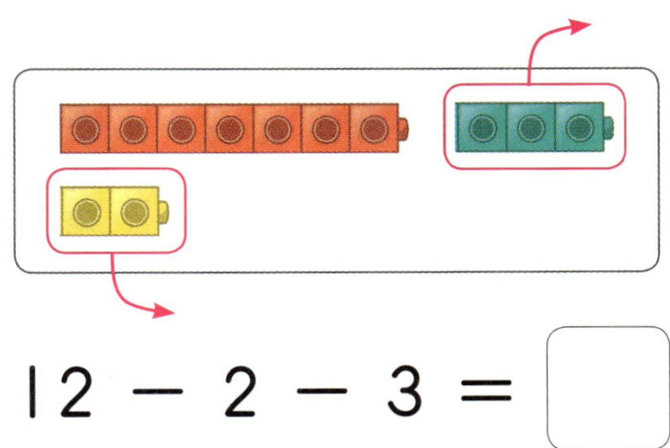

$12 - 2 - 3 = \square$

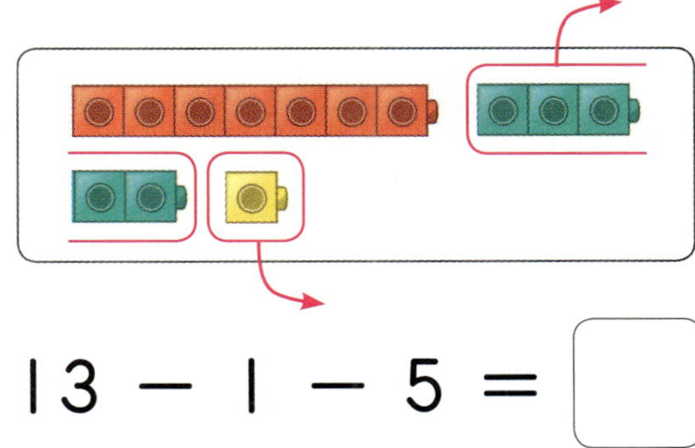

$13 - 1 - 5 = \square$

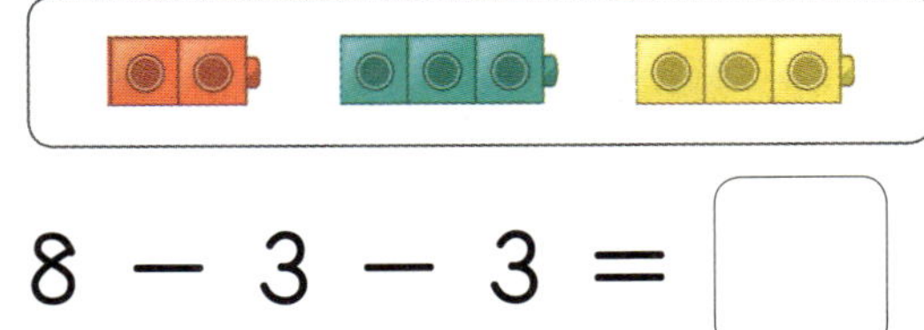

$8 - 3 - 3 = \square$

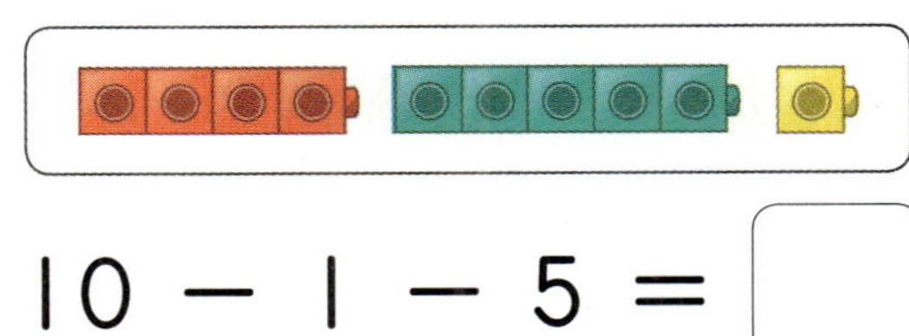

$10 - 1 - 5 = \square$

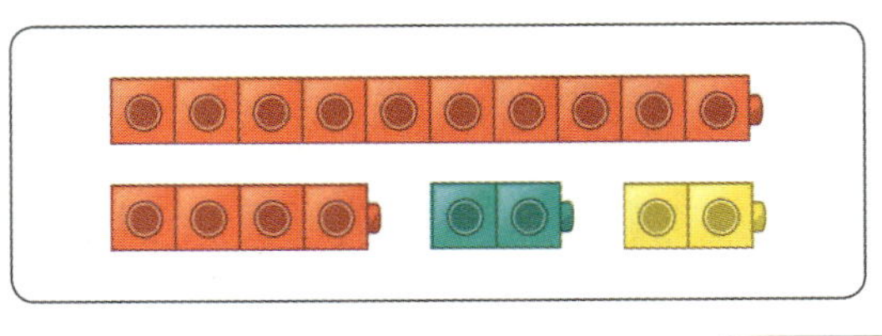

$18 - 2 - 2 = \square$

$17 - 1 - 3 = \square$

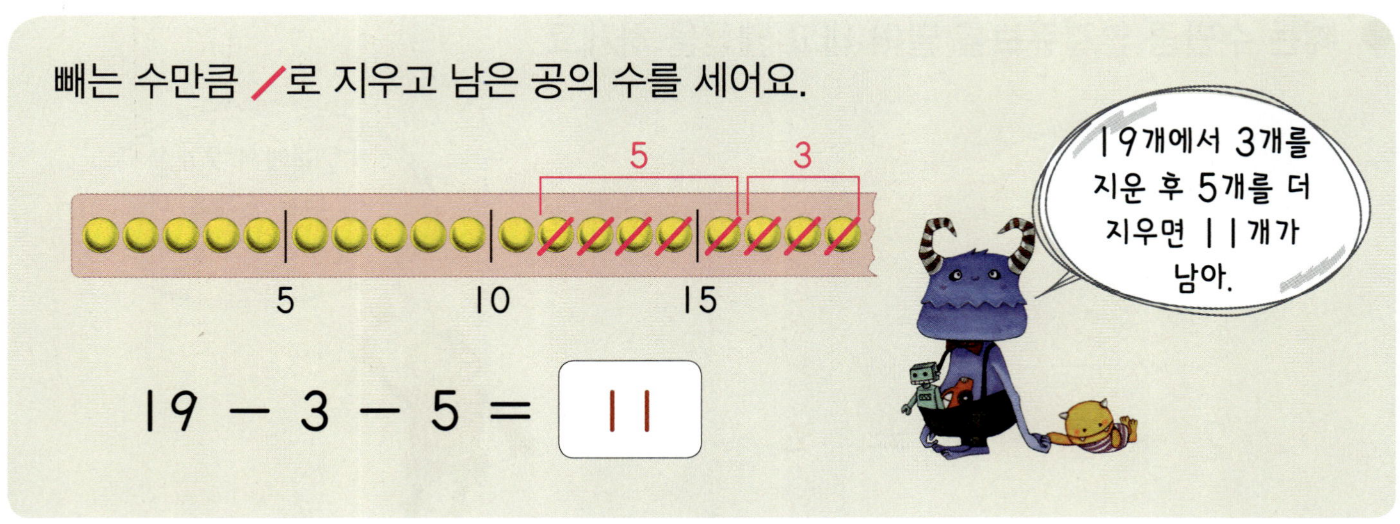

빼는 수만큼 ╱로 지우고 남은 공의 수를 세어요.
5
3
5
10
15
19 − 3 − 5 = 11
19개에서 3개를 지운 후 5개를 더 지우면 11개가 남아.

그림을 보고 ▢ 안에 알맞은 수를 쓰세요.

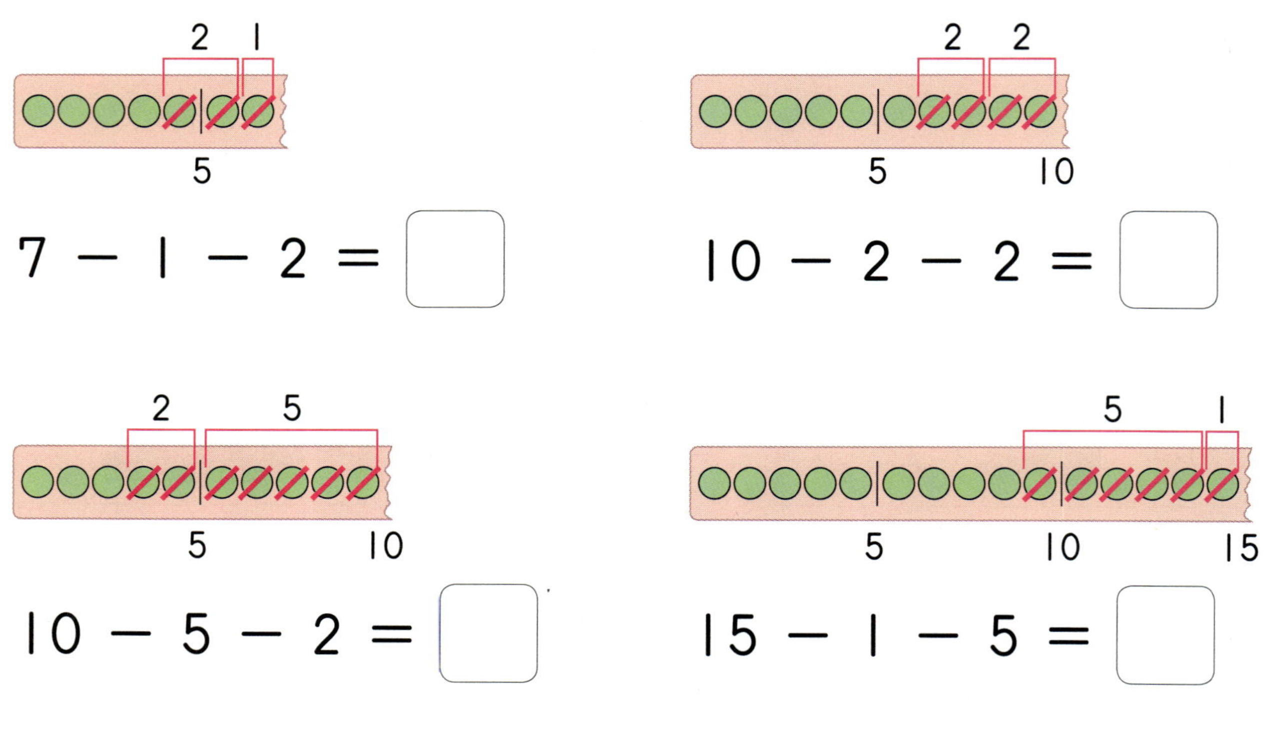

2
1
5
7 − 1 − 2 = ▢
2
2
5
10
10 − 2 − 2 = ▢
2
5
5
10
10 − 5 − 2 = ▢
5
1
5
10
15
15 − 1 − 5 = ▢

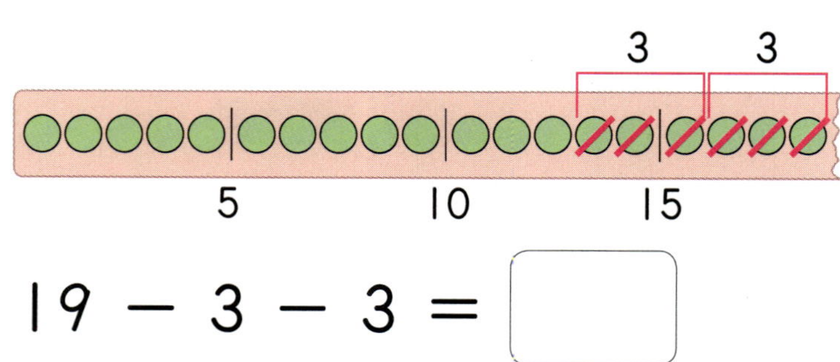

3
3
5
10
15
19 − 3 − 3 = ▢

빼는 수만큼 ／로 지우고 뺄셈을 하세요.

13−3=10
10−1=9

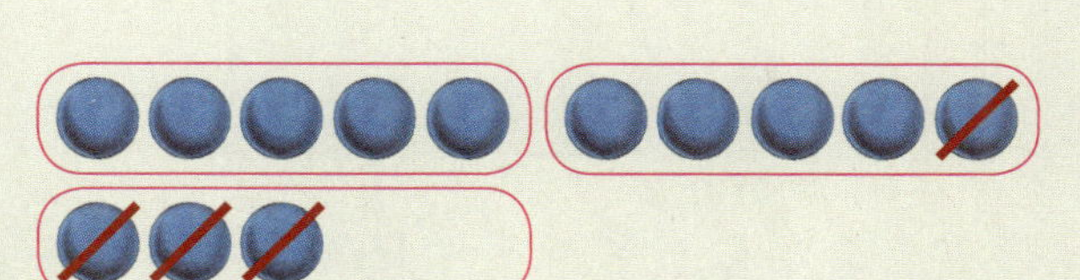

13 − 3 − 1 = 9

남은 공은 내가
가져가야지.

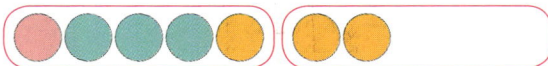

$7 - 3 - 3 = \square$

$9 - 2 - 5 = \square$

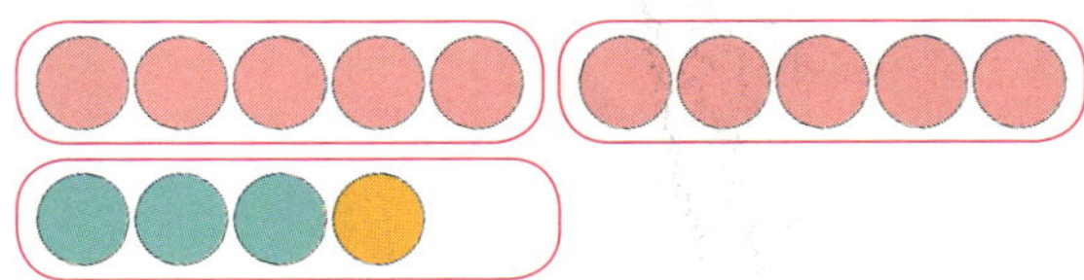

$14 - 1 - 3 = \square$

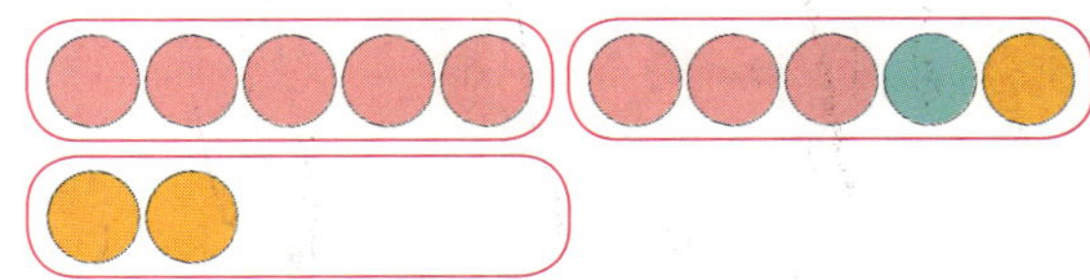

$12 - 3 - 1 = \square$

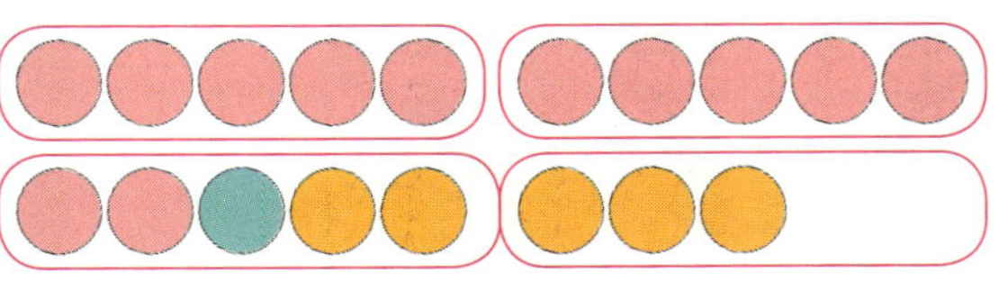

$18 - 5 - 1 = \square$

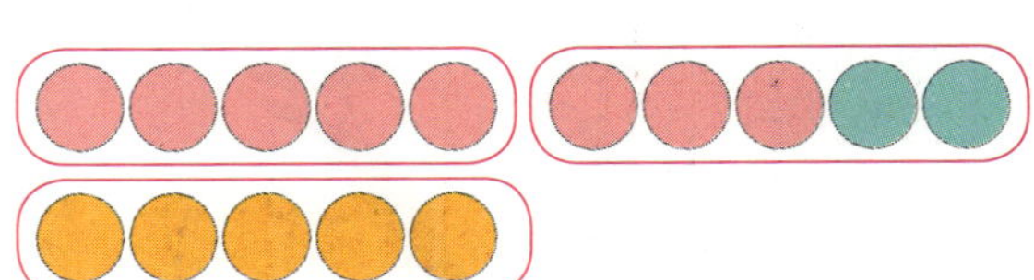

$15 - 5 - 2 = \square$

공부한 날

월

일

111 가지를 그리면서 빼기

지오와 태경이가 나뭇가지를 따라가며 뺄셈을 해요.

7 − 1 − 3 = 3
앞의 두 수를
먼저 계산하면
7−1=6
6
3
6에서 나머지
수를 빼면
6−3=3

□ 안에 알맞은 수를 쓰세요.

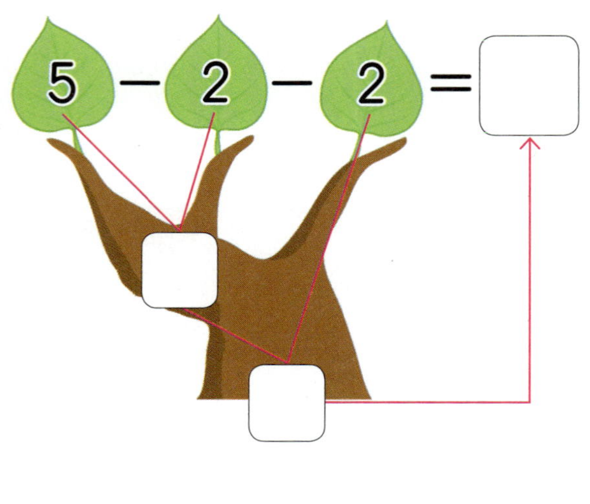
5 − 2 − 2 =

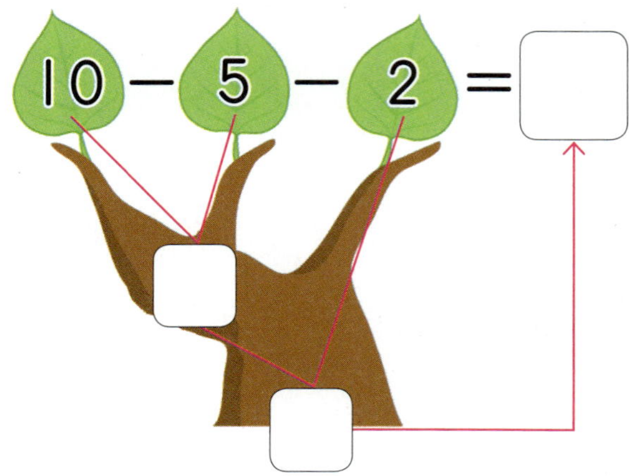
10 − 5 − 2 =

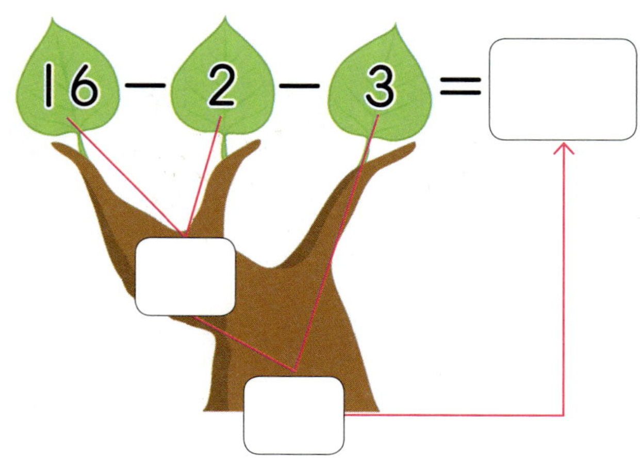
16 − 2 − 3 =

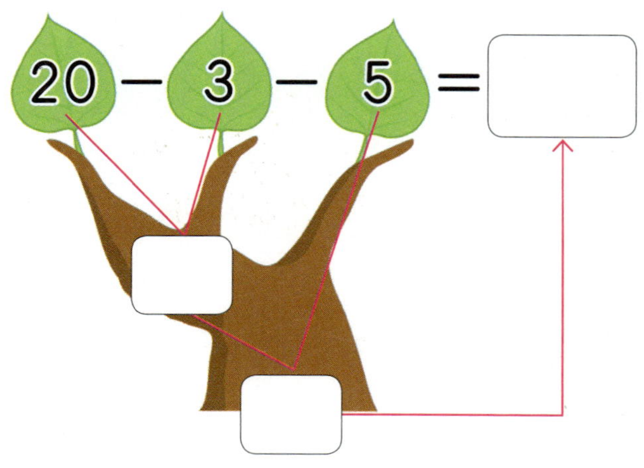
20 − 3 − 5 =

● ▢ 안에 알맞은 수를 쓰세요.

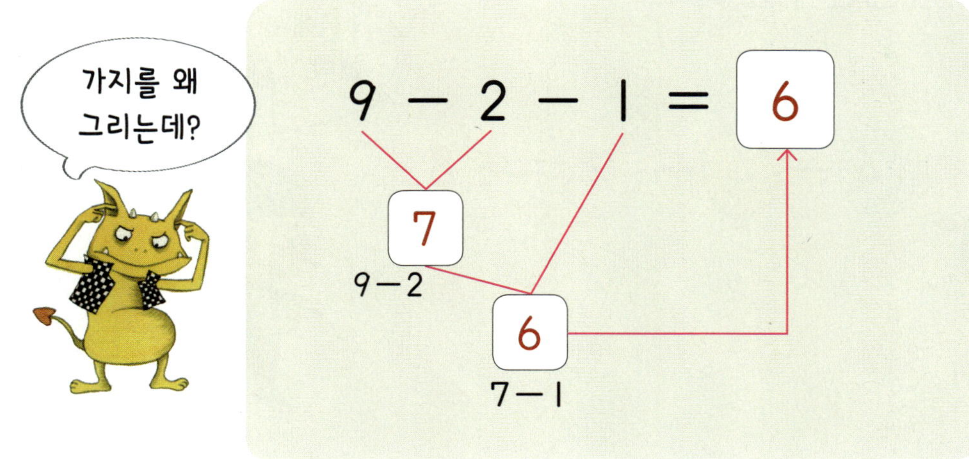
가지를 왜
그리는데?
9 − 2 − 1 = 6
7
9−2
6
7−1

세 수의 뺄셈은
가지를 그리면서 앞에서
부터 빼면 쉬워.

$8 - 1 - 5 = \square$

$7 - 1 - 2 = \square$

$18 - 3 - 2 = \square$

$15 - 5 - 3 = \square$

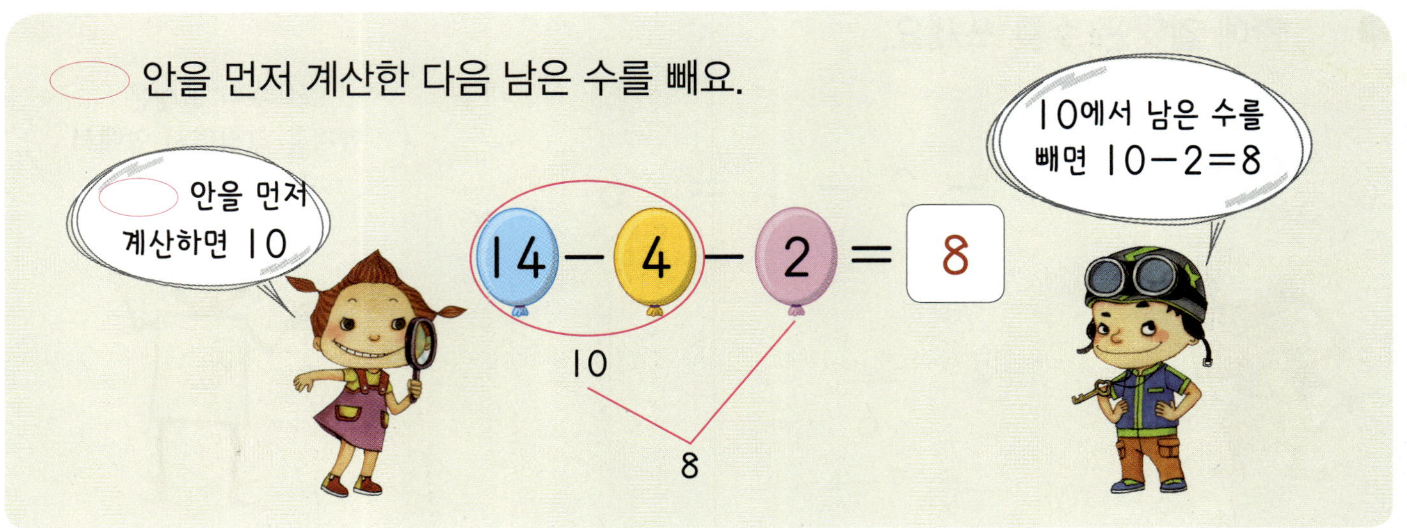
안을 먼저 계산한 다음 남은 수를 빼요.
안을 먼저 계산하면 10
10에서 남은 수를 빼면 10−2=8
14 − 4 − 2 = 8
10
8

빨셈을 하세요.

6 − 2 − 2 = ☐
4
2

9 − 3 − 1 = ☐
6
5

16 − 3 − 2 = ☐

13 − 3 − 5 = ☐

20 − 1 − 3 = ☐

17 − 10 − 1 = ☐

쉽고 재미있게
생각하는 연산!

연산력 수학 노크

정답

A6
6~7세

세 수의 덧셈과 뺄셈

천재교육

쉽고 재미있게
생각하는 연산!

연산력 수학

노크

연산력 수학 노크 정답

A6

6·7

101 뛰어 세어 더하기

지오는 7번째 칸에, 태경이는 12번째 칸에 타고 있어요.

7에서 3칸을 뛴 다음 2칸을 더 뛰면 12야.
+3
+2
7 8 9 10 11 12 13 14

7 + 3 + 2 = 12

● 더하는 수만큼 뛰어 세어 마지막에 도착한 수에 색칠하고 덧셈을 하세요.

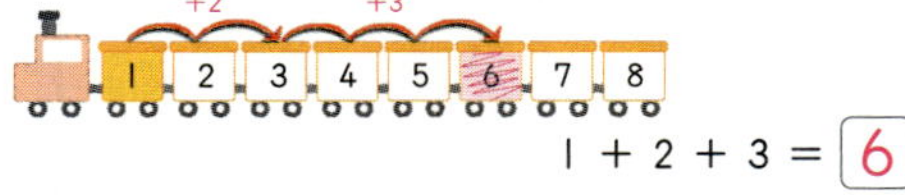

+2 +3
1 2 3 4 5 6 7 8

1 + 2 + 3 = 6

+1 +5
9 10 11 12 13 14 15 16

9 + 1 + 5 = 15

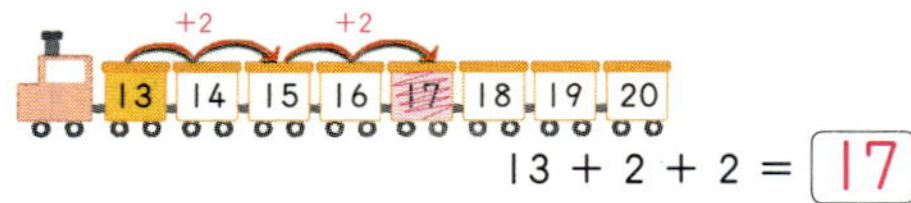

+2 +2
13 14 15 16 17 18 19 20

13 + 2 + 2 = 17

● 빈칸에 알맞은 수를 쓰고 덧셈을 하세요.

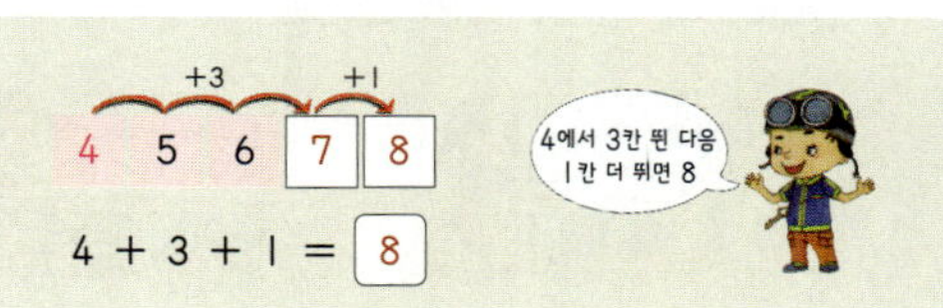

+3 +1
4 5 6 7 8
4에서 3칸 뛴 다음 1칸 더 뛰면 8

4 + 3 + 1 = 8

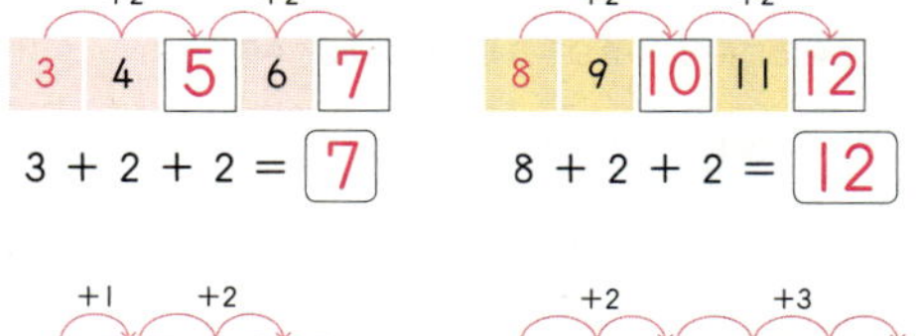

+2 +2
3 4 5 6 7
+2 +2
8 9 10 11 12

3 + 2 + 2 = 7

8 + 2 + 2 = 12

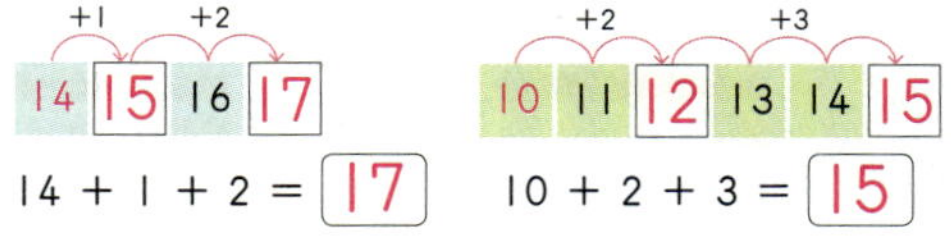

+1 +2
14 15 16 17
+2 +3
10 11 12 13 14 15

14 + 1 + 2 = 17

10 + 2 + 3 = 15

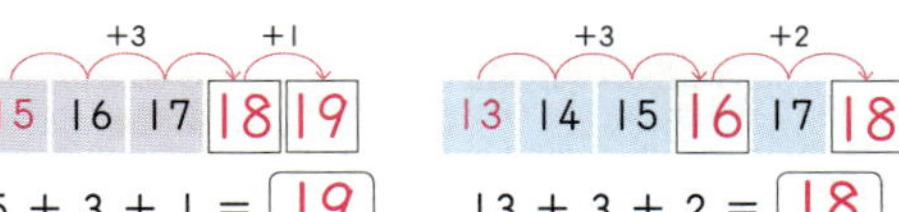

+3 +1
15 16 17 18 19
+3 +2
13 14 15 16 17 18

15 + 3 + 1 = 19

13 + 3 + 2 = 18

8·9

두 덧셈식을 하나의 식으로 나타낼 수 있어요.

5+2=7
7+1=8
5+2+1=8
5에 2를 더한 다음 1을 더해.

● □ 안에 알맞은 수를 쓰세요.

7+3=10
10+2=12
7+3+2=12

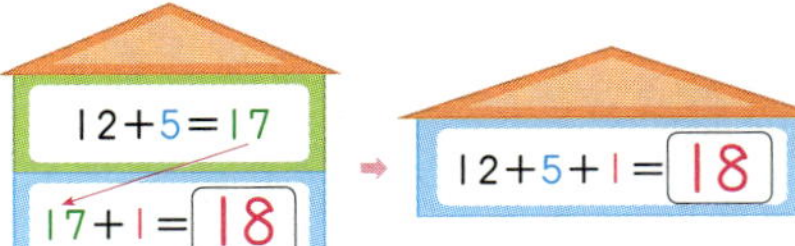

12+5=17
17+1=18
12+5+1=18

● 덧셈을 하세요.

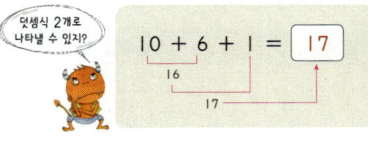

덧셈식 2개로 나타낼 수 있지?
10 + 6 + 1 = 17
16
17
10+6=16
16+1=17

4 + 1 + 3 = 8

7 + 3 + 5 = 15

9 + 1 + 2 = 12

15 + 1 + 3 = 19

8 + 2 + 9 = 19

11 + 2 + 3 = 16

13 + 3 + 2 = 18

16 + 1 + 2 = 19

공부한 날 월 일

연산력 수학 노크 정답

10 · 11

102 개수 세어 더하기

태경이와 지오가 연결큐브의 수를 더하고 있어요.

5개에 1개를 더하면 6개이고,

6개에 2개를 더하면 8개야.

5 + 1 + 2 = 8

연결큐브의 수를 모두 세어 □ 안에 알맞은 수를 쓰세요.

2 + 5 + 3 = 10

3 + 2 + 2 = 7

8 + 2 + 1 = 11

14 + 1 + 2 = 17

10 + 5 + 2 = 17

14 + 3 + 1 = 18

연결큐브의 수를 모두 세어 덧셈을 하세요.

6 + 5 + 2 = 13

6개에 5개를 더한 다음 2개를 더하면 13개야.

1 + 3 + 5 = 9

5 + 2 + 3 = 10

8 + 2 + 3 = 13

9 + 1 + 3 = 13

10 + 3 + 3 = 16

7 + 5 + 5 = 17

12 · 13

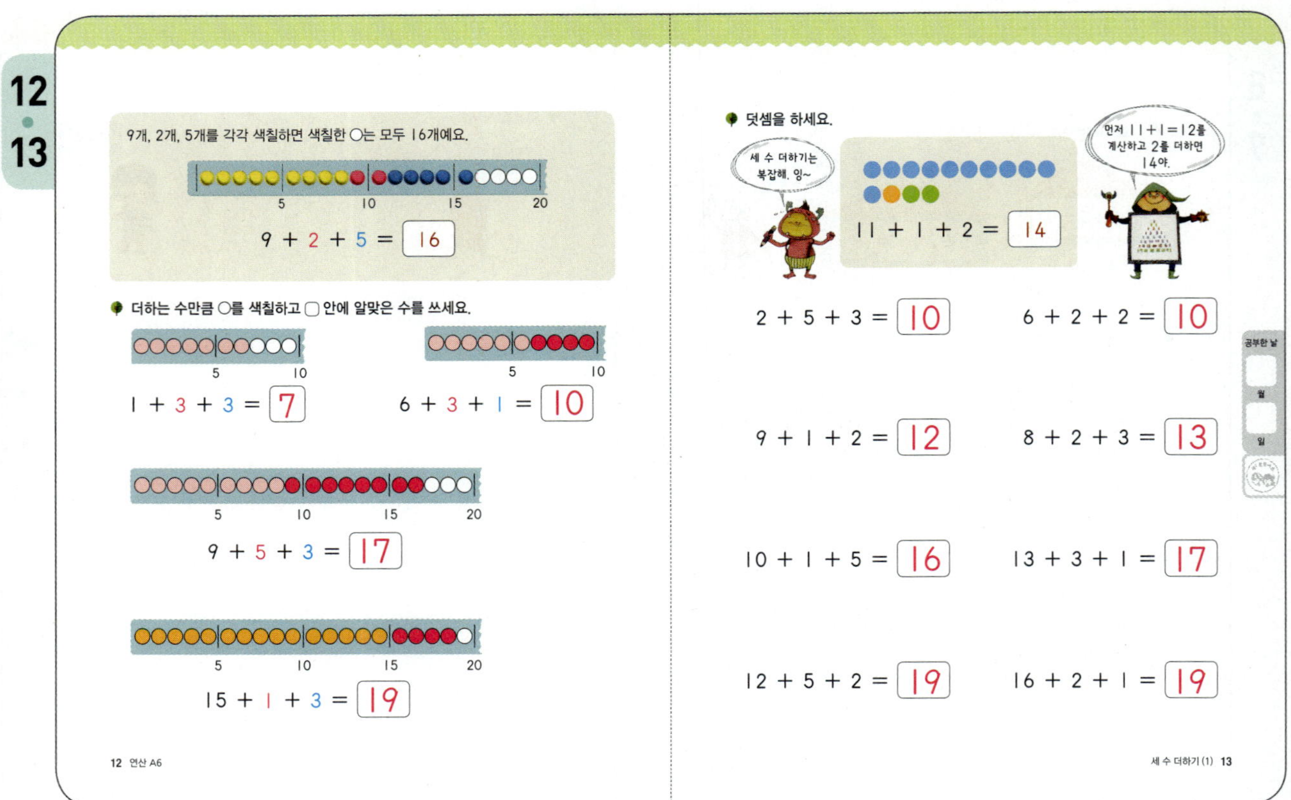
9개, 2개, 5개를 각각 색칠하면 색칠한 ○는 모두 16개예요.

9 + 2 + 5 = 16

더하는 수만큼 ○를 색칠하고 □ 안에 알맞은 수를 쓰세요.

1 + 3 + 3 = 7

6 + 3 + 1 = 10

9 + 5 + 3 = 17

15 + 1 + 3 = 19

12 연산 A6

덧셈을 하세요.

세 수 더하기는 복잡해. 잉~
먼저 11+1=12를 계산하고 2를 더하면 14야.

11 + 1 + 2 = 14

2 + 5 + 3 = 10

6 + 2 + 2 = 10

9 + 1 + 2 = 12

8 + 2 + 3 = 13

10 + 1 + 5 = 16

13 + 3 + 1 = 17

12 + 5 + 2 = 19

16 + 2 + 1 = 19

공부한 날 월 일

세 수 더하기 (1) 13

14 · 15

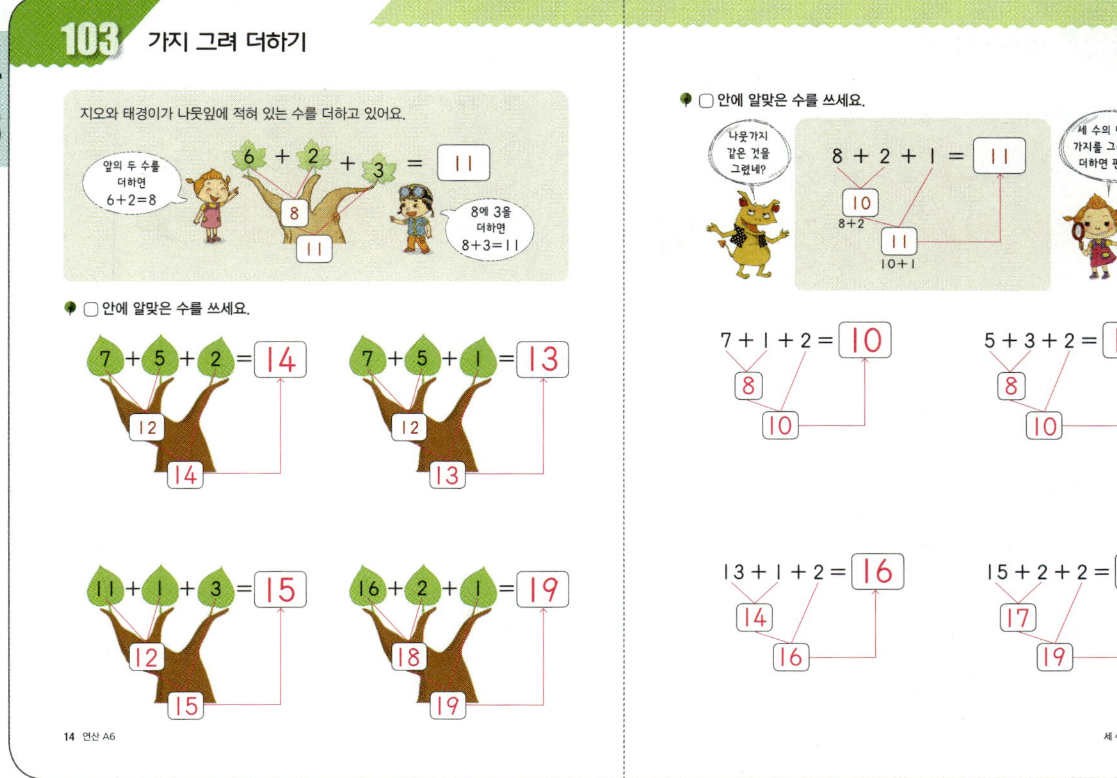

103 가지 그려 더하기
지오와 태경이가 나뭇잎에 적혀 있는 수를 더하고 있어요.
앞의 두 수를 더하면 6+2=8
6 + 2 + 3 = 11
8
11
8에 3을 더하면 8+3=11
□ 안에 알맞은 수를 쓰세요.
7 + 5 + 2 = 14
12
14
7 + 5 + 1 = 13
12
13
11 + 1 + 3 = 15
12
15
16 + 2 + 1 = 19
18
19
14 연산 A6
□ 안에 알맞은 수를 쓰세요.
나뭇가지 같은 것을 그렸네?
8 + 2 + 1 = 11
10
8+2
11
10+1
세 수의 덧셈은 가지를 그려 가며 더하면 편리해.
7 + 1 + 2 = 10
8
10
5 + 3 + 2 = 10
8
10
13 + 1 + 2 = 16
14
16
15 + 2 + 2 = 19
17
19
세 수 더하기 (1) 15

16 · 17

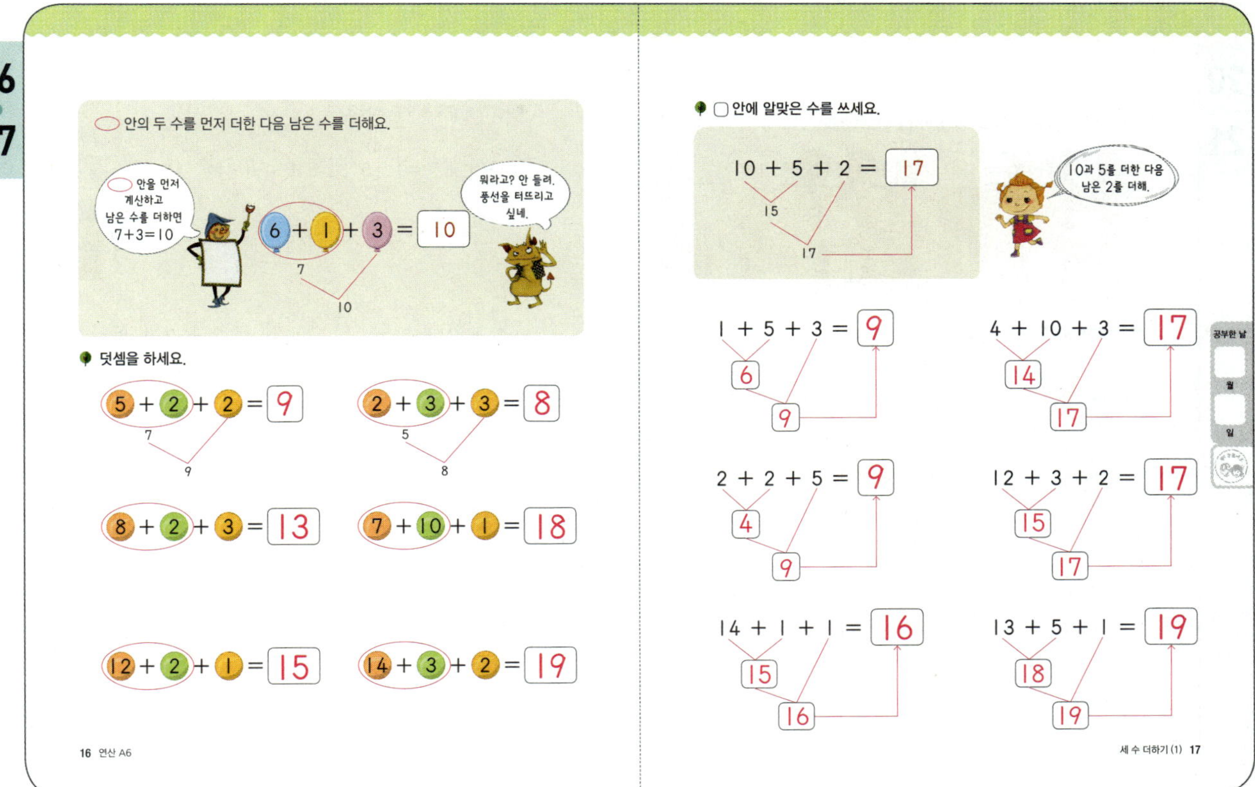

◯ 안의 두 수를 먼저 더한 다음 남은 수를 더해요.
◯ 안을 먼저 계산하고 남은 수를 더하면 7+3=10
6 + 1 + 3 = 10
7
10
뭐라고? 안 들려. 풍선을 터뜨리고 싶네.
덧셈을 하세요.
5 + 2 + 2 = 9
7
9
2 + 3 + 3 = 8
5
8
8 + 2 + 3 = 13
7 + 10 + 1 = 18
12 + 2 + 1 = 15
14 + 3 + 2 = 19
16 연산 A6
□ 안에 알맞은 수를 쓰세요.
10 + 5 + 2 = 17
15
17
10과 5를 더한 다음 남은 2를 더해.
1 + 5 + 3 = 9
6
9
4 + 10 + 3 = 17
14
17
2 + 2 + 5 = 9
4
9
12 + 3 + 2 = 17
15
17
14 + 1 + 1 = 16
15
16
13 + 5 + 1 = 19
18
19
공부한 날
월
일
세 수 더하기 (1) 17

연산력 수학 노크 정답

18 · 19

104 바꾸어 더하기

지오가 색깔이 다른 사탕의 순서를 바꾸어 더하고 있어요.

4 + 3 + 2 = 9
3 + 4 + 2 = 9

순서를 바꾸어 더할 수 있어.

● 덧셈을 하세요.

6 + 1 + 2 = 9
1 + 6 + 2 = 9

5 + 2 + 3 = 10
2 + 5 + 3 = 10

7 + 1 + 3 = 11
1 + 7 + 3 = 11

18 연산 A6

● 덧셈을 하세요.

3 + 1 + 9 = 13
9 + 1 + 3 = 13

9와 3의 자리를 바꾸어 더해도 결과가 같아.

4 + 1 + 3 = 8
1 + 4 + 3 = 8

8 + 2 + 2 = 12
2 + 8 + 2 = 12

10 + 3 + 2 = 15
3 + 10 + 2 = 15

7 + 2 + 5 = 14
5 + 2 + 7 = 14

14 + 1 + 2 = 17
14 + 2 + 1 = 17

12 + 5 + 1 = 18
1 + 5 + 12 = 18

세 수 더하기 (1) 19

20 · 21

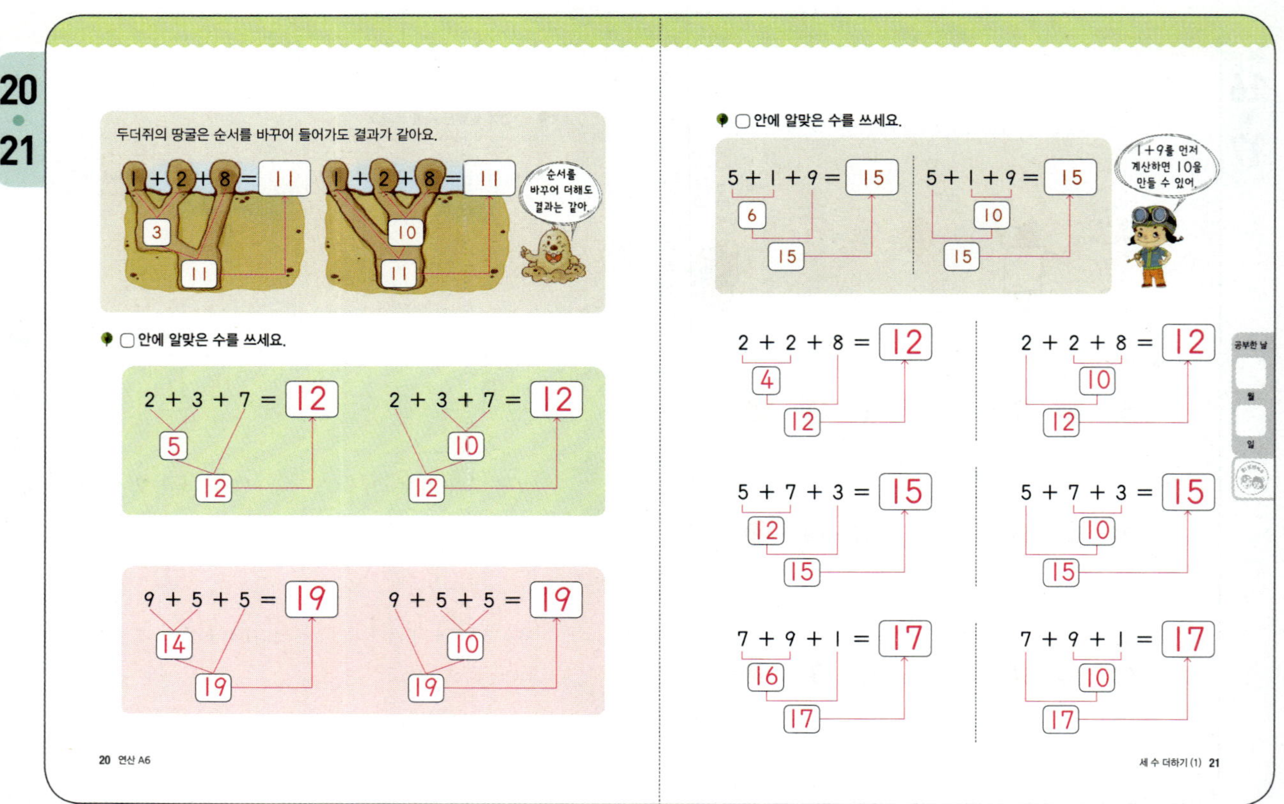

두더지의 땅굴은 순서를 바꾸어 들어가도 결과가 같아요.

1 + 2 + 8 = 11 (3, 11)
1 + 2 + 8 = 11 (10, 11)

순서를 바꾸어 더해도 결과는 같아.

● □ 안에 알맞은 수를 쓰세요.

2 + 3 + 7 = 12 (5, 12)
2 + 3 + 7 = 12 (10, 12)

9 + 5 + 5 = 19 (14, 19)
9 + 5 + 5 = 19 (10, 19)

20 연산 A6

● □ 안에 알맞은 수를 쓰세요.

5 + 1 + 9 = 15 (6, 15)
5 + 1 + 9 = 15 (10, 15)

1+9를 먼저 계산하면 10을 만들 수 있어.

2 + 2 + 8 = 12 (4, 12)
2 + 2 + 8 = 12 (10, 12)

5 + 7 + 3 = 15 (12, 15)
5 + 7 + 3 = 15 (10, 15)

7 + 9 + 1 = 17 (16, 17)
7 + 9 + 1 = 17 (10, 17)

공부한 날 월 일

세 수 더하기 (1) 21

22·23

무엇을 배웠을까요

▲ 더하는 수만큼 뛰어 세어 마지막에 도착한 수에 색칠하고 덧셈을 하세요.

+3 +4
1 2 3 4 5 6 7 8

1 + 3 + 4 = 8

+2 +2
12 13 14 15 16 17 18 19

12 + 2 + 2 = 16

▲ 두 덧셈식을 하나의 식으로 나타낼 때 ▢ 안에 알맞은 수를 쓰세요.

5 + 3 = 8
8 + 2 = 10 → 5 + 3 + 2 = 10

7 + 5 = 12
12 + 5 = 17 → 7+ 5 + 5 = 17

13 + 1 = 14
14 + 5 = 19 → 13 + 1 + 5 = 19

▲ 그림을 보고 덧셈을 하세요.

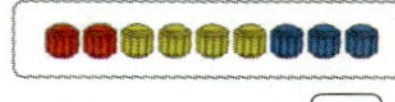

2 + 4 + 3 = 9

1 + 5 + 2 = 8

3 + 7 + 4 = 14

5 + 5 + 9 = 19

▲ ▢ 안에 알맞은 수를 쓰세요.

12 + 3 + 2 = 17 (15, 17)

12 + 3 + 2 = 17 (5, 17)

8 + 5 + 5 = 18 (13, 18)

8 + 5 + 5 = 18 (10, 18)

26·27

105 더하기 2

태경이는 비행기를 타고, 지오는 배를 타고 섬에 도착했어요.

1을 두 번 더하면 더하기 2와 같아.
+2
5
6
7
+1
+1
5+2=7
5+1+1=7

● ▢ 안에 알맞은 수를 쓰세요.

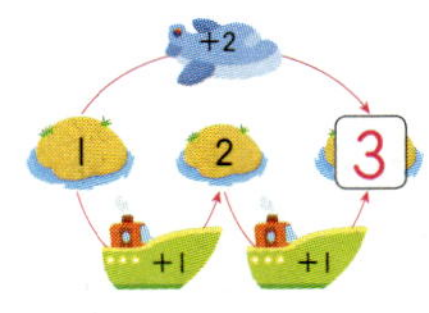

+2
1
2
3
+1
+1

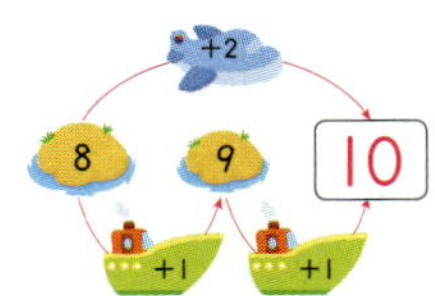

+2
8
9
10
+1
+1

+2
12
13
14
+1
+1

+2
17
18
19
+1
+1

● 덧셈을 하세요.

두 식의 계산 결과가 같아!

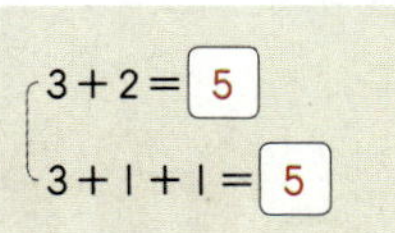

3+2=5
3+1+1=5

더하기 2는 다음 다음 수이므로 1을 두 번 더하는 것과 같아.

2 + 2 = 4
2 + 1 + 1 = 4

5 + 2 = 7
5 + 1 + 1 = 7

6 + 2 = 8
6 + 1 + 1 = 8

8 + 2 = 10
8 + 1 + 1 = 10

10 + 2 = 12
10 + 1 + 1 = 12

15 + 2 = 17
15 + 1 + 1 = 17

28·29

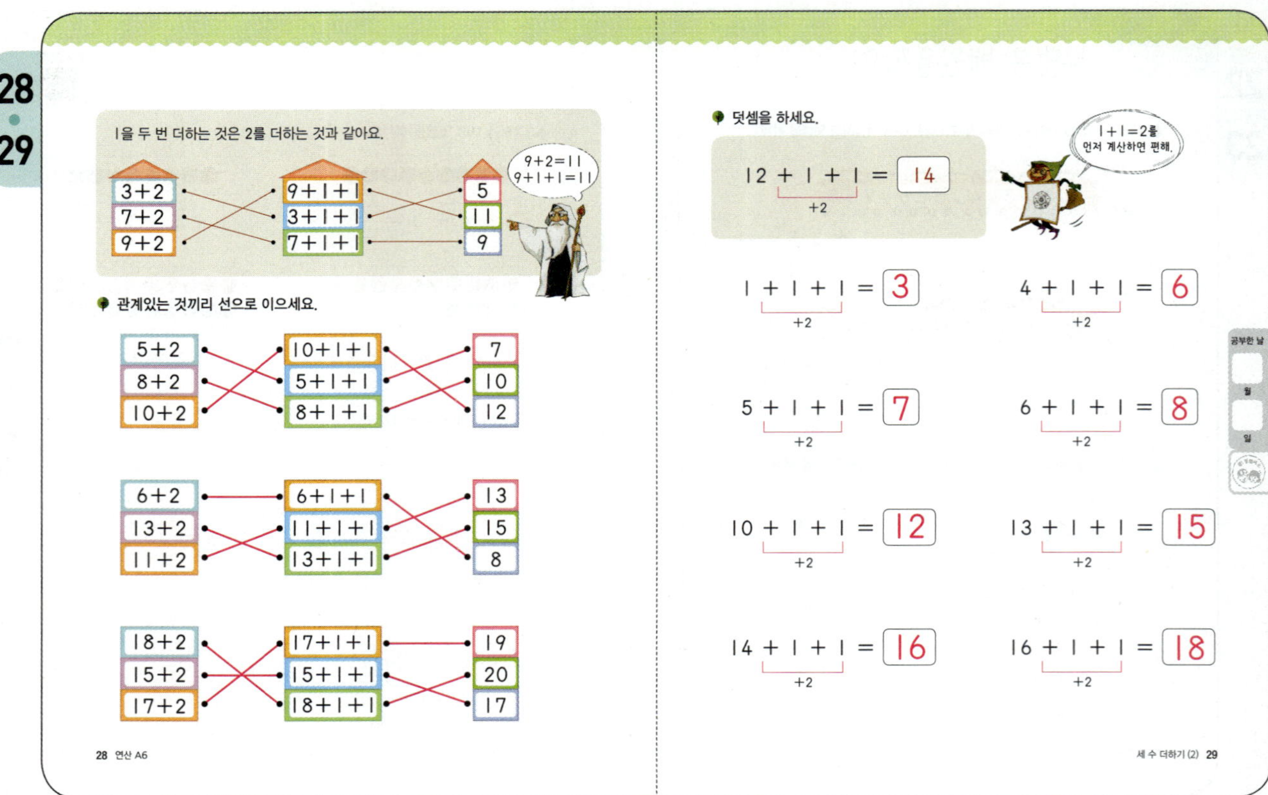
1을 두 번 더하는 것은 2를 더하는 것과 같아요.
3+2
7+2
9+2
9+1+1
3+1+1
7+1+1
5
11
9
9+2=11
9+1+1=11
관계있는 것끼리 선으로 이으세요.
5+2
8+2
10+2
10+1+1
5+1+1
8+1+1
7
10
12
6+2
13+2
11+2
6+1+1
11+1+1
13+1+1
13
15
8
18+2
15+2
17+2
17+1+1
15+1+1
18+1+1
19
20
17
28 연산 A6
덧셈을 하세요.
12 + 1 + 1 = 14
+2
1+1=2를 먼저 계산하면 편해.
1 + 1 + 1 = 3
4 + 1 + 1 = 6
5 + 1 + 1 = 7
6 + 1 + 1 = 8
10 + 1 + 1 = 12
13 + 1 + 1 = 15
14 + 1 + 1 = 16
16 + 1 + 1 = 18
세 수 더하기 (2) 29

30·31

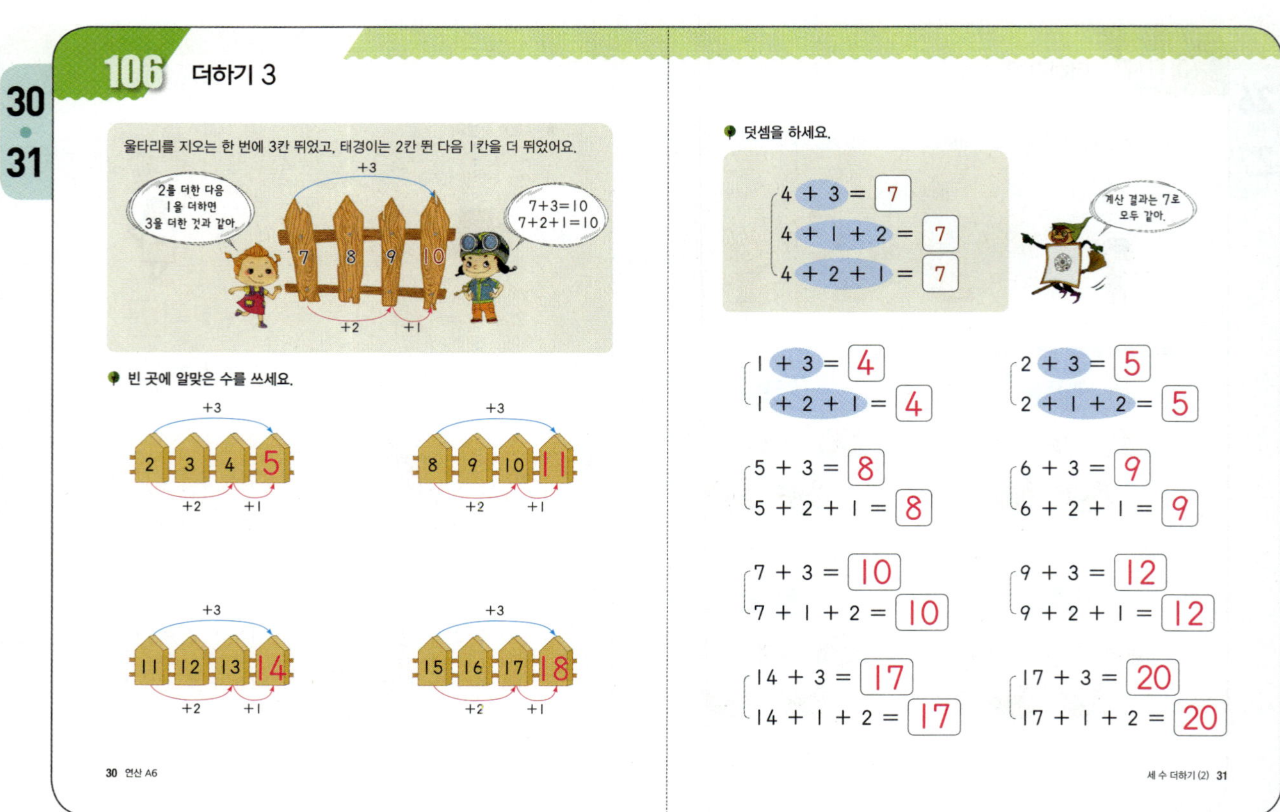
106 더하기 3
울타리를 지오는 한 번에 3칸 뛰었고, 태경이는 2칸 뛴 다음 1칸을 더 뛰었어요.
+3
2를 더한 다음 1을 더하면 3을 더한 것과 같아.
7+3=10
7+2+1=10
7
8
9
10
+2
+1
빈 곳에 알맞은 수를 쓰세요.
2 3 4 5
8 9 10 11
11 12 13 14
15 16 17 18
30 연산 A6
덧셈을 하세요.
4 + 3 = 7
4 + 1 + 2 = 7
4 + 2 + 1 = 7
계산 결과는 7로 모두 같아.
1 + 3 = 4
1 + 2 + 1 = 4
2 + 3 = 5
2 + 1 + 2 = 5
5 + 3 = 8
5 + 2 + 1 = 8
6 + 3 = 9
6 + 2 + 1 = 9
7 + 3 = 10
7 + 1 + 2 = 10
9 + 3 = 12
9 + 2 + 1 = 12
14 + 3 = 17
14 + 1 + 2 = 17
17 + 3 = 20
17 + 1 + 2 = 20
세 수 더하기 (2) 31

32 · 33

덧셈식으로 집을 지었어요.
아이~ 졸려.
공부만 하면 졸리니?
12
10+3
9+3
9+2+1
9+2+2

덧셈을 하여 지붕의 수가 나오는 식 2개를 찾아 ◯표 하세요.

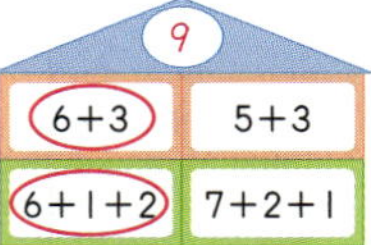
9
6+3
5+3
6+1+2
7+2+1

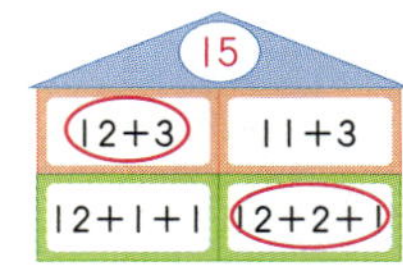
15
12+3
11+3
12+1+1
12+2+1

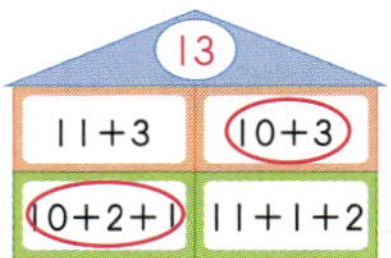
13
11+3
10+3
10+2+1
11+1+2

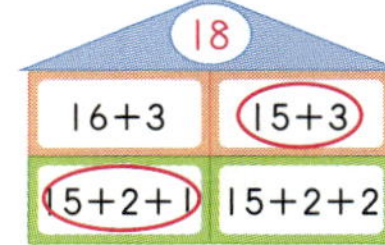
18
16+3
15+3
15+2+1
15+2+2

덧셈을 하세요.

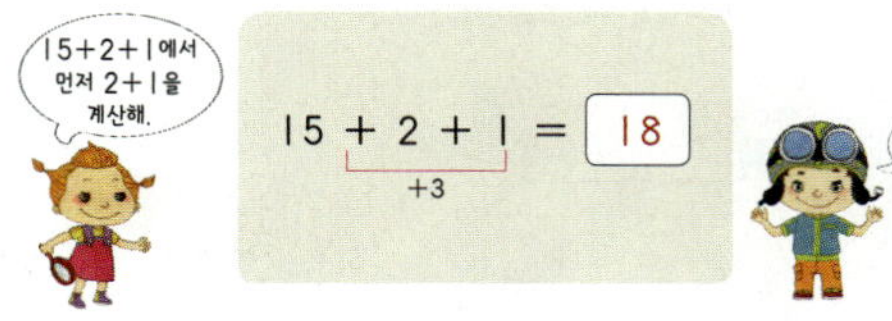
15+2+1에서 먼저 2+1을 계산해.
15 + 2 + 1 = 18
+3
15+3=18

5 + 2 + 1 = 8 (+3)

7 + 1 + 2 = 10 (+3)

10 + 2 + 1 = 13 (+3)

8 + 2 + 1 = 11 (+3)

16 + 2 + 1 = 19 (+3)

12 + 2 + 1 = 15 (+3)

11 + 2 + 1 = 14 (+3)

13 + 2 + 1 = 16 (+3)

공부한 날 월 일

34 · 35

107 더하기 5

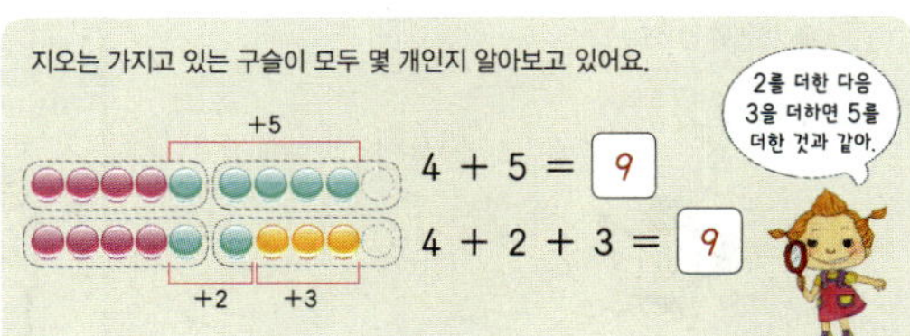
지오는 가지고 있는 구슬이 모두 몇 개인지 알아보고 있어요.
+5
4 + 5 = 9
4 + 2 + 3 = 9
+2
+3
2를 더한 다음 3을 더하면 5를 더한 것과 같아.

더하는 수만큼 붙임 딱지를 붙이고 덧셈을 하세요. ➡ 책 앞에 있는 붙임 딱지를 사용하세요.

3 + 5 = 8

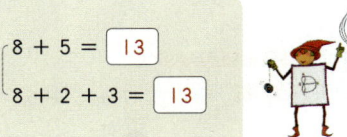

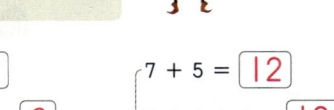

3 + 2 + 3 = 8

5 + 5 = 10

5 + 2 + 3 = 10

2 + 5 = 7

2 + 2 + 3 = 7

덧셈을 하세요.

8 + 5 = 13

8 + 2 + 3 = 13

5를 더하는 것은 2+3을 더하는 것과 같아.

4 + 5 = 9

4 + 2 + 3 = 9

7 + 5 = 12

7 + 2 + 3 = 12

12 + 5 = 17

12 + 2 + 3 = 17

9 + 5 = 14

9 + 2 + 3 = 14

14 + 5 = 19

14 + 2 + 3 = 19

11 + 5 = 16

11 + 2 + 3 = 16

연산력 수학 노크 정답

36·37

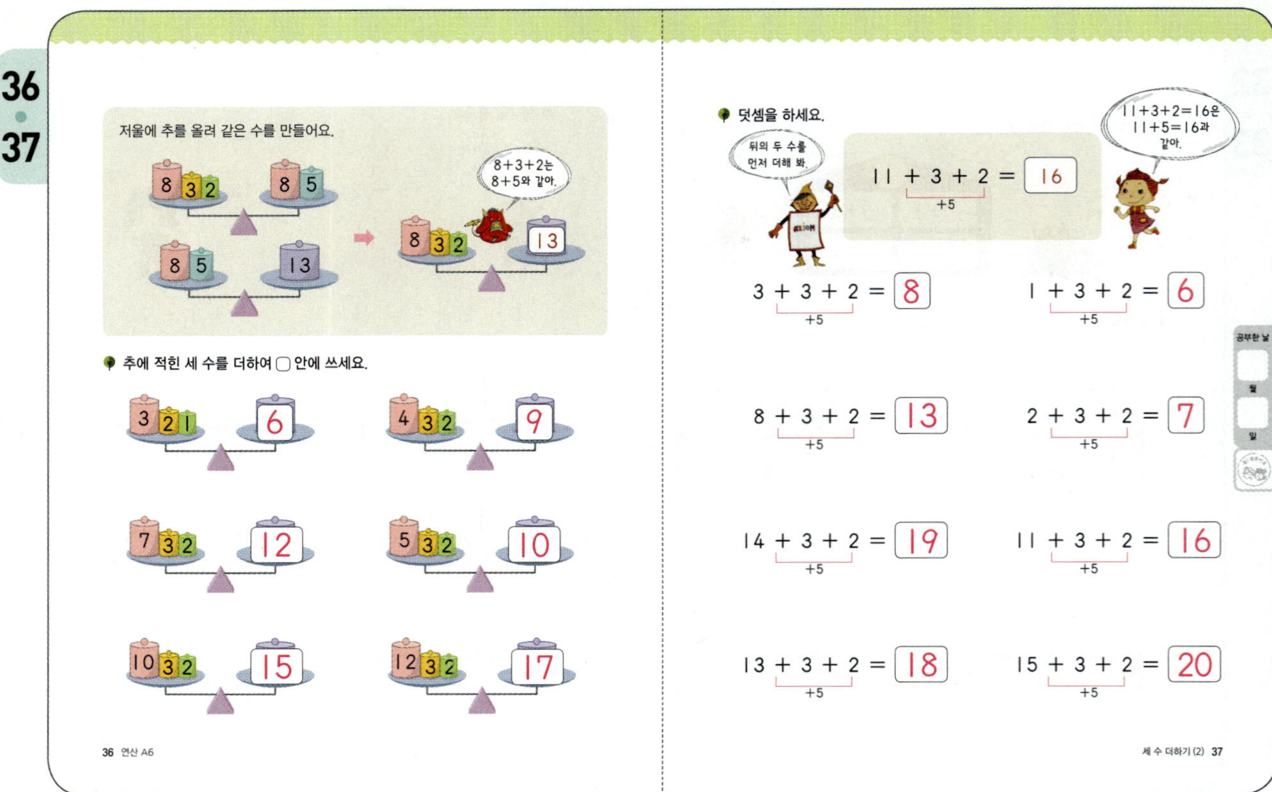

저울에 추를 올려 같은 수를 만들어요.
8+3+2는 8+5와 같아.
추에 적힌 세 수를 더하여 ▢ 안에 쓰세요.
3 2 1 6
4 3 2 9
7 3 2 12
5 3 2 10
10 3 2 15
12 3 2 17
36 연산 A6
덧셈을 하세요.
뒤의 두 수를 먼저 더해 봐.
11+3+2=16은 11+5=16과 같아.
11 + 3 + 2 = 16
3 + 3 + 2 = 8
1 + 3 + 2 = 6
8 + 3 + 2 = 13
2 + 3 + 2 = 7
14 + 3 + 2 = 19
11 + 3 + 2 = 16
13 + 3 + 2 = 18
15 + 3 + 2 = 20
세 수 더하기 (2) 37

38·39

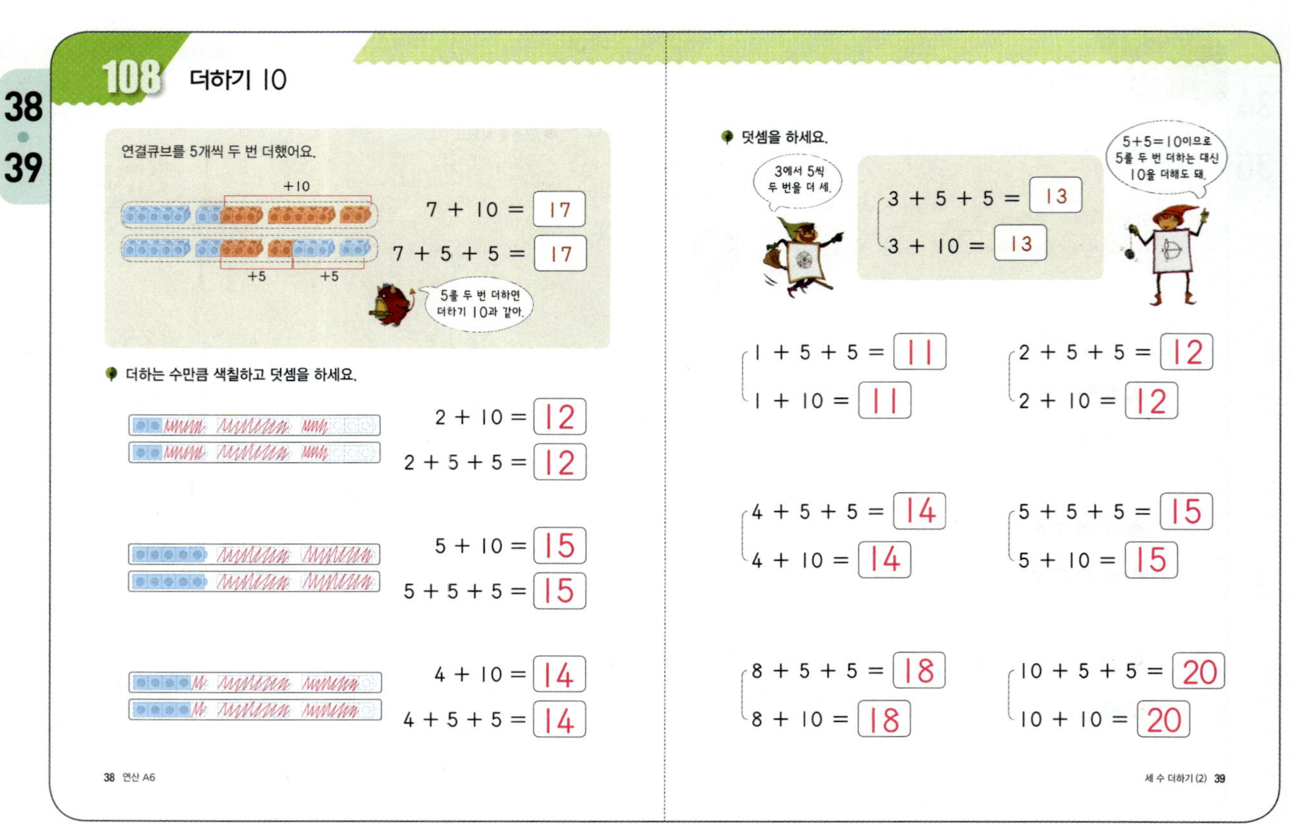

108 더하기 10
연결큐브를 5개씩 두 번 더했어요.
7 + 10 = 17
7 + 5 + 5 = 17
5를 두 번 더하면 더하기 10과 같아.
더하는 수만큼 색칠하고 덧셈을 하세요.
2 + 10 = 12
2 + 5 + 5 = 12
5 + 10 = 15
5 + 5 + 5 = 15
4 + 10 = 14
4 + 5 + 5 = 14
38 연산 A6
덧셈을 하세요.
3에서 5씩 두 번을 더 세.
5+5=10이므로 5를 두 번 더하는 대신 10을 더해도 돼.
3 + 5 + 5 = 13
3 + 10 = 13
1 + 5 + 5 = 11
1 + 10 = 11
2 + 5 + 5 = 12
2 + 10 = 12
4 + 5 + 5 = 14
4 + 10 = 14
5 + 5 + 5 = 15
5 + 10 = 15
8 + 5 + 5 = 18
8 + 10 = 18
10 + 5 + 5 = 20
10 + 10 = 20
세 수 더하기 (2) 39

40 · 41

과녁판에 화살로 맞힌 점수를 모두 더하여 ▢ 안에 쓰세요.

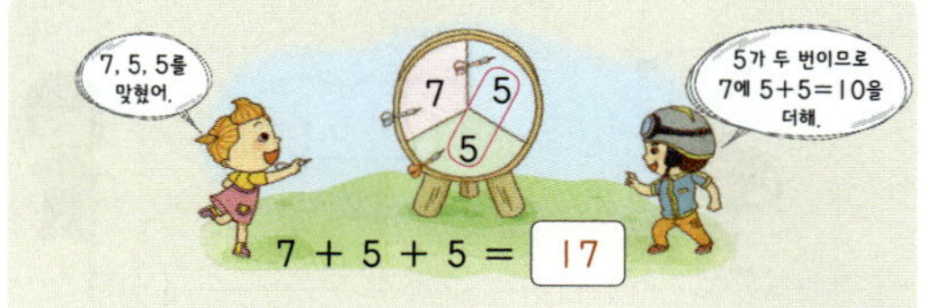
7, 5, 5를 맞혔어.
5가 두 번이므로 7에 5+5=10을 더해.
7 + 5 + 5 = 17

1 + 5 + 5
11

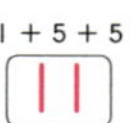

2 + 5 + 5
12

13

15

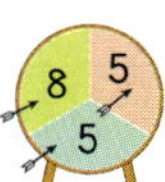
18

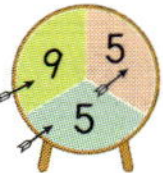
19

덧셈을 하세요.

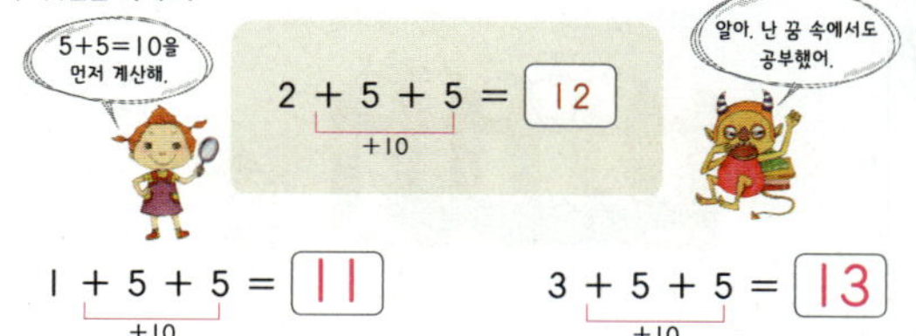
5+5=10을 먼저 계산해.
2 + 5 + 5 = 12
+10
알아. 난 꿈 속에서도 공부했어.

1 + 5 + 5 = 11 (+10)　　3 + 5 + 5 = 13 (+10)

4 + 5 + 5 = 14　　5 + 5 + 5 = 15

6 + 5 + 5 = 16　　8 + 5 + 5 = 18

9 + 5 + 5 = 19　　10 + 5 + 5 = 20

공부한 날 월 일

42 · 43

무엇을 배웠을까요

▢ 안에 알맞은 수를 쓰세요.

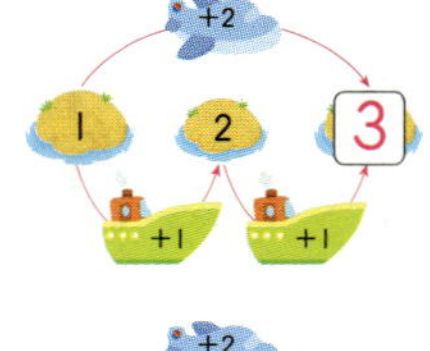
+2
1 2 3
+1 +1

+2
8 9 10
+1 +1

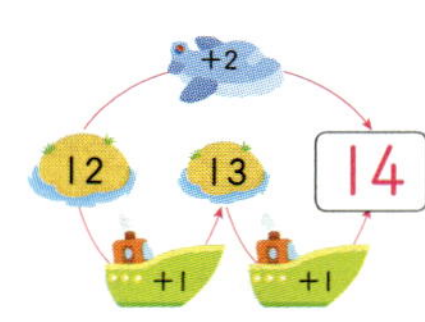
+2
12 13 14
+1 +1

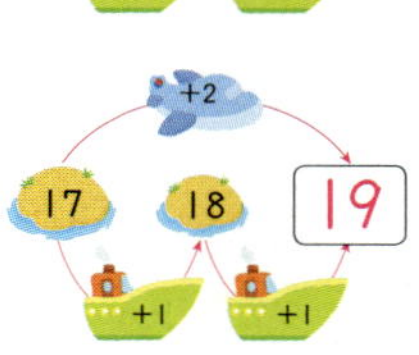
+2
17 18 19
+1 +1

덧셈을 하세요.

3 + 3 = 6
3 + 1 + 2 = 6

4 + 3 = 7
4 + 1 + 2 = 7

10 + 3 = 13
10 + 2 + 1 = 13

12 + 3 = 15
12 + 2 + 1 = 15

더하는 수만큼 색칠하고 덧셈을 하세요.

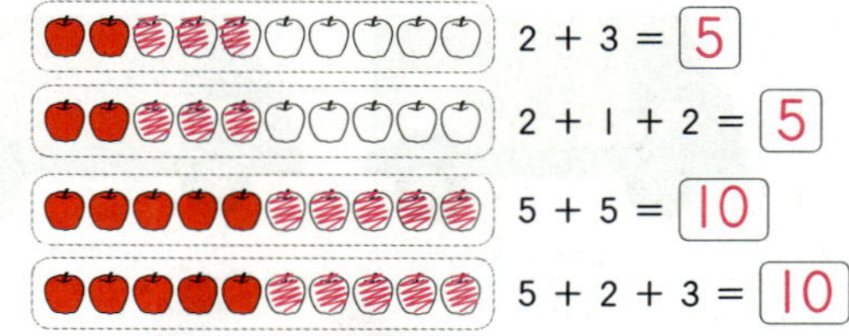

2 + 3 = 5
2 + 1 + 2 = 5
5 + 5 = 10
5 + 2 + 3 = 10

덧셈을 하세요.

2 + 5 = 7
2 + 3 + 2 = 7

1 + 10 = 11
1 + 5 + 5 = 11

4 + 5 = 9
4 + 3 + 2 = 9

6 + 10 = 16
6 + 5 + 5 = 16

9 + 5 = 14
9 + 2 + 3 = 14

8 + 10 = 18
8 + 5 + 5 = 18

공부한 날 월 일

연산력 수학 노크 정답

46 · 47

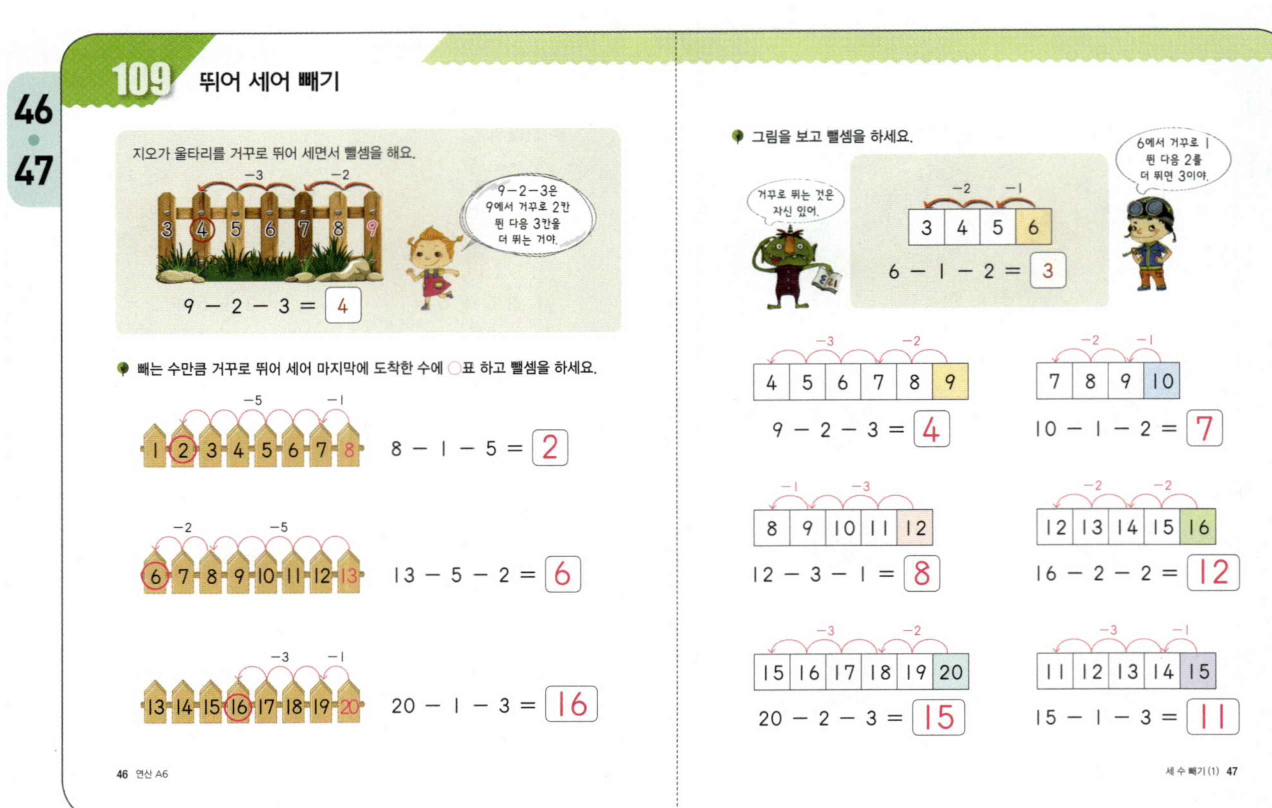

109 뛰어 세어 빼기
지오가 울타리를 거꾸로 뛰어 세면서 뺄셈을 해요.
9−2−3은 9에서 거꾸로 2칸 뛴 다음 3칸을 더 뛰는 거야.
9 − 2 − 3 = 4
빼는 수만큼 거꾸로 뛰어 세어 마지막에 도착한 수에 ○표 하고 뺄셈을 하세요.
8 − 1 − 5 = 2
13 − 5 − 2 = 6
20 − 1 − 3 = 16
그림을 보고 뺄셈을 하세요.
거꾸로 뛰는 것은 자신 있어.
6에서 거꾸로 1 뛴 다음 2를 더 뛰면 3이야.
6 − 1 − 2 = 3
9 − 2 − 3 = 4
10 − 1 − 2 = 7
12 − 3 − 1 = 8
16 − 2 − 2 = 12
20 − 2 − 3 = 15
15 − 1 − 3 = 11
46 연산 A6
세 수 빼기 (1) 47

48 · 49

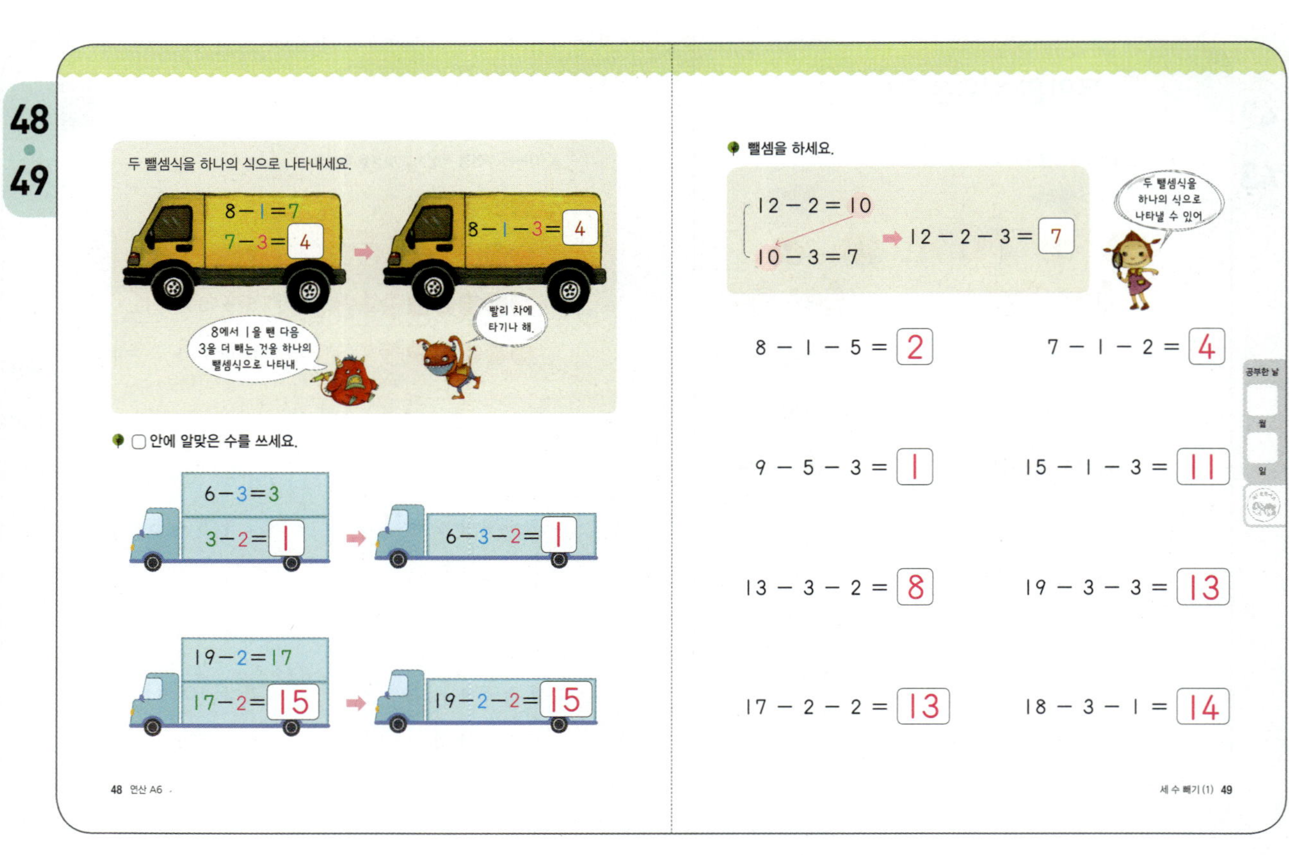

두 뺄셈식을 하나의 식으로 나타내세요.
8−1=7
7−3=4
8−1−3=4
8에서 1을 뺀 다음 3을 더 빼는 것을 하나의 뺄셈식으로 나타내.
빨리 차에 타기나 해.
□ 안에 알맞은 수를 쓰세요.
6−3=3
3−2=1
6−3−2=1
19−2=17
17−2=15
19−2−2=15
뺄셈을 하세요.
12 − 2 = 10
10 − 3 = 7
12 − 2 − 3 = 7
두 뺄셈식을 하나의 식으로 나타낼 수 있어.
8 − 1 − 5 = 2
7 − 1 − 2 = 4
9 − 5 − 3 = 1
15 − 1 − 3 = 11
13 − 3 − 2 = 8
19 − 3 − 3 = 13
17 − 2 − 2 = 13
18 − 3 − 1 = 14
공부한 날 월 일
48 연산 A6
세 수 빼기 (1) 49

50·51

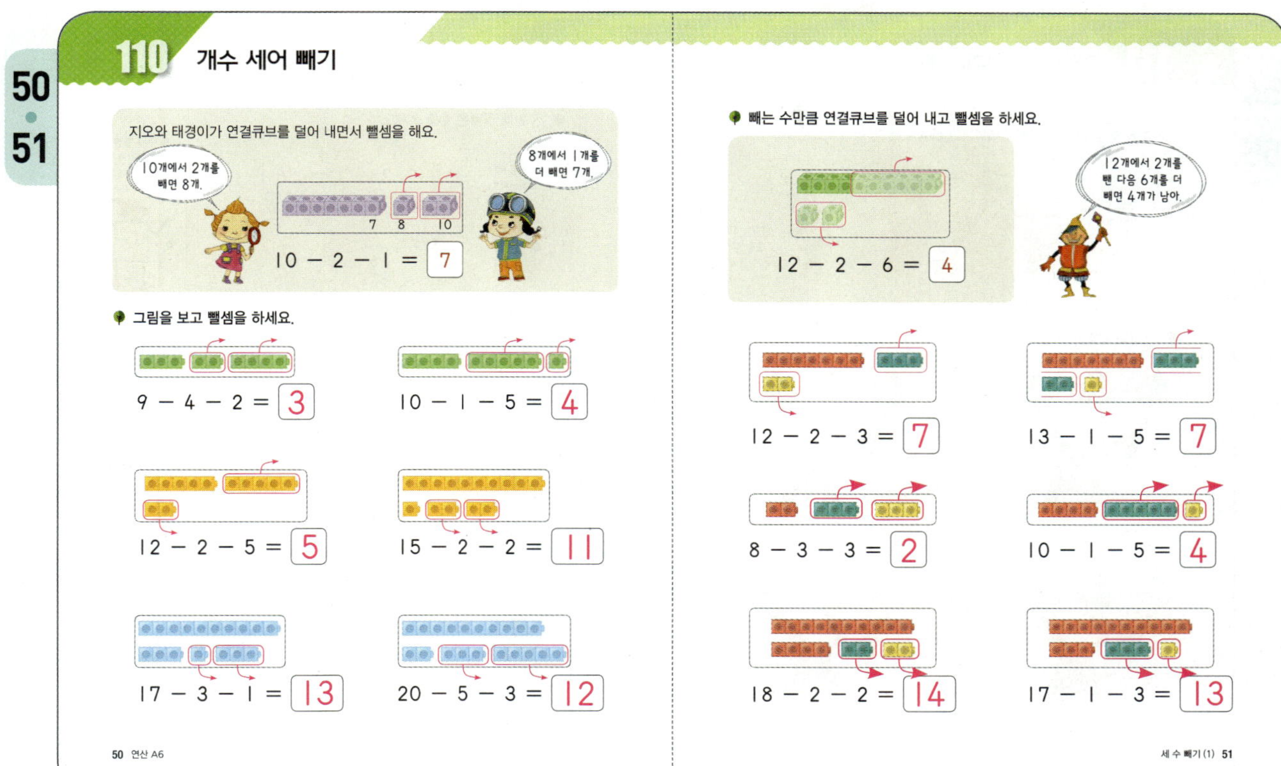

110 개수 세어 빼기

지오와 태경이가 연결큐브를 덜어 내면서 뺄셈을 해요.

10개에서 2개를 빼면 8개.
8개에서 1개를 더 빼면 7개.
7
8
10

$10 - 2 - 1 = 7$

그림을 보고 뺄셈을 하세요.

$9 - 4 - 2 = 3$

$10 - 1 - 5 = 4$

$12 - 2 - 5 = 5$

$15 - 2 - 2 = 11$

$17 - 3 - 1 = 13$

$20 - 5 - 3 = 12$

빼는 수만큼 연결큐브를 덜어 내고 뺄셈을 하세요.

12개에서 2개를 뺀 다음 6개를 더 빼면 4개가 남아.

$12 - 2 - 6 = 4$

$12 - 2 - 3 = 7$

$13 - 1 - 5 = 7$

$8 - 3 - 3 = 2$

$10 - 1 - 5 = 4$

$18 - 2 - 2 = 14$

$17 - 1 - 3 = 13$

52·53

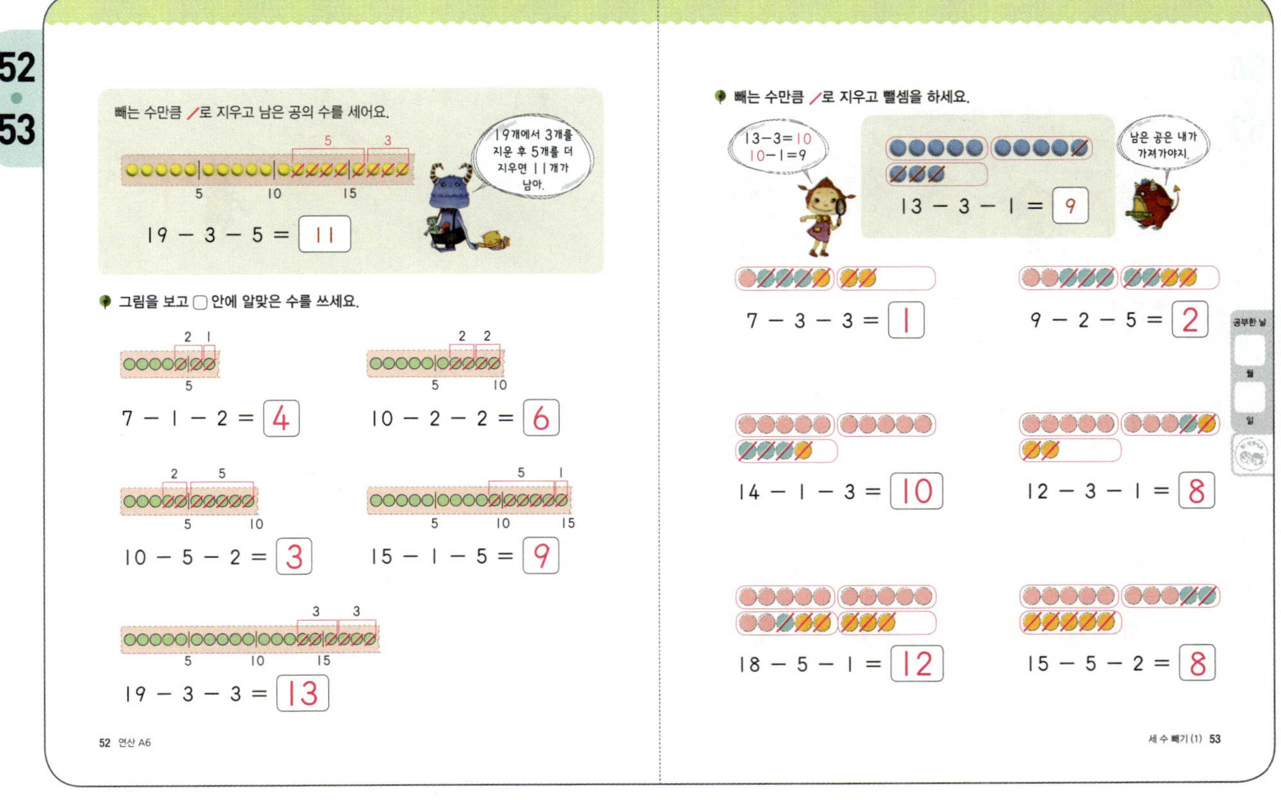

빼는 수만큼 ⁄로 지우고 남은 공의 수를 세어요.

5
3
5
10
15
19개에서 3개를 지운 후 5개를 더 지우면 11개가 남아.

$19 - 3 - 5 = 11$

그림을 보고 □ 안에 알맞은 수를 쓰세요.

$7 - 1 - 2 = 4$

$10 - 2 - 2 = 6$

$10 - 5 - 2 = 3$

$15 - 1 - 5 = 9$

$19 - 3 - 3 = 13$

빼는 수만큼 ⁄로 지우고 뺄셈을 하세요.

13−3=10
10−1=9
남은 공은 내가 가져가야지.

$13 - 3 - 1 = 9$

$7 - 3 - 3 = 1$

$9 - 2 - 5 = 2$

$14 - 1 - 3 = 10$

$12 - 3 - 1 = 8$

$18 - 5 - 1 = 12$

$15 - 5 - 2 = 8$

공부한 날
월
일

54·55

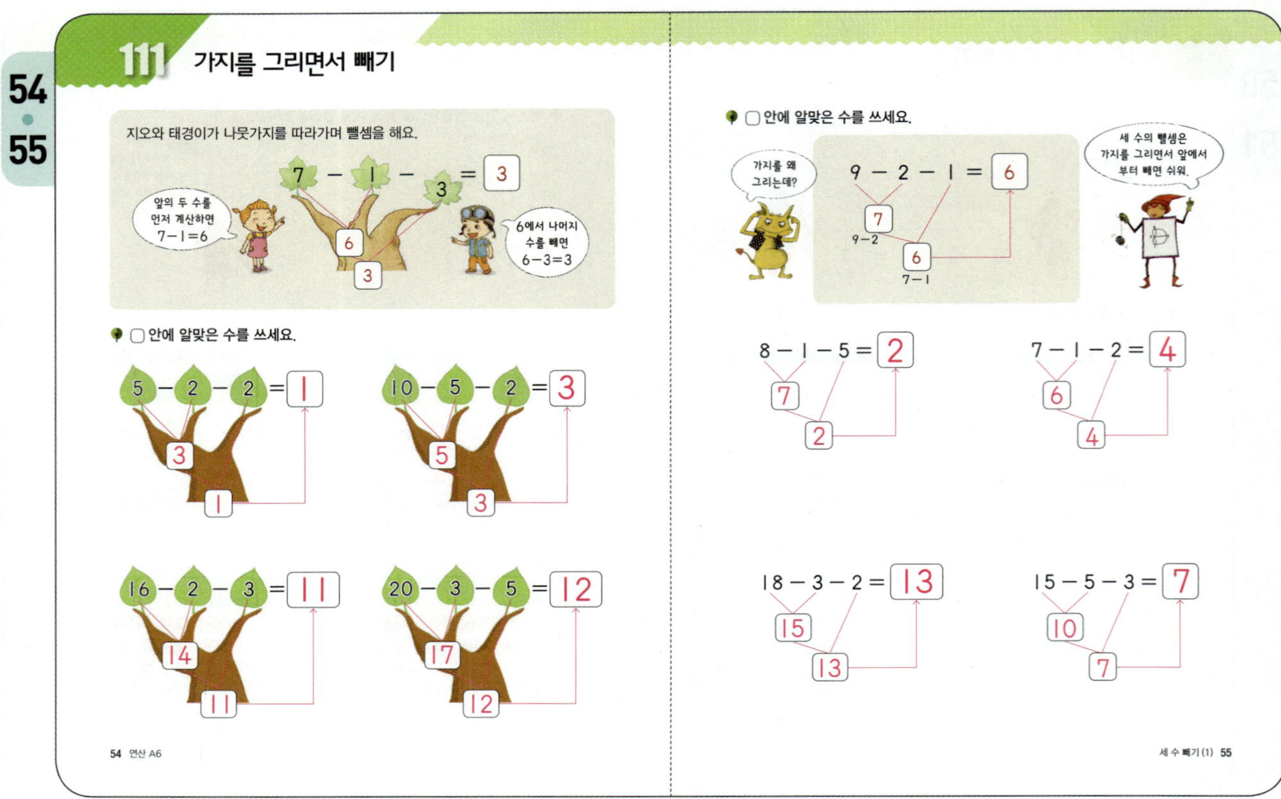
111 가지를 그리면서 빼기
지오와 태경이가 나뭇가지를 따라가며 뺄셈을 해요.
7 − 1 − 3 = 3
앞의 두 수를 먼저 계산하면 7−1=6
6에서 나머지 수를 빼면 6−3=3
□ 안에 알맞은 수를 쓰세요.
5 − 2 − 2 = 1
10 − 5 − 2 = 3
16 − 2 − 3 = 11
20 − 3 − 5 = 12
54 연산 A6
□ 안에 알맞은 수를 쓰세요.
가지를 왜 그리는데?
9 − 2 − 1 = 6
세 수의 뺄셈은 가지를 그리면서 앞에서부터 빼면 쉬워.
8 − 1 − 5 = 2
7 − 1 − 2 = 4
18 − 3 − 2 = 13
15 − 5 − 3 = 7
세 수 빼기 (1) 55

56·57

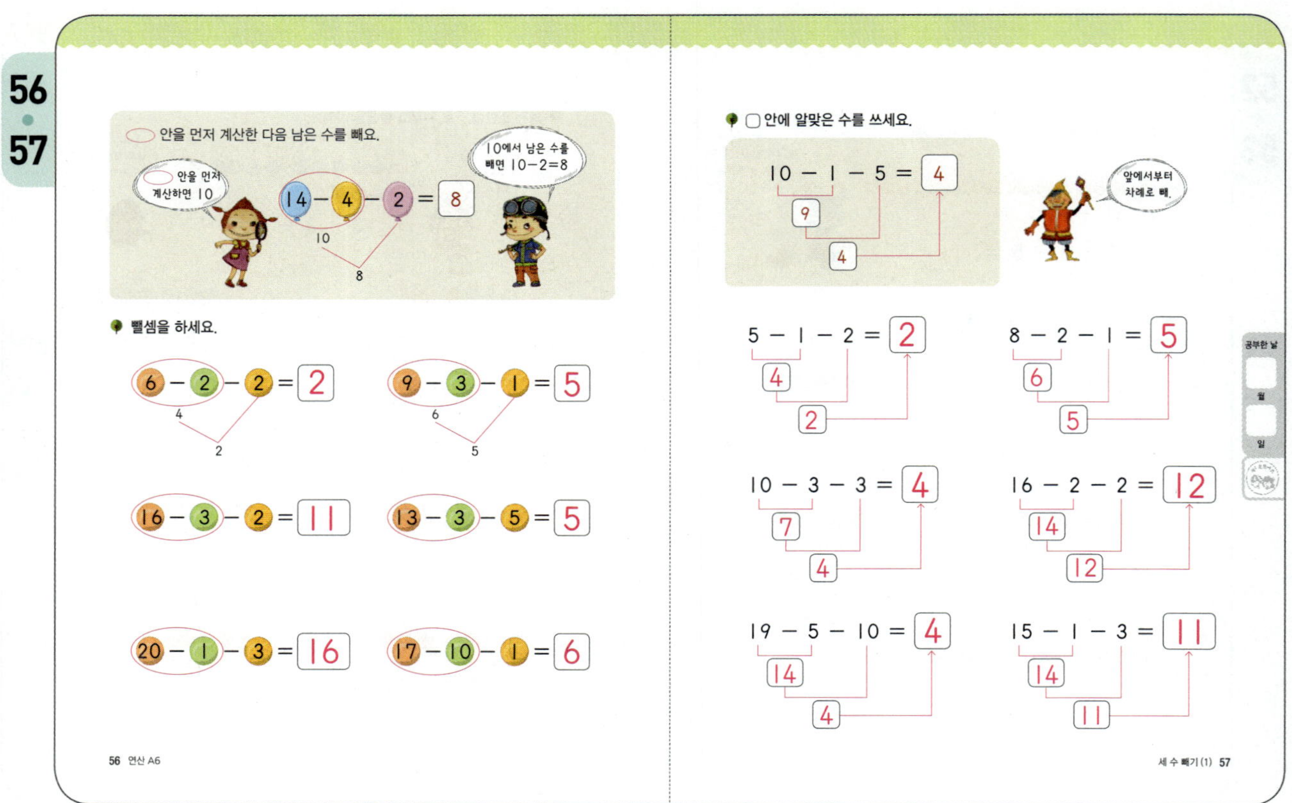
안을 먼저 계산한 다음 남은 수를 빼요.
안을 먼저 계산하면 10
10에서 남은 수를 빼면 10−2=8
14 − 4 − 2 = 8
뺄셈을 하세요.
6 − 2 − 2 = 2
9 − 3 − 1 = 5
16 − 3 − 2 = 11
13 − 3 − 5 = 5
20 − 1 − 3 = 16
17 − 10 − 1 = 6
56 연산 A6
□ 안에 알맞은 수를 쓰세요.
10 − 1 − 5 = 4
앞에서부터 차례로 빼.
5 − 1 − 2 = 2
8 − 2 − 1 = 5
10 − 3 − 3 = 4
16 − 2 − 2 = 12
19 − 5 − 10 = 4
15 − 1 − 3 = 11
공부한 날 월 일
세 수 빼기 (1) 57

58
59

112 더하고 빼기

사탕을 더하고 빼면서 개수를 세어 보아요.

사탕이 나는 5개,
너는 7개이니까 모두
5+7=12(개)야.
아니~
내가 2개를 먹었으니까
12−2=10(개)야.

5 + 7 − 2 = 10

더하는 수만큼 색칠하고 빼는 수만큼 ╱표 한 후 남은 수를 ▢ 안에 쓰세요.

5 + 3 − 1 = 7

14 + 3 − 2 = 15

17 + 2 − 5 = 14

▢ 안에 알맞은 수를 쓰세요.

8 + 5 = 13

8 + 5 − 2 = 11

3 + 2 = 5

3 + 2 − 3 = 2

6 + 3 = 9

6 + 3 − 2 = 7

15 + 1 = 16

15 + 1 − 10 = 6

60
61

5에서부터 앞뒤로 움직여 도착한 깃발의 숫자는 7이에요.

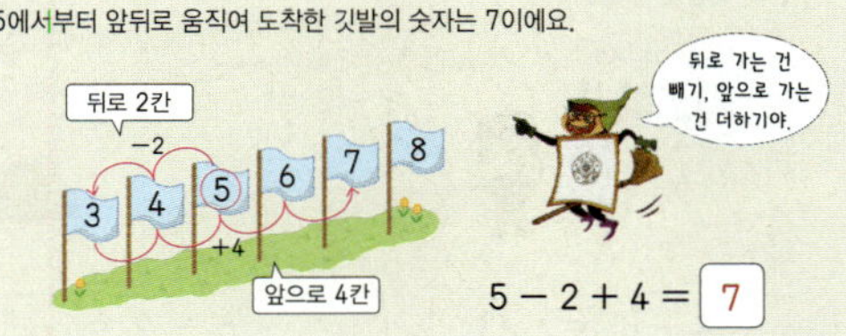
뒤로 2칸
−2
3
4
5
6
7
8
+4
앞으로 4칸
뒤로 가는 건
빼기, 앞으로 가는
건 더하기야.

5 − 2 + 4 = 7

그림을 보고 ▢ 안에 알맞은 수를 쓰세요.

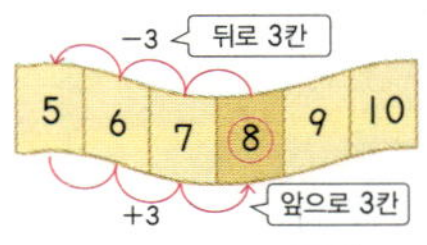
−3
뒤로 3칸
5
6
7
8
9
10
+3
앞으로 3칸

8 − 3 + 3 = 8

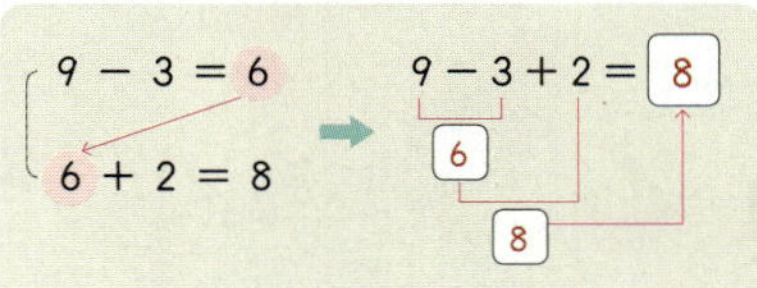
뒤로 5칸
−5
11
12
13
14
15
16
+1
앞으로 1칸

16 − 5 + 1 = 12

−1
뒤로 1칸
4
5
6
7
8
9
앞으로 3칸
+3

6 − 1 + 3 = 8

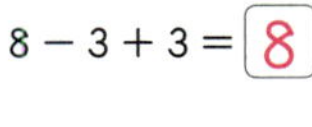

뒤로 3칸
−3
10
11
12
13
14
15
+2
앞으로 2칸

14 − 3 + 2 = 13

▢ 안에 알맞은 수를 쓰세요.

9 − 3 = 6
6 + 2 = 8
→ 9 − 3 + 2 = 8 (6, 8)

9에서 3을 뺀 다음
2를 더하면 8

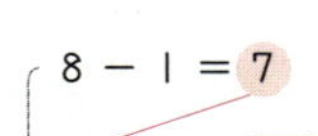
5 − 2 = 3
3 + 3 = 6

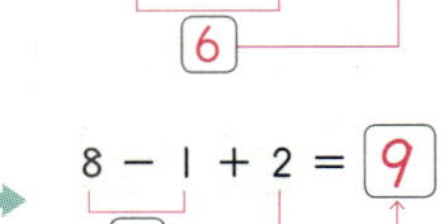
5 − 2 + 3 = 6 (3, 6)

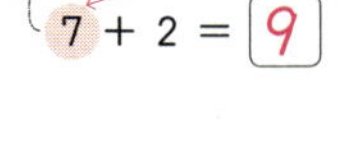
8 − 1 = 7
7 + 2 = 9

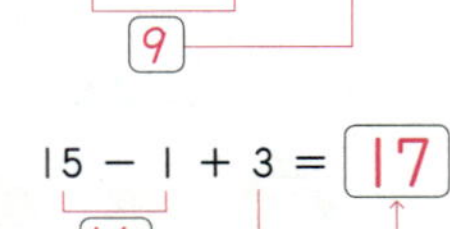
8 − 1 + 2 = 9 (7, 9)

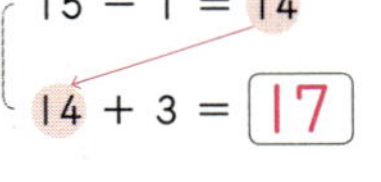
15 − 1 = 14
14 + 3 = 17

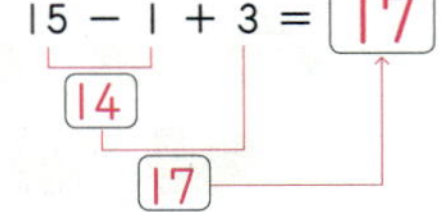
15 − 1 + 3 = 17 (14, 17)

공부한 날 월 일

연산력 수학 노크 정답

62·63

무엇을 배웠을까요

빼는 수만큼 거꾸로 뛰어 센 것을 보고 뺄셈을 하세요.

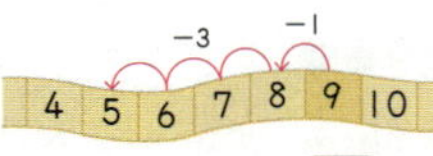

9 − 1 − 3 = 5

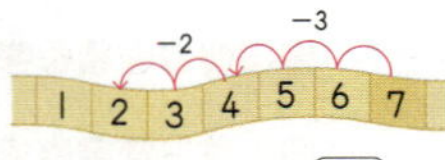

7 − 3 − 2 = 2

12 − 1 − 5 = 6

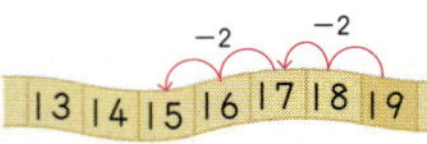

19 − 2 − 2 = 15

두 뺄셈식을 하나의 식으로 나타내세요.

5 − 1 = 4, 4 − 1 = 3 → 5 − 1 − 1 = 3

9 − 2 = 7, 7 − 3 = 4 → 9 − 2 − 3 = 4

18 − 3 = 15, 15 − 1 = 14 → 18 − 3 − 1 = 14

그림을 보고 ☐ 안에 알맞은 수를 쓰세요.

8 − 3 − 1 = 4

10 − 2 − 5 = 3

15 − 5 − 3 = 7

☐ 안에 알맞은 수를 쓰세요.

5 − 2 = 3, 3 + 1 = 4 → 5 − 2 + 1 = 4

13 − 1 = 12, 12 + 5 = 17 → 13 − 1 + 5 = 17

19 − 5 = 14, 14 + 3 = 17 → 19 − 5 + 3 = 17

66·67

113 빼기 2

태경이는 배로 한 칸씩 두 번 뒤로 가고, 지오는 비행기로 두 칸 뒤로 갔더니 만났어요.

1을 두 번 빼면 빼기 2와 같아.
6−1−1=4
6−2=4

☐ 안에 알맞은 수를 쓰세요.

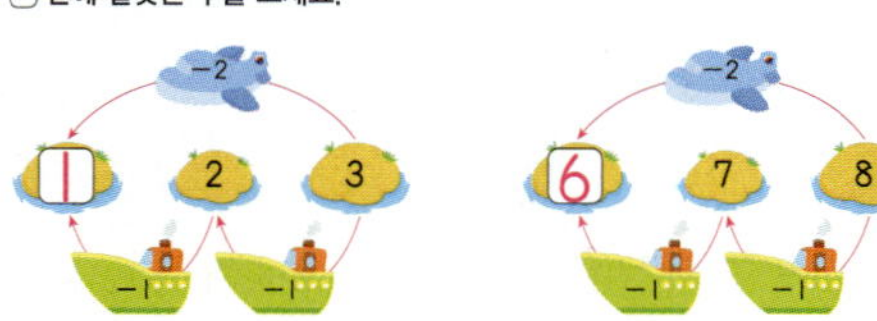

1, 2, 3 / 6, 7, 8

9, 10, 11 / 13, 14, 15

뺄셈을 하세요.

빼기 2는 전의 전의 수이므로 1을 두 번 빼는 것과 같아.

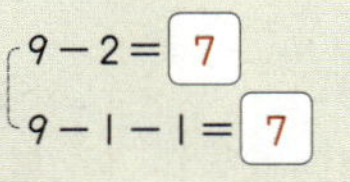

9 − 2 = 7, 9 − 1 − 1 = 7

나도 알아. 꿈속에서도 공부했어.

4 − 2 = 2 4 − 1 − 1 = 2	6 − 2 = 4 6 − 1 − 1 = 4
5 − 2 = 3 5 − 1 − 1 = 3	10 − 2 = 8 10 − 1 − 1 = 8
7 − 2 = 5 7 − 1 − 1 = 5	12 − 2 = 10 12 − 1 − 1 = 10
19 − 2 = 17 19 − 1 − 1 = 17	17 − 2 = 15 17 − 1 − 1 = 15

68·69

빨셈의 답을 구해서 지붕 위에 올라갔어요.

8－2와
8－1－1은 같아.
6
8－1
8－2
7－1－1
8－1－1
어서 내려와!
지붕 위에 올라
가면 다쳐.

빨셈을 하여 지붕의 수가 나오는 식 2개를 찾아 ◯표 하세요.

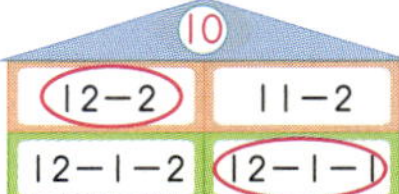
10
12－2
11－2
12－1－2
12－1－1

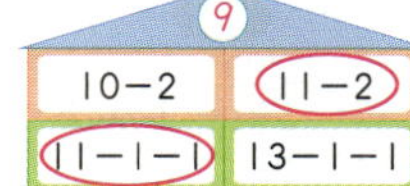
9
10－2
11－2
11－1－1
13－1－1

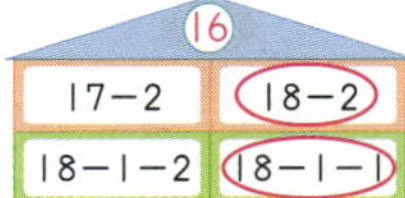
16
17－2
18－2
18－1－2
18－1－1

13
14－2
15－2
15－1－1
16－1－1

빨셈을 하세요.

1을 두 번 빼는
것은 2를 빼는
것과 같아.

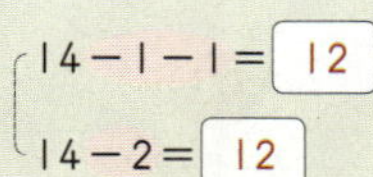
14－1－1＝12
14－2＝12

내가 답
쓰려고 했는데…
내가 할 거야!

4 － 1 － 1 ＝ 2
4 － 2 ＝ 2

3 － 1 － 1 ＝ 1
3 － 2 ＝ 1

7 － 1 － 1 ＝ 5
7 － 2 ＝ 5

9 － 1 － 1 ＝ 7
9 － 2 ＝ 7

12 － 1 － 1 ＝ 10
12 － 2 ＝ 10

15 － 1 － 1 ＝ 13
15 － 2 ＝ 13

70·71

114 빼기 3

태경이와 지오가 울타리를 거꾸로 뛰어 세면서 3을 뺀 수를 알아보아요.

－3
2를 뺀 다음 1을
더 빼면 3을 빼는
것과 같아.
6
7
8
9
－1
－2
9－3＝6
9－2－1＝6

빈 곳에 알맞은 수를 쓰세요.

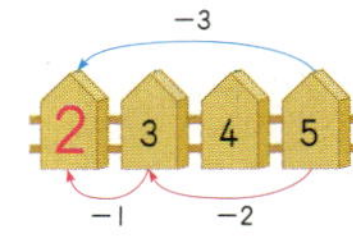
－3
2
3
4
5
－1
－2

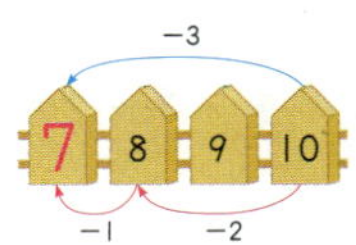
－3
7
8
9
10
－1
－2

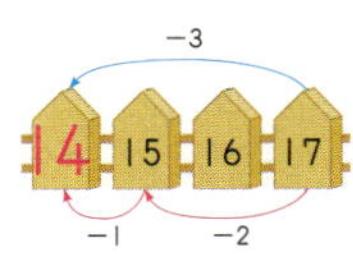
－3
14
15
16
17
－1
－2

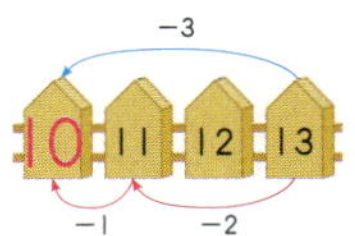
－3
10
11
12
13
－1
－2

빨셈을 하세요.

출발!
1
2
3
4
5
4－3＝1
4－1－2＝1
4－2－1＝1

1 2 3 4 5 6

6 － 3 ＝ 3
6 － 2 － 1 ＝ 3
6 － 1 － 2 ＝ 3

3 4 5 6 7 8

8 － 3 ＝ 5
8 － 2 － 1 ＝ 5
8 － 1 － 2 ＝ 5

7 8 9 10 11 12

11 － 3 ＝ 8
11 － 2 － 1 ＝ 8
11 － 1 － 2 ＝ 8

14 15 16 17 18 19

18 － 3 ＝ 15
18 － 2 － 1 ＝ 15
18 － 1 － 2 ＝ 15

연산력 수학 노크 정답

72 · 73

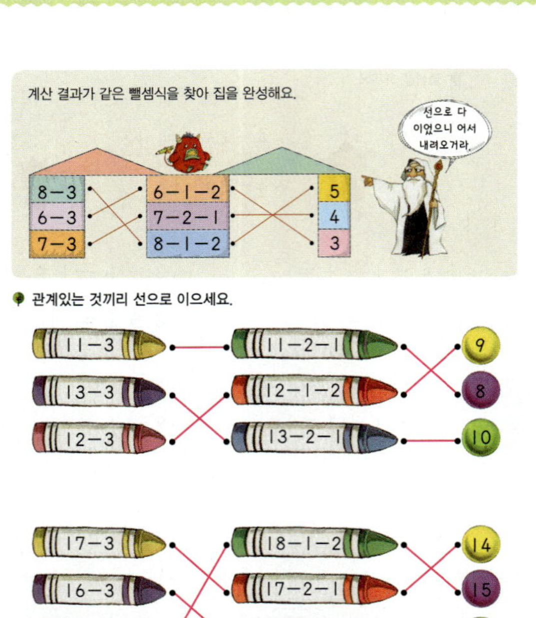
계산 결과가 같은 뺄셈식을 찾아 집을 완성해요.
선으로 다 이었으니 어서 내려오거라.
8−3
6−3
7−3
6−1−2
7−2−1
8−1−2
5
4
3
관계있는 것끼리 선으로 이으세요.
11−3
13−3
12−3
11−2−1
12−1−2
13−2−1
9
8
10
17−3
16−3
18−3
18−1−2
17−2−1
16−1−2
14
15
13

□ 안에 알맞은 수를 쓰세요.

13 − 2 = 11
11 − 1 = 10
13 − 2 − 1 = 10
두 뺄셈식을 하나의 식으로 만들었어.
2와 1을 빼는 것은 3을 빼는 것과 같아.

4 − 2 = 2
2 − 1 = 1
→ 4 − 2 − 1 = 1

9 − 1 = 8
8 − 2 = 6
→ 9 − 1 − 2 = 6

16 − 1 = 15
15 − 2 = 13
→ 16 − 1 − 2 = 13

공부한 날 월 일

74 · 75

115 빼기 5

지오와 태경이에게 남은 사탕의 수는 같아요.
사탕 8개 중 5개를 먹었더니 3개가 남았어.
사탕 8개 중 3개를 동생에게, 2개를 친구에게 주었더니 3개가 남았어.
8 − 5 = 3
8 − 3 − 2 = 3

빼는 수만큼 ／로 지우고 뺄셈을 하세요.

6 − 5 = 1
6 − 3 − 2 = 1

10 − 5 = 5
10 − 3 − 2 = 5

12 − 5 = 7
12 − 3 − 2 = 7

뺄셈을 하세요.

나는 너보다 5칸 앞에 있으니까 10−5=5야.
10 − 5 = 5
10 − 3 − 2 = 5
어차피 같이 도착해.
5 6 7 8 9 10 11 12

9 − 5 = 4
9 − 3 − 2 = 4

7 − 5 = 2
7 − 3 − 2 = 2

13 − 5 = 8
13 − 3 − 2 = 8

15 − 5 = 10
15 − 3 − 2 = 10

18 − 5 = 13
18 − 3 − 2 = 13

19 − 5 = 14
19 − 3 − 2 = 14

76
77

12조각짜리 피자 한 판을 지오와 태경이가 먹고 7조각이 남았어요.

난 피자 2조각을 먹었어.
난 피자 3조각을 먹었어.
남은 7조각은 다 내 거야.
12
7
2
3

12 − 2 − 3 = 7

피자 한 판의 조각 수가 다음과 같을 때 남은 조각의 수를 ▢ 안에 쓰세요.

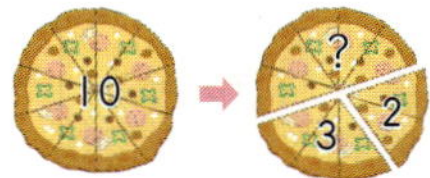

10 − 2 − 3 = 5

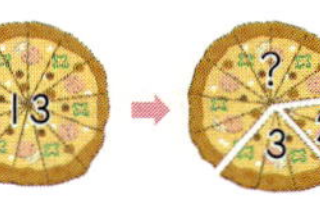

13 − 2 − 3 = 8

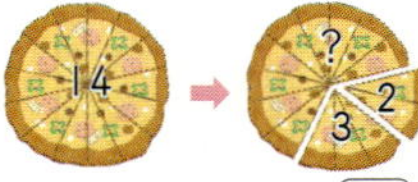

14 − 2 − 3 = 9

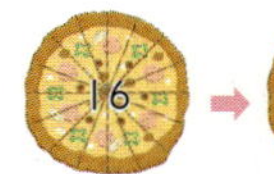

16 − 2 − 3 = 11

뺄셈을 하세요.

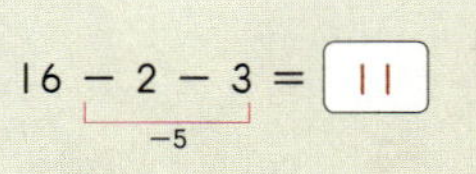

16 − 2 − 3 = 11 (−5)

16−5=11
16−2−3=11

6 − 2 − 3 = 1 (−5)

8 − 2 − 3 = 3 (−5)

10 − 2 − 3 = 5

15 − 2 − 3 = 10

12 − 2 − 3 = 7

16 − 2 − 3 = 11

20 − 2 − 3 = 15

18 − 2 − 3 = 13

공부한 날 월 일

78
79

116 빼기 10

지오가 연결큐브를 ／표 하며 빼기 10을 알아보아요.

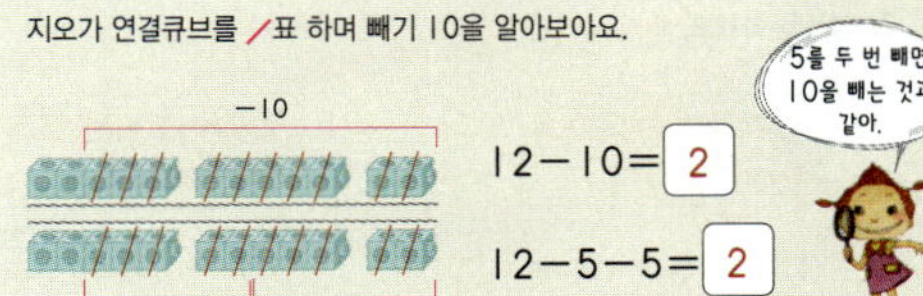
−10
−5
−5
5를 두 번 빼면 10을 빼는 것과 같아.

12−10=2

12−5−5=2

빼는 수만큼 ／로 지우고 뺄셈을 하세요.

15 − 10 = 5

15 − 5 − 5 = 5

13 − 10 = 3

13 − 5 − 5 = 3

18 − 10 = 8

18 − 5 − 5 = 8

뺄셈을 하세요.

16 − 10 = 6

16 − 5 − 5 = 6

10을 빼는 것은 5를 두 번 빼는 것으로 나타낼 수 있어.

11 − 10 = 1

11 − 5 − 5 = 1

13 − 10 = 3

13 − 5 − 5 = 3

17 − 10 = 7

17 − 5 − 5 = 7

19 − 10 = 9

19 − 5 − 5 = 9

12 − 10 = 2

12 − 5 − 5 = 2

20 − 10 = 10

20 − 5 − 5 = 10

연산력 수학 노크 정답

80 · 81

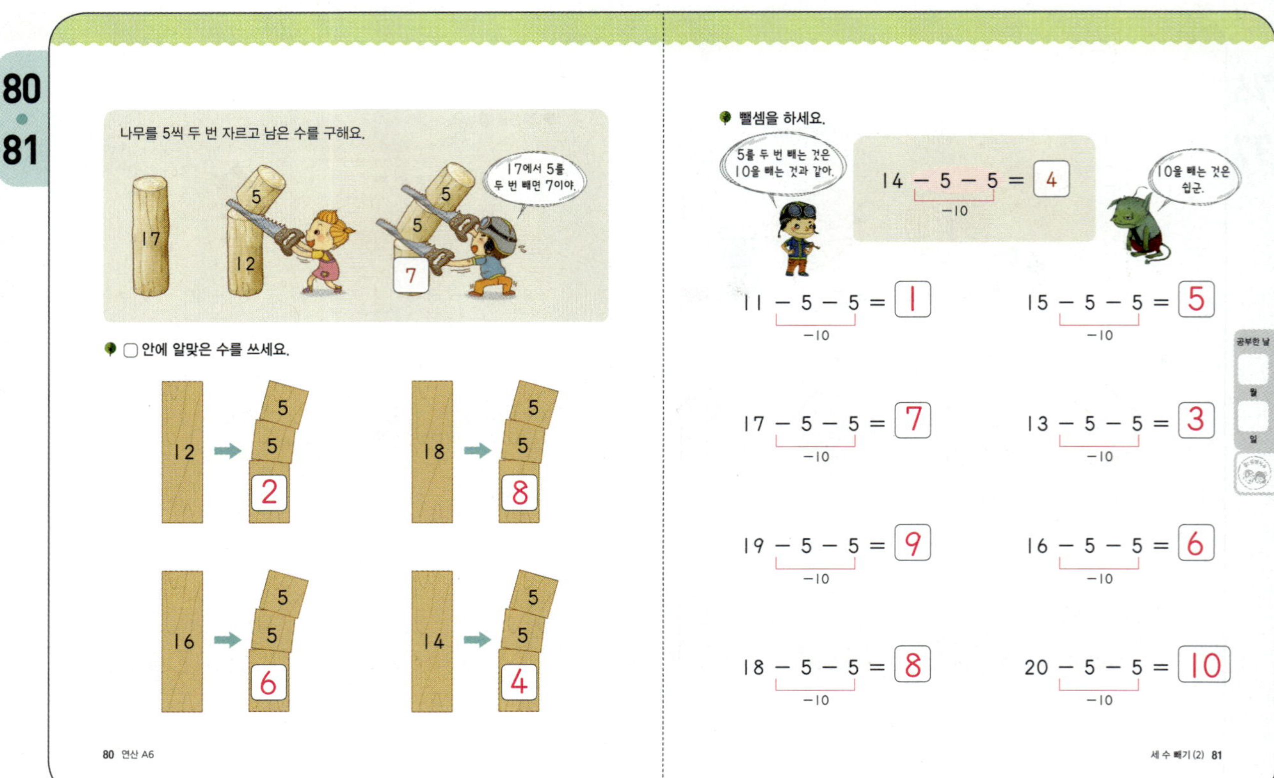

나무를 5씩 두 번 자르고 남은 수를 구해요.
17에서 5를 두 번 빼면 7이야.
□ 안에 알맞은 수를 쓰세요.
12 → 5, 5, 2
18 → 5, 5, 8
16 → 5, 5, 6
14 → 5, 5, 4
80 연산 A6
뺄셈을 하세요.
5를 두 번 빼는 것은 10을 빼는 것과 같아.
14 − 5 − 5 = 4
10을 빼는 것은 쉽군.
11 − 5 − 5 = 1
15 − 5 − 5 = 5
17 − 5 − 5 = 7
13 − 5 − 5 = 3
19 − 5 − 5 = 9
16 − 5 − 5 = 6
18 − 5 − 5 = 8
20 − 5 − 5 = 10
세 수 빼기 (2) 81

82 · 83

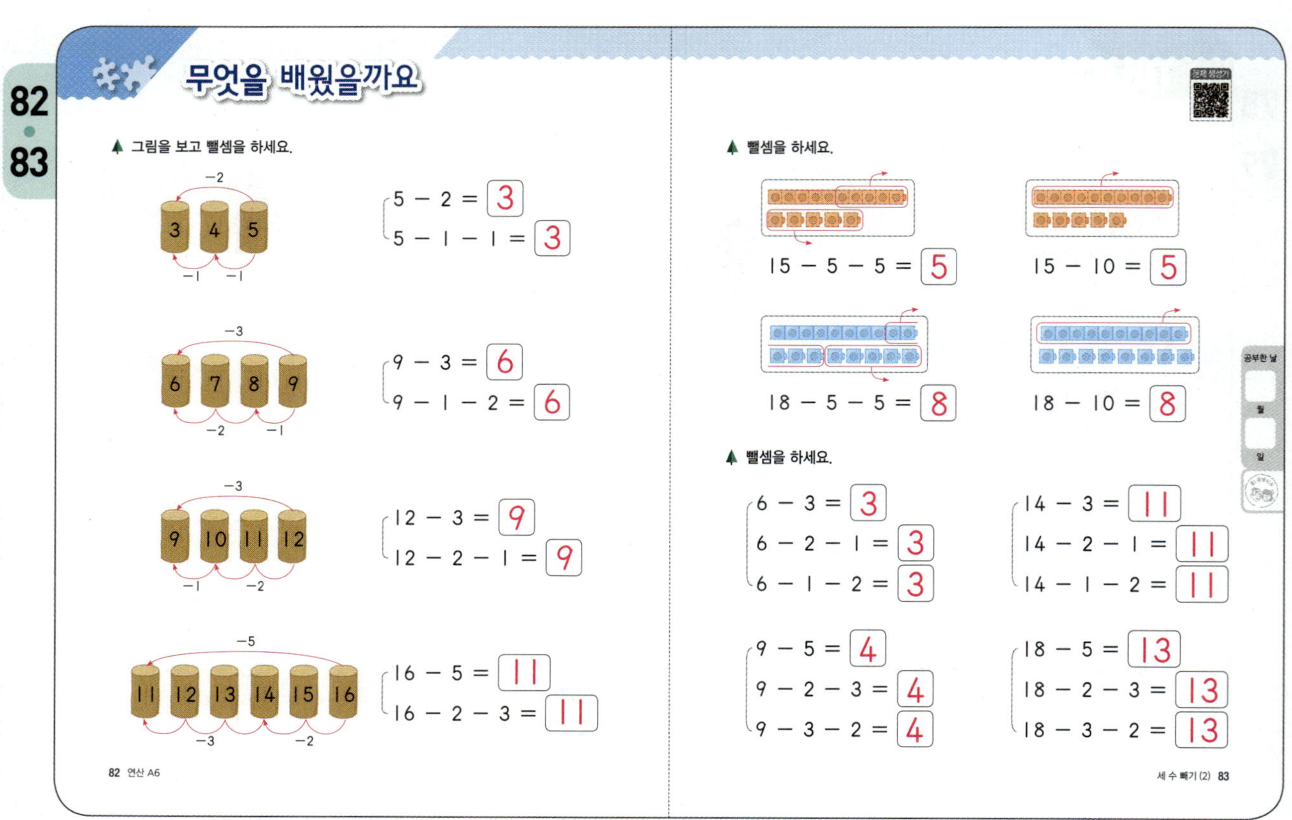

무엇을 배웠을까요
그림을 보고 뺄셈을 하세요.
5 − 2 = 3
5 − 1 − 1 = 3
9 − 3 = 6
9 − 1 − 2 = 6
12 − 3 = 9
12 − 2 − 1 = 9
16 − 5 = 11
16 − 2 − 3 = 11
82 연산 A6
뺄셈을 하세요.
15 − 5 − 5 = 5
15 − 10 = 5
18 − 5 − 5 = 8
18 − 10 = 8
뺄셈을 하세요.
6 − 3 = 3
6 − 2 − 1 = 3
6 − 1 − 2 = 3
14 − 3 = 11
14 − 2 − 1 = 11
14 − 1 − 2 = 11
9 − 5 = 4
9 − 2 − 3 = 4
9 − 3 − 2 = 4
18 − 5 = 13
18 − 2 − 3 = 13
18 − 3 − 2 = 13
세 수 빼기 (2) 83

86
87

117 2씩 뛰어 세기

태경이와 지오가 돌다리를 2씩 세면서 뛰고 있어요.

2씩 뛴 수는 2 큰 수야.
1부터 2씩 뛰어 센 수는 1, 3, 5, 7, 9
1 2 3 4 5 6 7 8 9 10

○표 한 수부터 2씩 뛰어 센 수에 모두 ○표 하세요.

1 **2** 3 **4** 5 **6** 7 **8** 9 **10**

5 6 **7** 8 **9** 10 **11** 12 **13** 14

6 **7** 8 **9** 10 **11** 12 **13** 14 **15**

11 12 **13** 14 **15** 16 **17** 18 **19** 20

2씩 뛰어 세어 빈 곳에 알맞은 수를 쓰세요.

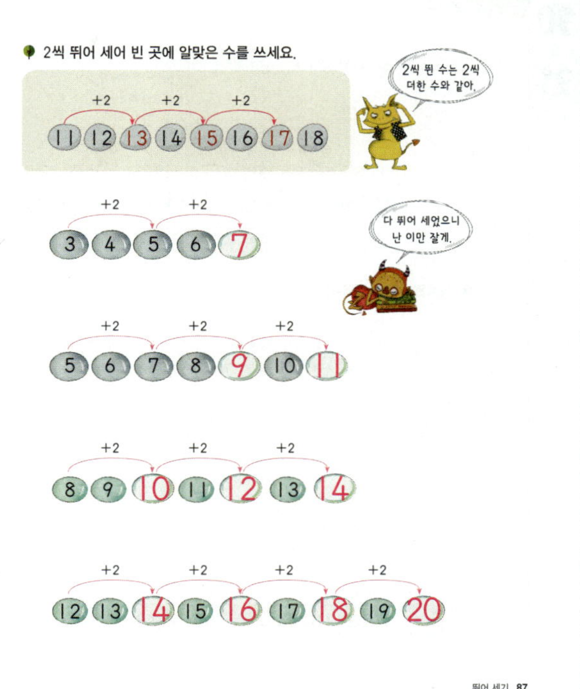
2씩 뛴 수는 2씩 더한 수와 같아.
+2 +2 +2
11 12 13 14 15 16 17 18
다 뛰어 세었으니 난 이만 잘게.
+2 +2
3 4 5 6 7
+2 +2 +2
5 6 7 8 9 10 11
+2 +2 +2
8 9 10 11 12 13 14
+2 +2 +2 +2
12 13 14 15 16 17 18 19 20

88
89

지오와 태경이가 거꾸로 2씩 뛰어 세고 있어요.

거꾸로 2씩 뛰어 센 수는 2 작은 수야.
1 2 3 4 5 6 7 8 9 10

○표 한 수부터 거꾸로 2씩 뛰어 센 수에 모두 ○표 하세요.

1 2 **3** 4 **5** 6 **7** 8 **9** 10

4 **5** 6 **7** 8 **9** 10 **11** 12 **13**

7 **8** 9 **10** 11 **12** 13 **14** 15 **16**

11 **12** 13 **14** 15 **16** 17 **18** 19 **20**

거꾸로 2씩 뛰어 세기 하여 ▢ 안에 알맞은 수를 쓰세요.

축구공으로 뭐하는 거야?
12 10 8 6
-2 -2 -2
거꾸로 2씩 뛴 수는 2씩 뺀 수와 같아.
7 5 3 1
8 6 4 2
15 13 11 9
20 18 16 14
공부한 날
월
일

90 • 91

118 3씩 뛰어 세기

지오와 친구들은 3씩 뛰어 세기 하여 기차를 탔어요.

2부터 3씩 뛰어 세면 2, 5, 8……이야.

1 2 3 4 5 6 7 8 9 10

+3 +3

● 색칠된 수부터 3씩 뛰어 센 수를 모두 색칠하세요.

1 2 3 4 5 6 7 8 9 10

4 5 6 7 8 9 10 11 12 13

7 8 9 10 11 12 13 14 15 16

11 12 13 14 15 16 17 18 19 20

● 3씩 뛰어 세기 하여 ▢ 안에 알맞은 수를 쓰세요.

+3 +3

3 4 5 6 7 8 9 10

3 + 3 = 6 6 + 3 = 9

3에서 3 뛰어 세면 6, 6에서 3 뛰어 세면 9

+3 +3

3 4 5 6 7 8 9

3 + 3 = 6, 6 + 3 = 9

+3 +3

11 12 13 14 15 16 17

11 + 3 = 14, 14 + 3 = 17

+3 +3 +3

10 11 12 13 14 15 16 17 18 19

10 + 3 = 13, 13 + 3 = 16, 16 + 3 = 19

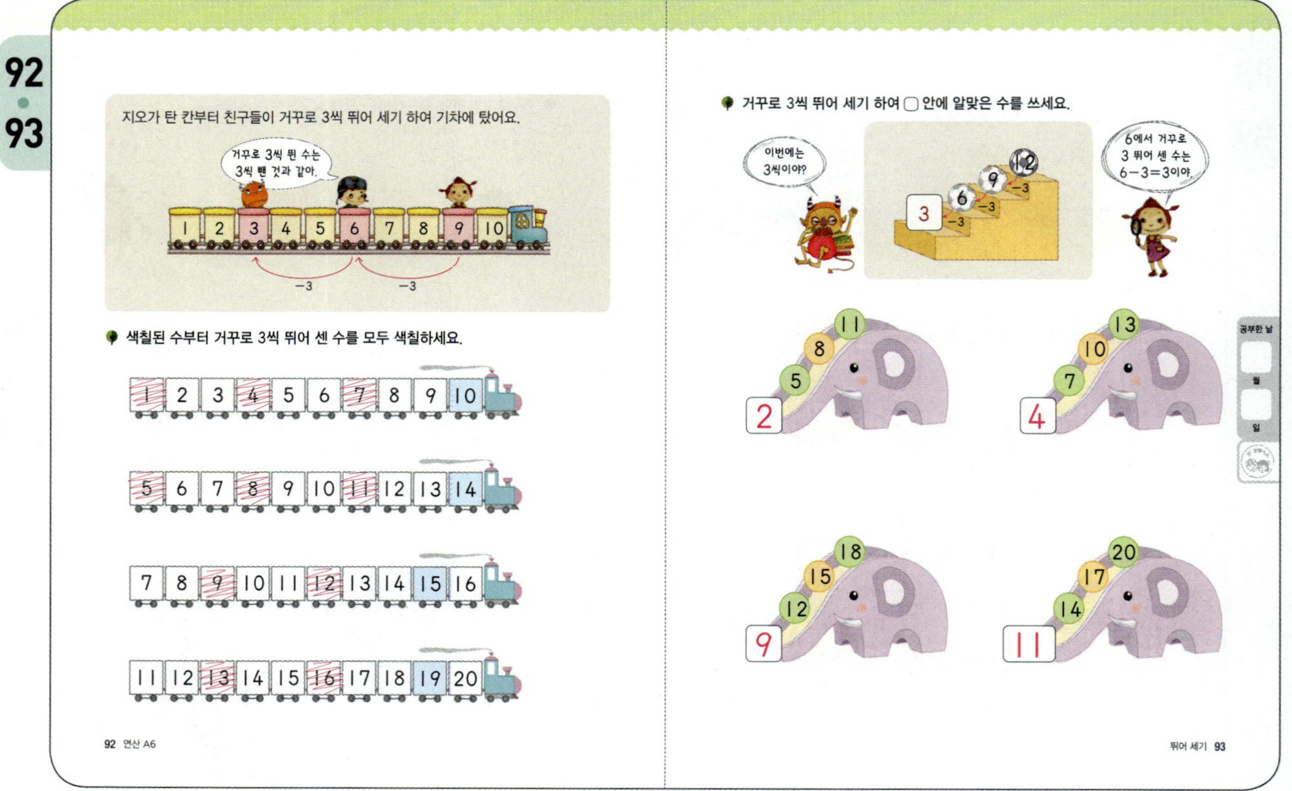

92
93
지오가 탄 칸부터 친구들이 거꾸로 3씩 뛰어 세기 하여 기차에 탔어요.
거꾸로 3씩 뛴 수는 3씩 뺀 것과 같아.
1 2 3 4 5 6 7 8 9 10
−3 −3
색칠된 수부터 거꾸로 3씩 뛰어 센 수를 모두 색칠하세요.
1 2 3 4 5 6 7 8 9 10
5 6 7 8 9 10 11 12 13 14
7 8 9 10 11 12 13 14 15 16
11 12 13 14 15 16 17 18 19 20
92 연산 A6
거꾸로 3씩 뛰어 세기 하여 ▢ 안에 알맞은 수를 쓰세요.
이번에는 3씩이야?
3 6 9 12
−3 −3 −3
6에서 거꾸로 3 뛰어 센 수는 6−3=3이야.
11 8 5 2
13 10 7 4
18 15 12 9
20 17 14 11
공부한 날
월
일
뛰어 세기 93

94·95

119 10씩 뛰어 세기

태경이와 지오가 담벼락에 써 있는 수를 10씩 뛰어 세고 있어요.

십의 자리 숫자가 1씩 커져.

10씩 뛰어 세면 일의 자리 숫자는 변하지 않아.

1	2	3	4	5	6	7	8	9	10
11	12	13	14	15	16	17	18	19	20
21	22	23	24	25	26	27	28	29	30

● ○표 한 수부터 10씩 뛰어 센 수에 모두 ○표 하세요.

(11)	12	13	14	15	16	17	18	19	20
(21)	22	23	24	25	26	27	28	29	30
(31)	32	33	34	35	36	37	38	39	40

41	42	43	44	45	46	47	48	(49)	50
51	52	53	54	55	56	57	58	(59)	60
61	62	63	64	65	66	67	68	(69)	70

● 빈 곳에 10씩 뛰어 센 수를 쓰세요.

+10 +10 +10
3 13 23 33

10씩 뛰어 센 수는 10씩 더한 수와 같아.

+10 +10 +10
6 16 26 36

+10 +10 +10
7 17 27 37

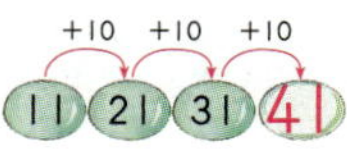

+10 +10 +10
11 21 31 41

+10 +10 +10
15 25 35 45

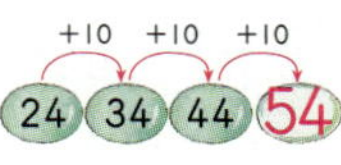

+10 +10 +10
24 34 44 54

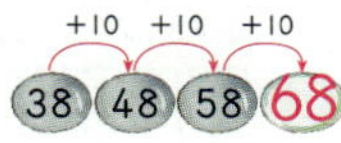

+10 +10 +10
38 48 58 68

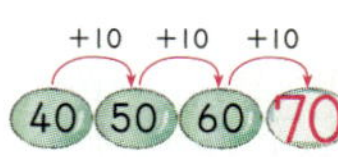

+10 +10 +10
40 50 60 70

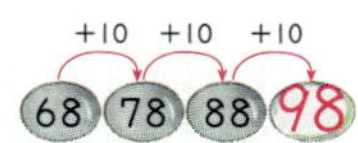

+10 +10 +10
68 78 88 98

96·97

담벼락에 30부터 1까지의 수가 거꾸로 써 있어요.

십의 자리 숫자가 1씩 작아져.

10씩 뛰어 세면 일의 자리 숫자는 변하지 않아.

30	29	28	27	26	25	24	23	22	21
20	19	18	17	16	15	14	13	12	11
10	9	8	7	6	5	4	3	2	1

● ○표 한 수부터 거꾸로 10씩 뛰어 센 수에 모두 ○표 하세요.

50	49	48	47	46	45	44	43	(42)	41
40	39	38	37	36	35	34	33	(32)	31
30	29	28	27	26	25	24	23	(22)	21

60	59	58	57	56	55	(54)	53	52	51
50	49	48	47	46	45	(44)	43	42	41
40	39	38	37	36	35	(34)	33	32	31

● 거꾸로 10씩 뛰어 세기 하여 □ 안에 알맞은 수를 쓰세요.

거꾸로 10씩 뛰어 센 수는 10씩 뺀 수와 같아.
36
26
16
6
-10
-10
-10
힝~ 난 올라가고 싶단 말야.

31, 21, 11, [1] (−10, −10, −10)

43, 33, 23, [13] (−10, −10, −10)

68, 58, 48, [38] (−10, −10, −10)

90, 80, 70, [60] (−10, −10, −10)

공부한 날 월 일

연산력 수학 노크 정답

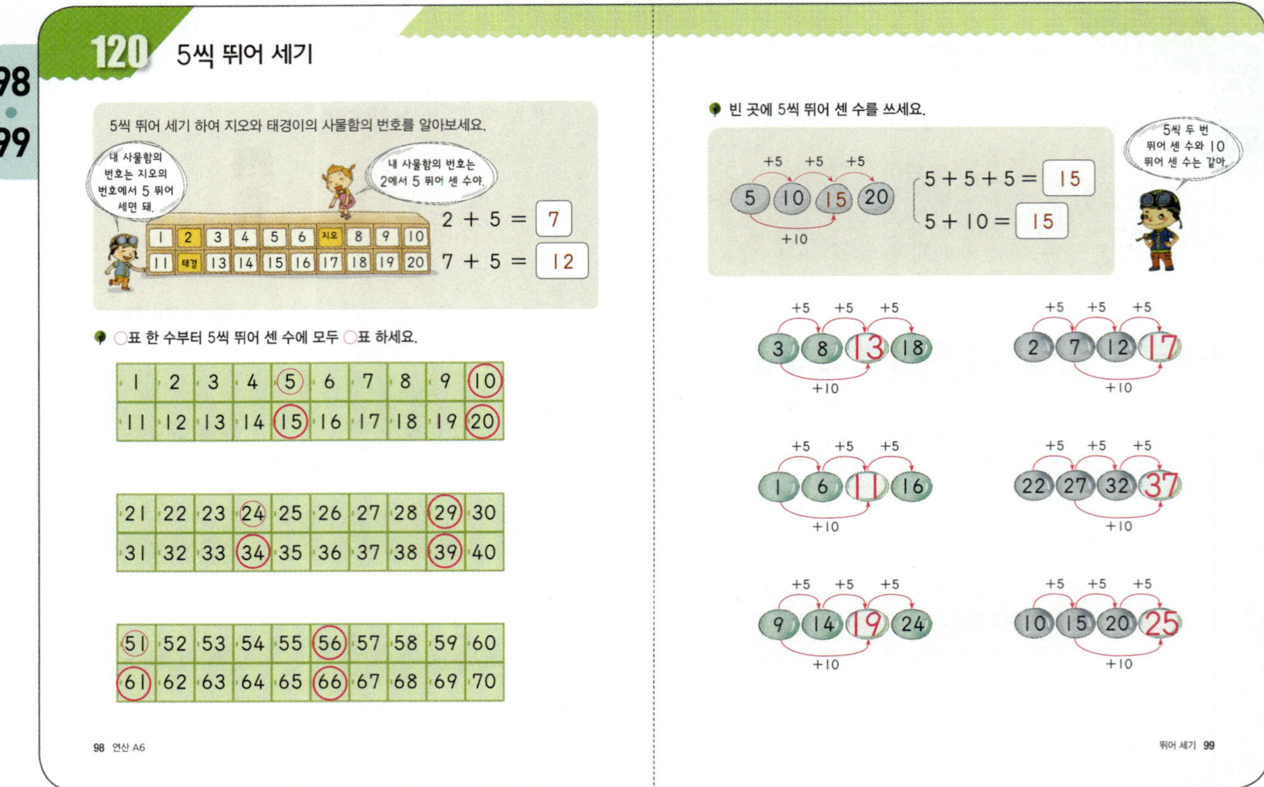

98 • 99
120 5씩 뛰어 세기
5씩 뛰어 세기 하여 지오와 태경이의 사물함의 번호를 알아보세요.
내 사물함의 번호는 지오의 번호에서 5 뛰어 세면 돼.
내 사물함의 번호는 2에서 5 뛰어 센 수야.
2 + 5 = 7
7 + 5 = 12
○표 한 수부터 5씩 뛰어 센 수에 모두 ○표 하세요.
빈 곳에 5씩 뛰어 센 수를 쓰세요.
5씩 두 번 뛰어 센 수와 10 뛰어 센 수는 같아.
5 + 5 + 5 = 15
5 + 10 = 15
98 연산 A6
뛰어 세기 99

100 • 101
18에서 5씩 거꾸로 뛰어 센 수는 18, 13, 8, 3이에요.
18부터 거꾸로 5씩 뛰어 세 봐.
그럼 어떻게 색칠하지?
○표 한 수부터 거꾸로 5씩 뛰어 센 수에 ○표 하세요.
거꾸로 5씩 뛰어 세기 하여 ▢ 안에 알맞은 수를 쓰세요.
거꾸로 5씩 뛰어 세는 것은 5씩 빼는 것과 같아.
책장에 책이 한 권도 없네.
100 연산 A6
뛰어 세기 101

102 · 103

무엇을 배웠을까요

▲ 색칠된 수부터 거꾸로 2씩 뛰어 세어 빈칸에 알맞은 수를 쓰세요.

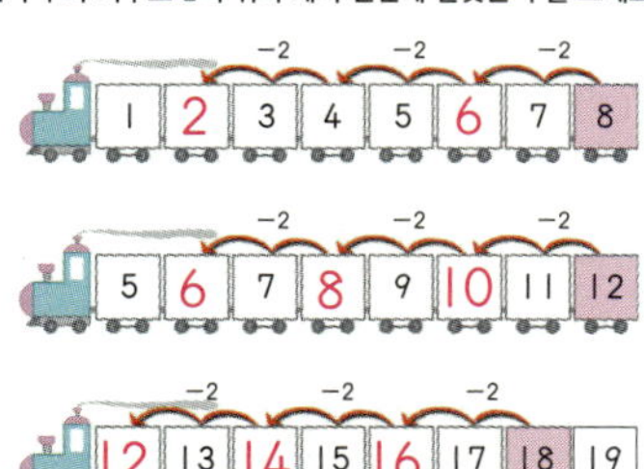

−2 −2 −2
1 2 3 4 5 6 7 8
−2 −2 −2
5 6 7 8 9 10 11 12
−2 −2 −2
12 13 14 15 16 17 18 19

▲ 색칠된 수부터 3씩 뛰어 센 수에 모두 ○표 하세요.

1	2	3	4	5	⑥	7	8	⑨	10
11	⑫	13	14	⑮	16	17	⑱	19	20

1	2	3	4	⑤	6	7	⑧	9	10
⑪	12	13	⑭	15	16	⑰	18	19	⑳

▲ 색칠된 수부터 10씩 뛰어 센 수에 모두 ○표 하세요.

1	2	3	4	5	6	7	8	9	10
11	12	13	14	15	⑯	17	18	19	20
21	22	23	24	25	㉖	27	28	29	30

▲ 거꾸로 10씩 뛰어 세기 하여 □ 안에 알맞은 수를 쓰세요.

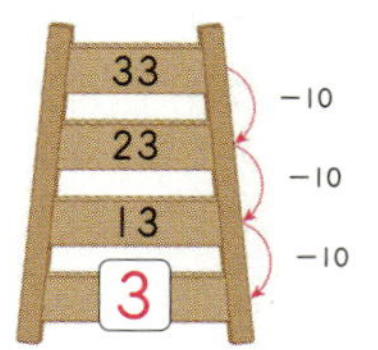

33
23
13
3
−10
−10
−10

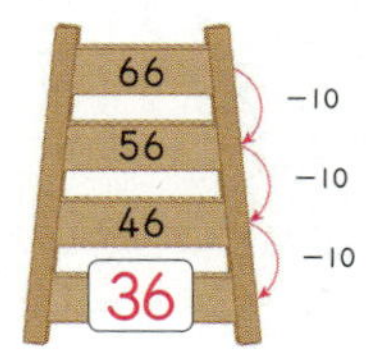

66
56
46
36
−10
−10
−10

공부한 날
월
일

▲ 거꾸로 5씩 뛰어 센 수를 쓰세요.

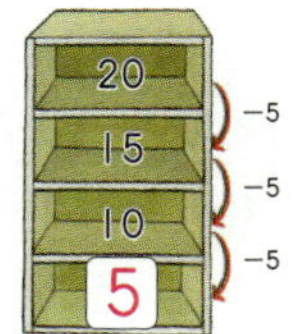

20
15
10
5
−5
−5
−5

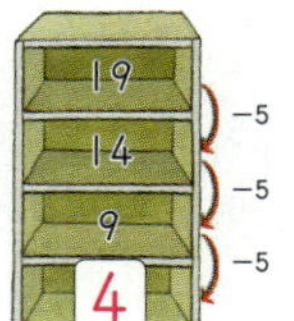

19
14
9
4
−5
−5
−5

106 · 107

세 수 더하기 (1)

관련 쪽수: 6~23쪽

✣ 두 덧셈식을 하나의 식으로 나타내세요.

2 + 4 = 6, 6 + 1 = 7 → 2 + 4 + 1 = 7

3 + 2 = 5, 5 + 4 = 9 → 3 + 2 + 4 = 9

1 + 5 = 6, 6 + 3 = 9 → 1 + 5 + 3 = 9

11 + 4 = 15, 15 + 2 = 17 → 11 + 4 + 2 = 17

13 + 3 = 16, 16 + 2 = 18 → 13 + 3 + 2 = 18

✣ □ 안에 알맞은 수를 쓰세요.

1 + 2 + 3 = 6 (1 + 2 = 3, 3 + 3 = 6) | 1 + 2 + 3 = 6 (2 + 3 = 5, 1 + 5 = 6)

2 + 3 + 4 = 9 (2 + 3 = 5, 5 + 4 = 9) | 2 + 3 + 4 = 9 (3 + 4 = 7, 2 + 7 = 9)

4 + 5 + 5 = 14 (4 + 5 = 9, 9 + 5 = 14) | 4 + 5 + 5 = 14 (5 + 5 = 10, 4 + 10 = 14)

6 + 9 + 1 = 16 (6 + 9 = 15, 15 + 1 = 16) | 6 + 9 + 1 = 16 (9 + 1 = 10, 6 + 10 = 16)

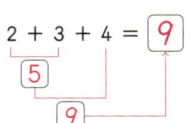

108
109

세 수 더하기 (2)

관련 쪽수: 26~43쪽

✣ 덧셈을 하세요.

3 + 2 = 5
3 + 1 + 1 = 5

17 + 2 = 19
17 + 1 + 1 = 19

2 + 3 = 5
2 + 2 + 1 = 5

7 + 3 = 10
7 + 1 + 2 = 10

4 + 5 = 9
4 + 3 + 2 = 9

11 + 5 = 16
11 + 2 + 3 = 16

5 + 10 = 15
5 + 5 + 5 = 15

8 + 10 = 18
8 + 5 + 5 = 18

108 연산 A6

✣ 덧셈을 하세요.

1 + 1 + 1 = 3
5 + 1 + 1 = 7

8 + 1 + 1 = 10
17 + 1 + 1 = 19

3 + 2 + 1 = 6
15 + 2 + 1 = 18

4 + 1 + 2 = 7
11 + 1 + 2 = 14

3 + 3 + 2 = 8
12 + 3 + 2 = 17

2 + 2 + 3 = 7
14 + 2 + 3 = 19

2 + 5 + 5 = 12
3 + 5 + 5 = 13

연산 보충 학습 109

110
~
112

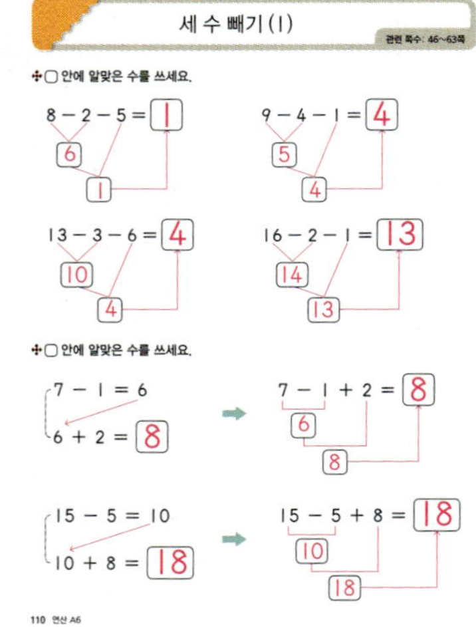

세 수 빼기 (1)
관련 쪽수: 46~63쪽

✛ ☐안에 알맞은 수를 쓰세요.

$8 - 2 - 5 = \boxed{1}$
$9 - 4 - 1 = \boxed{4}$

$13 - 3 - 6 = \boxed{4}$
$16 - 2 - 1 = \boxed{13}$

✛ ☐안에 알맞은 수를 쓰세요.

$7 - 1 = 6$
$6 + 2 = \boxed{8}$
→
$7 - 1 + 2 = \boxed{8}$

$15 - 5 = 10$
$10 + 8 = \boxed{18}$
→
$15 - 5 + 8 = \boxed{18}$

110 연산 A6

세 수 빼기 (2)
관련 쪽수: 66~83쪽

✛ 뺄셈을 하세요.

$3 - 2 = \boxed{1}$
$3 - 1 - 1 = \boxed{1}$

$13 - 2 = \boxed{11}$
$13 - 1 - 1 = \boxed{11}$

$5 - 3 = \boxed{2}$
$5 - 2 - 1 = \boxed{2}$
$5 - 1 - 2 = \boxed{2}$

$16 - 3 = \boxed{13}$
$16 - 2 - 1 = \boxed{13}$
$16 - 1 - 2 = \boxed{13}$

$8 - 5 = \boxed{3}$
$8 - 3 - 2 = \boxed{3}$
$8 - 2 - 3 = \boxed{3}$

$15 - 5 = \boxed{10}$
$15 - 3 - 2 = \boxed{10}$
$15 - 2 - 3 = \boxed{10}$

$14 - 10 = \boxed{4}$
$14 - 5 - 5 = \boxed{4}$

$19 - 10 = \boxed{9}$
$19 - 5 - 5 = \boxed{9}$

연산 보충 학습 111

뛰어 세기
관련 쪽수: 86~103쪽

✛ 색칠된 수부터 2씩 뛰어 센 수에 모두 ☐표 하세요.

| 1 | 2 | 3 | 4 | 5 | 6 | 7 | 8 | 9 | 10 |
| 11 | 12 | 13 | 14 | 15 | 16 | 17 | 18 | 19 | 20 |

✛ 색칠된 수부터 3씩 뛰어 센 수에 모두 ☐표 하세요.

| 11 | 12 | 13 | 14 | 15 | 16 | 17 | 18 | 19 | 20 |
| 21 | 22 | 23 | 24 | 25 | 26 | 27 | 28 | 29 | 30 |

✛ 거꾸로 5씩 뛰어 센 수를 쓰세요.

25 20 15 10 5 32 27 22 17 12

31 26 21 16 11 40 35 30 25 20

✛ 거꾸로 10씩 뛰어 센 수를 쓰세요.

50 40 30 20 10 42 32 22 12 2

56 46 36 26 16 45 35 25 15 5

112 연산 A6

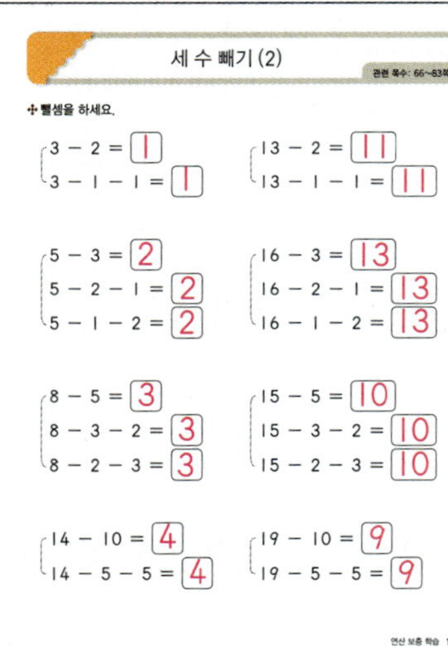

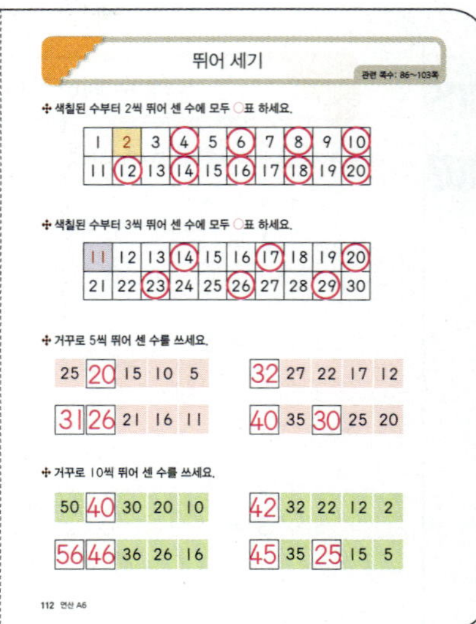

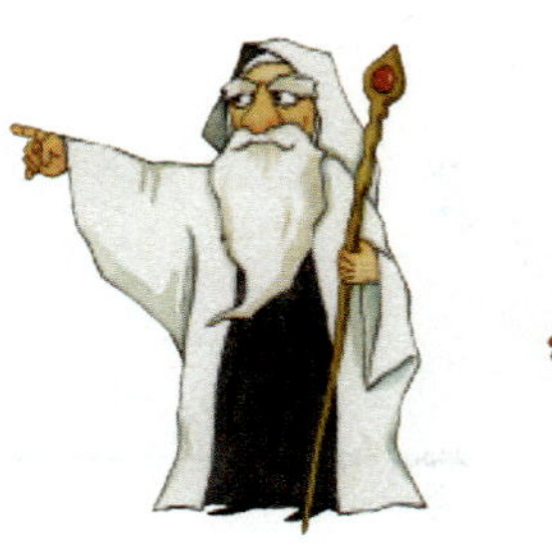

쉽고 재미있게
생각하는 연산!

연산력 수학

노크

쉽고 재미있게
생각하는 연산!

연산력 수학 노크

정답

D2
초2~초3

차가 두 자리 수인 뺄셈

천재교육

□ 안에 알맞은 수를 쓰세요.

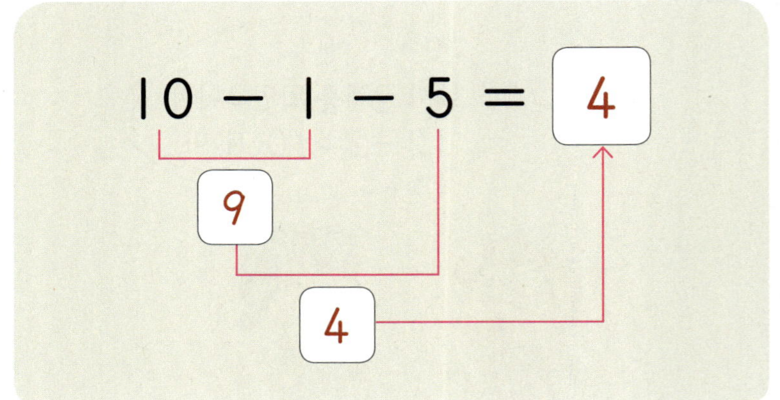

10 − 1 − 5 = 4
9
4

앞에서부터
차례로 빼.

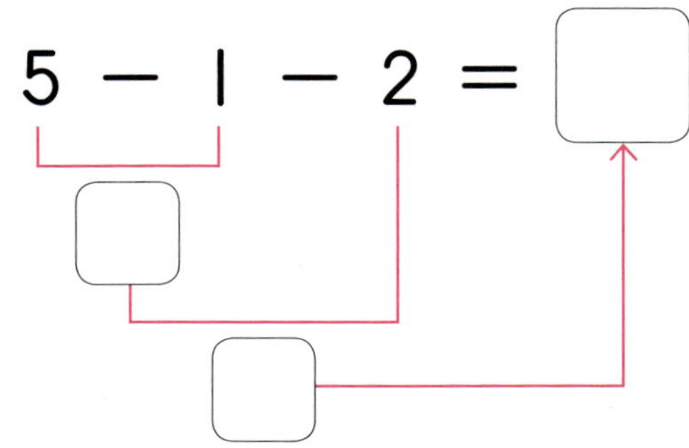

5 − 1 − 2 =

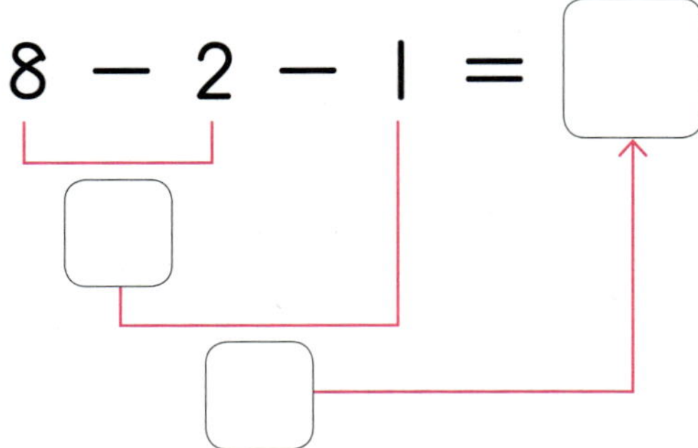

8 − 2 − 1 =

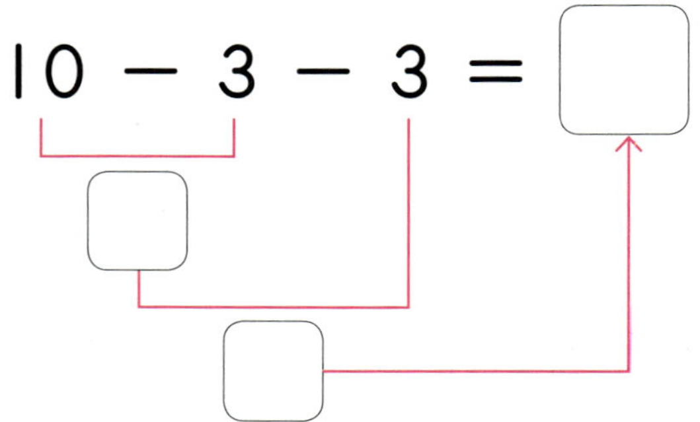

10 − 3 − 3 =

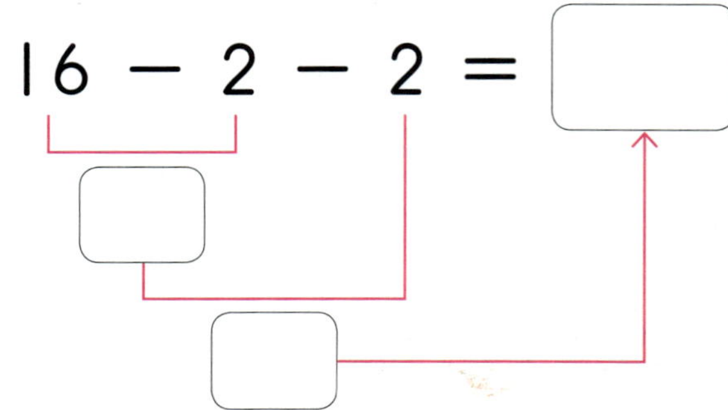

16 − 2 − 2 =

19 − 5 − 10 = □

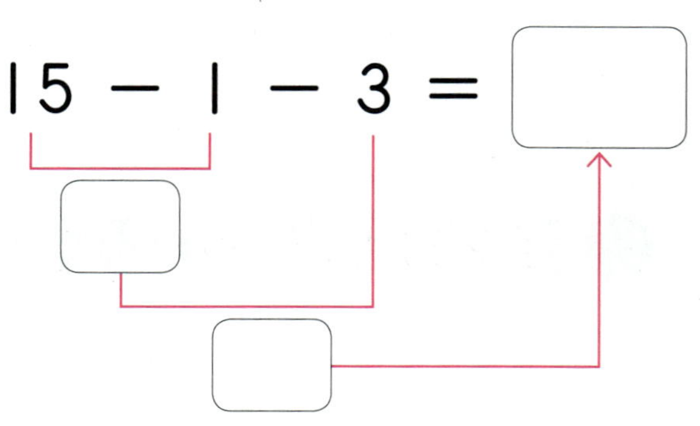

15 − 1 − 3 =

공부한 날

월

일

112 더하고 빼기

사탕을 더하고 빼면서 개수를 세어 보아요.
사탕이 나는 5개, 너는 7개이니까 모두 5+7=12(개)야.
아니~ 내가 2개를 먹었으니까 12−2=10(개)야.
5 + 7 − 2 = 10

더하는 수만큼 색칠하고 빼는 수만큼 ╱표 한 후 남은 수를 ☐ 안에 쓰세요.

$5 + 3 - 1 = \square$

$14 + 3 - 2 = \square$

$17 + 2 - 5 = \square$

● ▢ 안에 알맞은 수를 쓰세요.

$8 + 5 = $ 13

$8 + 5 - 2 = $ 11

$3 + 2 = $ ▢

$3 + 2 - 3 = $ ▢

$6 + 3 = $ ▢

$6 + 3 - 2 = $ ▢

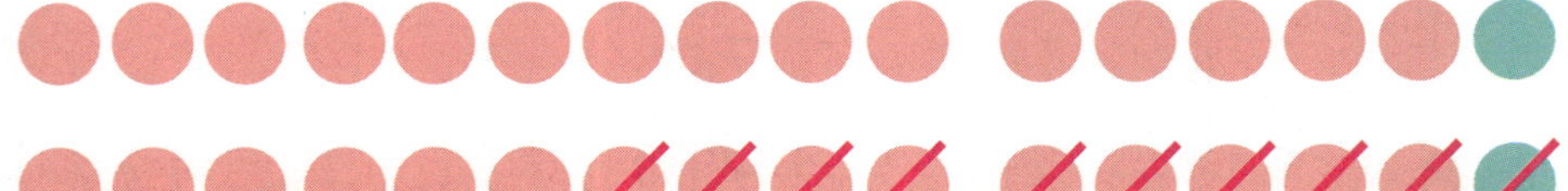

$15 + 1 = $ ▢

$15 + 1 - 10 = $ ▢

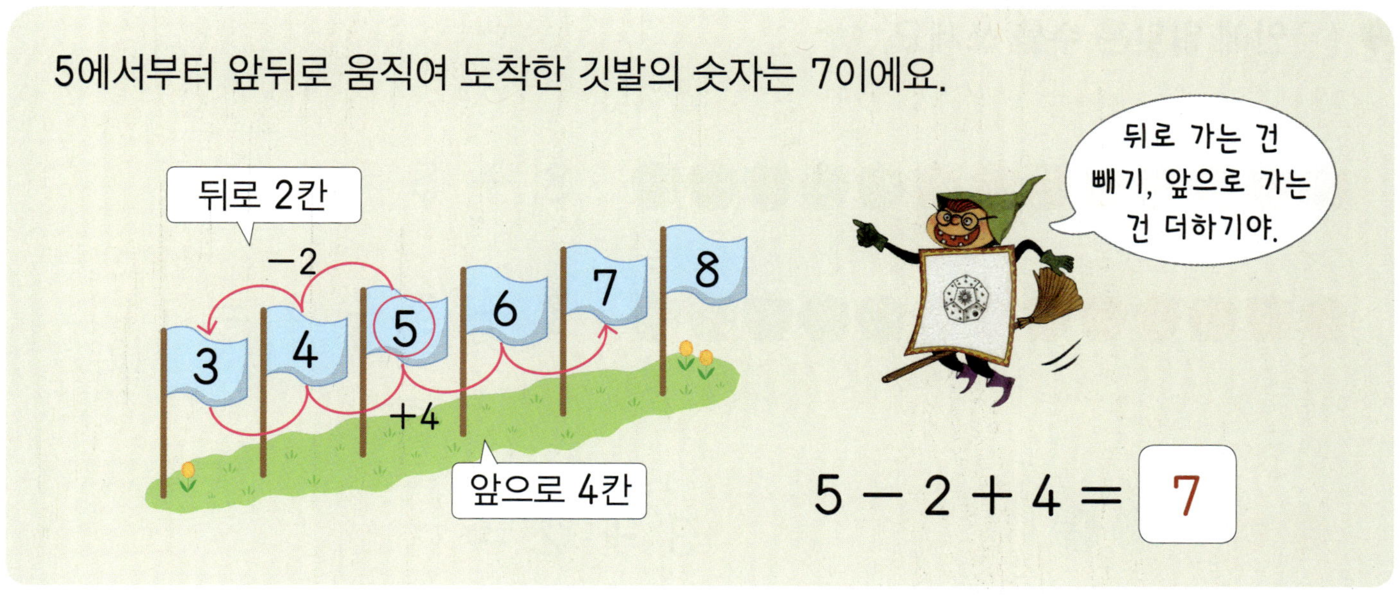
5에서부터 앞뒤로 움직여 도착한 깃발의 숫자는 7이에요.
뒤로 2칸
−2
3
4
5
6
7
8
+4
앞으로 4칸
뒤로 가는 건 빼기, 앞으로 가는 건 더하기야.
5 − 2 + 4 = 7

그림을 보고 ▢ 안에 알맞은 수를 쓰세요.

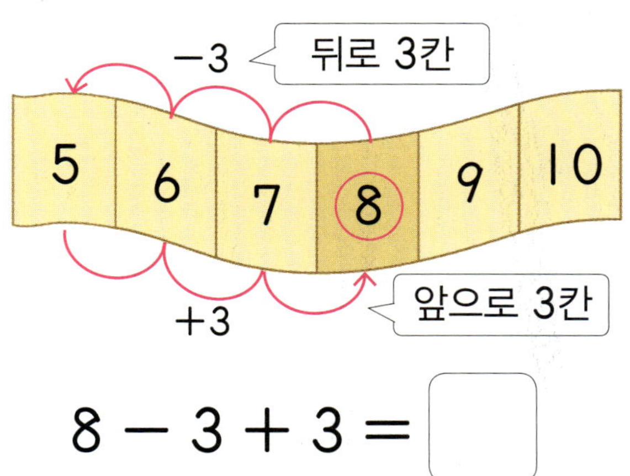
−3
뒤로 3칸
5
6
7
8
9
10
+3
앞으로 3칸

$8 - 3 + 3 = \square$

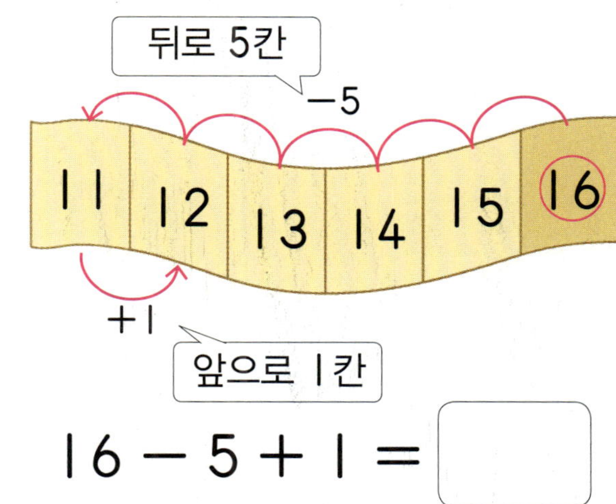
뒤로 5칸
−5
11
12
13
14
15
16
+1
앞으로 1칸

$16 - 5 + 1 = \square$

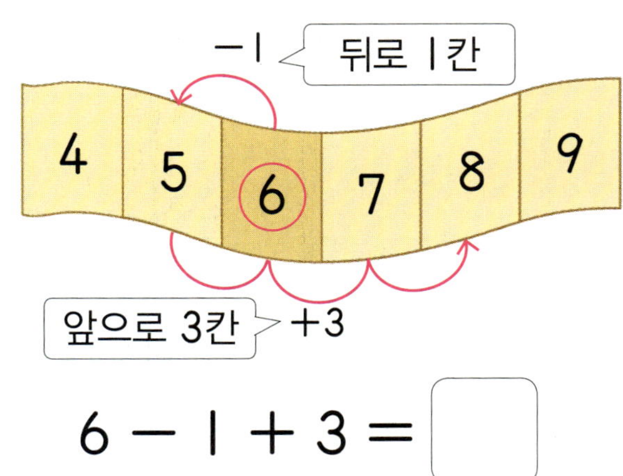
−1
뒤로 1칸
4
5
6
7
8
9
앞으로 3칸
+3

$6 - 1 + 3 = \square$

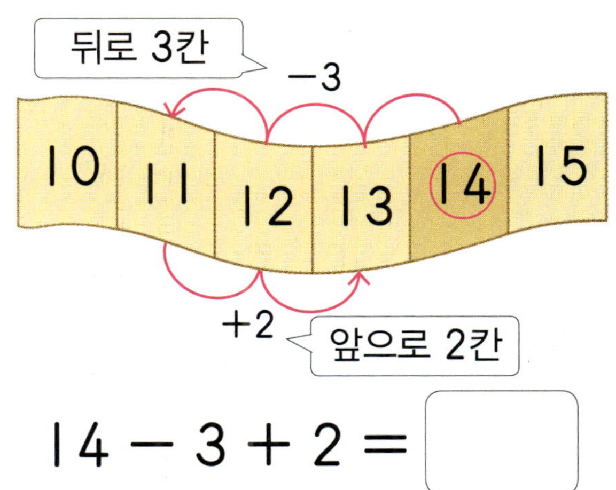
뒤로 3칸
−3
10
11
12
13
14
15
+2
앞으로 2칸

$14 - 3 + 2 = \square$

● ▢ 안에 알맞은 수를 쓰세요.

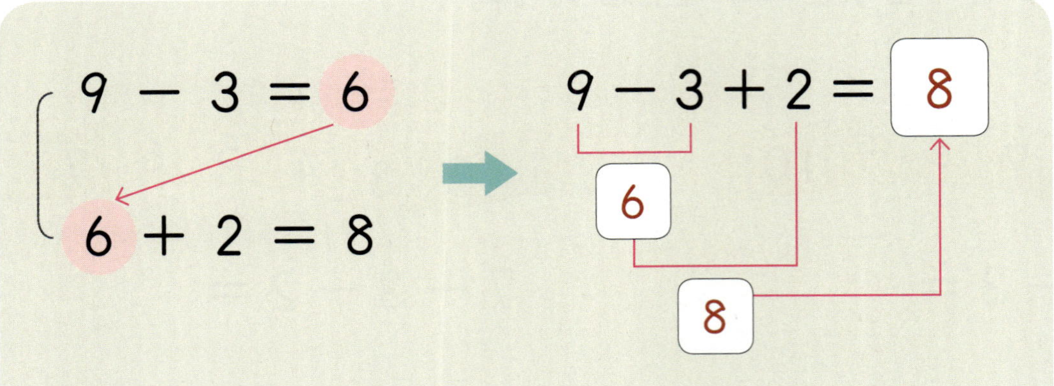

9 − 3 = 6
6 + 2 = 8
9 − 3 + 2 = 8
6
8

9에서 3을 뺀 다음
2를 더하면 8

$5 - 2 = 3$

$3 + 3 = \square$

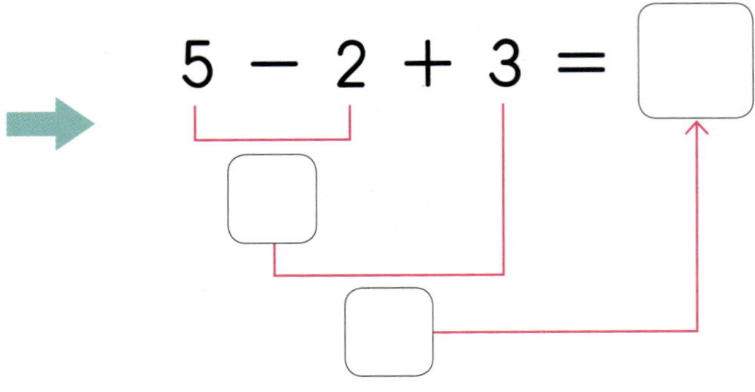

5 − 2 + 3 =

$8 - 1 = 7$

$7 + 2 = \square$

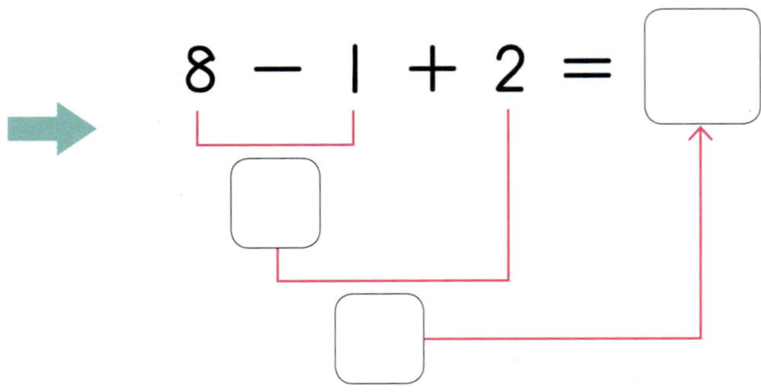

8 − 1 + 2 =

$15 - 1 = 14$

$14 + 3 = \square$

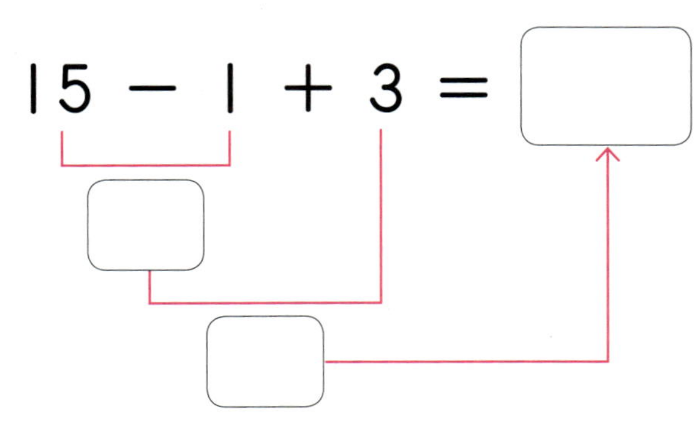

15 − 1 + 3 =

공부한 날

월

일

무엇을 배웠을까요

▲ 빼는 수만큼 거꾸로 뛰어 센 것을 보고 뺄셈을 하세요.

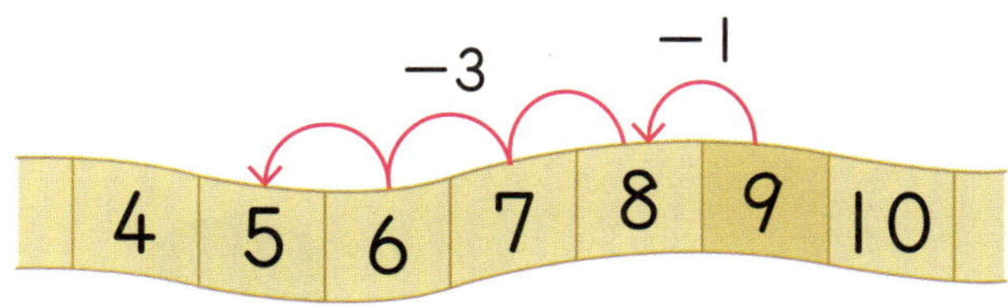
−3
−1
4 5 6 7 8 9 10

$9 - 1 - 3 = \square$

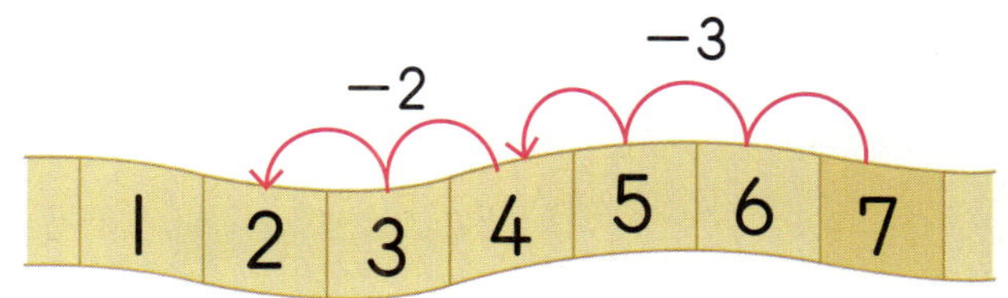
−2
−3
1 2 3 4 5 6 7

$7 - 3 - 2 = \square$

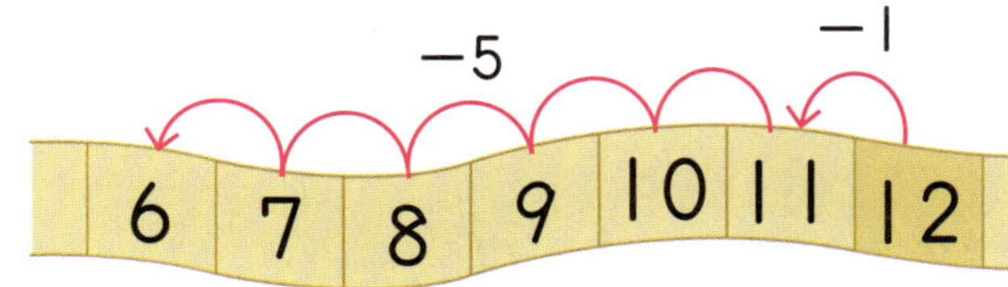
−5
−1
6 7 8 9 10 11 12

$12 - 1 - 5 = \square$

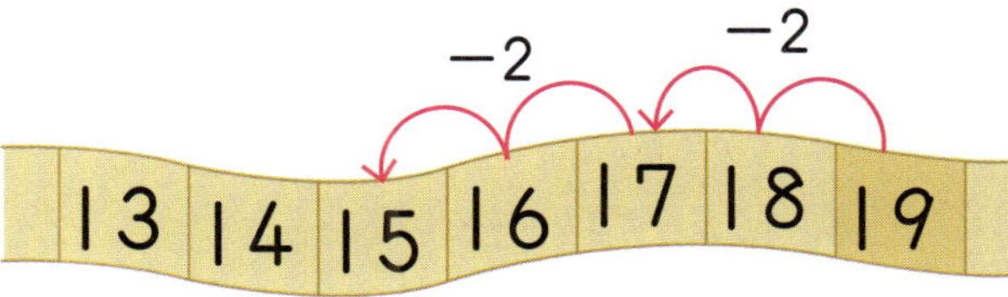
−2
−2
13 14 15 16 17 18 19

$19 - 2 - 2 = \square$

▲ 두 뺄셈식을 하나의 식으로 나타내세요.

$5 - 1 = 4$
$4 - 1 = \square$
→ $5 - 1 - 1 = \square$

$9 - 2 = 7$
$7 - 3 = \square$
→ $9 - 2 - 3 = \square$

$18 - 3 = 15$
$15 - 1 = \square$
 $18 - 3 - 1 = \square$

문제 생성기

▲ 그림을 보고 □ 안에 알맞은 수를 쓰세요.

$8 - 3 - 1 = \square$

$10 - 2 - 5 = \square$

$15 - 5 - 3 = \square$

▲ □ 안에 알맞은 수를 쓰세요.

$5 - 2 = 3$

$3 + 1 = \square$ → $5 - 2 + 1 = \square$

$13 - 1 = 12$

$12 + 5 = \square$ → $13 - 1 + 5 = \square$

$19 - 5 = 14$

$14 + 3 = \square$ → $19 - 5 + 3 = \square$

연산력 게임

PLAY

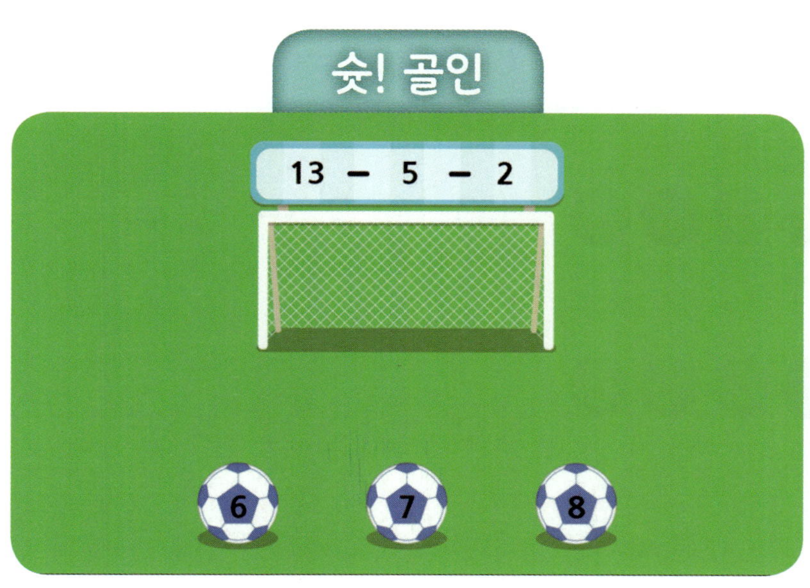
슛! 골인
13 − 5 − 2
6
7
8

골대에 써 있는 세 수의 뺄셈을 해 보세요.

세 수의 뺄셈을 하여 아래쪽에서 알맞은 축구공을 찾아 손가락으로 끌어서 골대에 넣으세요.
6을 넣으면 정답입니다.

골대에 써 있는 세 수의 뺄셈을 해 보세요.

세 수의 뺄셈을 하여 아래쪽에서 알맞은 농구공을 찾아 손가락으로 끌어서 골대에 넣으세요. 15를 넣으면 정답입니다.

신나는 농구 시간
19−2−2
14
15
16

세 수 빼기 (2)

113 빼기 2 66

114 빼기 3 70

115 빼기 5 74

116 빼기 10 78

무엇을 배웠을까요 82

▶ 연산 보충 학습(111쪽)에서 더 풀어 보세요.

학부모 지도 가이드

덧셈과 뺄셈의 기본은 수를 세는 데 있습니다.
이 차시에서는 6−2가 6에서 1씩 2번을 거꾸로 센 것임을 배우게 됩니다.

−1 −1

4 5 6 → $6-1-1=4$, $6-2=4$

−2

빼기 2와 마찬가지로 빼기 3, 빼기 5, 빼기 10도 거꾸로 뛰어 센 수를 알아보면서 세 수의 뺄셈을 쉽게 접근할 수 있게 지도해 주세요.

113 빼기 2

태경이는 배로 한 칸씩 두 번 뒤로 가고, 지오는 비행기로 두 칸 뒤로 갔더니 만났어요.

1을 두 번 빼면 빼기 2와 같아.
−2
4
5
6
−1
−1
6−1−1=4
6−2=4

▢ 안에 알맞은 수를 쓰세요.

−2
2
3
−1
−1

−2
7
8
−1
−1

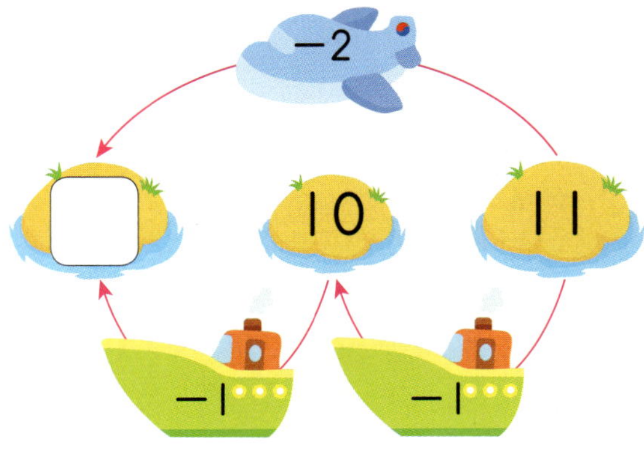
−2
10
11
−1
−1

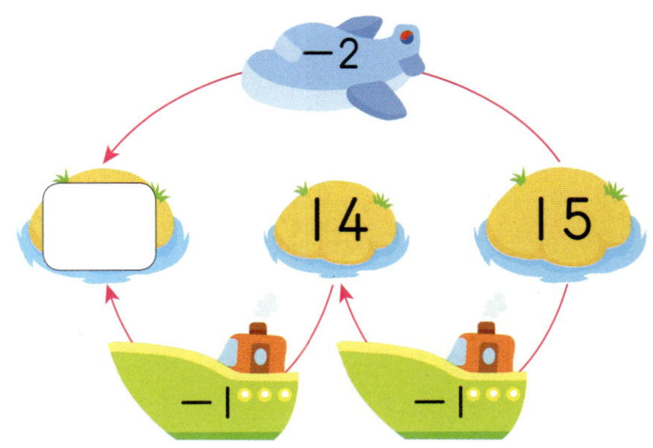
−2
14
15
−1
−1

빨셈을 하세요.

빼기 2는 전의 전의 수이므로 1을 두 번 빼는 것과 같아.

$9-2=$ 7

$9-1-1=$ 7

나도 알아. 꿈속에서도 공부했어.

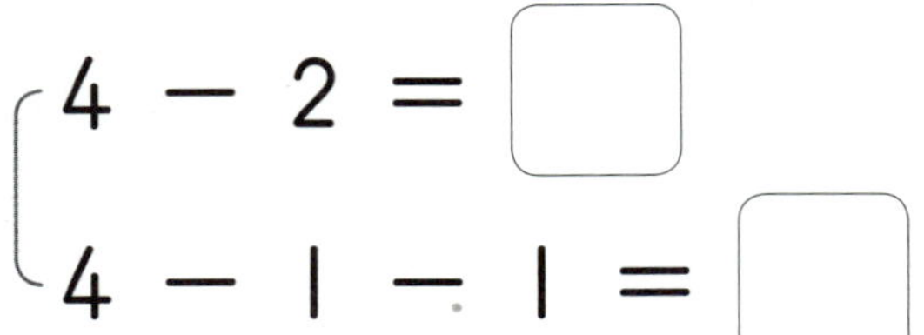

$4-2=$ ☐

$4-1-1=$ ☐

$6-2=$ ☐

$6-1-1=$ ☐

$5-2=$ ☐

$5-1-1=$ ☐

$10-2=$ ☐

$10-1-1=$ ☐

$7-2=$ ☐

$7-1-1=$ ☐

$12-2=$ ☐

$12-1-1=$ ☐

$19-2=$ ☐

$19-1-1=$ ☐

$17-2=$ ☐

$17-1-1=$ ☐

뺄셈의 답을 구해서 지붕 위에 올라갔어요.

8－2와
8－1－1은 같아.
6
8－1
8－2
7－1－1
8－1－1
어서 내려와!
지붕 위에 올라
가면 다쳐.

● 뺄셈을 하여 지붕의 수가 나오는 식 2개를 찾아 ◯표 하세요.

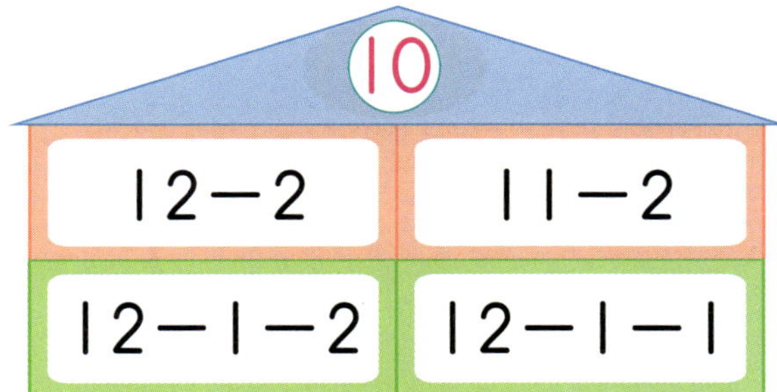
10
12－2
11－2
12－1－2
12－1－1

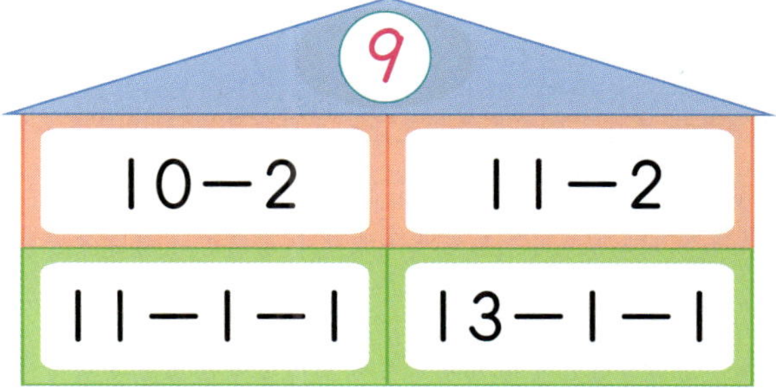
9
10－2
11－2
11－1－1
13－1－1

16

17－2	18－2
18－1－2	18－1－1

13

14－2	15－2
15－1－1	16－1－1

뺄셈을 하세요.

1을 두 번 빼는 것은 2를 빼는 것과 같아.

$14-1-1=$ 12

$14-2=$ 12

내가 답 쓰려고 했는데……. 내가 할 거야!

$4-1-1=$ ☐

$4-2=$ ☐

$3-1-1=$ ☐

$3-2=$ ☐

$7-1-1=$ ☐

$7-2=$ ☐

$9-1-1=$ ☐

$9-2=$ ☐

$12-1-1=$ ☐

$12-2=$ ☐

$15-1-1=$ ☐

$15-2=$ ☐

공부한 날

월

일

114 빼기 3

태경이와 지오가 울타리를 거꾸로 뛰어 세면서 3을 뺀 수를 알아보아요.

−3
2를 뺀 다음 1을 더 빼면 3을 빼는 것과 같아.
6 7 8 9
9−3=6
9−2−1=6
−1
−2

빈 곳에 알맞은 수를 쓰세요.

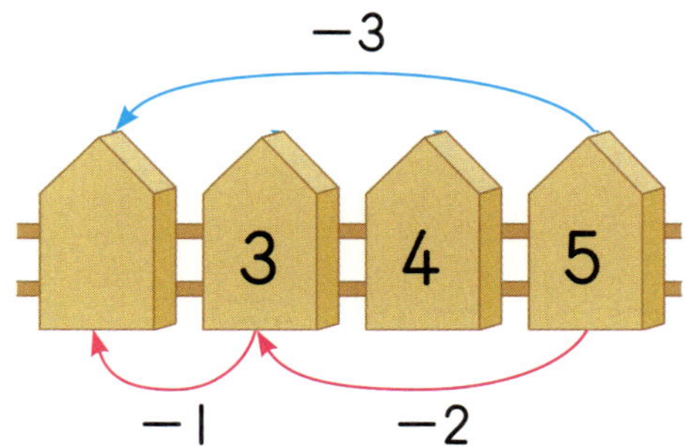

−3
3 4 5
−1
−2

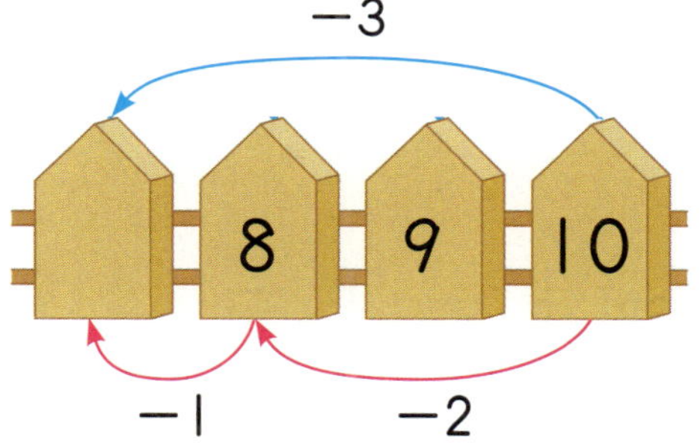

−3
8 9 10
−1
−2

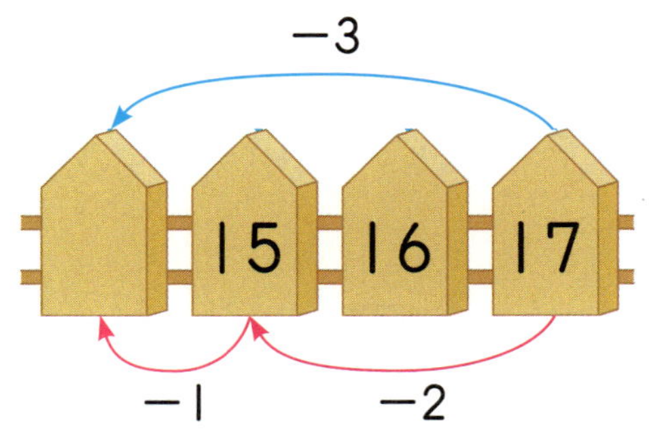

−3
15 16 17
−1
−2

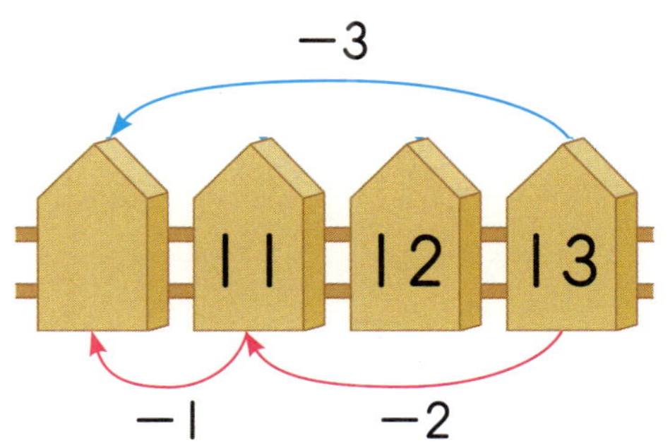

−3
11 12 13
−1
−2

● 뺄셈을 하세요.

출발!
1
2
3
4
5

$4-3=$ 1

$4-1-2=$ 1

$4-2-1=$ 1

1	2	3	4	5	6

$6-3=$ ☐

$6-2-1=$ ☐

$6-1-2=$ ☐

3	4	5	6	7	8

$8-3=$ ☐

$8-2-1=$ ☐

$8-1-2=$ ☐

7	8	9	10	11	12

$11-3=$ ☐

$11-2-1=$ ☐

$11-1-2=$ ☐

14	15	16	17	18	19

$18-3=$ ☐

$18-2-1=$ ☐

$18-1-2=$ ☐

계산 결과가 같은 뺄셈식을 찾아 집을 완성해요.

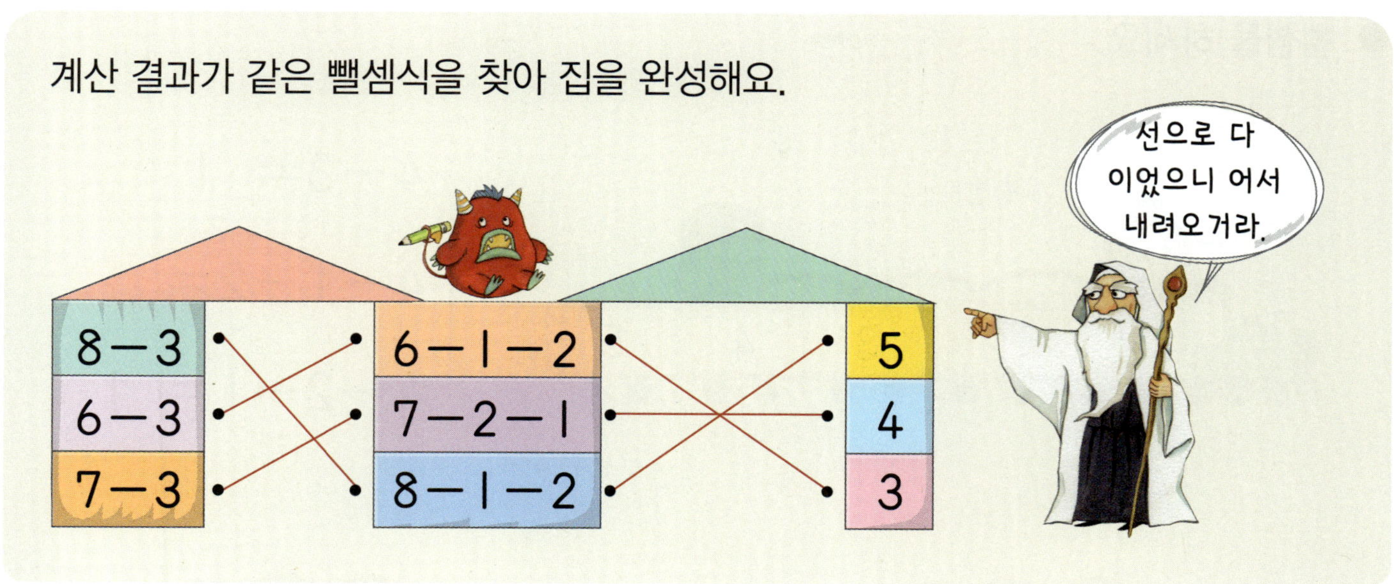
선으로 다
이었으니 어서
내려오거라.
8−3
6−3
7−3
6−1−2
7−2−1
8−1−2
5
4
3

관계있는 것끼리 선으로 이으세요.

11−3
11−2−1
9
13−3
12−1−2
8
12−3
13−2−1
10
17−3
18−1−2
14
16−3
17−2−1
15
18−3
16−1−2
13

☐ 안에 알맞은 수를 쓰세요.

13 − 2 = 11
11 − 1 = 10
13 − 2 − 1 = 10
두 뺄셈식을 하나의 식으로 만들었어.
2와 1을 빼는 것은 3을 빼는 것과 같아.

$4 - 2 = 2$

$2 - 1 = \square$

→ $4 - 2 - 1 = \square$

$9 - 1 = 8$

$8 - 2 = \square$

→ $9 - 1 - 2 = \square$

$16 - 1 = 15$

$15 - 2 = \square$

→ $16 - 1 - 2 = \square$

공부한 날 ☐ 월 ☐ 일

115 빼기 5

지오와 태경이에게 남은 사탕의 수는 같아요.
사탕 8개 중 5개를 먹었더니 3개가 남았어.
사탕 8개 중 3개를 동생에게, 2개를 친구에게 주었더니 3개가 남았어.
8 − 5 = 3
8 − 3 − 2 = 3

빼는 수만큼 ╱로 지우고 뺄셈을 하세요.

6 − 5 = ☐

6 − 3 − 2 = ☐

10 − 5 = ☐

10 − 3 − 2 = ☐

12 − 5 = ☐

12 − 3 − 2 = ☐

● 뺄셈을 하세요.

나는 너보다
5칸 앞에 있으니까
10−5=5야.
10 − 5 = 5
10 − 3 − 2 = 5
어차피
같이 도착해.
5
6
7
8
9
10
11
12

$9 - 5 = \square$
$9 - 3 - 2 = \square$

$7 - 5 = \square$
$7 - 3 - 2 = \square$

$13 - 5 = \square$
$13 - 3 - 2 = \square$

$15 - 5 = \square$
$15 - 3 - 2 = \square$

$18 - 5 = \square$
$18 - 3 - 2 = \square$

$19 - 5 = \square$
$19 - 3 - 2 = \square$

12조각짜리 피자 한 판을 지오와 태경이가 먹고 7조각이 남았어요.

난 피자 2조각을 먹었어.
난 피자 3조각을 먹었어.
남은 7조각은 다 내 거야.
12
7
2
3

12 − 2 − 3 = 7

피자 한 판의 조각 수가 다음과 같을 때 남은 조각의 수를 ▢ 안에 쓰세요.

10
?
2
3
13
?
2
3

10 − 2 − 3 = ▢

13 − 2 − 3 = ▢

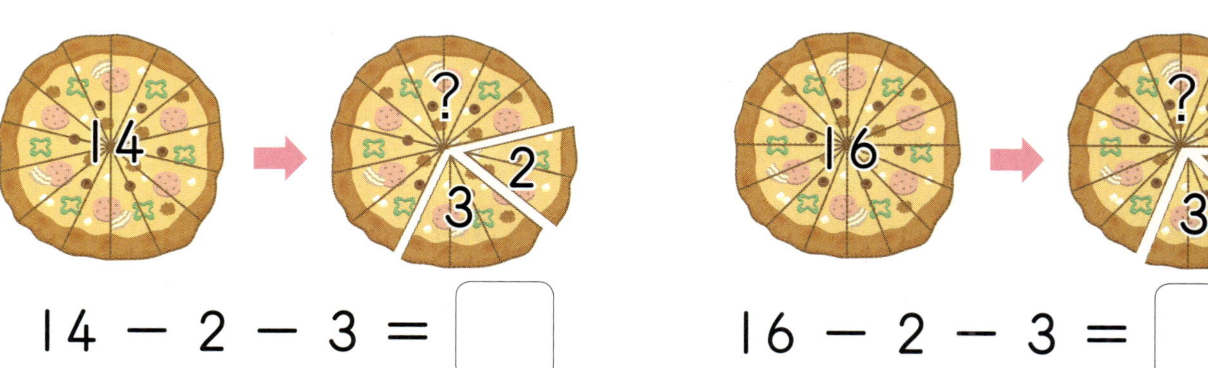
14
?
2
3
16
?
2
3

14 − 2 − 3 = ▢

16 − 2 − 3 = ▢

빼셈을 하세요.

16 − 2 − 3 = 11

(−2 − 3 → −5)

16−5=11
16−2−3=11

6 − 2 − 3 = ☐

(−2 − 3 → −5)

8 − 2 − 3 = ☐

(−2 − 3 → −5)

10 − 2 − 3 = ☐

15 − 2 − 3 = ☐

12 − 2 − 3 = ☐

16 − 2 − 3 = ☐

20 − 2 − 3 = ☐

18 − 2 − 3 = ☐

공부한 날
월
일

116 빼기 10

지오가 연결큐브를 /표 하며 빼기 10을 알아보아요.

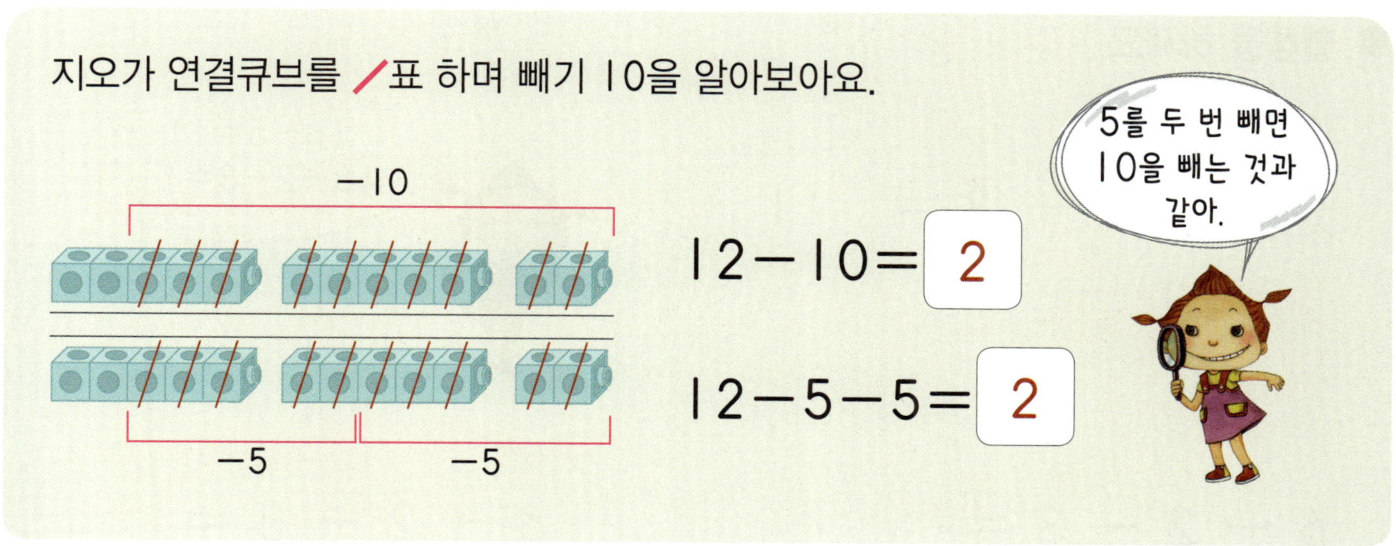

−10
−5
−5
12−10= 2
12−5−5= 2
5를 두 번 빼면 10을 빼는 것과 같아.

빼는 수만큼 /로 지우고 뺄셈을 하세요.

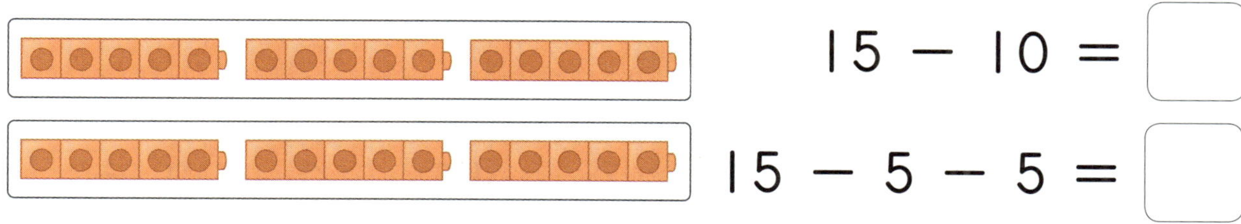

15 − 10 = ☐

15 − 5 − 5 = ☐

13 − 10 = ☐

13 − 5 − 5 = ☐

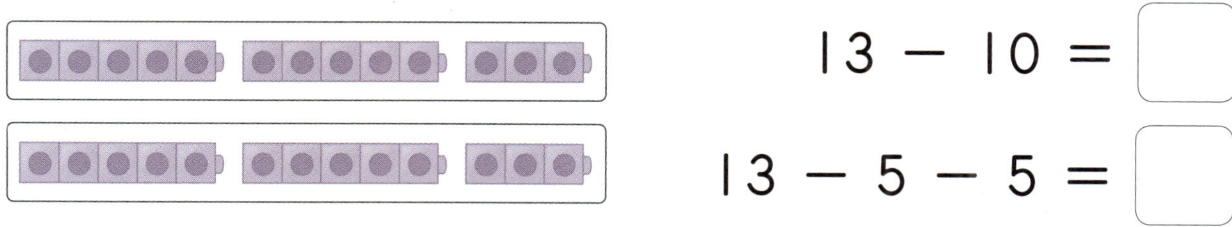

18 − 10 = ☐

18 − 5 − 5 = ☐

빼셈을 하세요.

$$\begin{cases} 16 - 10 = \boxed{6} \\ 16 - 5 - 5 = \boxed{6} \end{cases}$$

10을 빼는 것은 5를 두 번 빼는 것으로 나타낼 수 있어.

$$\begin{cases} 11 - 10 = \square \\ 11 - 5 - 5 = \square \end{cases}$$

$$\begin{cases} 13 - 10 = \square \\ 13 - 5 - 5 = \square \end{cases}$$

$$\begin{cases} 17 - 10 = \square \\ 17 - 5 - 5 = \square \end{cases}$$

$$\begin{cases} 19 - 10 = \square \\ 19 - 5 - 5 = \square \end{cases}$$

$$\begin{cases} 12 - 10 = \square \\ 12 - 5 - 5 = \square \end{cases}$$

$$\begin{cases} 20 - 10 = \square \\ 20 - 5 - 5 = \square \end{cases}$$

나무를 5씩 두 번 자르고 남은 수를 구해요.

17
5
12
5
5
7
17에서 5를
두 번 빼면 7이야.

▢ 안에 알맞은 수를 쓰세요.

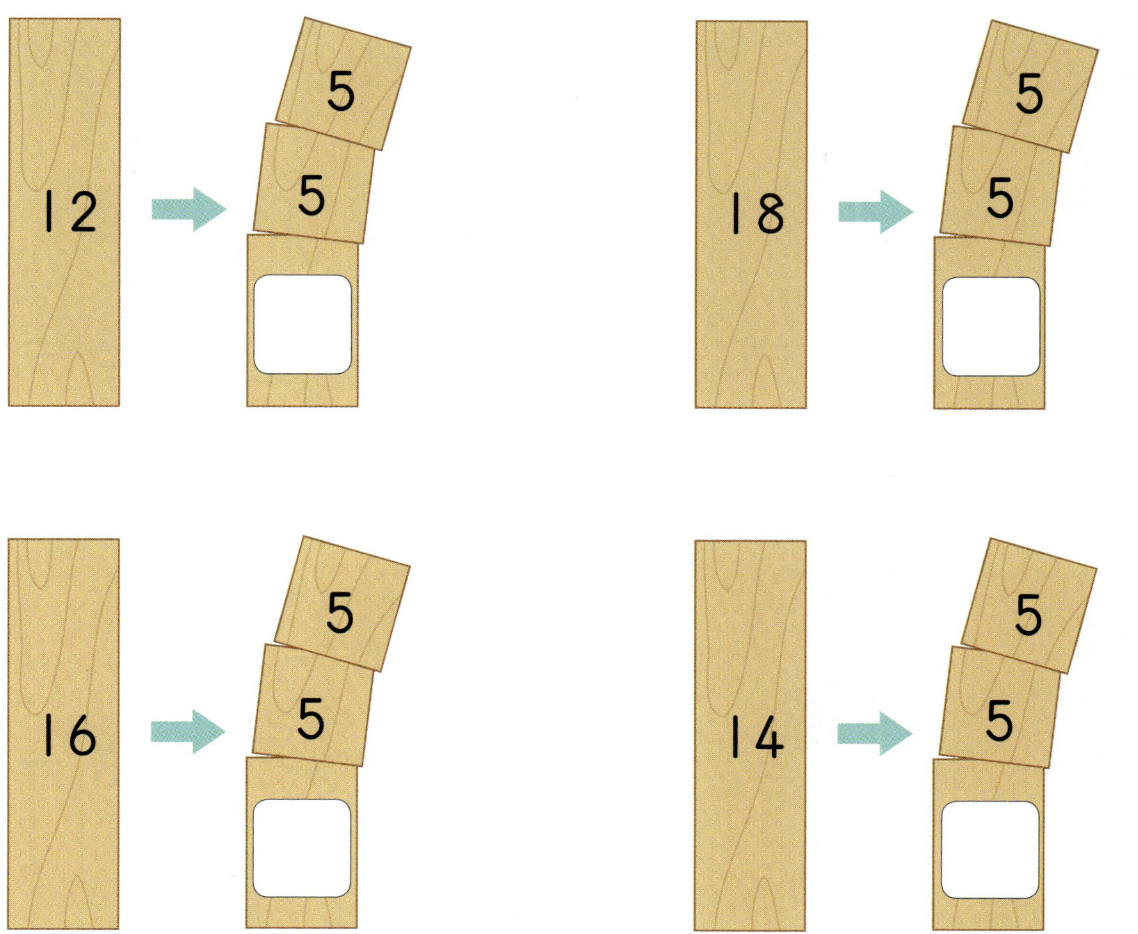
12
5
5
18
5
5
16
5
5
14
5
5

● 빼셈을 하세요.

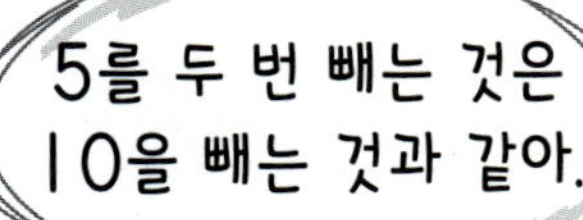
5를 두 번 빼는 것은
10을 빼는 것과 같아.

$14 - 5 - 5 = \boxed{4}$ (−10)

10을 빼는 것은
쉽군.

$11 - 5 - 5 = \square$ (−10)

$15 - 5 - 5 = \square$ (−10)

$17 - 5 - 5 = \square$ (−10)

$13 - 5 - 5 = \square$ (−10)

$19 - 5 - 5 = \square$ (−10)

$16 - 5 - 5 = \square$ (−10)

$18 - 5 - 5 = \square$ (−10)

$20 - 5 - 5 = \square$ (−10)

공부한 날 월 일

무엇을 배웠을까요

▲ 그림을 보고 뺄셈을 하세요.

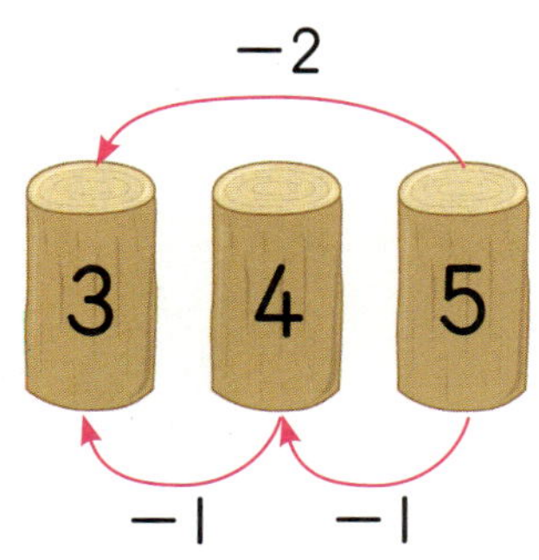
−2
3
4
5
−1
−1

$5 - 2 = \square$

$5 - 1 - 1 = \square$

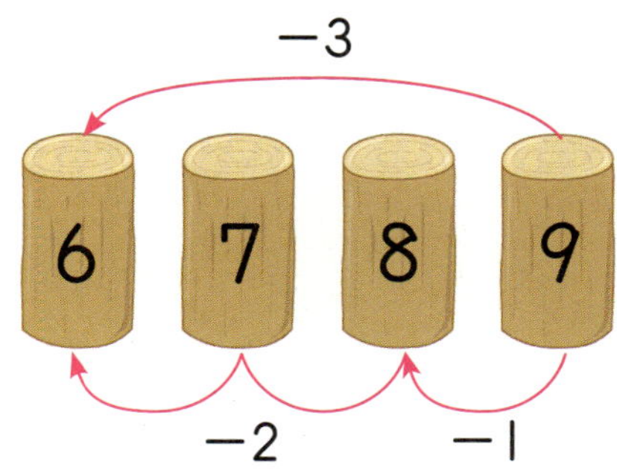
−3
6
7
8
9
−2
−1

$9 - 3 = \square$

$9 - 1 - 2 = \square$

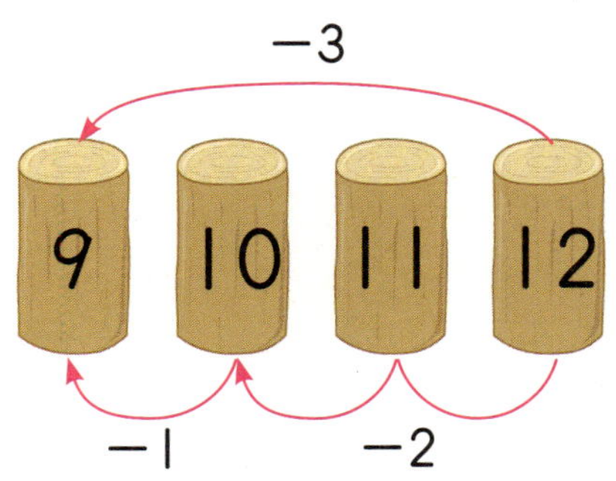
−3
9
10
11
12
−1
−2

$12 - 3 = \square$

$12 - 2 - 1 = \square$

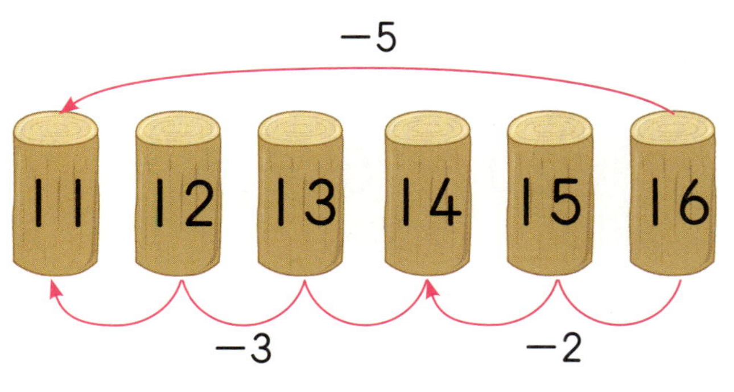
−5
11
12
13
14
15
16
−3
−2

$16 - 5 = \square$

$16 - 2 - 3 = \square$

문제 생성기

▲ 뺄셈을 하세요.

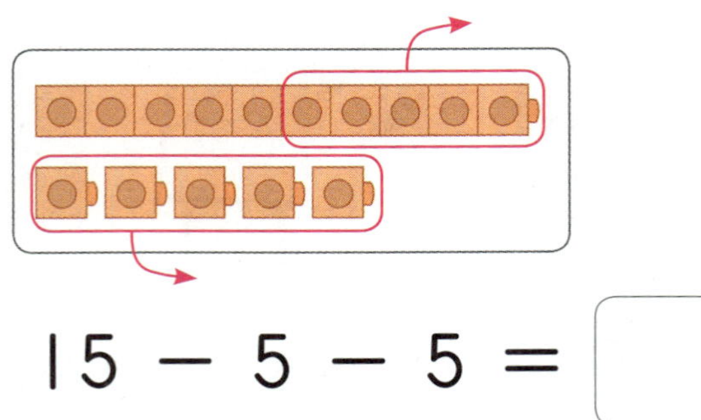

15 − 5 − 5 = □

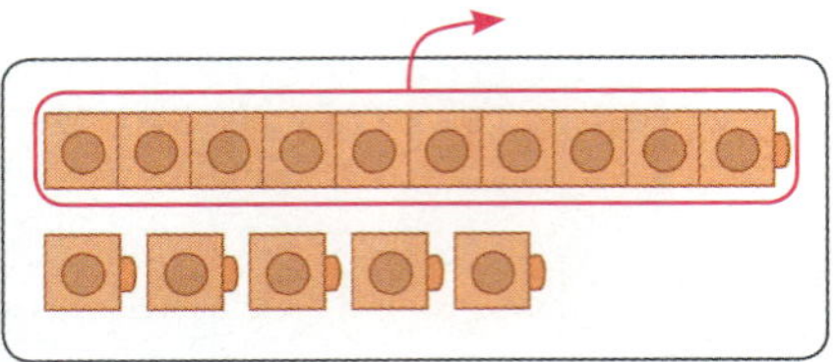

15 − 10 = □

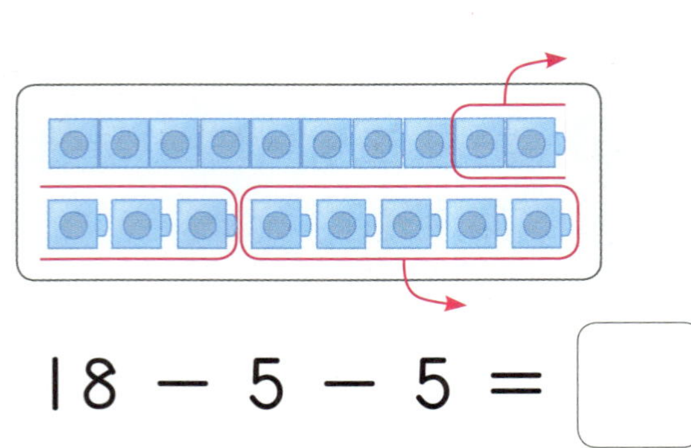

18 − 5 − 5 = □

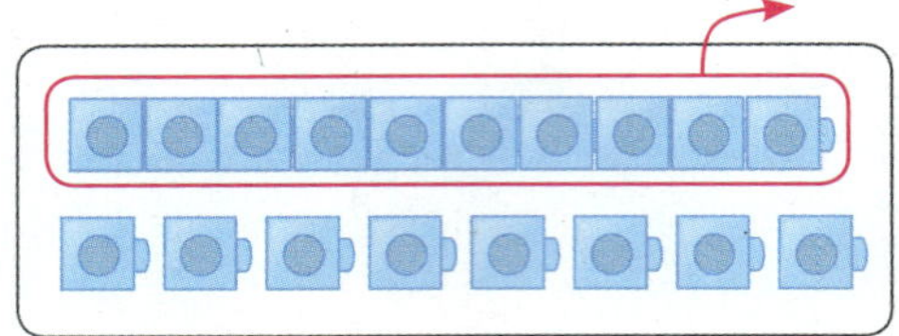

18 − 10 = □

공부한 날 월 일

참! 잘했어요

▲ 뺄셈을 하세요.

6 − 3 = □
6 − 2 − 1 = □
6 − 1 − 2 = □

14 − 3 = □
14 − 2 − 1 = □
14 − 1 − 2 = □

9 − 5 = □
9 − 2 − 3 = □
9 − 3 − 2 = □

18 − 5 = □
18 − 2 − 3 = □
18 − 3 − 2 = □

연산력 게임

PLAY

고양이의 점심시간
15-2-3
10
11
12

세 수의 뺄셈을 해 보세요.

오른쪽에서 알맞은 물고기를 찾아 손가락으로 끌어서 고양이의 그릇에 넣으세요.
10을 넣으면 정답입니다.

세 수의 뺄셈을 해 보세요.

아래쪽에서 알맞은 창문을 찾아 손가락으로 끌어서 잠수함의 빈 곳에 넣으세요.
13을 넣으면 정답입니다.

바다 속 잠수함 여행
18 - 2 - 3 =
13
14
15

뛰어 세기

117 2씩 뛰어 세기 86

118 3씩 뛰어 세기 90

119 10씩 뛰어 세기 94

120 5씩 뛰어 세기 98

무엇을 배웠을까요 102

▶ 연산 보충 학습(112쪽)에서 더 풀어 보세요.

학부모 지도 가이드

몇씩 뛰어 세기를 구체물을 통해 직접 연습해 봄으로써 몇씩 뛰어 세는 것은 몇씩 더하는 것과 같음을 이해할 수 있게 지도해 주세요.
마찬가지로 거꾸로 몇씩 뛰어 세는 것은 몇씩 빼는 것과 같음을 이해시켜 주세요.

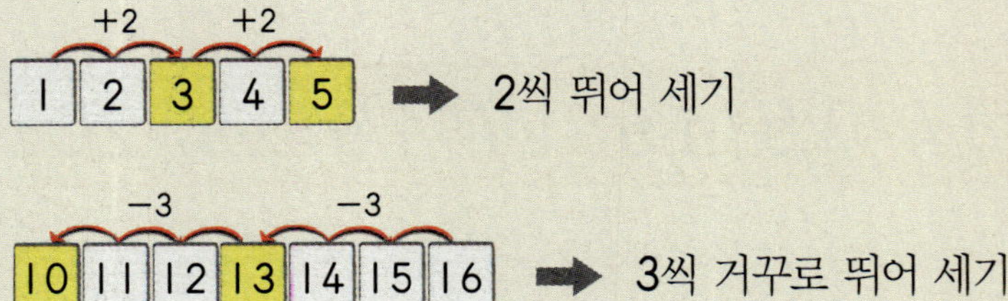

+2 +2
1 2 3 4 5
2씩 뛰어 세기
−3 −3
10 11 12 13 14 15 16
3씩 거꾸로 뛰어 세기

117 2씩 뛰어 세기

태경이와 지오가 돌다리를 2씩 세면서 뛰고 있어요.

2씩 뛴 수는
2 큰 수야.
1부터
2씩 뛰어 센 수는
1, 3, 5, 7, 9
1
2
3
4
5
6
7
8
9
10

○표 한 수부터 2씩 뛰어 센 수에 모두 ○표 하세요.

1	2	3	4	5	6	7	8	9	10

5	6	7	8	9	10	11	12	13	14

6	7	8	9	10	11	12	13	14	15

11	12	13	14	15	16	17	18	19	20

2씩 뛰어 세어 빈 곳에 알맞은 수를 쓰세요.

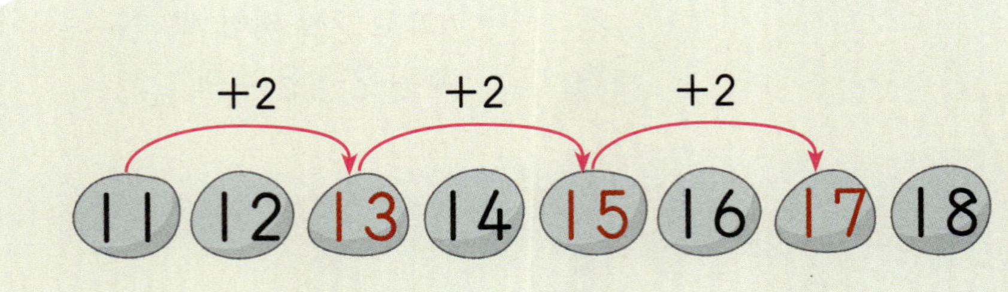
+2
+2
+2
11 12 13 14 15 16 17 18

2씩 뛴 수는 2씩 더한 수와 같아.

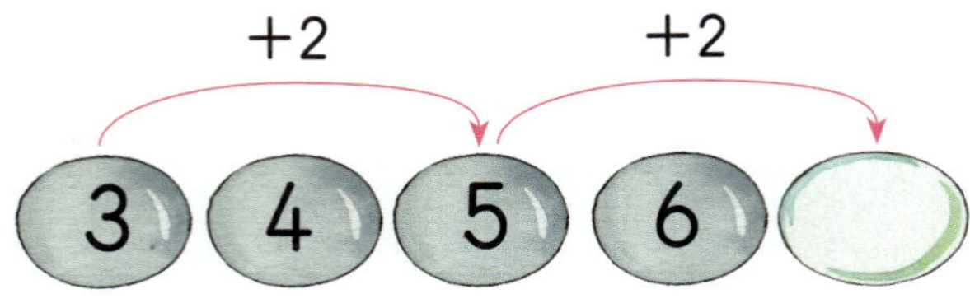
+2
+2
3 4 5 6

다 뛰어 세었으니 난 이만 잘게.

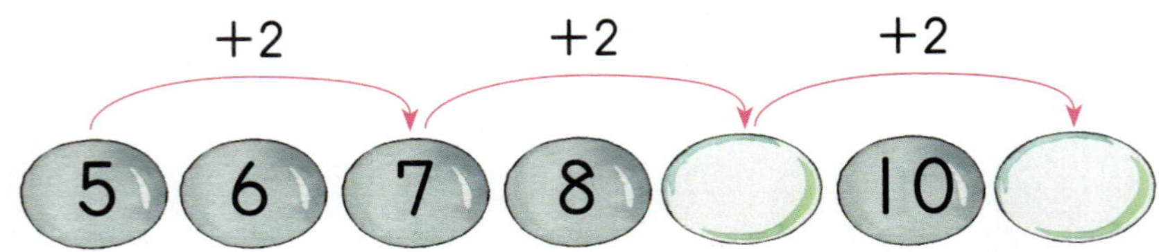
+2
+2
+2
5 6 7 8 10

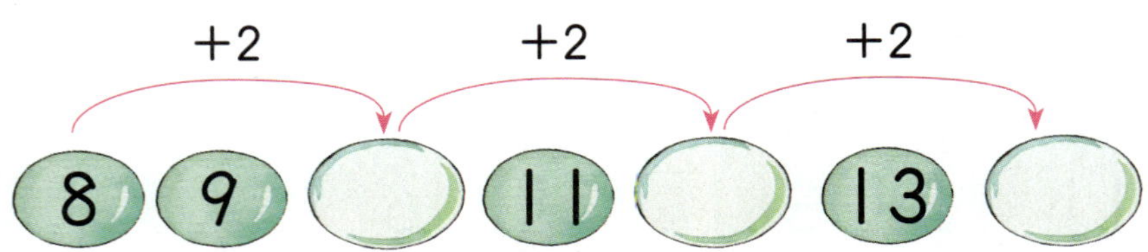
+2
+2
+2
8 9 11 13

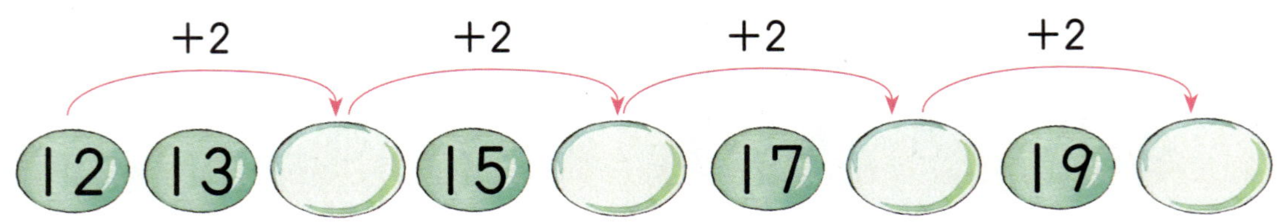
+2
+2
+2
+2
12 13 15 17 19

지오와 태경이가 거꾸로 2씩 뛰어 세고 있어요.

거꾸로 2씩 뛰어 센 수는 2 작은 수야.
1
2
3
4
5
6
7
8
9
10

◯표 한 수부터 거꾸로 2씩 뛰어 센 수에 모두 ◯표 하세요.

1	2	3	4	5	6	7	8	(9)	10

4	5	6	7	8	9	10	11	12	(13)

7	8	9	10	11	12	13	14	15	(16)

11	12	13	14	15	16	17	18	19	(20)

거꾸로 2씩 뛰어 세기 하여 ☐ 안에 알맞은 수를 쓰세요.

축구공으로
뭐하는 거야?

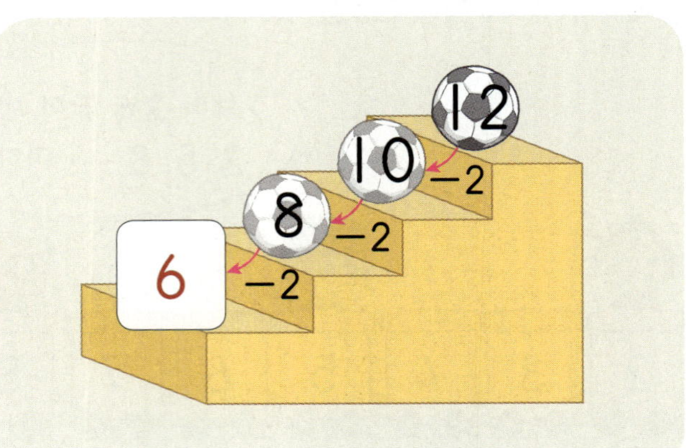
12
10
8
6
−2
−2
−2

거꾸로 2씩 뛴 수는
2씩 뺀 수와 같아.

7
5
3

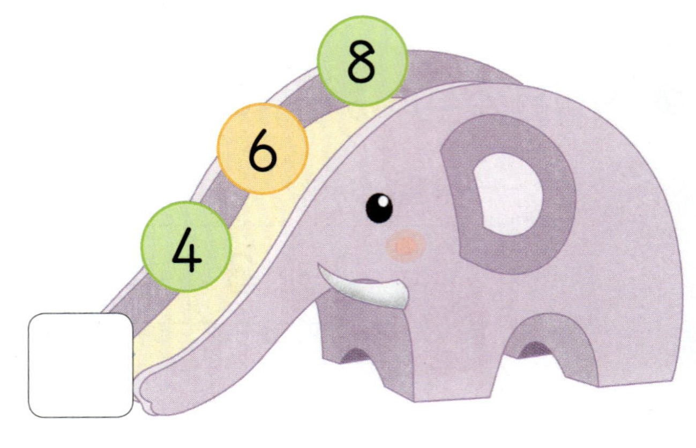
8
6
4

공부한 날

월

일

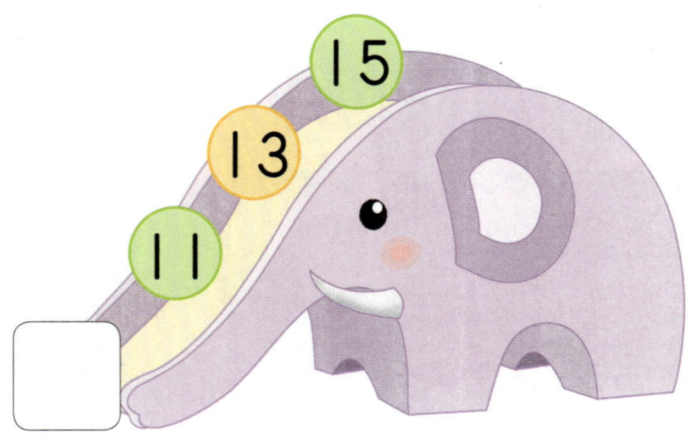
15
13
11

20
18
16

118 3씩 뛰어 세기

지오와 친구들은 3씩 뛰어 세기 하여 기차를 탔어요.

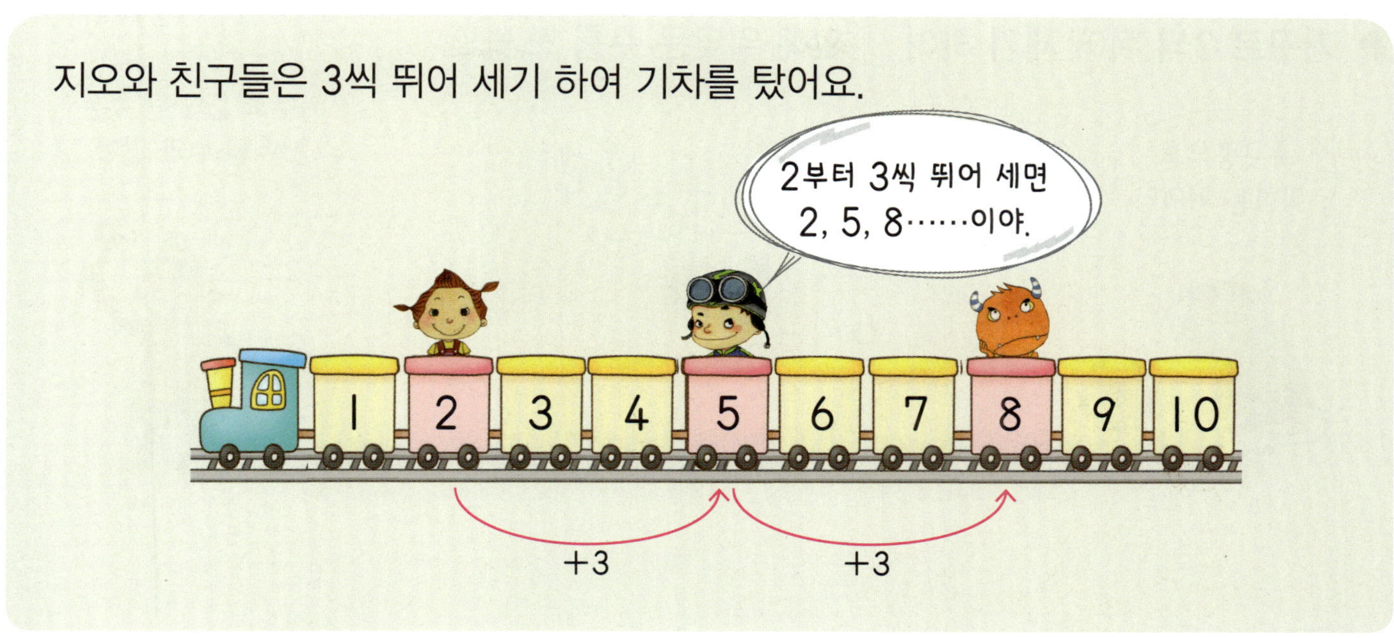
2부터 3씩 뛰어 세면
2, 5, 8……이야.
1 2 3 4 5 6 7 8 9 10
+3
+3

색칠된 수부터 3씩 뛰어 센 수를 모두 색칠하세요.

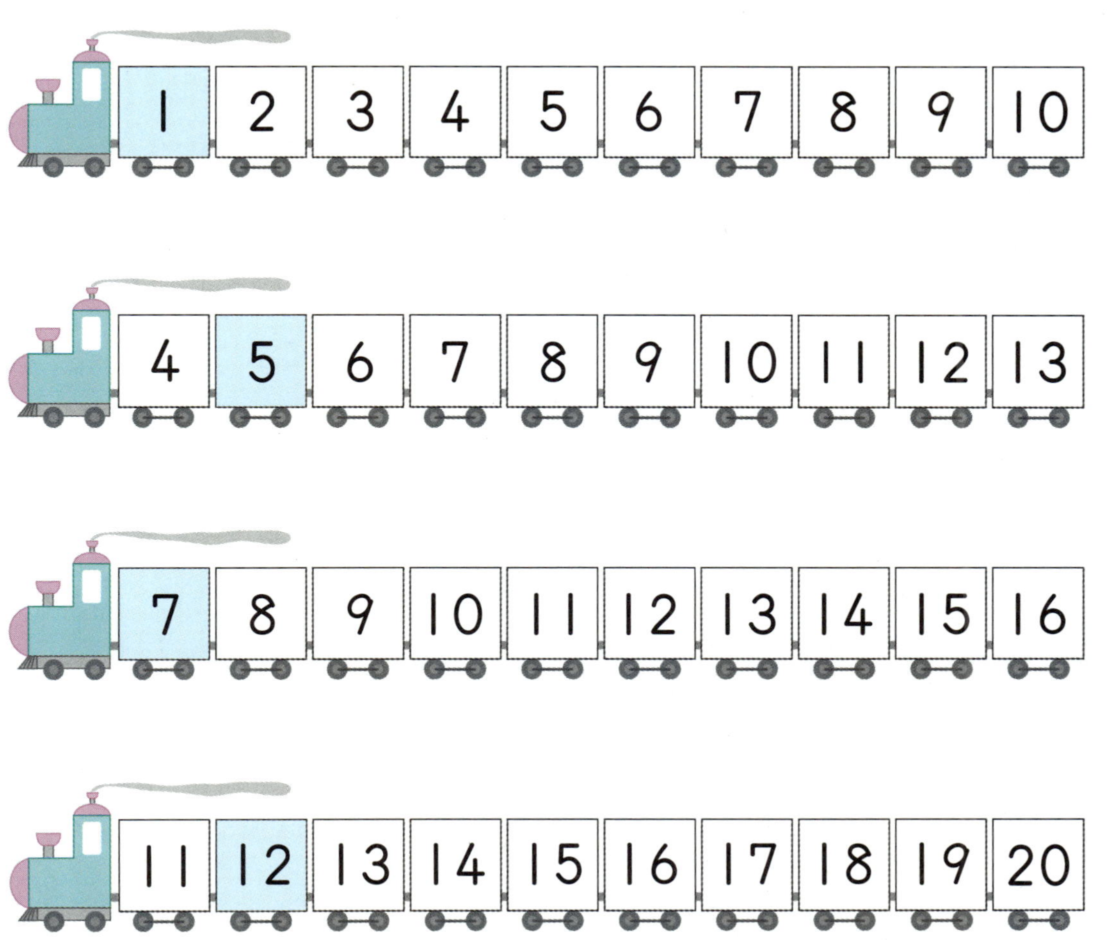
1 2 3 4 5 6 7 8 9 10
4 5 6 7 8 9 10 11 12 13
7 8 9 10 11 12 13 14 15 16
11 12 13 14 15 16 17 18 19 20

3씩 뛰어 세기 하여 ☐ 안에 알맞은 수를 쓰세요.

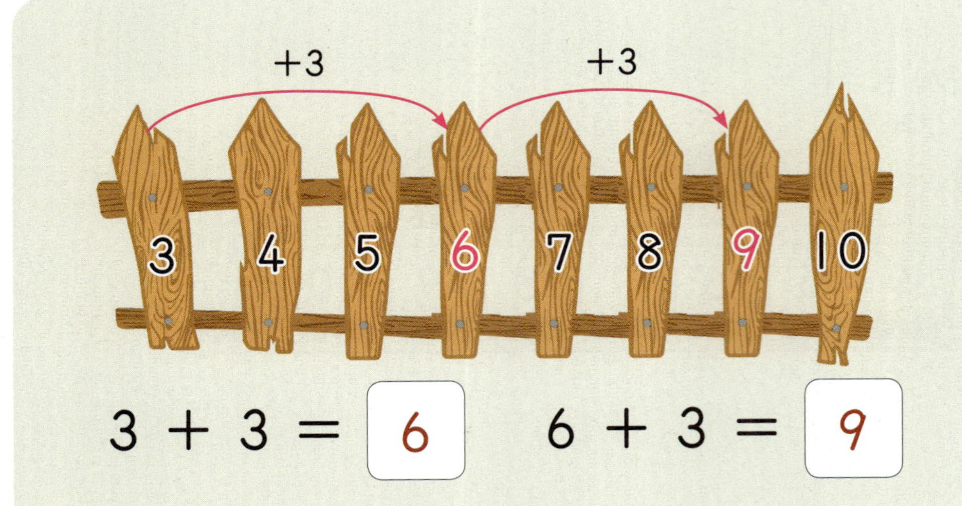

+3
+3
3 4 5 6 7 8 9 10
3 + 3 = 6
6 + 3 = 9

3에서 3 뛰어
세면 6, 6에서
3 뛰어 세면 9

+3 +3

3 4 5 6 7 8 9

3 + 3 = ☐, 6 + 3 = ☐

+3 +3

11 12 13 14 15 16 17

11 + 3 = ☐, 14 + 3 = ☐

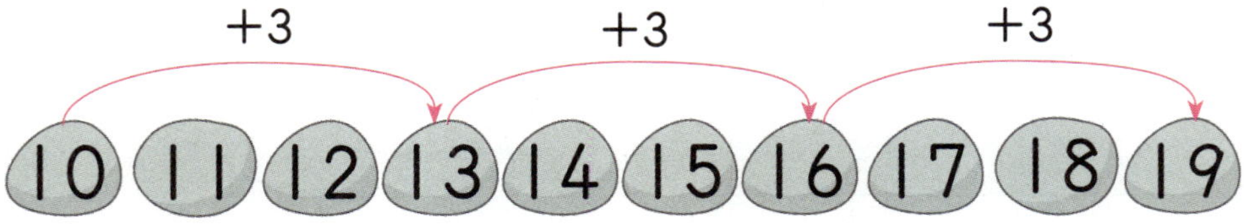

+3 +3 +3

10 11 12 13 14 15 16 17 18 19

10 + 3 = ☐, 13 + 3 = ☐, 16 + 3 = ☐

지오가 탄 칸부터 친구들이 거꾸로 3씩 뛰어 세기 하여 기차에 탔어요.

거꾸로 3씩 뛴 수는 3씩 뺀 것과 같아.
1
2
3
4
5
6
7
8
9
10
−3
−3

색칠된 수부터 거꾸로 3씩 뛰어 센 수를 모두 색칠하세요.

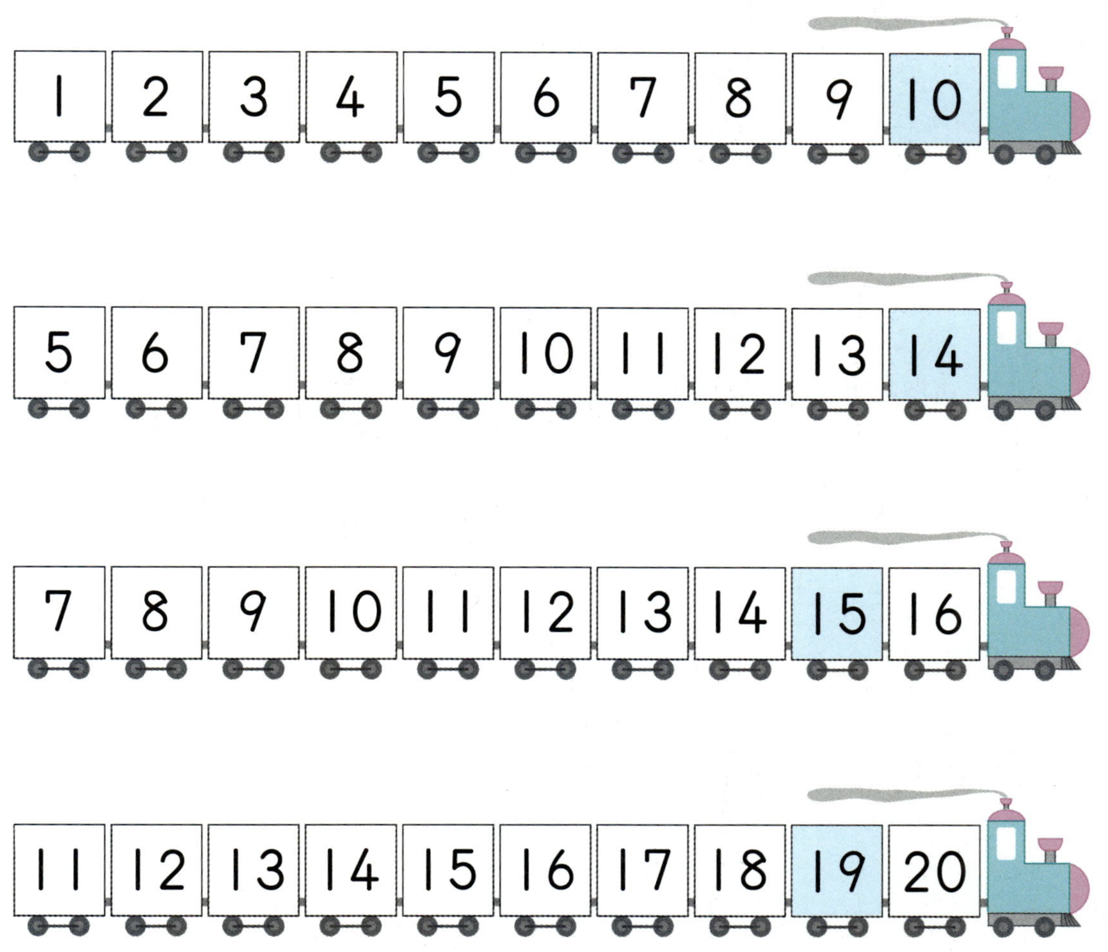
1 2 3 4 5 6 7 8 9 10
5 6 7 8 9 10 11 12 13 14
7 8 9 10 11 12 13 14 15 16
11 12 13 14 15 16 17 18 19 20

거꾸로 3씩 뛰어 세기 하여 ▢ 안에 알맞은 수를 쓰세요.

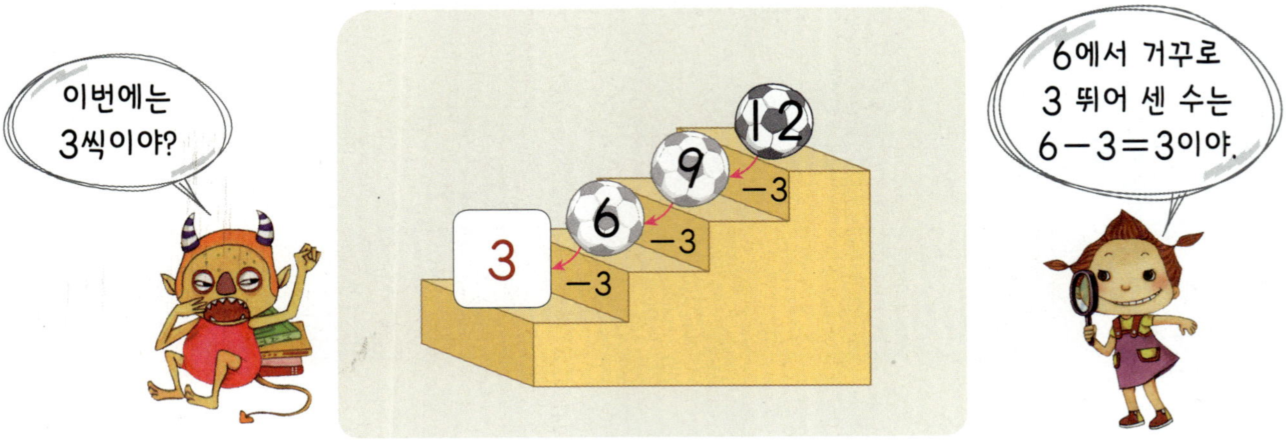

이번에는 3씩이야?

12 −3 9 −3 6 −3 3

6에서 거꾸로 3 뛰어 센 수는 6−3=3이야.

11, 8, 5, ▢

13, 10, 7, ▢

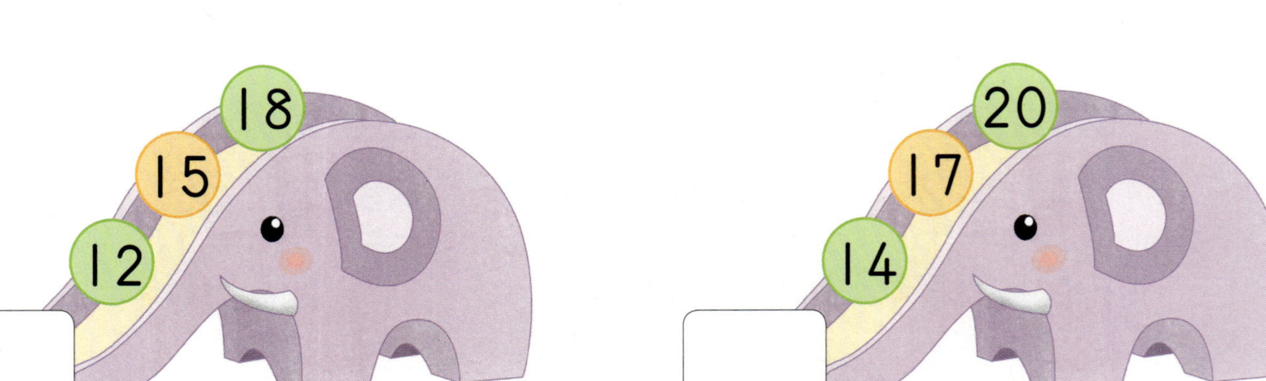
18
15
12
20
17
14

공부한 날 월 일

119 10씩 뛰어 세기

태경이와 지오가 담벼락에 써 있는 수를 10씩 뛰어 세고 있어요.

십의 자리 숫자가 1씩 커져.
10씩 뛰어 세면 일의 자리 숫자는 변하지 않아.
1 2 3 4 5 6 7 8 9 10
11 12 13 14 15 16 17 18 19 20
21 22 23 24 25 26 27 28 29 30

○표 한 수부터 10씩 뛰어 센 수에 모두 ○표 하세요.

(11)	12	13	14	15	16	17	18	19	20
21	22	23	24	25	26	27	28	29	30
31	32	33	34	35	36	37	38	39	40

41	42	43	44	45	46	47	48	(49)	50
51	52	53	54	55	56	57	58	59	60
61	62	63	64	65	66	67	68	69	70

빈 곳에 10씩 뛰어 센 수를 쓰세요.

+10 +10 +10
3 13 23 33

10씩 뛰어 센 수는
10씩 더한 수와 같아.

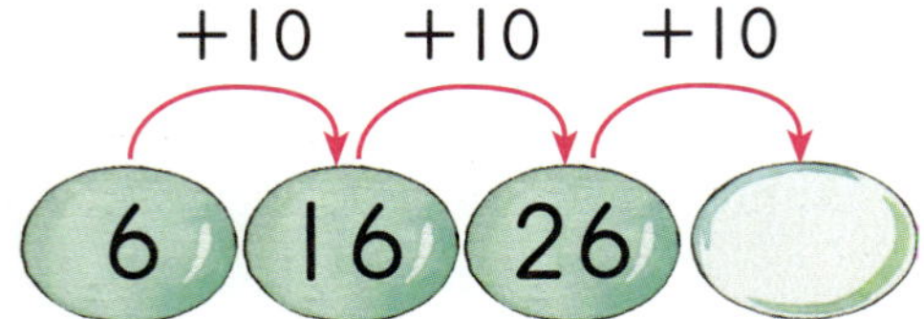
+10 +10 +10
6 16 26

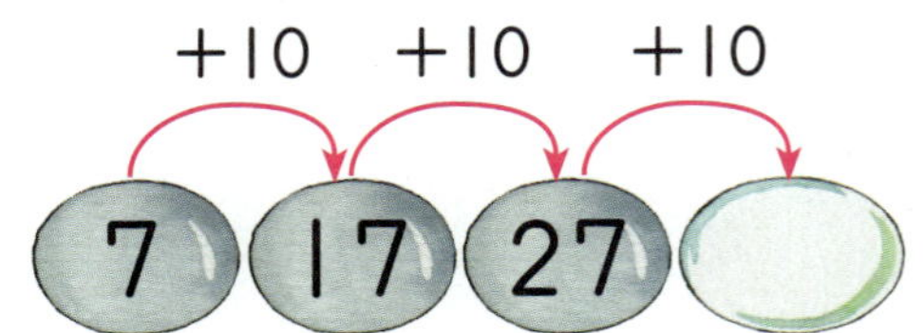
+10 +10 +10
7 17 27

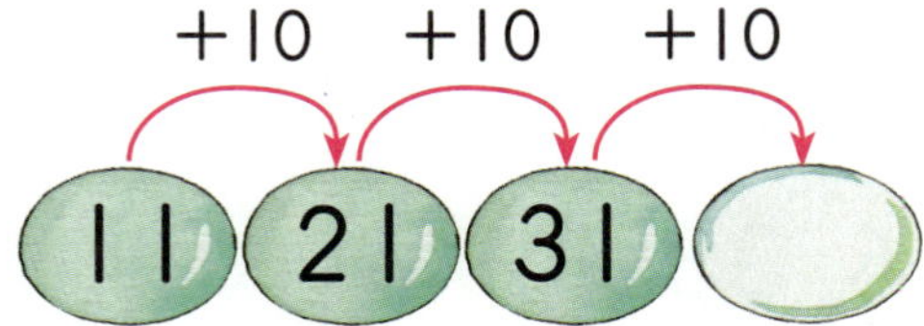
+10 +10 +10
11 21 31

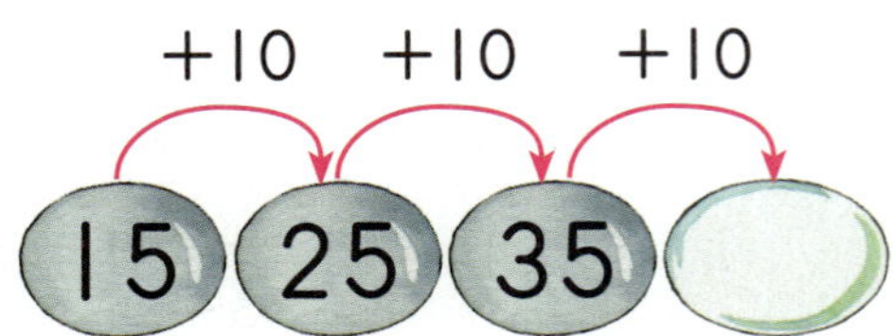
+10 +10 +10
15 25 35

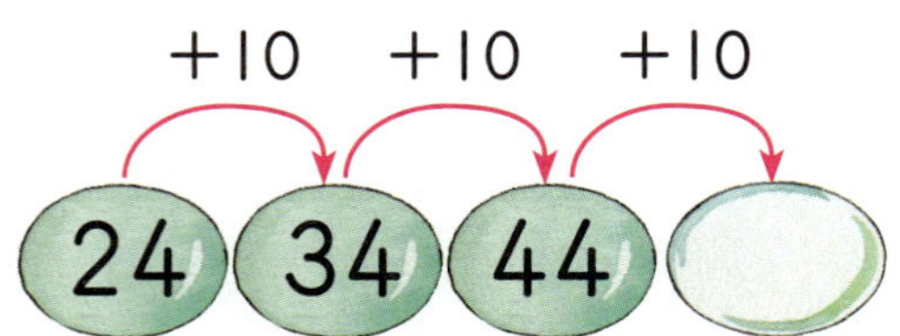
+10 +10 +10
24 34 44

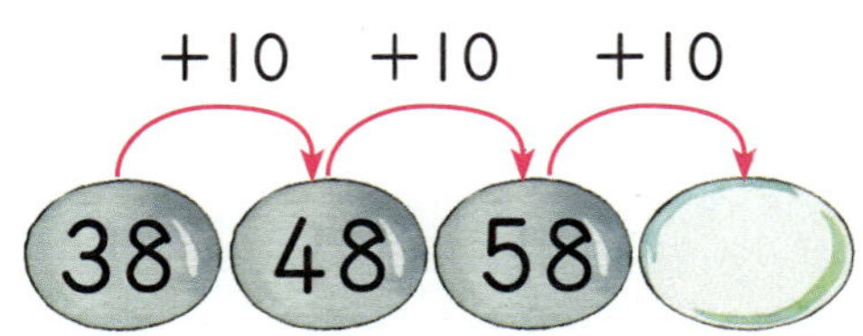
+10 +10 +10
38 48 58

+10 +10 +10
40 50 60

+10 +10 +10
68 78 88

담벼락에 30부터 1까지의 수가 거꾸로 써 있어요.
십의 자리 숫자가 1씩 작아져.
10씩 뛰어 세면 일의 자리 숫자는 변하지 않아.
30 29 28 27 26 25 24 23 22 21
20 19 18 17 16 15 14 13 12 11
10 9 8 7 6 5 4 3 2 1

◯표 한 수부터 거꾸로 10씩 뛰어 센 수에 모두 ◯표 하세요.

50	49	48	47	46	45	44	43	(42)	41
40	39	38	37	36	35	34	33	32	31
30	29	28	27	26	25	24	23	22	21

60	59	58	57	56	55	(54)	53	52	51
50	49	48	47	46	45	44	43	42	41
40	39	38	37	36	35	34	33	32	31

거꾸로 10씩 뛰어 세기 하여 ▢ 안에 알맞은 수를 쓰세요.

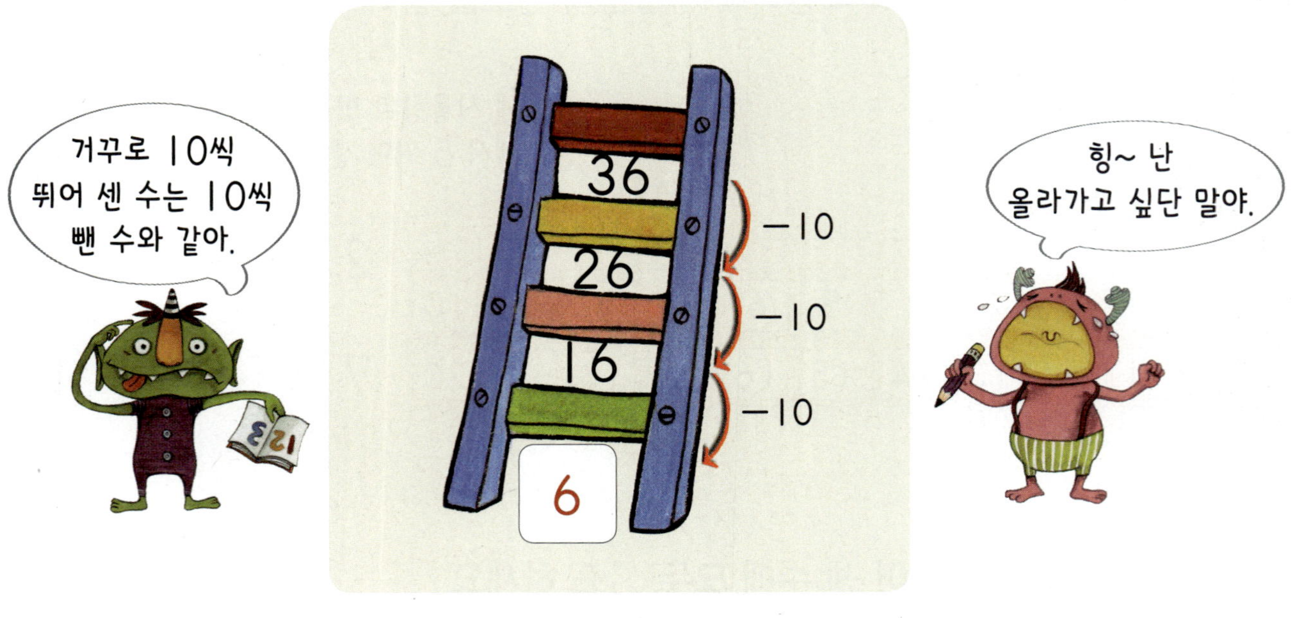

거꾸로 10씩 뛰어 센 수는 10씩 뺀 수와 같아.
36
26
16
6
-10
-10
-10
힝~ 난 올라가고 싶단 말야.

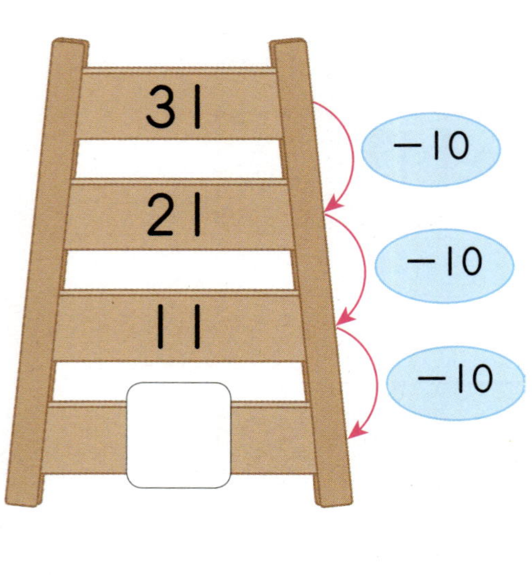

31
21
11
-10
-10
-10

43
33
23
-10
-10
-10

68
58
48
-10
-10
-10

90
80
70
-10
-10
-10

공부한 날
월
일

120 5씩 뛰어 세기

5씩 뛰어 세기 하여 지오와 태경이의 사물함의 번호를 알아보세요.

내 사물함의 번호는 지오의 번호에서 5 뛰어 세면 돼.
내 사물함의 번호는 2에서 5 뛰어 센 수야.
1
2
3
4
5
6
지오
8
9
10
11
태경
13
14
15
16
17
18
19
20
2 + 5 = 7
7 + 5 = 12

◯표 한 수부터 5씩 뛰어 센 수에 모두 ◯표 하세요.

1	2	3	4	(5)	6	7	8	9	10
11	12	13	14	15	16	17	18	19	20

21	22	23	(24)	25	26	27	28	29	30
31	32	33	34	35	36	37	38	39	40

(51)	52	53	54	55	56	57	58	59	60
61	62	63	64	65	66	67	68	69	70

빈 곳에 5씩 뛰어 센 수를 쓰세요.

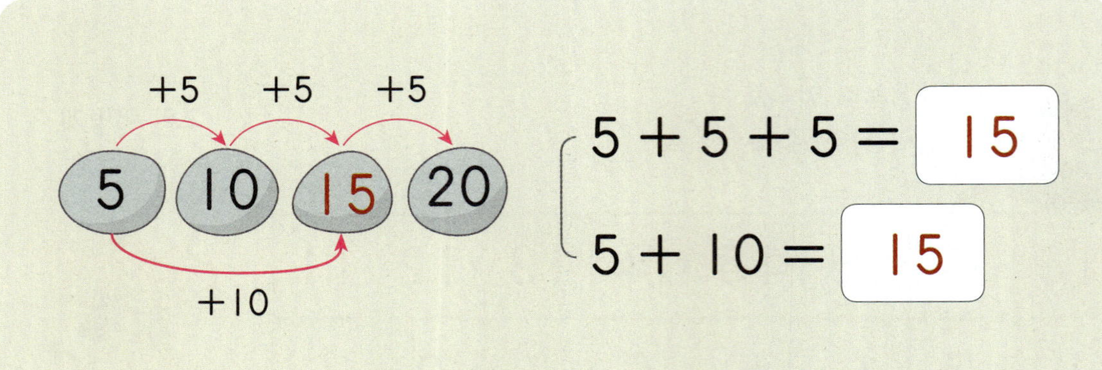
+5 +5 +5
5 10 15 20
+10
5 + 5 + 5 = 15
5 + 10 = 15

5씩 두 번
뛰어 센 수와 10
뛰어 센 수는 같아.

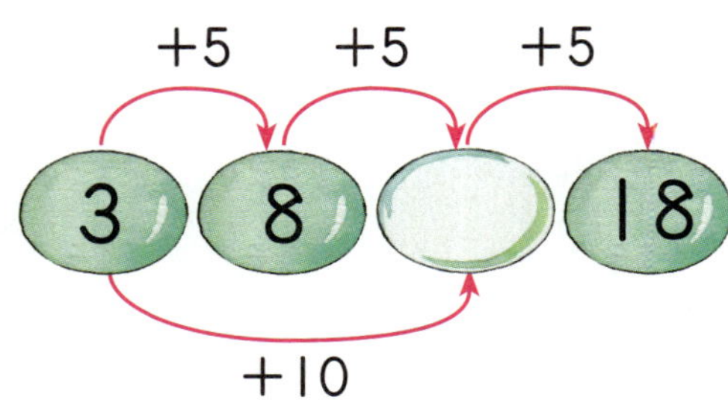
+5 +5 +5
3 8 18
+10

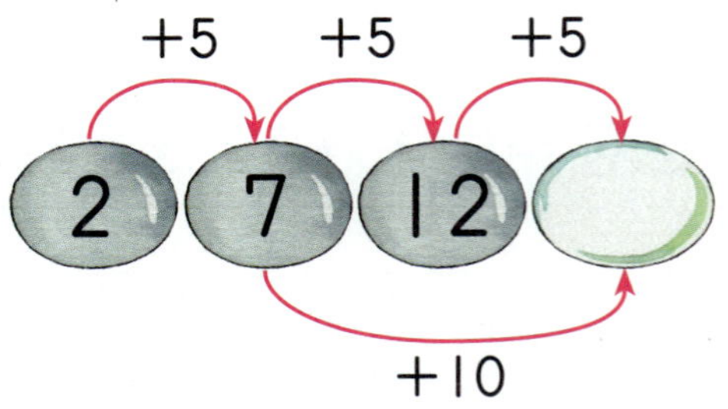
+5 +5 +5
2 7 12
+10

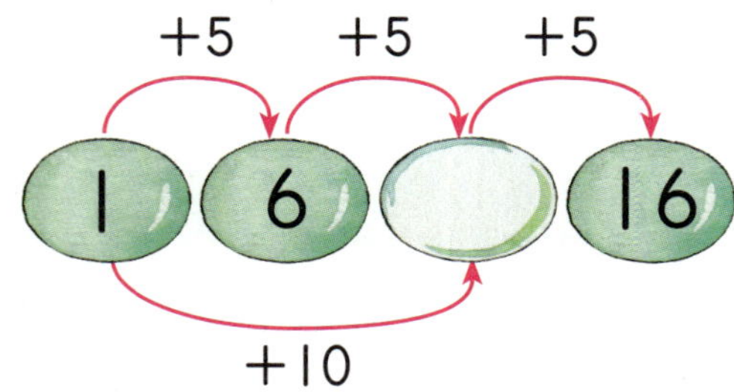
+5 +5 +5
1 6 16
+10

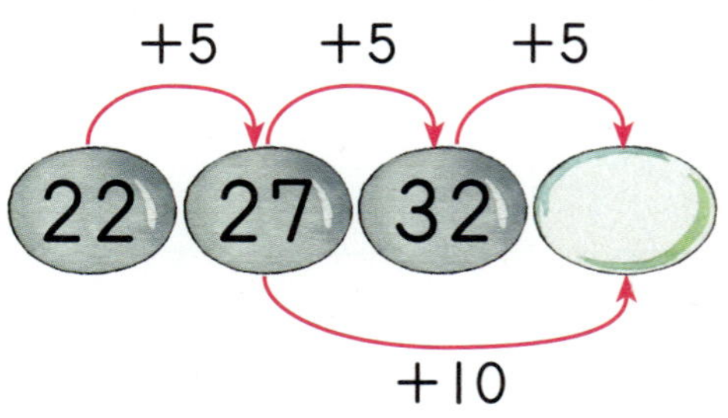
+5 +5 +5
22 27 32
+10

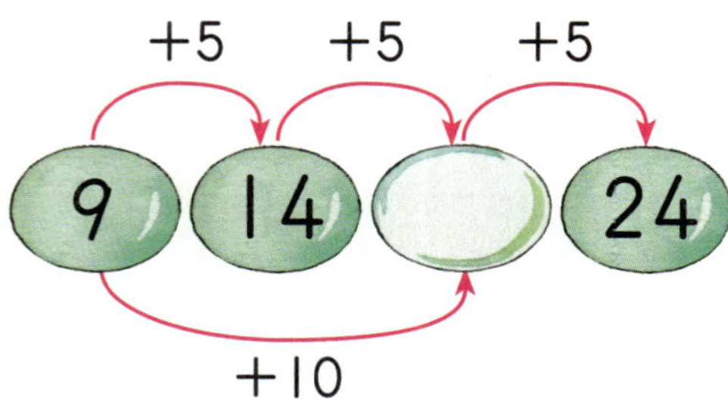
+5 +5 +5
9 14 24
+10

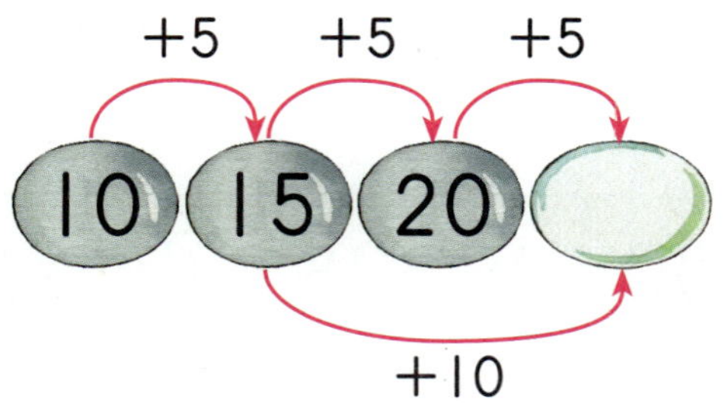
+5 +5 +5
10 15 20
+10

18에서 5씩 거꾸로 뛰어 센 수는 18, 13, 8, 3이에요.

18부터 거꾸로 5씩 뛰어 세 봐.

그럼 어떻게 색칠하지?

20	19	(18)	17	16	15	14	(13)	12	11
10	9	(8)	7	6	5	4	(3)	2	1

○표 한 수부터 거꾸로 5씩 뛰어 센 수에 ○표 하세요.

(20)	19	18	17	16	15	14	13	12	11
10	9	8	7	6	5	4	3	2	1

20	19	18	17	(16)	15	14	13	12	11
10	9	8	7	6	5	4	3	2	1

30	(29)	28	27	26	25	24	23	22	21
20	19	18	17	16	15	14	13	12	11

거꾸로 5씩 뛰어 세기 하여 ☐ 안에 알맞은 수를 쓰세요.

거꾸로 5씩 뛰어 세는 것은 5씩 빼는 것과 같아.
18
13
8
3
−5
−5
−5
책장에 책이 한 권도 없네.
16
11
6
−5
−5
−5
19
14
9
−5
−5
−5
28
23
18
−5
−5
−5
37
32
27
−5
−5
−5

공부한 날 월 일

무엇을 배웠을까요

▲ 색칠된 수부터 거꾸로 2씩 뛰어 세어 빈칸에 알맞은 수를 쓰세요.

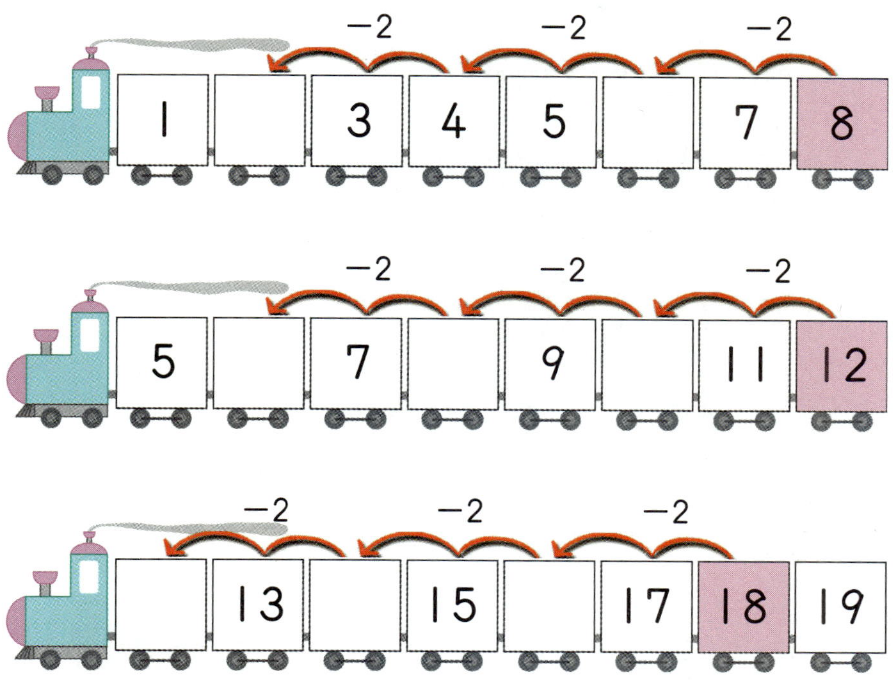

−2 −2 −2
1 3 4 5 7 8
−2 −2 −2
5 7 9 11 12
−2 −2 −2
13 15 17 18 19

▲ 색칠된 수부터 3씩 뛰어 센 수에 모두 ○표 하세요.

1	2	3	4	5	6	7	8	9	10
11	12	13	14	15	16	17	18	19	20

1	2	3	4	5	6	7	8	9	10
11	12	13	14	15	16	17	18	19	20

문제 생성기

▲ 색칠된 수부터 10씩 뛰어 센 수에 모두 ○표 하세요.

1	2	3	4	5	6	7	8	9	10
11	12	13	14	15	16	17	18	19	20
21	22	23	24	25	26	27	28	29	30

▲ 거꾸로 10씩 뛰어 세기 하여 ▢ 안에 알맞은 수를 쓰세요.

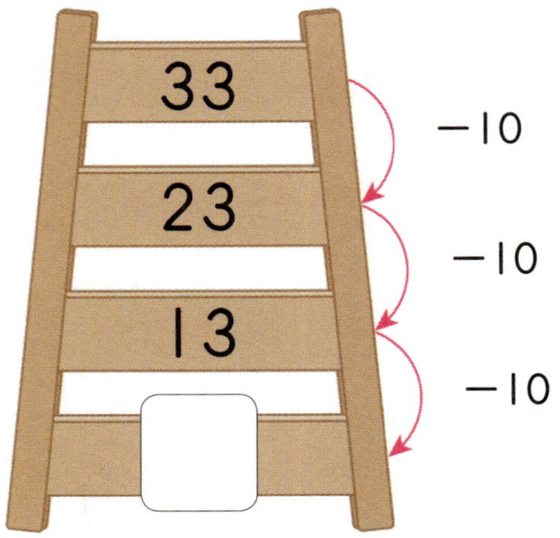
33
23
13
−10
−10
−10

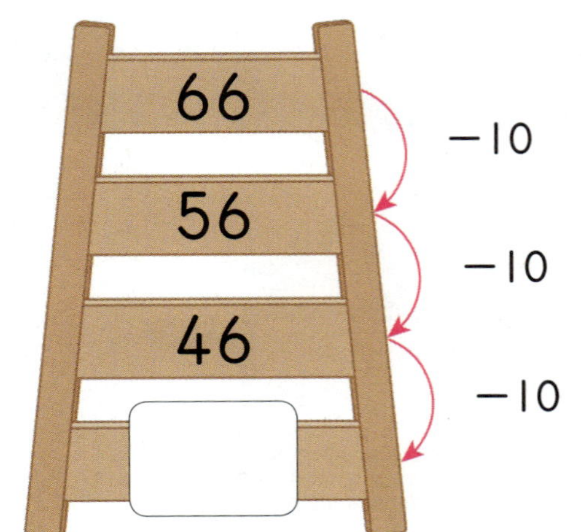
66
56
46
−10
−10
−10

공부한 날
월
일

▲ 거꾸로 5씩 뛰어 센 수를 쓰세요.

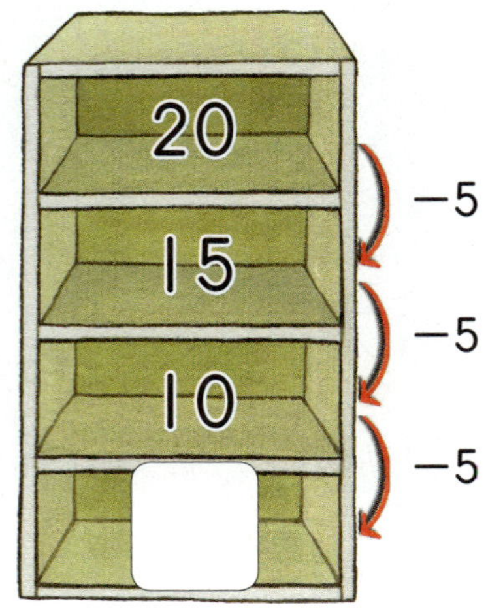
20
15
10
−5
−5
−5

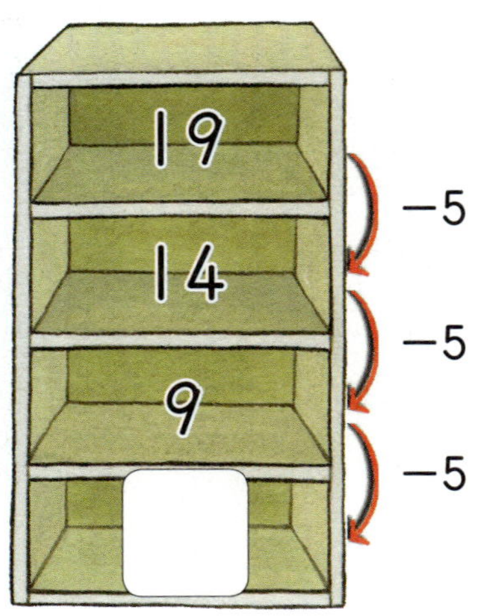
19
14
9
−5
−5
−5

연산력 게임

PLAY

점프하는 개구리 왕자
시작
50
60
70
80
3
5
10

개구리는 몇씩 뛰어 세었나요?

개구리가 몇씩 뛰어 세었는지 아래쪽에서 찾아 손가락으로 누르세요.
10을 누르면 정답입니다.

원숭이가 뛰어 센 수를 모두 구해 보세요.

원숭이가 몇씩 뛰어 셌는지 구하여 알맞은 수가 써 있는 바나나를 아래쪽에서 찾아 손가락으로 끌어서 넣으세요.
9, 12를 차례로 넣으면 정답입니다.

원숭이 엉덩이는 빨개
3
6
시작
8
9
12

연산 보충 학습

- 세 수 더하기 (1) ············ 106
- 세 수 더하기 (2) ············ 108
- 세 수 빼기 (1) ············ 110
- 세 수 빼기 (2) ············ 111
- 뛰어 세기 ············ 112

세 수 더하기 (1)

관련 쪽수: 6~23쪽

✣ 두 덧셈식을 하나의 식으로 나타내세요.

$\begin{cases} 2 + 4 = 6 \\ 6 + 1 = \square \end{cases}$ ➡ $2 + 4 + 1 = \square$

$\begin{cases} 3 + 2 = 5 \\ 5 + 4 = \square \end{cases}$ ➡ $3 + 2 + 4 = \square$

$\begin{cases} 1 + 5 = 6 \\ 6 + 3 = \square \end{cases}$ ➡ $1 + 5 + 3 = \square$

$\begin{cases} 11 + 4 = 15 \\ 15 + 2 = \square \end{cases}$ ➡ $11 + 4 + 2 = \square$

$\begin{cases} 13 + 3 = 16 \\ 16 + 2 = \square \end{cases}$ ➡ $13 + 3 + 2 = \square$

❖ ▢ 안에 알맞은 수를 쓰세요.

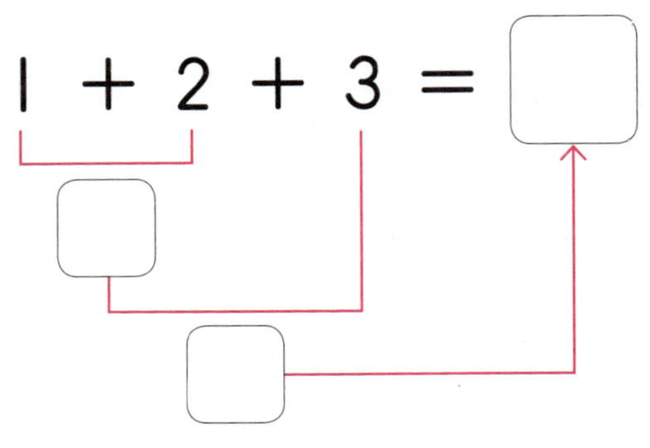
1 + 2 + 3 =

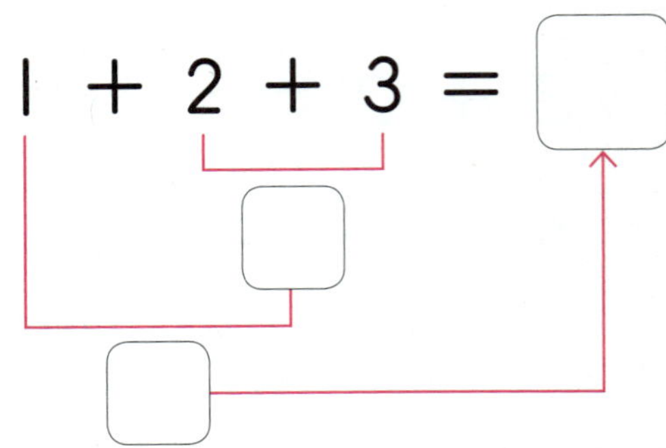
1 + 2 + 3 =

$2 + 3 + 4 = \square$

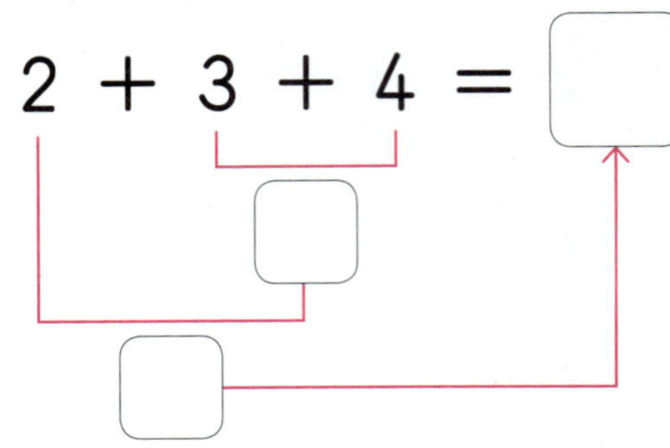
2 + 3 + 4 =

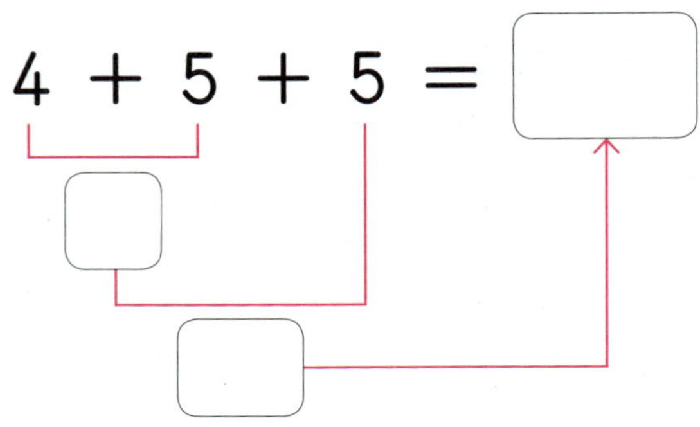
4 + 5 + 5 =

$4 + 5 + 5 = \square$

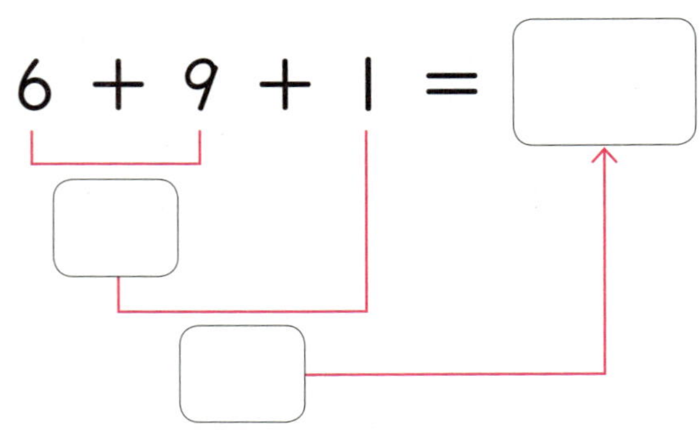
6 + 9 + 1 =

$6 + 9 + 1 = \square$

세 수 더하기 (2)

관련 쪽수: 26~43쪽

✣ 덧셈을 하세요.

$3 + 2 = \square$
$3 + 1 + 1 = \square$

$17 + 2 = \square$
$17 + 1 + 1 = \square$

$2 + 3 = \square$
$2 + 2 + 1 = \square$

$7 + 3 = \square$
$7 + 1 + 2 = \square$

$4 + 5 = \square$
$4 + 3 + 2 = \square$

$11 + 5 = \square$
$11 + 2 + 3 = \square$

$5 + 10 = \square$
$5 + 5 + 5 = \square$

$8 + 10 = \square$
$8 + 5 + 5 = \square$

✣ 덧셈을 하세요.

$1 + 1 + 1 = \square$

$5 + 1 + 1 = \square$

$8 + 1 + 1 = \square$

$17 + 1 + 1 = \square$

$3 + 2 + 1 = \square$

$15 + 2 + 1 = \square$

$4 + 1 + 2 = \square$

$11 + 1 + 2 = \square$

$3 + 3 + 2 = \square$

$12 + 3 + 2 = \square$

$2 + 2 + 3 = \square$

$14 + 2 + 3 = \square$

$2 + 5 + 5 = \square$

$3 + 5 + 5 = \square$

세 수 빼기 (1)

관련 쪽수: 46~63쪽

❖ ▢ 안에 알맞은 수를 쓰세요.

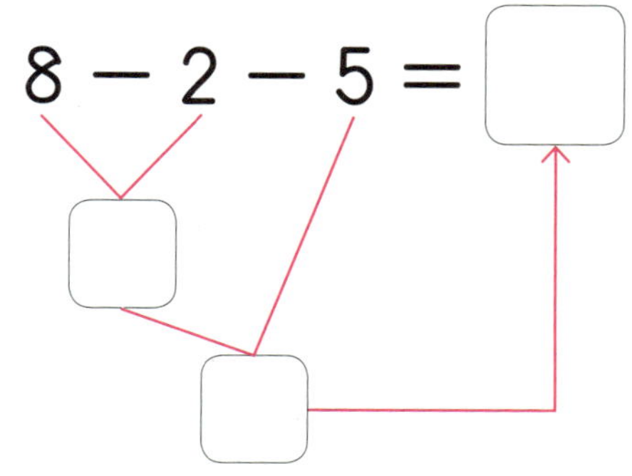

8 − 2 − 5 =

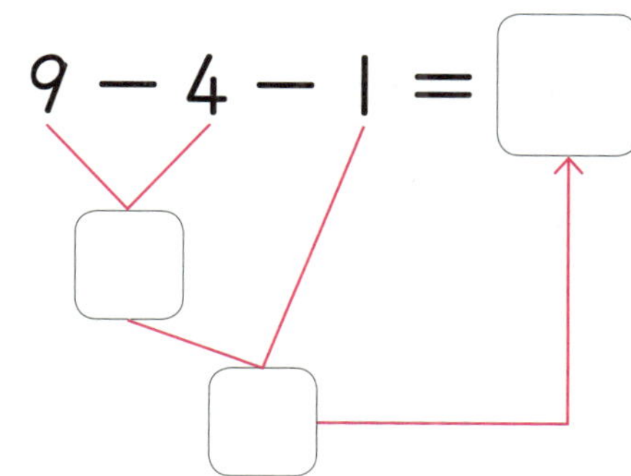

9 − 4 − 1 =

$13 - 3 - 6 = \square$

$16 - 2 - 1 = \square$

❖ ▢ 안에 알맞은 수를 쓰세요.

7 − 1 = 6
6 + 2 =
7 − 1 + 2 =

$15 - 5 = 10$

$10 + 8 = \square$

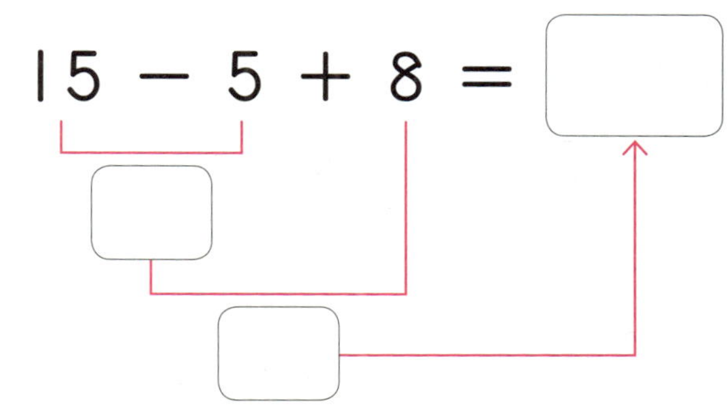

15 − 5 + 8 =

세 수 빼기 (2)

관련 쪽수: 66~83쪽

✣ 뺄셈을 하세요.

$3 - 2 = \square$
$3 - 1 - 1 = \square$

$13 - 2 = \square$
$13 - 1 - 1 = \square$

$5 - 3 = \square$
$5 - 2 - 1 = \square$
$5 - 1 - 2 = \square$

$16 - 3 = \square$
$16 - 2 - 1 = \square$
$16 - 1 - 2 = \square$

$8 - 5 = \square$
$8 - 3 - 2 = \square$
$8 - 2 - 3 = \square$

$15 - 5 = \square$
$15 - 3 - 2 = \square$
$15 - 2 - 3 = \square$

$14 - 10 = \square$
$14 - 5 - 5 = \square$

$19 - 10 = \square$
$19 - 5 - 5 = \square$

뛰어 세기

관련 쪽수: 86~103쪽

✣ 색칠된 수부터 2씩 뛰어 센 수에 모두 ○표 하세요.

1	2	3	4	5	6	7	8	9	10
11	12	13	14	15	16	17	18	19	20

✣ 색칠된 수부터 3씩 뛰어 센 수에 모두 ○표 하세요.

11	12	13	14	15	16	17	18	19	20
21	22	23	24	25	26	27	28	29	30

✣ 거꾸로 5씩 뛰어 센 수를 쓰세요.

25		15	10	5

	27	22	17	12

		21	16	11

	35		25	20

✣ 거꾸로 10씩 뛰어 센 수를 쓰세요.

50		30	20	10

	32	22	12	2

		36	26	16

	35		15	5

KB235956

쉽고 재미있게
생각하는 연산!

연산력 수학

노크

D2
(초2~초3)

차가 두 자리 수인 뺄셈

하루에 4쪽 20일 완성

똑!똑! 연산력 수학 노크의 구성

연산 학습

▶ 하루에 4쪽씩 한 가지 주제를 학습합니다.

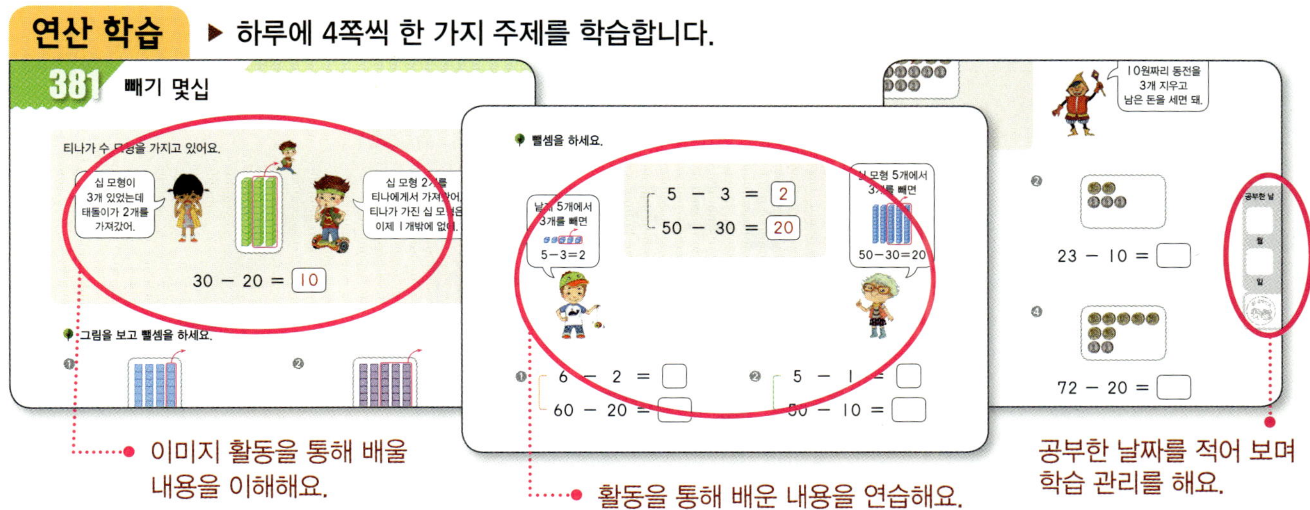

381 빼기 몇십
티나가 수 모형을 가지고 있어요.
십 모형이 3개 있었는데 태돌이가 2개를 가져갔어.
십 모형 2개를 티나에게서 가져갔어. 티나가 가진 십 모형은 이제 1개밖에 없어.
30 − 20 = 10
그림을 보고 뺄셈을 하세요.
뺄셈을 하세요.
낱개 5개에서 3개를 빼면
5−3=2
5 − 3 = 2
50 − 30 = 20
십 모형 5개에서 3개를 빼면
50−30=20
6 − 2 =
60 − 20 =
5 − 1 =
50 − 10 =
10원짜리 동전을 3개 지우고 남은 돈을 세면 돼.
23 − 10 =
72 − 20 =
공부한 날
월
일
이미지 활동을 통해 배울 내용을 이해해요.
활동을 통해 배운 내용을 연습해요.
공부한 날짜를 적어 보며 학습 관리를 해요.

평가

▶ 배웠던 주제를 평가해 봅니다.

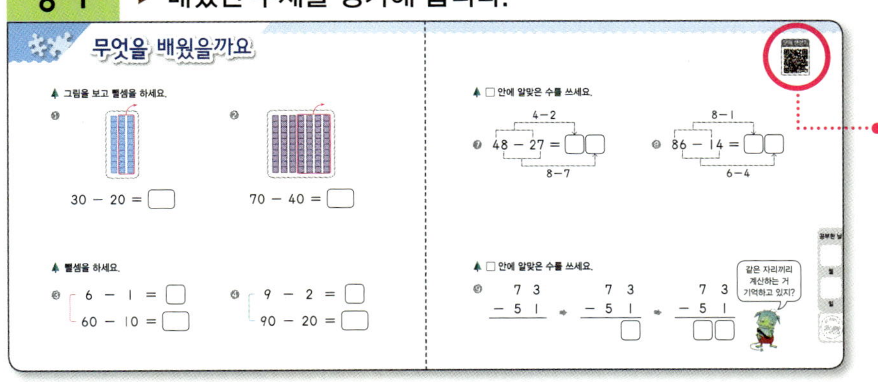

무엇을 배웠을까요
그림을 보고 뺄셈을 하세요.
30 − 20 =
70 − 40 =
뺄셈을 하세요.
6 − 1 =
60 − 10 =
9 − 2 =
90 − 20 =
□ 안에 알맞은 수를 쓰세요.
48 − 27 =
86 − 14 =
같은 자리끼리 계산하는 거 기억하고 있지?

“문제 생성기” QR코드를 이용하면 여러 문제를 더 풀어 볼 수 있어요.

연산 보충 학습

▶ 연산 학습의 부족한 부분을 연습합니다.

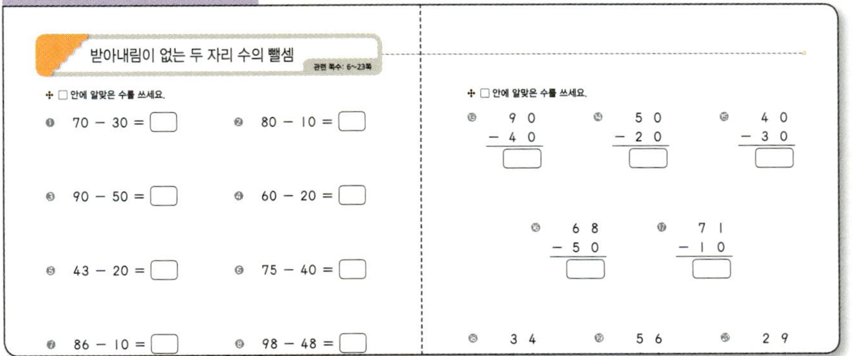

받아내림이 없는 두 자리 수의 뺄셈
□ 안에 알맞은 수를 쓰세요.
70 − 30 =
80 − 10 =
90 − 50 =
60 − 20 =
43 − 20 =
75 − 40 =
86 − 10 =
98 − 48 =

각 주제별로 학습했던 연산 학습 중 연습이 더 필요한 부분을 본책 맨 뒤에서 제공합니다.
해당 연산 학습을 끝낸 후에 사용하세요.

연산력 수학 노크만의 스마트 학습

문제 생성기

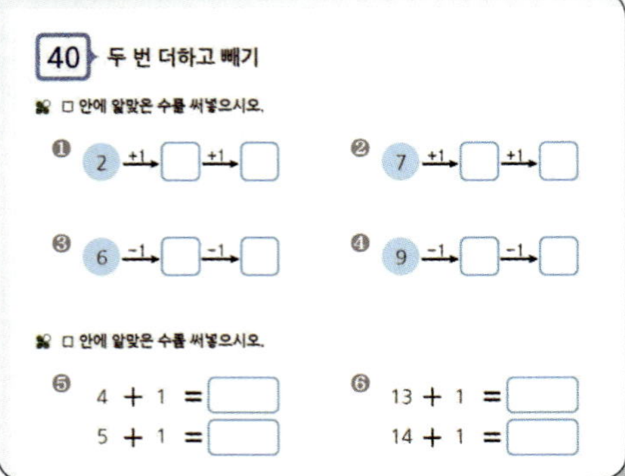

40 두 번 더하고 빼기
□ 안에 알맞은 수를 써넣으시오.
2 +1 +1
7 +1 +1
6 -1 -1
9 -1 -1
□ 안에 알맞은 수를 써넣으시오.
4 + 1 =
5 + 1 =
13 + 1 =
14 + 1 =

"무엇을 배웠을까요"를 풀고 난 후 QR코드를 찍어 보세요.
새로운 문제들이 계속 생성됩니다.
출력하여 사용하세요.

연산력 게임

45 − 24
21
22
23

"연산력 게임" 코너에 있는 QR코드를 찍어 보세요.
연산 학습과 연계된 재미있는 연산력 게임을 할 수 있습니다.

연산력 수학 노크에 나오는 친구들을 소개해요!!

애니메이션

모험가 친구들

태돌
추진력 리더

현우
끈기 대장

큐리
호기심 해결사

티나
치밀한 전략가

마법사 멀린과 수학 요정

마법사 멀린

꼬마 요괴

딴소리

한입

장난

딴짓

멍하니

잠만자

울보

거꾸로

연산력 수학 노크 D2

차례

받아내림이 없는 두 자리 수의 뺄셈 ········· 5

- 빼기 몇십
- (몇십 몇)−(몇십 몇)
- 두 자리 수의 세로셈
- 재미있는 뺄셈 연습

받아내림이 있는 뺄셈 (1) ······ 25

- 몇십에서 빼기
- 십의 자리에서 받아내림이 있는 뺄셈
- 받아내림이 있는 세로셈 (1)
- 백의 자리에서 받아내림이 있는 뺄셈
- 받아내림이 있는 세로셈 (2)
- 재미있는 뺄셈 연습

받아내림이 있는 뺄셈 (2) ······ 53

- 받아내림이 2번 있는 뺄셈
- 받아내림이 2번 있는 세로셈
- 벌레 먹은 셈
- 세 수의 뺄셈
- 재미있는 뺄셈 연습

두 자리 수의 뺄셈의 활용 ······ 77

- 몇십과 몇으로 나누어 빼기
- 빼고 더해 뺄셈하기
- 같은 수 더해 뺄셈하기
- 몇십 만들어 빼기
- 여러 가지 방법으로 뺄셈하기

노크랜드로
출발해 볼까?

연산 보충 학습 ································ 101

받아내림이 없는 두 자리 수의 뺄셈

381 빼기 몇십 6

382 (몇십 몇)−(몇십 몇) 10

383 두 자리 수의 세로셈 14

384 재미있는 뺄셈 연습 18

무엇을 배웠을까요 22

▶ 연산 보충 학습(102～103쪽)에서 더 풀어 보세요.

학부모 지도 가이드

이번 차시에서는 받아내림이 없는 뺄셈을 공부합니다. 받아내림이 없는 간단한 두 자리 수의 계산이지만 단순히 답만 맞는지 확인하지 마시고 계산 방법과 순서가 맞는지 부모님이 꼭 확인해 주세요.

특히 식 없이 그림으로 문제가 되어 있는 경우는 아이가 스스로 식을 만들어 보는 연습을 하게 해 주세요. 그리고 식을 통해 계산 결과를 구하는 과정에서 일의 자리, 십의 자리 순서로 계산하도록 지도해 주세요.

	43		
85	−	30	①
	11		
	②		

① 85−30=55
② 43−11=32

381 빼기 몇십

티나가 수 모형을 가지고 있어요.
십 모형이 3개 있었는데 태돌이가 2개를 가져갔어.
십 모형 2개를 티나에게서 가져왔어. 티나가 가진 십 모형은 이제 1개밖에 없어.
30 − 20 = 10

그림을 보고 뺄셈을 하세요.

❶

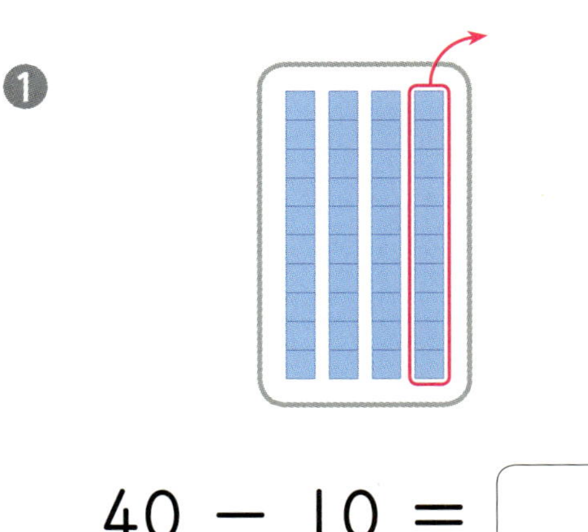

40 − 10 = ☐

❷ 50 − 30 = ☐

❸ 50 − 40 = ☐

❹ 30 − 10 = ☐

빼셈을 하세요.

$$\begin{cases} 5 - 3 = \boxed{2} \\ 50 - 30 = \boxed{20} \end{cases}$$

낱개 5개에서
3개를 빼면
5−3=2

십 모형 5개에서
3개를 빼면
50−30=20

❶ $6 - 2 = \square$
$60 - 20 = \square$

❷ $5 - 1 = \square$
$50 - 10 = \square$

❸ $4 - 3 = \square$
$40 - 30 = \square$

❹ $9 - 6 = \square$
$90 - 60 = \square$

❺ $7 - 5 = \square$
$70 - 50 = \square$

❻ $6 - 1 = \square$
$60 - 10 = \square$

태돌이가 돼지 저금통을 가져왔어요.

저금통에 32원이 있어. 20원을 꺼내야 하는데 그럼 얼마가 남지?

10원짜리 동전 2개를 /로 지우고 남은 돈을 세어 봐.

32 − 20 = 12

그림을 보고 □ 안에 알맞은 수를 쓰세요.

❶

55 − 30 = □

❷

63 − 10 = □

❸

37 − 30 = □

❹

81 − 50 = □

빼는 수만큼 동전을 /로 지우고 뺄셈을 하세요.

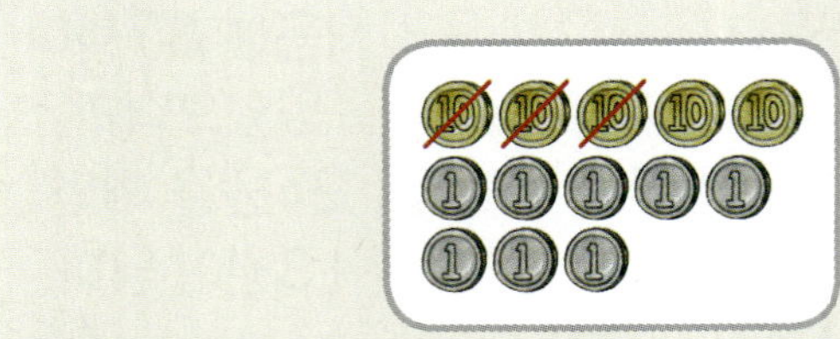

58 − 30 = 28

빼는 수가 30이니
10원짜리 동전을
3개 지우고
남은 돈을 세면 돼.

❶

42 − 20 = □

❷

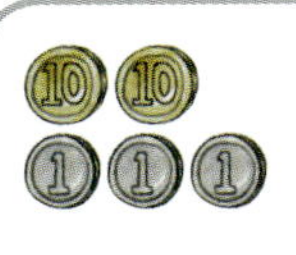

23 − 10 = □

❸

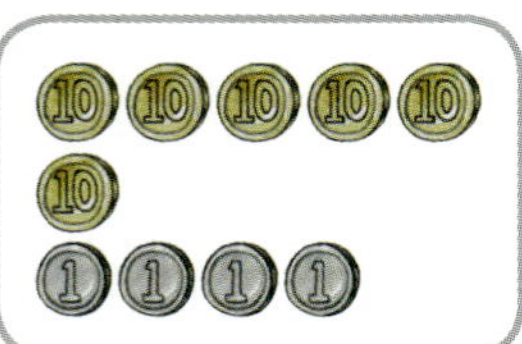

64 − 40 = □

❹

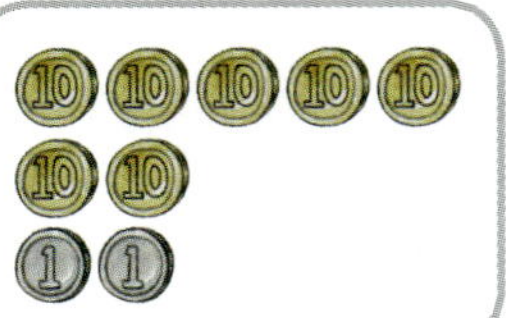

72 − 20 = □

❺

38 − 10 = □

❻

46 − 30 = □

공부한 날

월

일

382 (몇십 몇)—(몇십 몇)

티나와 태돌이가 지갑에 남은 돈을 알아보려고 해요.

지갑에서
24원을 꺼냈어.
그럼 지갑엔
얼마가 남지?

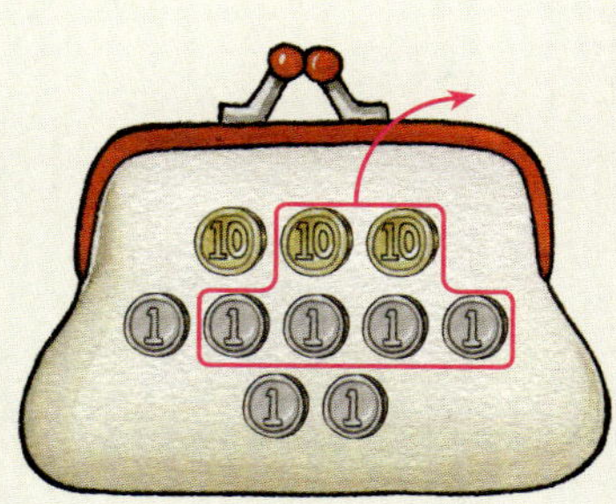

처음에 37원이
있었으니까
24원을 빼면
13원이 남아.

37 − 24 = 13

그림을 보고 □ 안에 알맞은 수를 쓰세요.

❶

45 − 11 = □

❷

57 − 32 = □

❸

26 − 15 = □

❹

44 − 21 = □

빼는 수만큼 사탕을 /로 지우고 뺄셈을 하세요.

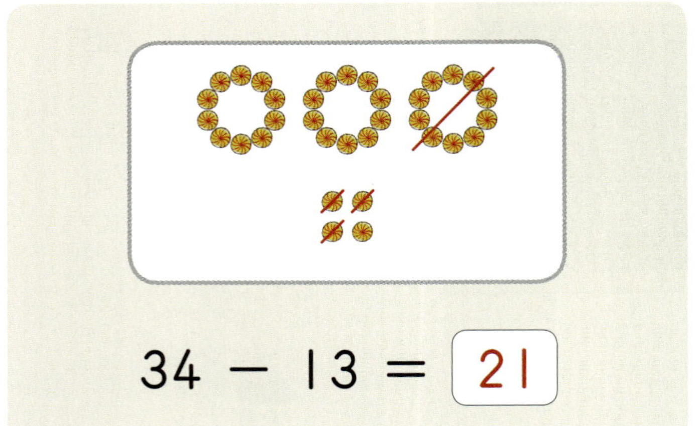

34 − 13 = 21

내가 사탕을 13개 먹었어.
남은 사탕은
10개 묶음 2개,
낱개 1개로 모두 21개야.

❶ 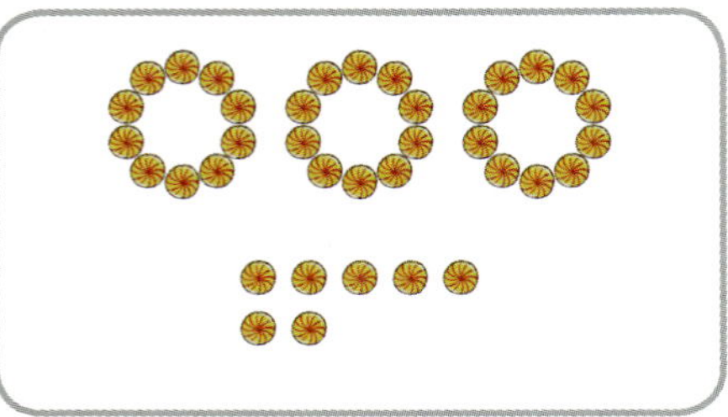

37 − 21 = ☐

❷ 

28 − 15 = ☐

❸ 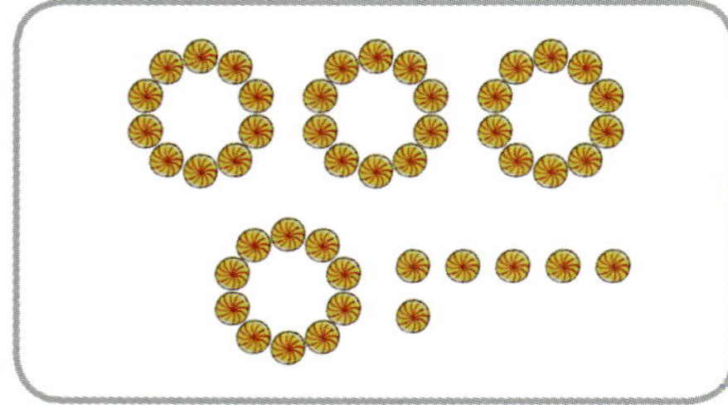

46 − 24 = ☐

❹ 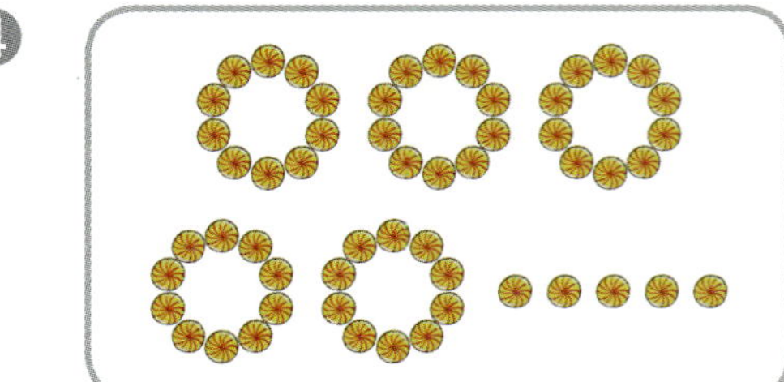

55 − 32 = ☐

티나와 큐리가 뺄셈을 하고 있어요.

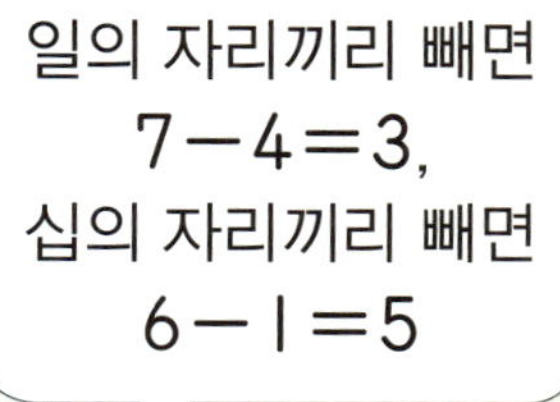
일의 자리끼리 빼면
7－4＝3,
십의 자리끼리 빼면
6－1＝5

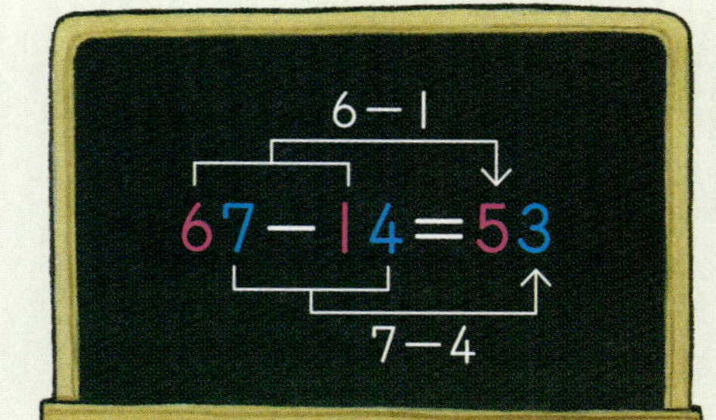
6－1
67－14＝53
7－4

일의 자리 계산 결과는 일의 자리에, 십의 자리 계산 결과는 십의 자리에 쓰면 돼.

□ 안에 알맞은 수를 쓰세요.

❶ 53 － 12 ＝ □□ (5－1, 3－2)

❷ 38 － 27 ＝ □□ (3－2, 8－7)

❸ 86 － 54 ＝ □□ (8－5, 6－4)

❹ 47 － 33 ＝ □□ (4－3, 7－3)

가운데 수에서 바깥 수를 뺀 값을 □ 안에 쓰세요.

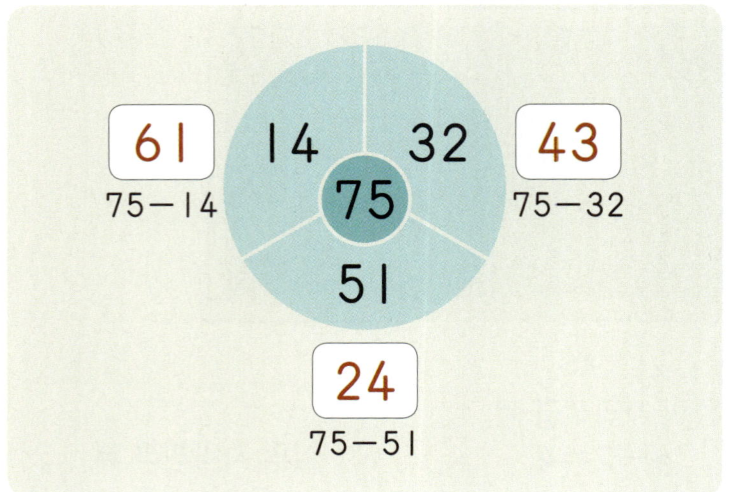
61
75−14
14
32
43
75−32
75
51
24
75−51

일의 자리는 일의 자리끼리, 십의 자리는 십의 자리끼리 빼면 돼.

공부한 날
월
일

❶ 45, 17, 68, 31 — □ , 51, □

❷ 25, 74, 96, 64 — 71, □ , □

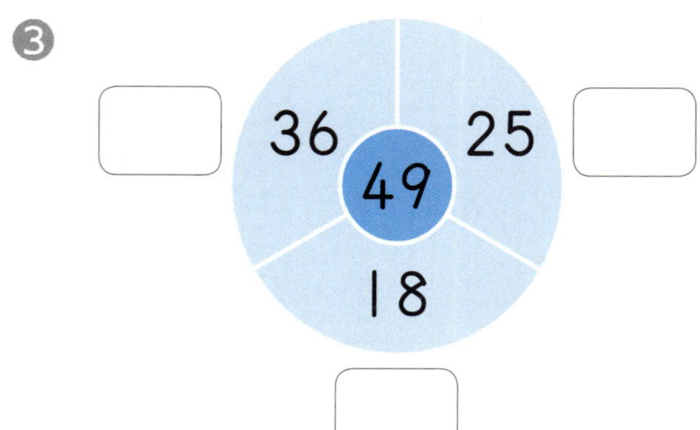
❸
36
25
49
18

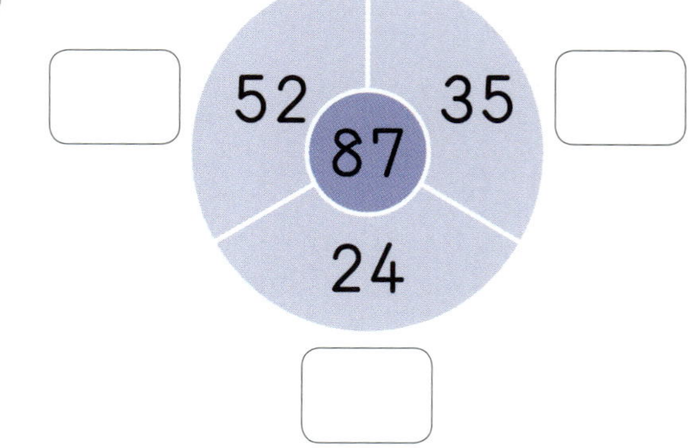
❹
52
35
87
24

383 두 자리 수의 세로셈

티나와 친구들이 두 자리 수의 뺄셈을 하려고 해요.

$$\begin{array}{r} 5\ 6 \\ -\ 4\ 2 \\ \hline \end{array} \Rightarrow \begin{array}{r} 5\ 6 \\ -\ 4\ 2 \\ \hline 4 \end{array} \Rightarrow \begin{array}{r} 5\ 6 \\ -\ 4\ 2 \\ \hline 1\ 4 \end{array}$$

세로셈으로 쓸 때는 자리를 잘 맞추어야 해.

일의 자리끼리 빼. 6－2＝4

십의 자리끼리 빼. 5－4＝1

□ 안에 알맞은 수를 쓰세요.

❶
$$\begin{array}{r} 6\ 8 \\ -\ 4\ 4 \\ \hline \end{array} \Rightarrow \begin{array}{r} 6\ 8 \\ -\ 4\ 4 \\ \hline \square \end{array} \Rightarrow \begin{array}{r} 6\ 8 \\ -\ 4\ 4 \\ \hline \square\,\square \end{array}$$

❷
$$\begin{array}{r} 4\ 9 \\ -\ 1\ 2 \\ \hline \end{array} \Rightarrow \begin{array}{r} 4\ 9 \\ -\ 1\ 2 \\ \hline \square \end{array} \Rightarrow \begin{array}{r} 4\ 9 \\ -\ 1\ 2 \\ \hline \square\,\square \end{array}$$

빼셈을 하세요.

일의 자리는
일의 자리끼리,
십의 자리는
십의 자리끼리 빼.

	3	8
−	1	5
	2	3
	3−1	8−5

세로셈은
자리를 잘 맞추어
써야 해.

❶
	4	9
−	2	8
	□	□

❷
	8	7
−	5	1
	□	□

❸
	5	6
−	1	4
	□	□

❹
	9	8
−	8	3
	□	□

❺
	3	4
−	2	3
	□	□

❻
	6	5
−	3	5
	□	□

❼
	7	8
−	6	2
	□	□

❽
	8	4
−	4	3
	□	□

❾
	4	4
−	3	1
	□	□

꼬마 요괴들이 뺄셈 두루마리를 들고 있어요. 빈칸에 알맞은 수를 쓰세요.

83 − 12
37 − 26
52 − 12
94 − 61
29 − 14
48 − 23
67 − 35
74 − 32

빈 곳에 알맞은 수를 쓰세요.

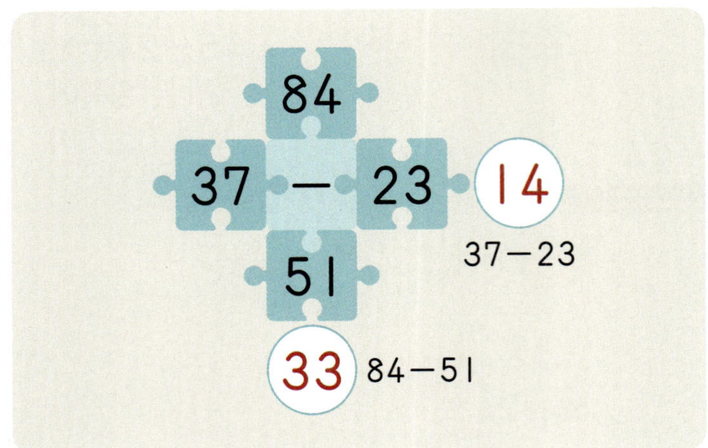

84
37
23
14
37－23
51
33
84－51

그림을 보고 식으로 나타낸 다음 가로셈 또는 세로셈으로 계산해.

❶

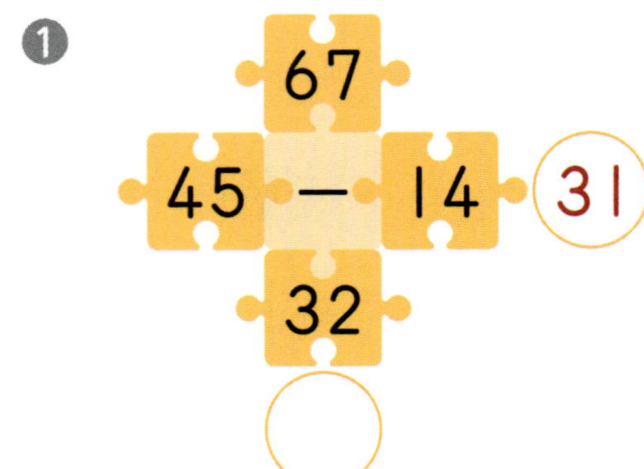

67
45
14
31
32

❷ 23, 66 － 54, 11

❸

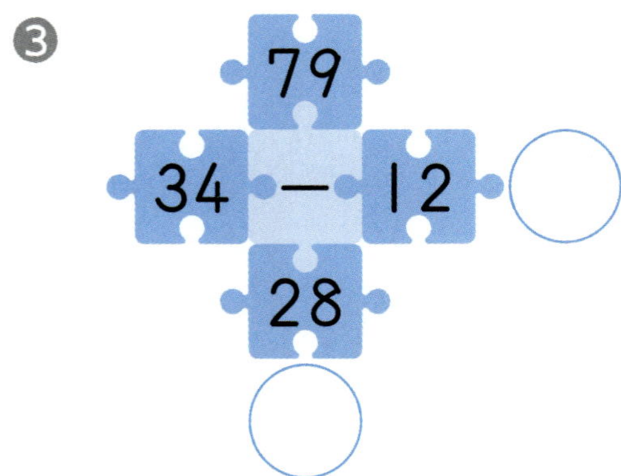

79
34
12
28

❹

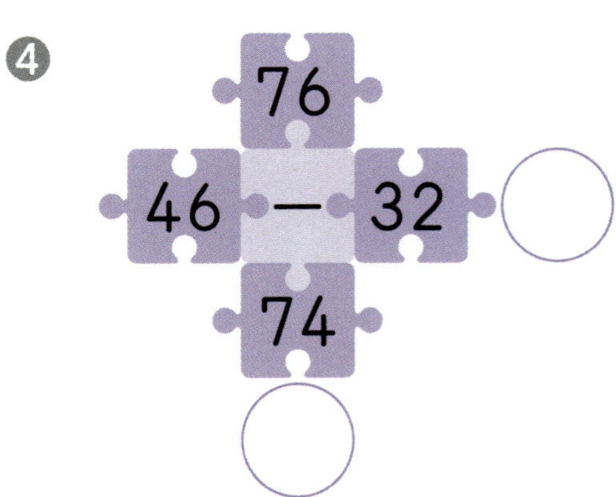

76
46
32
74

공부한 날 월 일

384 재미있는 뺄셈 연습

티나와 현우가 사다리 타기를 해요.

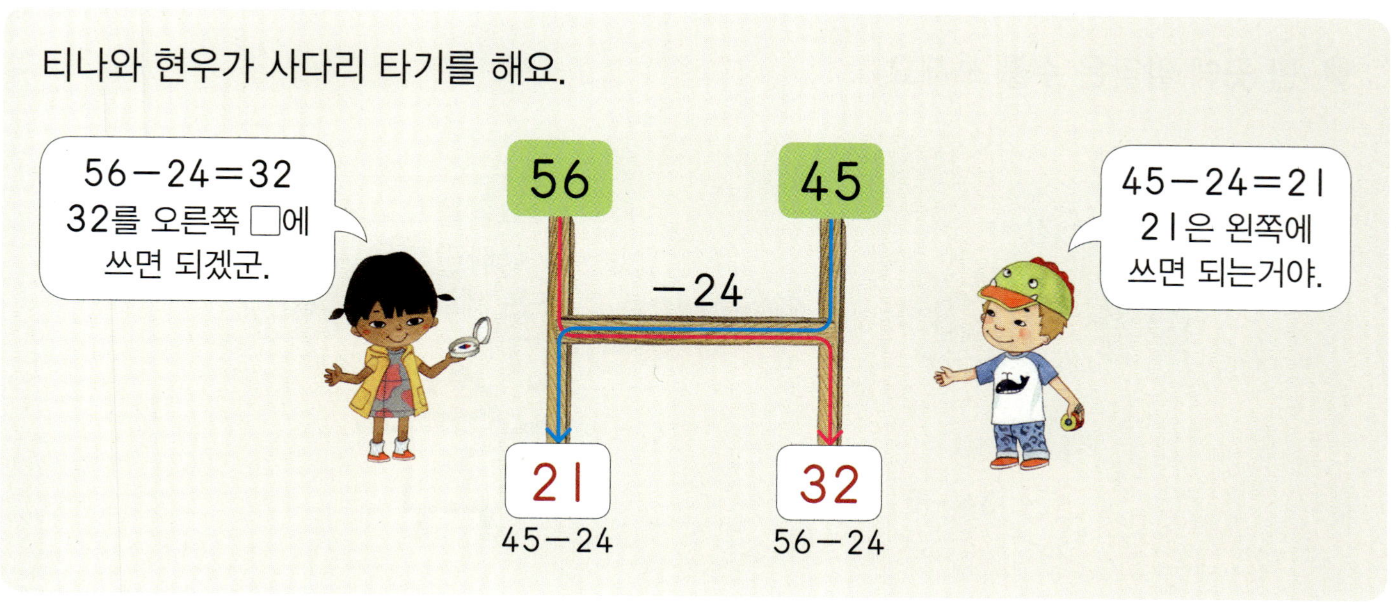

56－24＝32
32를 오른쪽 □에
쓰면 되겠군.
56
45
－24
21
45－24
32
56－24
45－24＝21
21은 왼쪽에
쓰면 되는거야.

사다리 타기를 하여 □ 안에 알맞은 수를 쓰세요.

❶
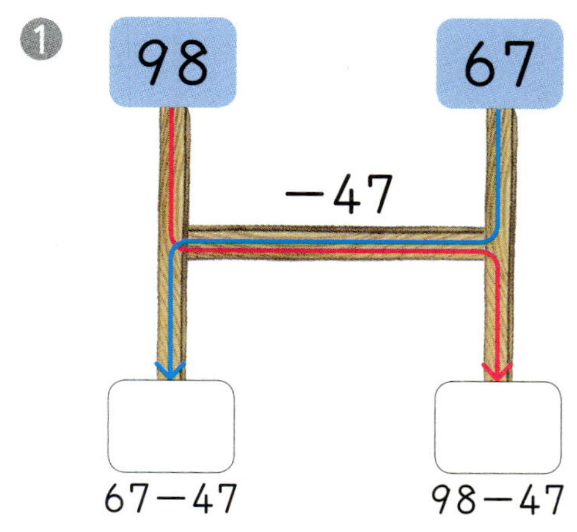

98
67
－47
67－47
98－47

❷
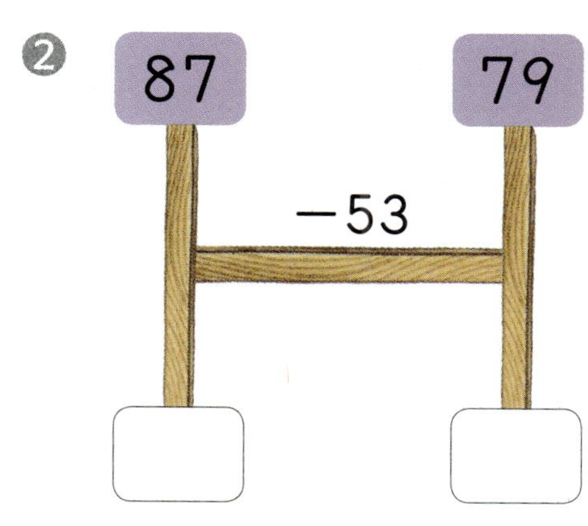

87
79
－53

❸
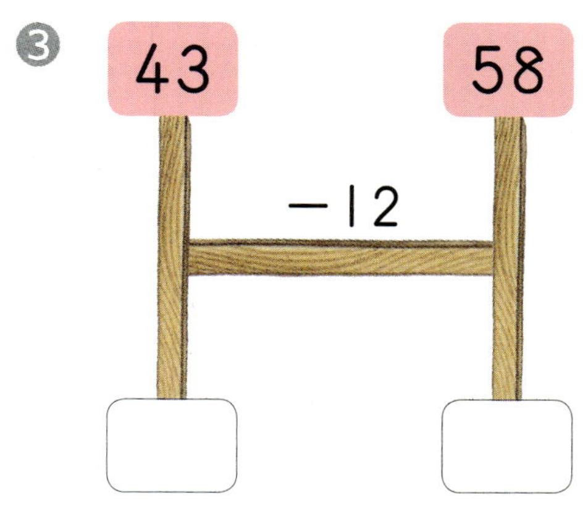

43
58
－12

❹

41
90
－30

쉽고 재미있게
생각하는 연산!

연산력 수학 노크

정답

A6
6~7세

세 수의 덧셈과 뺄셈

천재교육

쉽고 재미있게
생각하는 연산!

연산력 수학

노크

연산력 수학 노크 정답

D2

6·7

381 빼기 몇십

티나가 수 모형을 가지고 있어요.

십 모형이 3개 있었는데 태돌이가 2개를 가져갔어.
십 모형 2개를 티나에게서 가져왔어. 티나가 가진 십 모형은 이제 1개밖에 없어.

30 − 20 = 10

그림을 보고 뺄셈을 하세요.

❶ 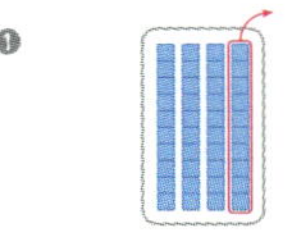

40 − 10 = 30

❷ 50 − 30 = 20

❸ 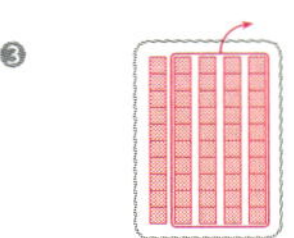

50 − 40 = 10

❹ 30 − 10 = 20

뺄셈을 하세요.

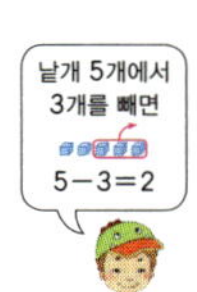

낱개 5개에서 3개를 빼면
5−3=2

5 − 3 = 2
50 − 30 = 20

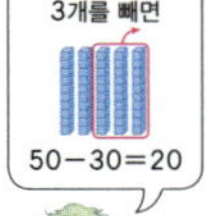

십 모형 5개에서 3개를 빼면
50−30=20

❶ 6 − 2 = 4
60 − 20 = 40

❷ 5 − 1 = 4
50 − 10 = 40

❸ 4 − 3 = 1
40 − 30 = 10

❹ 9 − 6 = 3
90 − 60 = 30

❺ 7 − 5 = 2
70 − 50 = 20

❻ 6 − 1 = 5
60 − 10 = 50

8·9

태돌이가 돼지 저금통을 가져왔어요.

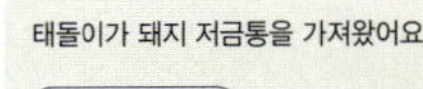

저금통에 32원이 있어. 20원을 꺼내야 하는데 그럼 얼마가 남지?
10원짜리 동전 2개를 /로 지우고 남은 돈을 세어 봐.

32 − 20 = 12

그림을 보고 □ 안에 알맞은 수를 쓰세요.

❶ 

55 − 30 = 25

❷ 

63 − 10 = 53

❸ 

37 − 30 = 7

❹ 

81 − 50 = 31

빼는 수만큼 동전을 /로 지우고 뺄셈을 하세요.

58 − 30 = 28

빼는 수가 30이니 10원짜리 동전을 3개 지우고 남은 돈을 세면 돼.

❶ 

42 − 20 = 22

❷ 

23 − 10 = 13

❸ 64 − 40 = 24

❹ 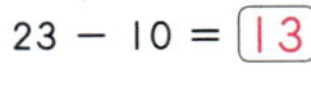

72 − 20 = 52

❺ 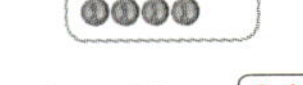

38 − 10 = 28

❻ 

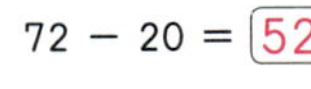

46 − 30 = 16

공부한 날 월 일

연산력 수학 노크 정답

10 · 11

382 (몇십 몇)－(몇십 몇)

티나와 태돌이가 지갑에 남은 돈을 알아보려고 해요.

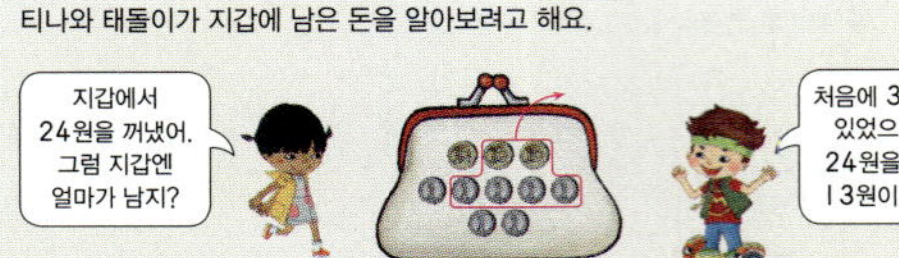

지갑에서 24원을 꺼냈어. 그럼 지갑엔 얼마가 남지?
처음에 37원이 있었으니까 24원을 빼면 13원이 남아.

37 － 24 ＝ 13

그림을 보고 □ 안에 알맞은 수를 쓰세요.

❶ 45 － 11 ＝ 34

❷ 57 － 32 ＝ 25

❸ 26 － 15 ＝ 11

❹ 44 － 21 ＝ 23

빼는 수만큼 사탕을 /로 지우고 뺄셈을 하세요.

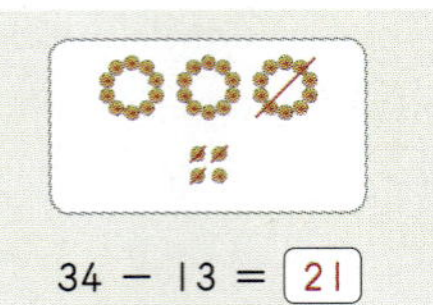

34 － 13 ＝ 21

내가 사탕을 13개 먹었어. 남은 사탕은 10개 묶음 2개, 낱개 1개로 모두 21개야.

❶ 37 － 21 ＝ 16

❷ 28 － 15 ＝ 13

❸ 46 － 24 ＝ 22

❹ 55 － 32 ＝ 23

12 · 13

티나와 큐리가 뺄셈을 하고 있어요.

일의 자리끼리 빼면 7－4＝3, 십의 자리끼리 빼면 6－1＝5
6－1
67－14＝53
7－4
일의 자리 계산 결과는 일의 자리에, 십의 자리 계산 결과는 십의 자리에 쓰면 돼.

□ 안에 알맞은 수를 쓰세요.

❶ 53 － 12 ＝ 41 (5－1, 3－2)

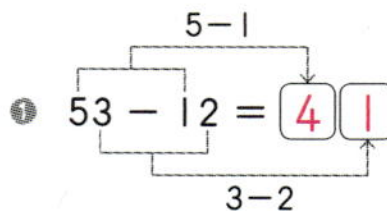

❷ 38 － 27 ＝ 11 (3－2, 8－7)

❸ 86 － 54 ＝ 32 (8－5, 6－4)

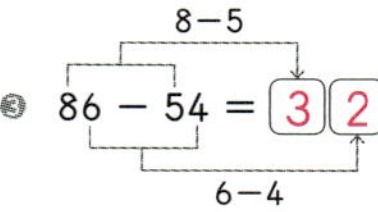

❹ 47 － 33 ＝ 14 (4－3, 7－3)

가운데 수에서 바깥 수를 뺀 값을 □ 안에 쓰세요.

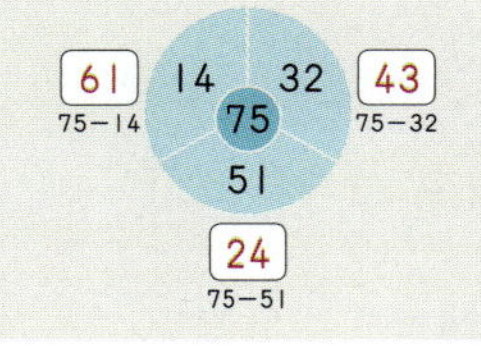

61
75－14
14
32
43
75－32
75
51
24
75－51

일의 자리는 일의 자리끼리, 십의 자리는 십의 자리끼리 빼면 돼.

❶ 가운데 68, 바깥 45, 17, 31 → 23 (68－45), 51, 37 (68－31)

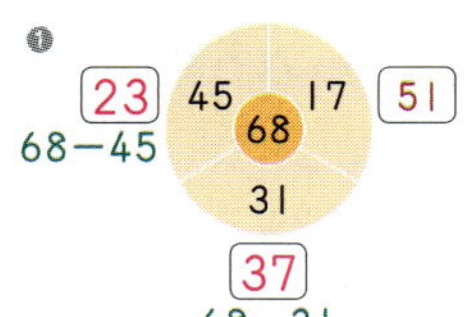

❷ 가운데 96, 바깥 25, 74, 64 → 71, 22, 32

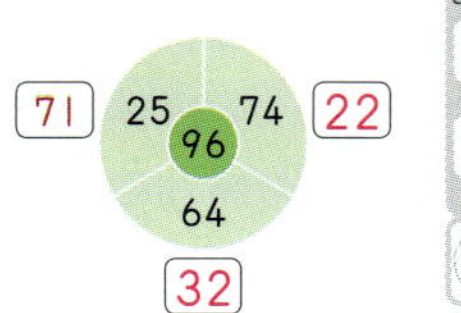

❸ 가운데 49, 바깥 36, 25, 18 → 13, 24, 31

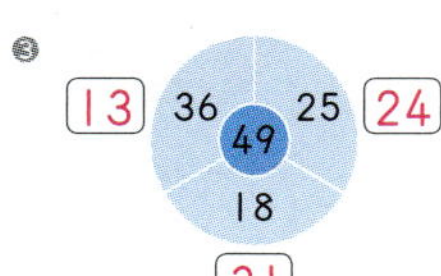

❹ 가운데 87, 바깥 52, 35, 24 → 35, 52, 63

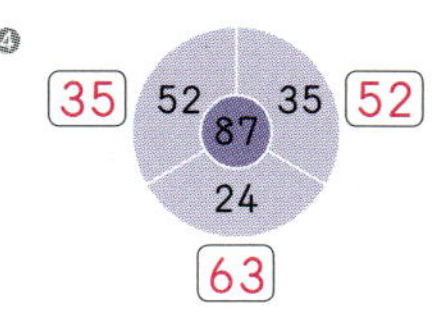

공부한 날 월 일

14 · 15

383 두 자리 수의 세로셈

티나와 친구들이 두 자리 수의 뺄셈을 하려고 해요.

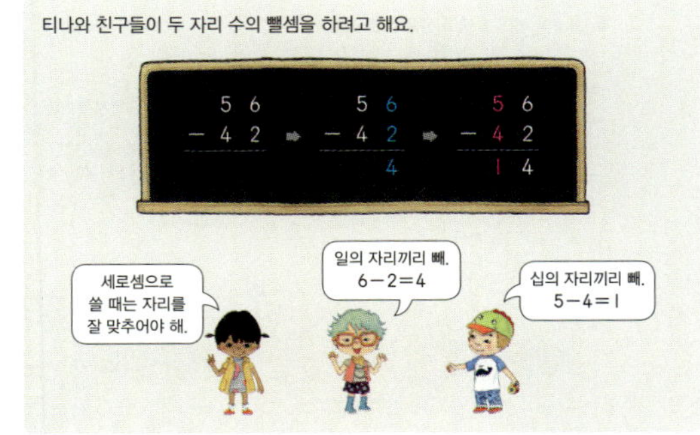

56 − 42 ➡ 56 − 42 = 4 ➡ 56 − 42 = 14
세로셈으로 쓸 때는 자리를 잘 맞추어야 해.
일의 자리끼리 빼. 6−2=4
십의 자리끼리 빼. 5−4=1

□ 안에 알맞은 수를 쓰세요.

❶ 68 − 44 ➡ 68 − 44 = 4 ➡ 68 − 44 = 24

❷ 49 − 12 ➡ 49 − 12 = 7 ➡ 49 − 12 = 37

뺄셈을 하세요.

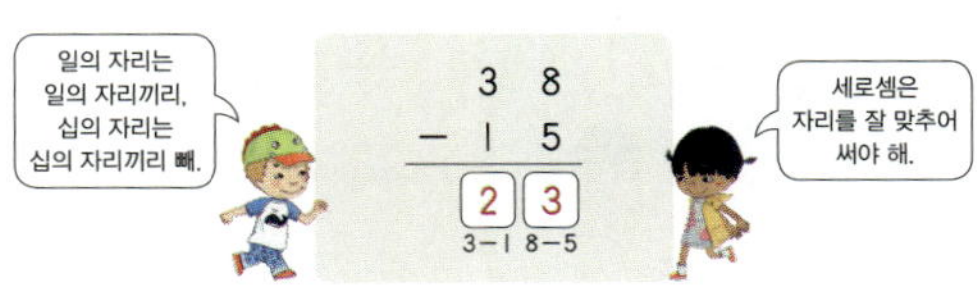

일의 자리는 일의 자리끼리, 십의 자리는 십의 자리끼리 빼.
38 − 15 = 23
3−1 8−5
세로셈은 자리를 잘 맞추어 써야 해.

❶ 49 − 28 = 21 (4−2, 9−8)

❷ 87 − 51 = 36

❸ 56 − 14 = 42

❹ 98 − 83 = 15

❺ 34 − 23 = 11

❻ 65 − 35 = 30

❼ 78 − 62 = 16

❽ 84 − 43 = 41

❾ 44 − 31 = 13

16 · 17

꼬마 요괴들이 뺄셈 두루마리를 들고 있어요. 빈칸에 알맞은 수를 쓰세요.

83 − 12 = 71
37 − 26 = 11
52 − 12 = 40
94 − 61 = 33
29 − 14 = 15
48 − 23 = 25
67 − 35 = 32
74 − 32 = 42

빈 곳에 알맞은 수를 쓰세요.

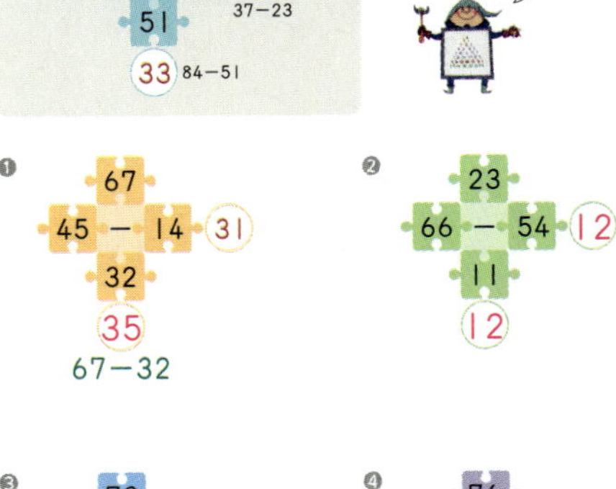

84
37 − 23 14
37−23
51
33 84−51
그림을 보고 식으로 나타낸 다음 가로셈 또는 세로셈으로 계산해.

❶ 67, 45 − 14, 32 → 31, 35 (67−32)

❷ 23, 66 − 54, 11 → 12, 12

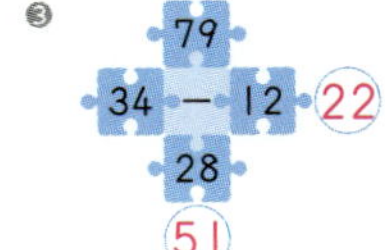

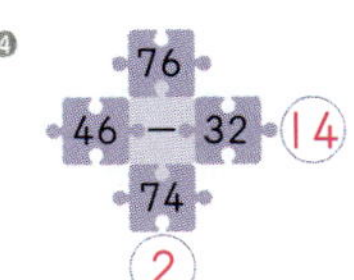

❸ 79, 34 − 12, 28 → 22, 51

❹ 76, 46 − 32, 74 → 14, 2

공부한 날 월 일

연산력 수학 노크 정답

18 · 19

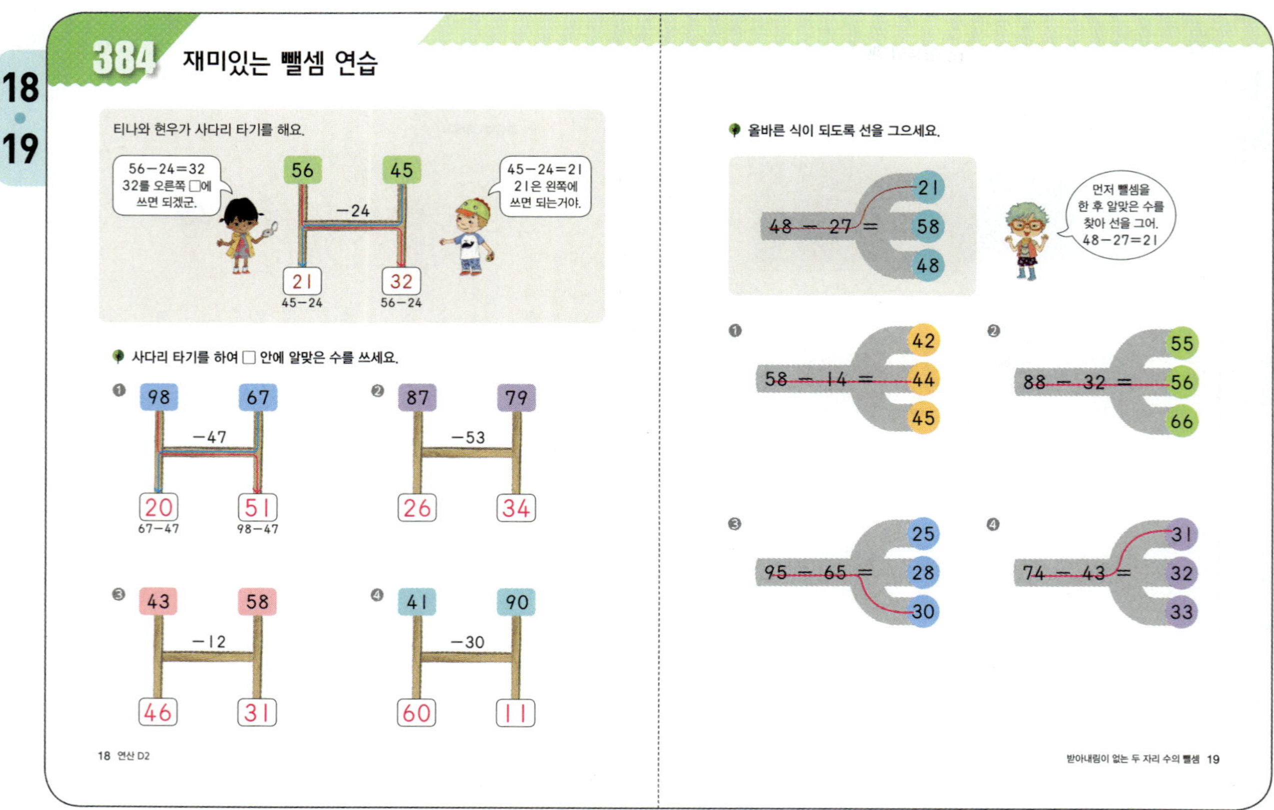

384 재미있는 뺄셈 연습
티나와 현우가 사다리 타기를 해요.
56−24=32
32를 오른쪽 □에 쓰면 되겠군.
45−24=21
21은 왼쪽에 쓰면 되는거야.
사다리 타기를 하여 □ 안에 알맞은 수를 쓰세요.
❶ 98 67 −47 20 51 67−47 98−47
❷ 87 79 −53 26 34
❸ 43 58 −12 46 31
❹ 41 90 −30 60 11
18 연산 D2
올바른 식이 되도록 선을 그으세요.
48 − 27 = 21 58 48
먼저 뺄셈을 한 후 알맞은 수를 찾아 선을 그어. 48−27=21
❶ 58 − 14 = 42 44 45
❷ 88 − 32 = 55 56 66
❸ 95 − 65 = 25 28 30
❹ 74 − 43 = 31 32 33
받아내림이 없는 두 자리 수의 뺄셈 19

20 · 21

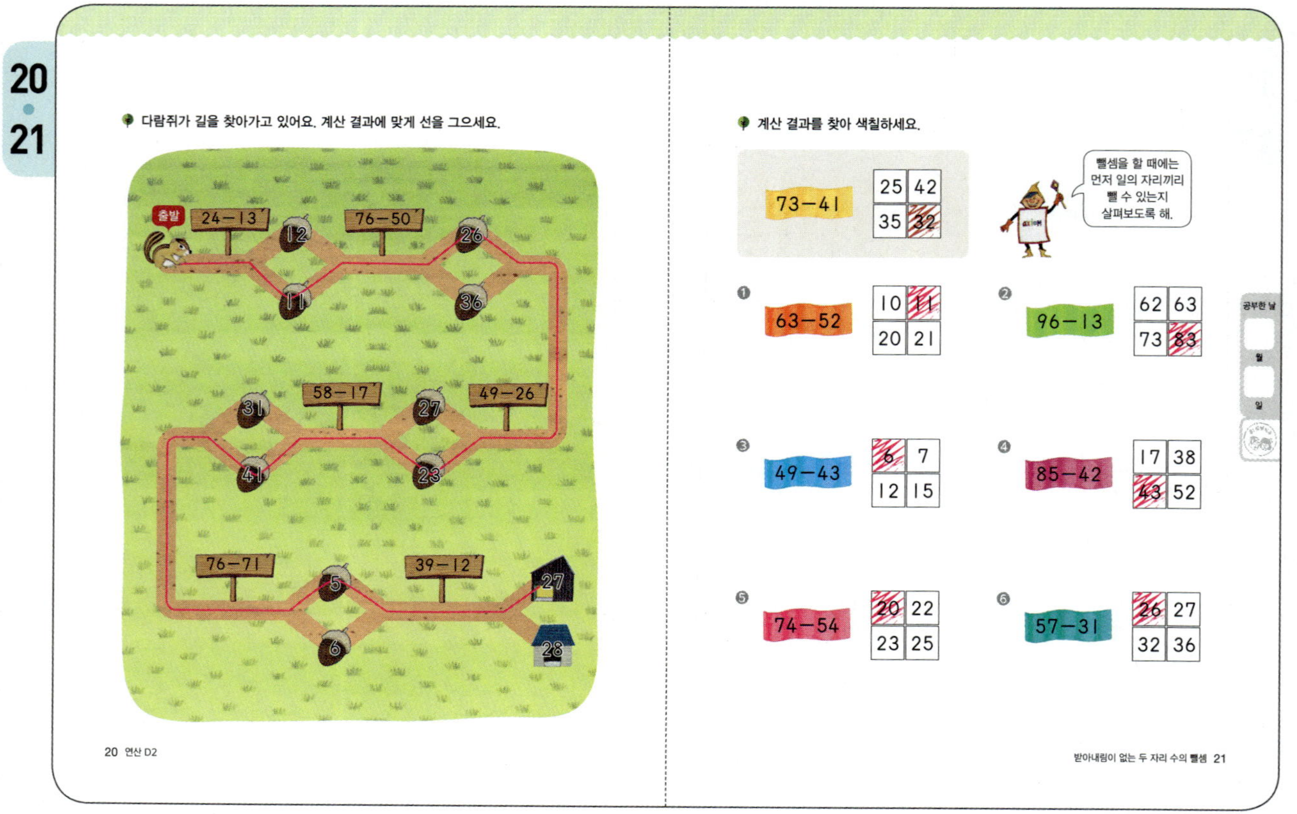

다람쥐가 길을 찾아가고 있어요. 계산 결과에 맞게 선을 그으세요.
출발
24−13
76−50
58−17
49−26
76−71
39−12
20 연산 D2
계산 결과를 찾아 색칠하세요.
73−41 25 42 35 32
뺄셈을 할 때에는 먼저 일의 자리끼리 뺄 수 있는지 살펴보도록 해.
❶ 63−52 10 11 20 21
❷ 96−13 62 63 73 83
❸ 49−43 6 7 12 15
❹ 85−42 17 38 43 52
❺ 74−54 20 22 23 25
❻ 57−31 26 27 32 36
받아내림이 없는 두 자리 수의 뺄셈 21

22·23

무엇을 배웠을까요

▲ 그림을 보고 뺄셈을 하세요.

❶ 
30 − 20 = 10

❷ 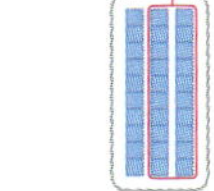
70 − 40 = 30

▲ 뺄셈을 하세요.

❸ 6 − 1 = 5
60 − 10 = 50

❹ 9 − 2 = 7
90 − 20 = 70

▲ 그림을 보고 □ 안에 알맞은 수를 쓰세요.

❺ 
69 − 31 = 38

❻ 
74 − 23 = 51

▲ □ 안에 알맞은 수를 쓰세요.

❼ 48 − 27 = 21 (4−2, 8−7)

❽ 86 − 14 = 72 (8−1, 6−4)

▲ □ 안에 알맞은 수를 쓰세요.

❾ 73 − 51 ➡ 2 ➡ 22

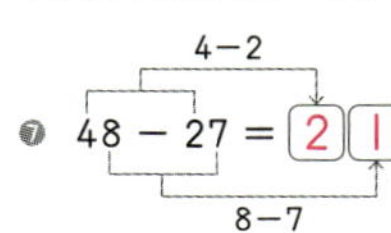
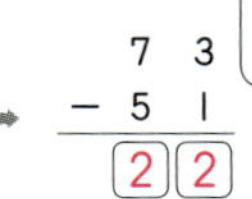
같은 자리끼리
계산하는 거
기억하고 있지?

▲ 뺄셈을 하세요.

❿ 50 − 40 = 10

⓫ 35 − 12 = 23

⓬ 97 − 54 = 43

26·27

385 몇십에서 빼기

친구들이 수 모형을 이용하여 뺄셈을 하려고 해요.

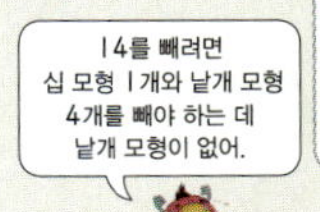
14를 빼려면
십 모형 1개와 낱개 모형
4개를 빼야 하는 데
낱개 모형이 없어.
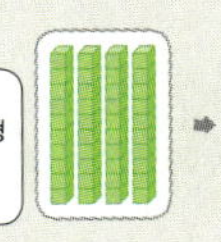
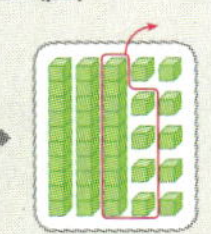
십 모형 1개를
낱개 모형 10개로
바꾸어 빼면 된단다.

40 − 14 = 26

● 그림을 보고 뺄셈을 하세요.

❶ 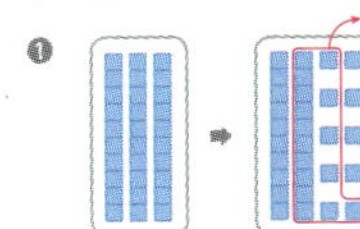
30 − 16 = 14

❷ 40 − 22 = 18

❸ 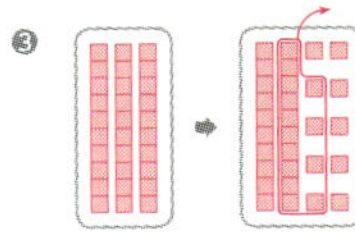
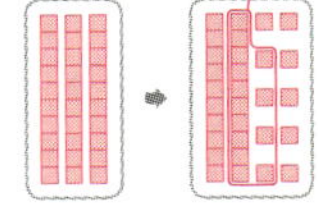
30 − 14 = 16

❹ 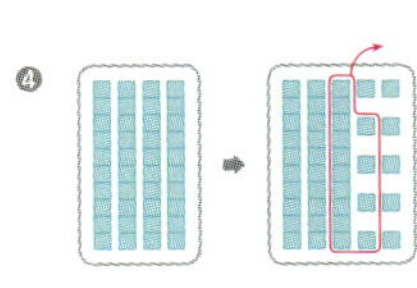
40 − 14 = 26

● 뺄셈을 하세요.

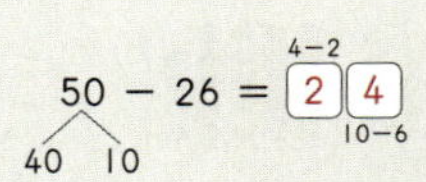
50 − 26 = 24 (40 10; 4−2, 10−6)

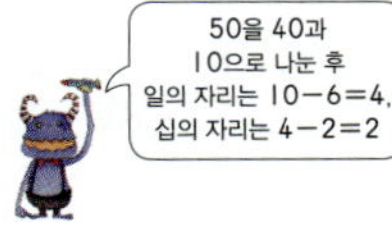
50을 40과
10으로 나눈 후
일의 자리는 10−6=4,
십의 자리는 4−2=2

❶ 30 − 18 = 12 (20 10)

❷ 50 − 32 = 18 (40 10)

❸ 60 − 37 = 23 (50 10)

❹ 80 − 25 = 55 (70 10)

❺ 70 − 46 = 24 (60 10)

❻ 90 − 61 = 29 (80 10)

❼ 40 − 13 = 27 (30 10)

❽ 60 − 28 = 32 (50 10)

연산력 수학 노크 정답

28·29

티나와 큐리가 동전으로 뺄셈을 하고 있어요.

16원을 빼려면 10원짜리 1개와 1원짜리 6개를 빼야 하는데 1원짜리가 없어.

10원짜리 한 개를 1원짜리 10개로 바꾸어 빼면 돼.

50 − 16 = 34

그림을 보고 뺄셈을 하세요.

❶ 40 − 23 = 17

❷ 30 − 11 = 19

❸ 50 − 28 = 22

28 연산 D2

뺄셈을 하세요.

80 − 17 = 63

80을 70과 10으로
나누어 생각해.

❶ 60 − 41 = 19 (50, 10)

❷ 30 − 23 = 7 (20, 10)

❸ 50 − 38 = 12

❹ 70 − 35 = 35

❺ 90 − 62 = 28

❻ 40 − 11 = 29

❼ 80 − 54 = 26

❽ 60 − 28 = 32

❾ 70 − 49 = 21

❿ 50 − 32 = 18

받아내림이 있는 뺄셈 (1) 29

30·31

386 십의 자리에서 받아내림이 있는 뺄셈

태돌이가 곶감 34개 중에 18개를 친구에게 주었어요.

4개에서 8개를 뺄 수 없네.

10개씩 1 묶음을 낱개로 바꾸면 뺄 수 있어.

34 − 18 = 16

그림을 보고 뺄셈을 하세요.

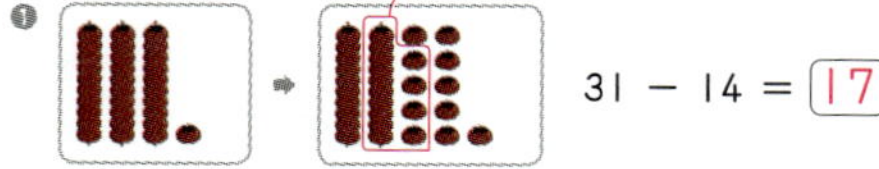

❶ 31 − 14 = 17

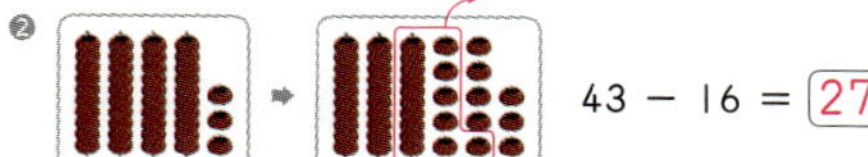

❷ 43 − 16 = 27

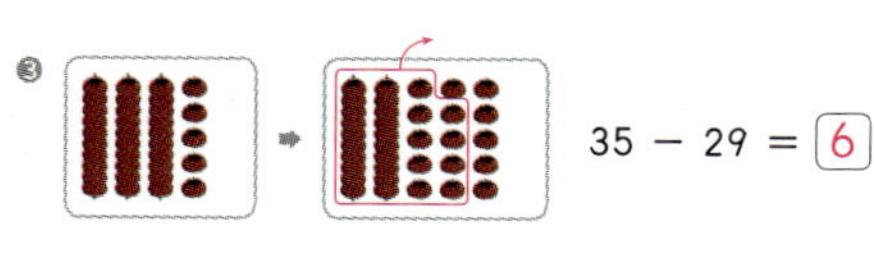

❸ 35 − 29 = 6

30 연산 D2

뺄셈을 하세요.

64 − 27 = 37 (50, 14; 5−2, 14−7)

4에서 7을 뺄 수 없으니 64를 50과 14로 나눠 계산해. 일의 자리는 14−7=7, 십의 자리는 5−2=3

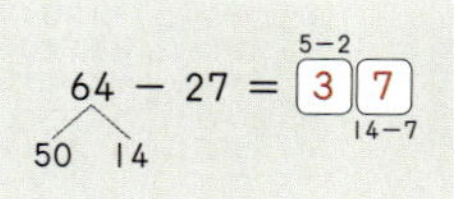

❶ 41 − 25 = 16 (30, 11)

❷ 75 − 48 = 27 (60, 15)

❸ 56 − 39 = 17 (40, 16)

❹ 31 − 12 = 19 (20, 11)

❺ 32 − 16 = 16 (20, 12)

❻ 64 − 27 = 37 (50, 14)

❼ 83 − 58 = 25 (70, 13)

❽ 55 − 18 = 37 (40, 15)

받아내림이 있는 뺄셈 (1) 31

32·33

친구들이 가진 동전에 마법을 걸고 있어요.

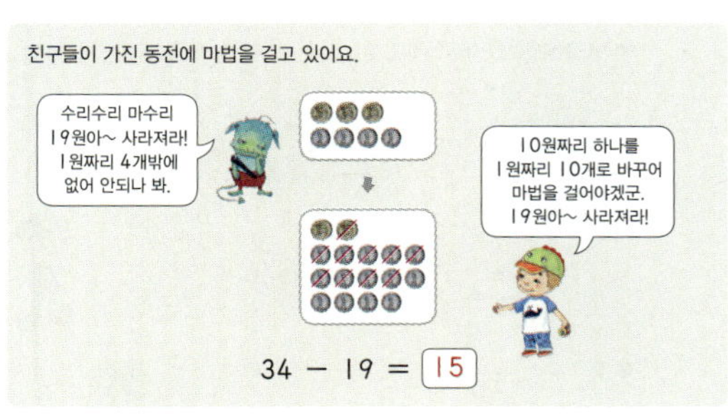

수리수리 마수리
19원아~ 사라져라!
1원짜리 4개밖에
없어 안되나 봐.
10원짜리 하나를
1원짜리 10개로 바꾸어
마법을 걸어야겠군.
19원아~ 사라져라!

34 − 19 = 15

● 그림을 보고 뺄셈을 하세요.

❶ 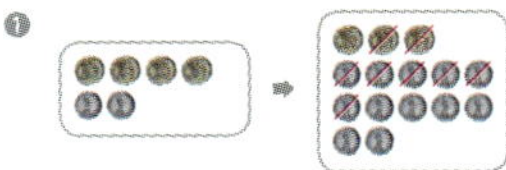 42 − 26 = 16

❷ 35 − 17 = 18

❸ 44 − 28 = 16

● 뺄셈을 하세요.

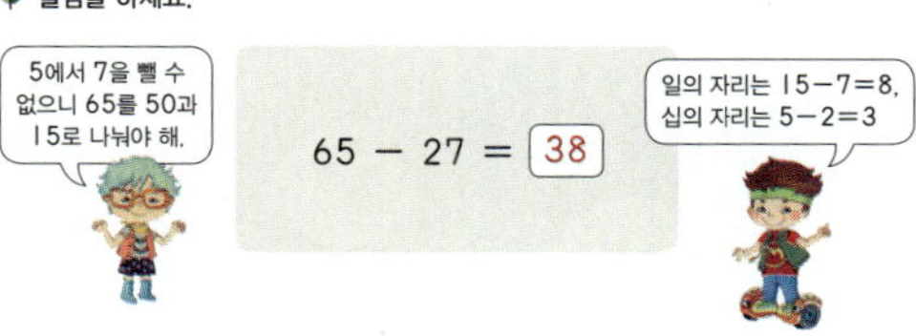

5에서 7을 뺄 수
없으니 65를 50과
15로 나눠야 해.
65 − 27 = 38
일의 자리는 15−7=8,
십의 자리는 5−2=3

❶ 31 − 13 = 18 (20, 11)

❷ 26 − 19 = 7 (10, 16)

❸ 82 − 46 = 36

❹ 43 − 25 = 18

❺ 54 − 39 = 15

❻ 67 − 48 = 19

❼ 76 − 17 = 59

❽ 35 − 26 = 9

❾ 81 − 34 = 47

❿ 95 − 57 = 38

공부한 날 월 일

34·35

387 받아내림이 있는 세로셈 (1)

태돌이와 친구들이 두 자리 수의 뺄셈을 하고 있어요.

3 2 − 1 7 → 2 10 3 2 − 1 7 5 → 2 10 3 2 − 1 7 1 5
세로 형식으로
쓸 때는 자리를
잘 맞추어야 해.
십의 자리에서 받아내림하여
일의 자리를 계산하면
12−7=5
받아내림을 했으니
십의 자리는
2−1=1

● □ 안에 알맞은 수를 쓰세요.

❶ 53 − 29 → (4, 10) 53 − 29 = 4 → (4, 10) 53 − 29 = 24

❷ 45 − 28 → (3, 10) 45 − 28 = 7 → (3, 10) 45 − 28 = 17

● 뺄셈을 하세요.

일의 자리 계산에서
3에서 6을 뺄 수 없어.
그러니까 받아내림해서
13−6=7

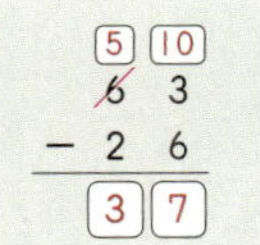

5 10
63
− 26
37

십의 자리 계산에서
받아내림한 것을 잊지마.
5−2=3

❶ (4, 10) 53 − 14 = 39

❷ (3, 10) 41 − 23 = 18

❸ (7, 10) 85 − 47 = 38

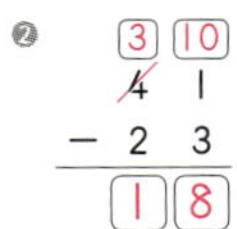

❹ (6, 10) 72 − 56 = 16

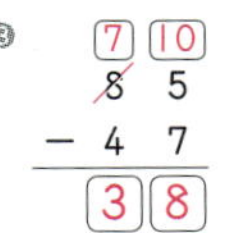

❺ (8, 10) 94 − 38 = 56

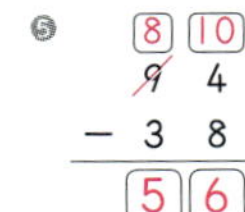

❻ (4, 10) 56 − 29 = 27

❼ (5, 10) 64 − 15 = 49

❽ (6, 10) 73 − 44 = 29

연산력 수학 노크 정답

36·37

눈사람 앞에 뺄셈 팻말이 있어요. □ 안에 알맞은 수를 쓰세요.
74 − 19 = 55
45 − 29 = 16
32 − 16 = 16
52 − 15 = 37
96 − 78 = 18
82 − 47 = 35
빈 곳에 알맞은 수를 쓰세요.
그림을 보고 식을 만들면 절반은 성공!
만든 식을 계산해서 답을 쓰면 완전 성공!
56 − 18 = 38 (56−18)
42 − 34 = 8 (42−34)
❶ 36 − 17 = 19, 51 − 24 = 27 (51−24)
❷ 78 − 49 = 29 (78−49), 31 − 13 = 18
❸ 45 − 27 = 18 (45−27), 94 − 36 = 58 (94−36)
❹ 66 − 39 = 27 (66−39), 23 − 15 = 8 (23−15)
36 연산 D2
받아내림이 있는 뺄셈 (1) 37

38·39

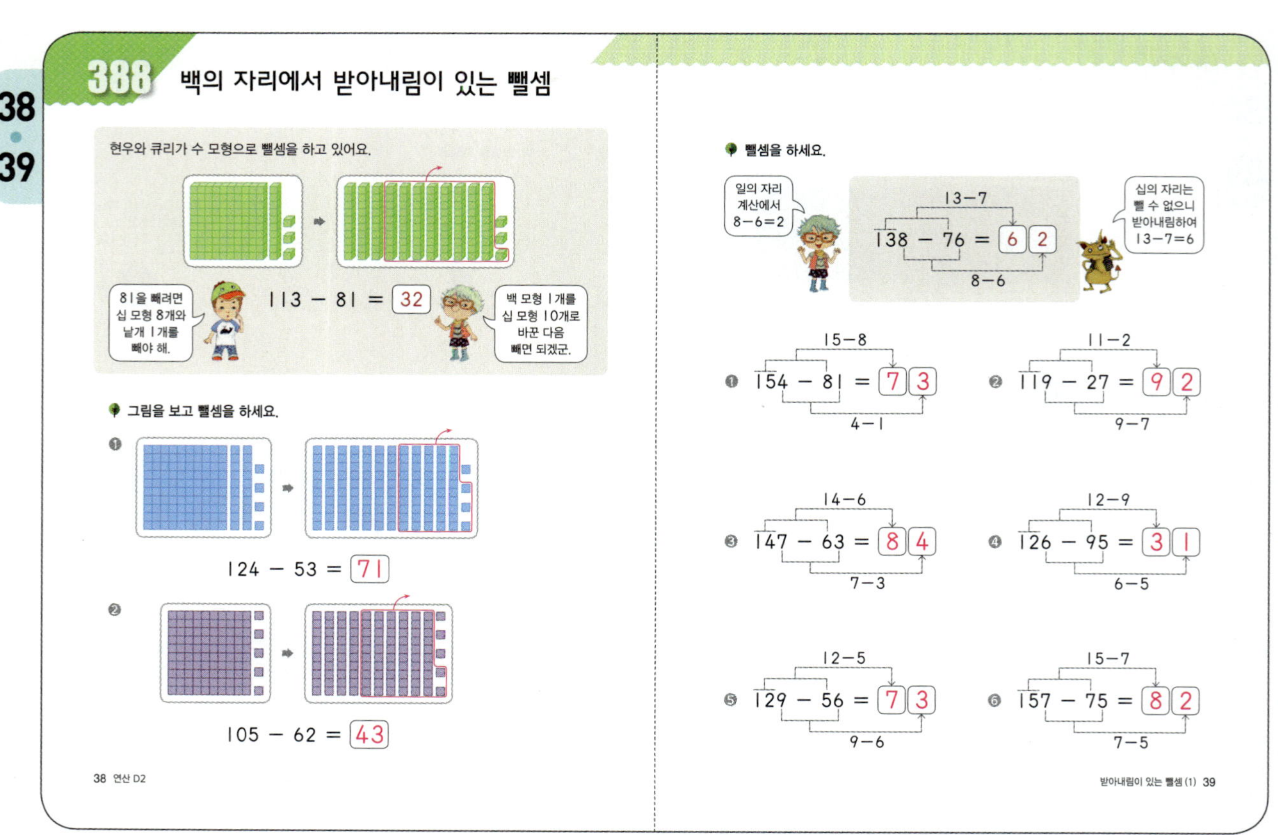

388 백의 자리에서 받아내림이 있는 뺄셈
현우와 큐리가 수 모형으로 뺄셈을 하고 있어요.
81을 빼려면 십 모형 8개와 낱개 1개를 빼야 해.
113 − 81 = 32
백 모형 1개를 십 모형 10개로 바꾼 다음 빼면 되겠군.
그림을 보고 뺄셈을 하세요.
❶ 124 − 53 = 71
❷ 105 − 62 = 43
뺄셈을 하세요.
일의 자리 계산에서 8−6=2
십의 자리는 뺄 수 없으니 받아내림하여 13−7=6
138 − 76 = 62 (13−7, 8−6)
❶ 154 − 81 = 73 (15−8, 4−1)
❷ 119 − 27 = 92 (11−2, 9−7)
❸ 147 − 63 = 84 (14−6, 7−3)
❹ 126 − 95 = 31 (12−9, 6−5)
❺ 129 − 56 = 73 (12−5, 9−6)
❻ 157 − 75 = 82 (15−7, 7−5)
38 연산 D2
받아내림이 있는 뺄셈 (1) 39

40 · 41

태돌이가 동전을 티나에게 주려고 해요.

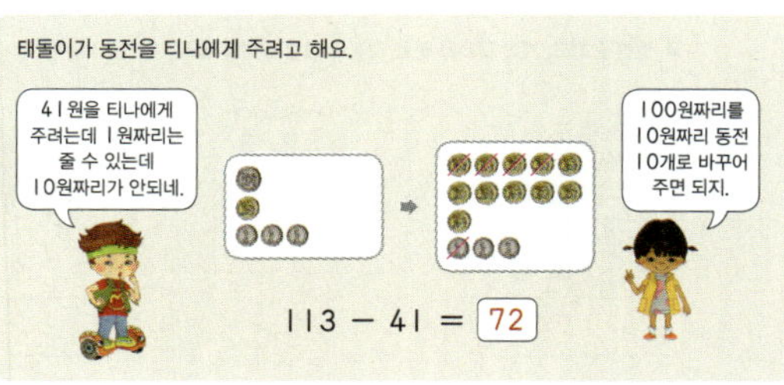
41원을 티나에게 주려는데 1원짜리는 줄 수 있는데 10원짜리가 안되네.
100원짜리를 10원짜리 동전 10개로 바꾸어 주면 되지.

113 − 41 = 72

100원짜리 동전을 10원짜리 동전 10개로 바꾸어 빼는 수만큼 동전을 /로 지웠어요. □ 안에 알맞은 수를 쓰세요.

❶ 145 − 83 = 62

❷ 107 − 36 = 71

❸ 134 − 42 = 92

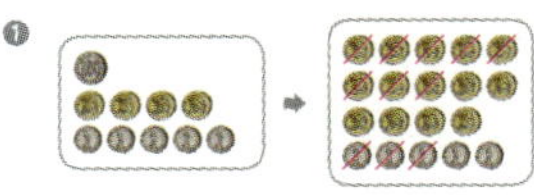

뺄셈을 하세요.

146 − 75 = 71

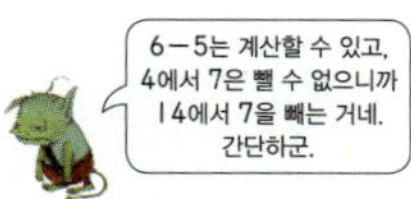
6−5는 계산할 수 있고, 4에서 7은 뺄 수 없으니까 14에서 7을 빼는 거네. 간단하군.

❶ 129 − 64 = 65 ❷ 173 − 90 = 83

❸ 158 − 76 = 82 ❹ 117 − 27 = 90

❺ 143 − 51 = 92 ❻ 136 − 84 = 52

❼ 104 − 43 = 61 ❽ 168 − 74 = 94

❾ 135 − 91 = 44 ❿ 124 − 81 = 43

42 · 43

389 받아내림이 있는 세로셈 (2)

현우와 친구들이 두 수의 뺄셈을 하고 있어요.

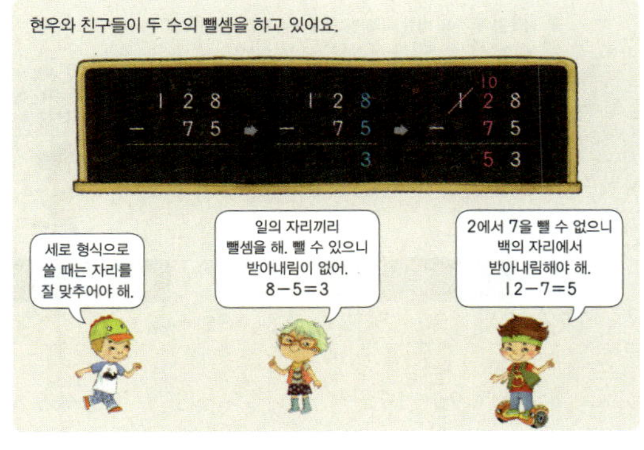
128 − 75 → 128 − 75 = 3 → 128 − 75 = 53
세로 형식으로 쓸 때는 자리를 잘 맞추어야 해.
일의 자리끼리 뺄셈을 해. 뺄 수 있으니 받아내림이 없어. 8−5=3
2에서 7을 뺄 수 없으니 백의 자리에서 받아내림해야 해. 12−7=5

□ 안에 알맞은 수를 쓰세요.

❶ 146 − 51 → 5 → 95

❷ 119 − 37 → 2 → 82

뺄셈을 하세요.

137 − 65 = 72

일의 자리부터 계산해~ 7−5는 계산할 수 있으니 바로 계산하고, 3−6은 계산할 수 없으니 윗자리에서 받아내림하는 거야.

❶ 114 − 83 = 31 ❷ 175 − 92 = 83 ❸ 156 − 73 = 83

❹ 128 − 46 = 82 ❺ 162 − 71 = 91

❻ 134 − 44 = 90 ❼ 153 − 90 = 63 ❽ 127 − 55 = 72

44 · 45

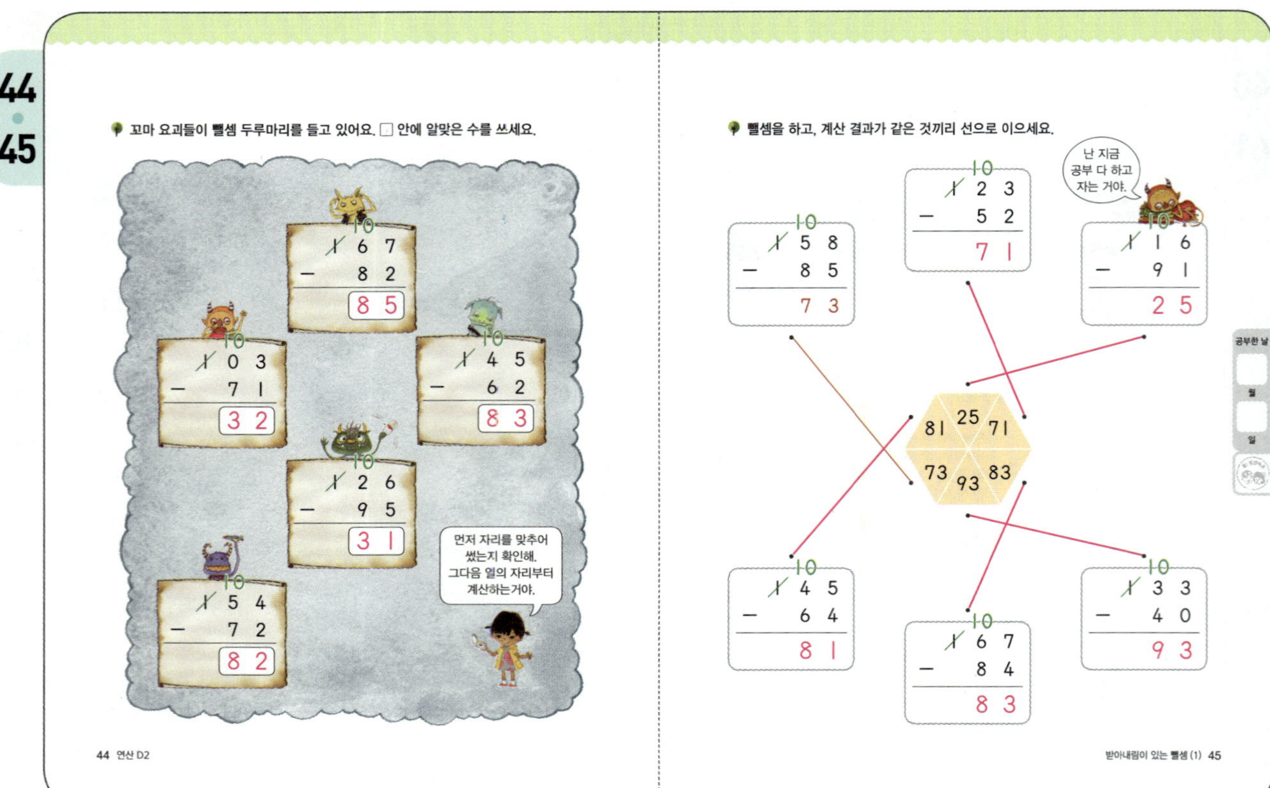
꼬마 요괴들이 뺄셈 두루마리를 들고 있어요. □ 안에 알맞은 수를 쓰세요.
167 − 82 = 85
103 − 71 = 32
145 − 62 = 83
126 − 95 = 31
154 − 72 = 82
먼저 자리를 맞추어 썼는지 확인해. 그다음 일의 자리부터 계산하는거야.
44 연산 D2
뺄셈을 하고, 계산 결과가 같은 것끼리 선으로 이으세요.
158 − 85 = 73
123 − 52 = 71
116 − 91 = 25
145 − 64 = 81
167 − 84 = 83
133 − 40 = 93
81 25 71 73 93 83
난 지금 공부 다 하고 자는 거야.
받아내림이 있는 뺄셈 (1) 45

46 · 47

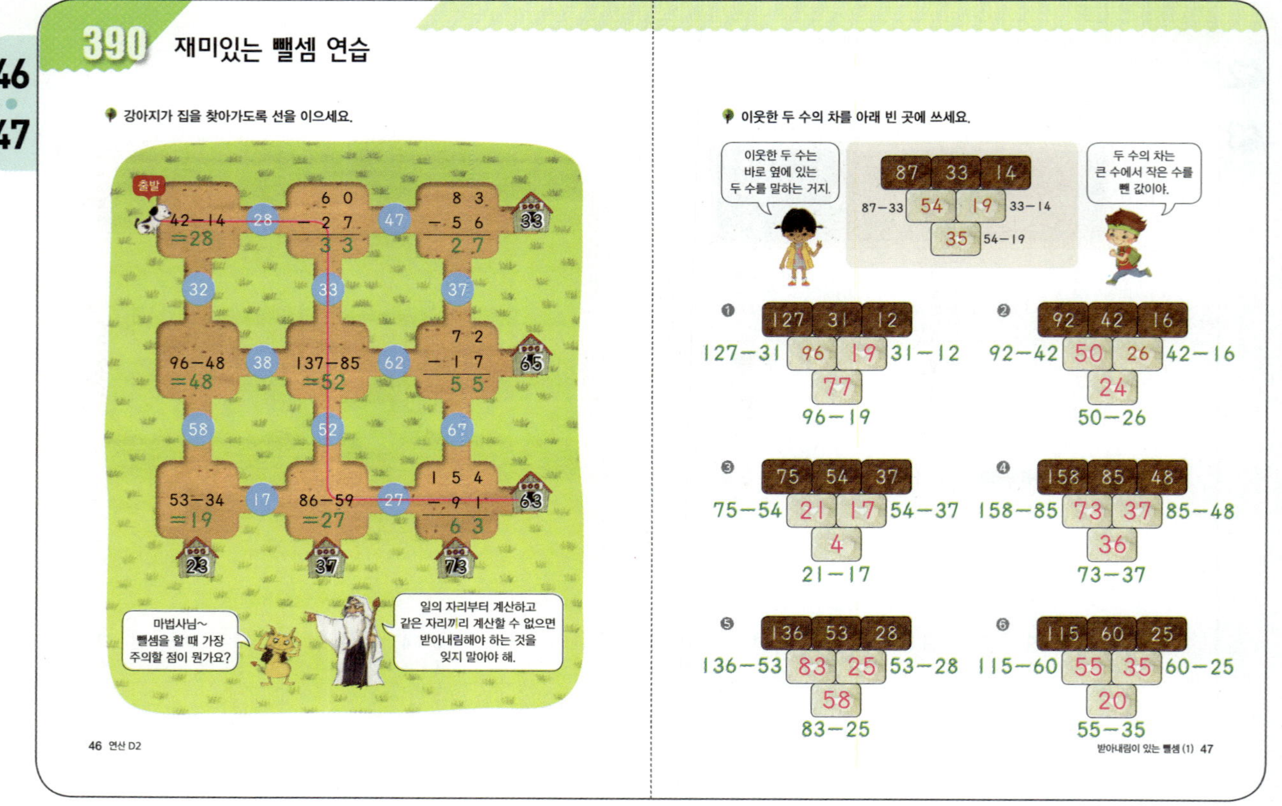
390 재미있는 뺄셈 연습
강아지가 집을 찾아가도록 선을 이으세요.
출발
42−14 =28
60 − 27 = 33
83 − 56 = 27
96−48 =48
137−85 =52
72 − 17 = 55
53−34 =19
86−59 =27
154 − 91 = 63
마법사님~ 뺄셈을 할 때 가장 주의할 점이 뭔가요?
일의 자리부터 계산하고 같은 자리끼리 계산할 수 없으면 받아내림해야 하는 것을 잊지 말아야 해.
46 연산 D2
이웃한 두 수의 차를 아래 빈 곳에 쓰세요.
이웃한 두 수는 바로 옆에 있는 두 수를 말하는 거지.
두 수의 차는 큰 수에서 작은 수를 뺀 값이야.
87 33 14
87−33 54 19 33−14
35 54−19
❶ 127 31 12 / 127−31 96 19 31−12 / 77 96−19
❷ 92 42 16 / 92−42 50 26 42−16 / 24 50−26
❸ 75 54 37 / 75−54 21 17 54−37 / 4 21−17
❹ 158 85 48 / 158−85 73 37 85−48 / 36 73−37
❺ 136 53 28 / 136−53 83 25 53−28 / 58 83−25
❻ 115 60 25 / 115−60 55 35 60−25 / 20 55−35
받아내림이 있는 뺄셈 (1) 47

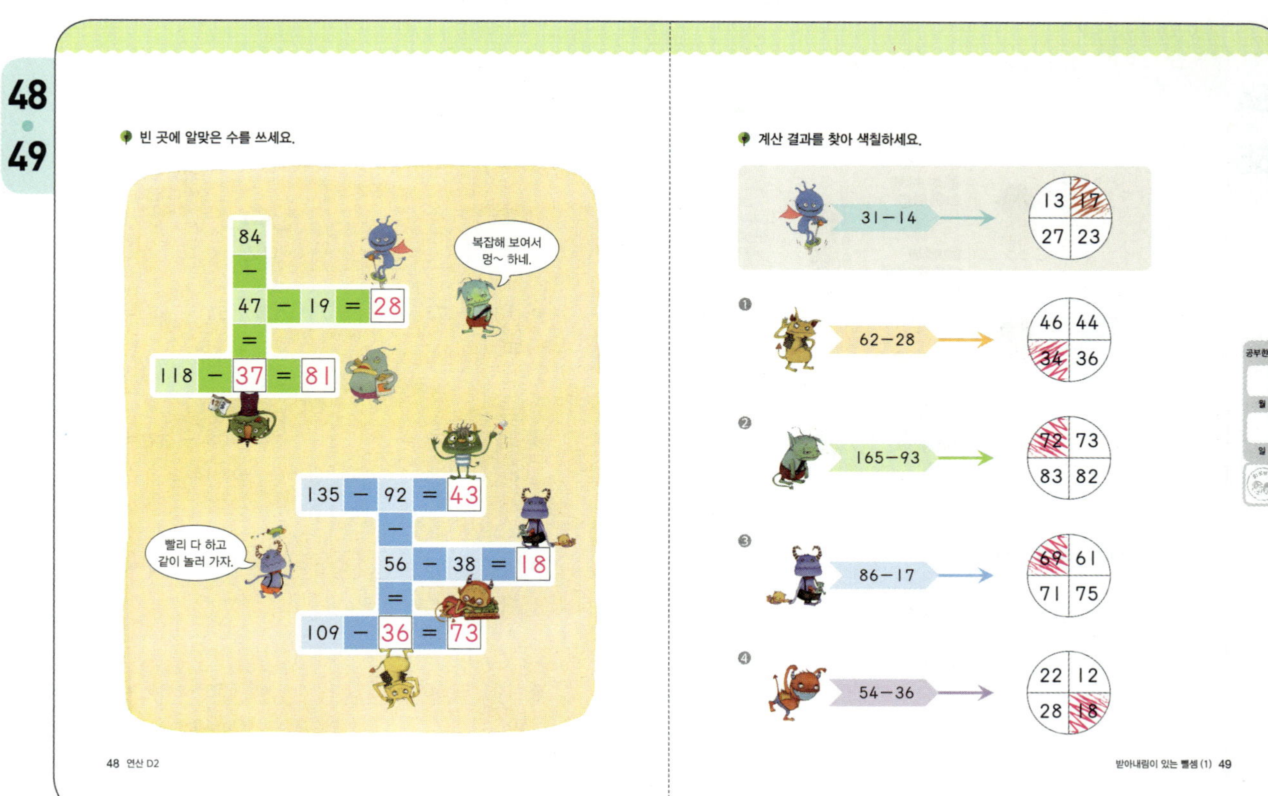

48 · 49

빈 곳에 알맞은 수를 쓰세요.

84 − 47 = 37
47 − 19 = 28
118 − 37 = 81

135 − 92 = 43
92 − 56 = 36
56 − 38 = 18
109 − 36 = 73

복잡해 보여서 멍~ 하네.
빨리 다 하고 같이 놀러 가자.

계산 결과를 찾아 색칠하세요.

31−14 → 13, **17**, 27, 23

❶ 62−28 → 46, 44, **34**, 36

❷ 165−93 → **72**, 73, 83, 82

❸ 86−17 → **69**, 61, 71, 75

❹ 54−36 → 22, 12, 28, **18**

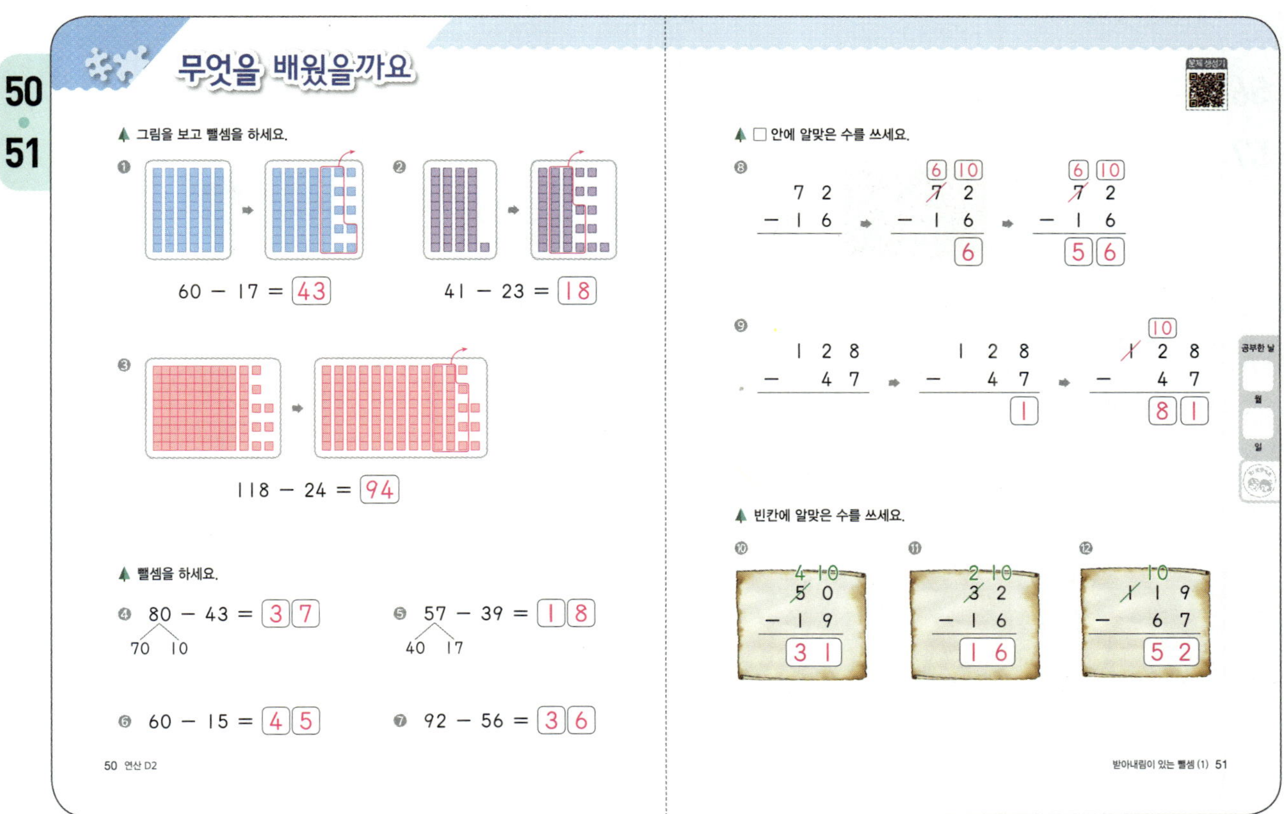

50 · 51

무엇을 배웠을까요

그림을 보고 뺄셈을 하세요.

❶ 60 − 17 = 43

❷ 41 − 23 = 18

❸ 118 − 24 = 94

뺄셈을 하세요.

❹ 80 − 43 = 37 (70, 10)

❺ 57 − 39 = 18 (40, 17)

❻ 60 − 15 = 45

❼ 92 − 56 = 36

□ 안에 알맞은 수를 쓰세요.

❽ 72 − 16 → (6, 10) 72 − 16 = 6 → (6, 10) 72 − 16 = 56

❾ 128 − 47 → 128 − 47 = 1 → (10) 128 − 47 = 81

빈칸에 알맞은 수를 쓰세요.

❿ (4, 10) 50 − 19 = 31

⓫ (2, 10) 32 − 16 = 16

⓬ (10) 119 − 67 = 52

공부한 날
월
일

54·55

391 받아내림이 2번 있는 뺄셈

티나는 134원에서 태돌이에게 99원을 주면 얼마가 남는지 알아보려고 해요.

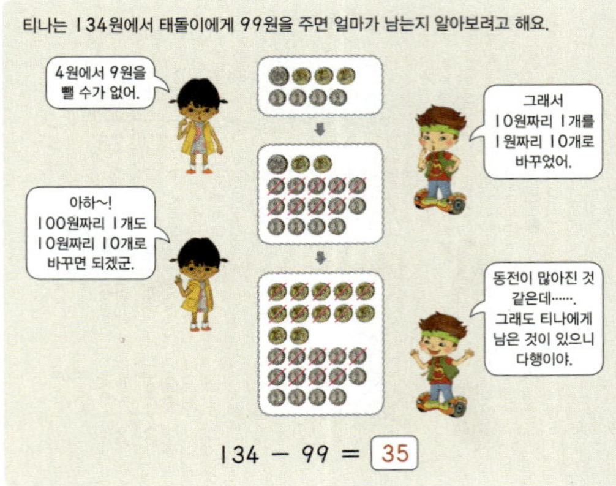
4원에서 9원을 뺄 수가 없어.
그래서 10원짜리 1개를 1원짜리 10개로 바꾸었어.
아하~! 100원짜리 1개도 10원짜리 10개로 바꾸면 되겠군.
동전이 많아진 것 같은데……. 그래도 티나에게 남은 것이 있으니 다행이야.

134 − 99 = 35

그림을 보고 뺄셈을 하세요.

❶ 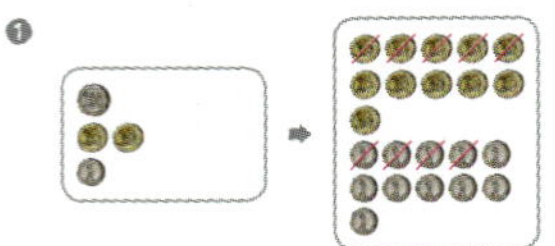 121 − 54 = 67

뺄셈을 하세요.

136 − 47 = 8 9 (12−4, 16−7; 120 16)

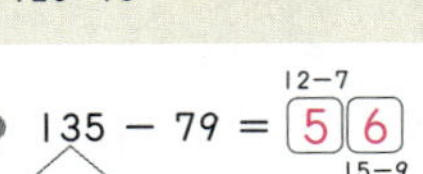
어렵지? 내가 알려줄게.
6에서 7을 뺄 수 없으므로 136을 120과 16으로 나눠.
일의 자리는 16−7=9,
십의 자리는 12−4=8

❶ 135 − 79 = 5 6 (12−7, 15−9; 120 15)

❷ 154 − 68 = 8 6 (140 14)

❸ 121 − 98 = 2 3 (110 11)

❹ 108 − 39 = 6 9 (90 18)

❺ 142 − 88 = 5 4 (130 12)

❻ 112 − 76 = 3 6 (100 12)

❼ 101 − 55 = 4 6 (90 11)

❽ 153 − 84 = 6 9 (140 13)

56·57

큐리와 티나가 뺄셈을 하고 있어요.

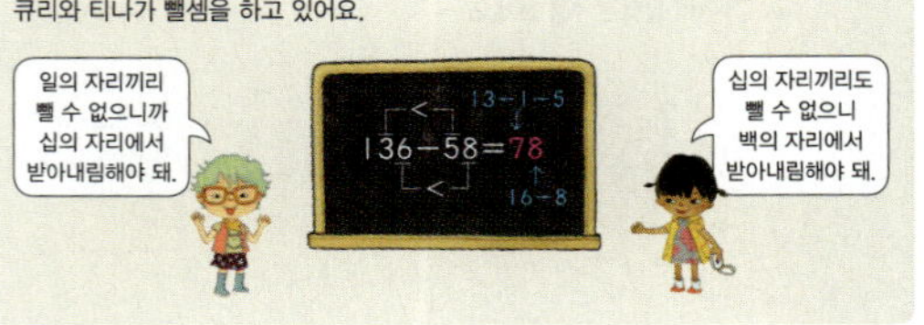
일의 자리끼리 뺄 수 없으니까 십의 자리에서 받아내림해야 돼.
136−58=78
13−1−5
16−8
십의 자리끼리도 뺄 수 없으니 백의 자리에서 받아내림해야 돼.

빈칸에 알맞은 수를 쓰세요.

❶ 105 − 58 = 4 7 (10−1−5, 15−8)

❷ 152 − 84 = 6 8 (15−1−8, 12−4)

❸ 114 − 77 = 3 7 (11−1−7, 14−7)

❹ 134 − 79 = 5 5 (13−1−7, 14−9)

❺ 132 − 46 = 8 6 (13−1−4, 12−6)

❻ 123 − 94 = 2 9 (12−1−9, 13−4)

빈칸에 알맞은 수를 쓰세요.

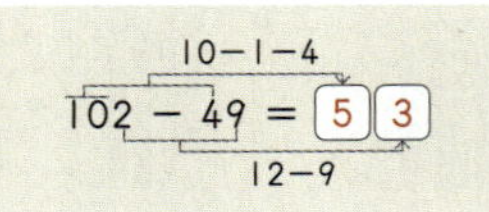
10−1−4
102 − 49 = 5 3
12−9

십의 자리 숫자가 '0'이어도 계산 방법은 같아.

❶ 104 − 65 = 3 9 (10−1−6, 14−5)

❷ 108 − 29 = 7 9 (10−1−2, 18−9)

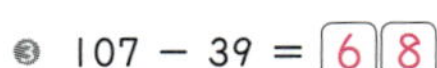

❸ 107 − 39 = 6 8

❹ 105 − 56 = 4 9

❺ 101 − 83 = 1 8

❻ 103 − 27 = 7 6

❼ 105 − 77 = 2 8

❽ 106 − 38 = 6 8

공부한 날 월 일

58 • 59

392 받아내림이 2번 있는 세로셈

친구들이 받아내림이 2번 있는 뺄셈을 하고 있어요.

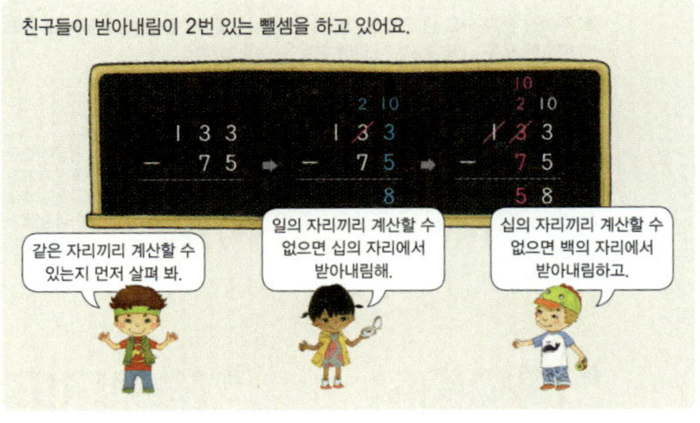

133 − 75 → 133 − 75 = 8 → 133 − 75 = 58
같은 자리끼리 계산할 수 있는지 먼저 살펴 봐.
일의 자리끼리 계산할 수 없으면 십의 자리에서 받아내림해.
십의 자리끼리 계산할 수 없으면 백의 자리에서 받아내림하고.

□ 안에 알맞은 수를 쓰세요.

❶ $124 - 58$ → (1, 10) $124 - 58 = \boxed{6}$ → (10, 1, 10) $124 - 58 = \boxed{6}\boxed{6}$

❷ $142 - 79$ → (3, 10) $142 - 79 = \boxed{3}$ → (10, 3, 10) $142 - 79 = \boxed{6}\boxed{3}$

뺄셈을 하세요.

(10, 2, 10) 136 − 87 = 49
같은 자리끼리 계산할 수 없으면 윗자리에서 받아내림해서 계산해.

❶ (10, 3, 10) $144 - 59 = \boxed{8}\boxed{5}$ ❷ (10, 1, 10) $126 - 88 = \boxed{3}\boxed{8}$ ❸ $163 - 95 = \boxed{6}\boxed{8}$

❹ $131 - 47 = \boxed{8}\boxed{4}$ ❺ $182 - 96 = \boxed{8}\boxed{6}$

❻ $115 - 36 = \boxed{7}\boxed{9}$ ❼ $150 - 71 = \boxed{7}\boxed{9}$ ❽ $174 - 89 = \boxed{8}\boxed{5}$

60 • 61

친구가 뺄셈 문제가 이상하다고 해요.

105 − 37 → 105 − 37 = 8 → 105 − 37 = 68
일의 자리를 계산하려는데 십의 자리에서 받아내림 할 수가 없어. 엉엉~
먼저 백의 자리에서 십의 자리로 받아내림한 후 일의 자리로 받아내림하면 돼.

□ 안에 알맞은 수를 쓰세요.

❶ $103 - 74$ → (9, 10) $103 - 74 = \boxed{9}$ → (9, 10) $103 - 74 = \boxed{2}\boxed{9}$

❷ $101 - 23$ → (9, 10) $101 - 23 = \boxed{8}$ → (9, 10) $101 - 23 = \boxed{7}\boxed{8}$

뺄셈을 하세요.

(9, 10) 104 − 15 = 89
백의 자리에서 받아내림하고, 다시 일의 자리로 받아내림하는 거야.

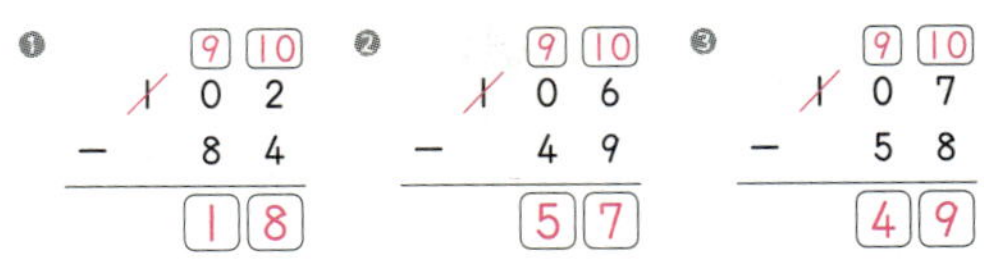

❶ (9, 10) $102 - 84 = \boxed{1}\boxed{8}$ ❷ (9, 10) $106 - 49 = \boxed{5}\boxed{7}$ ❸ (9, 10) $107 - 58 = \boxed{4}\boxed{9}$

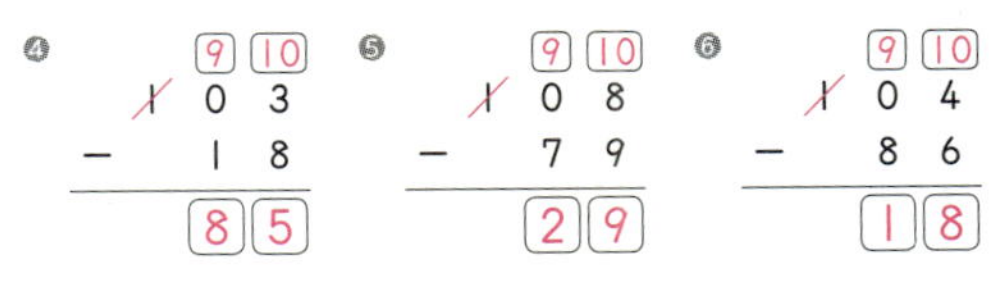

❹ (9, 10) $103 - 18 = \boxed{8}\boxed{5}$ ❺ (9, 10) $108 - 79 = \boxed{2}\boxed{9}$ ❻ (9, 10) $104 - 86 = \boxed{1}\boxed{8}$

우와~ 열심히 공부하네. 그럼 나도 열심히 해야지.

공부한 날 월 일

연산력 수학 노크 정답

62 · 63

393 벌레 먹은 셈

벌레가 나뭇잎을 먹어 뺄셈식이 잘 보이지 않아요.

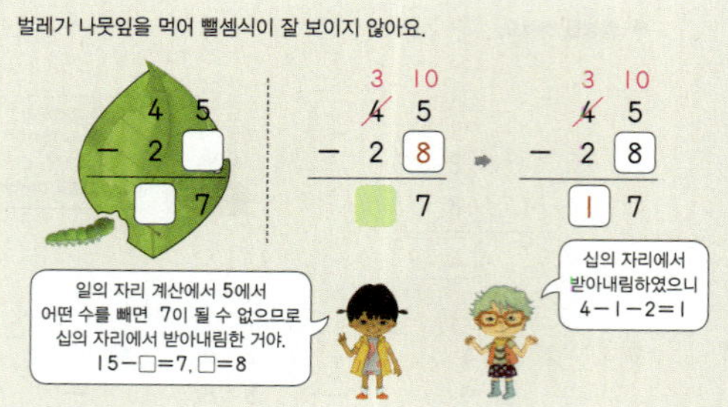

일의 자리 계산에서 5에서 어떤 수를 빼면 7이 될 수 없으므로 십의 자리에서 받아내림한 거야. 15−□=7, □=8
십의 자리에서 받아내림하였으니 4−1−2=1

□ 안에 알맞은 수를 쓰세요.

❶ 7□ − □2 = 46 → 78 − □2 = 46 → 78 − 32 = 46

㉠−2=6이므로 ㉠=8
7−㉡=4이므로 ㉡=3

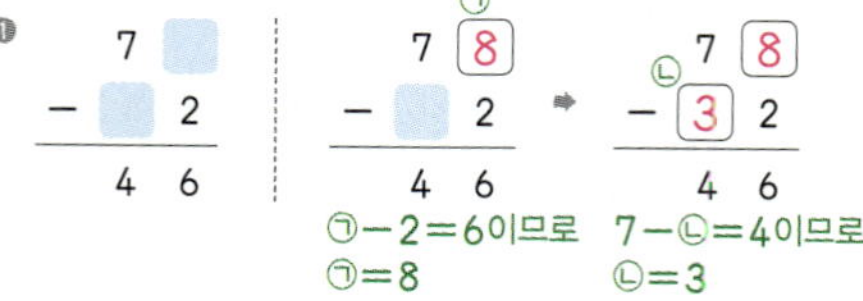

❷ □4 − 26 = 3□ → □4 − 26 = 38 → 64 − 26 = 38

4−6은 계산할 수 없으므로 10+4−6=㉠ → ㉠=8
㉡−1−2=3이므로 ㉡=6

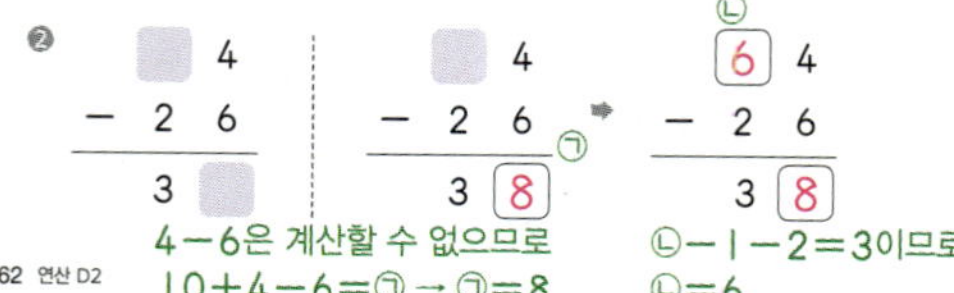

주어진 숫자 카드 중 2장을 사용하면 올바른 뺄셈식을 만들 수 있어요. 필요한 숫자 카드에 모두 ○표 하고, □ 안에 알맞은 수를 쓰세요.

1 (5) 7 (9): 58 − 29 = 29

일의 자리부터 살펴 봐. 8−□가 9가 되는 경우는 없으니 십의 자리에서 받아내림한 거야.

❶ (2) (4) 3 0: 64 − 27 = 37

10+㉠−7=7이므로 ㉠=4
6−1−㉡=3이므로 ㉡=2

❷ (4) 7 6 (8): 82 − 38 = 44

❸ 3 (6) 5 (8): 63 − 48 = 15

❹ (4) 7 (6) 9: 94 − 29 = 65

64 · 65

티나와 친구들이 벌레가 먹은 수를 찾고 있어요.

일의 자리 계산에서 3−□=1이 되는 □=2야.
계산 결과가 두 자리 수이므로 백의 자리는 1이야. 15−8=7이므로 □=7

□53 − 8□ = □1 → □53 − 82 = □1 → 153 − 82 = 71

□ 안에 알맞은 수를 쓰세요.

❶ □□4 − 82 = 52 → 1□4 − 82 = 52 → 134 − 82 = 52

4−㉠=2이므로 ㉠=2
차가 두 자리 수이므로 ㉡=1
10+㉢−8=5이므로 ㉢=3

❷ □□2 − 57 = 65 → 1□2 − 57 = 65 → 122 − 57 = 65

10+2−㉠=5이므로 ㉠=7
차가 두 자리 수이므로 ㉡=1
10+㉢−1−5=6이므로 ㉢=2

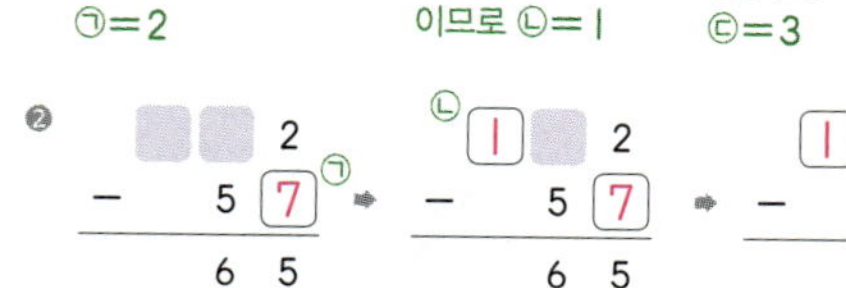

□ 안에 알맞은 수를 쓰세요.

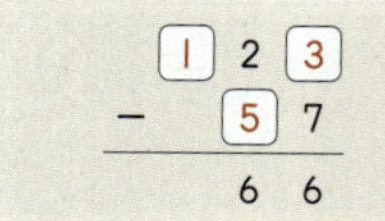

123 − 57 = 66

받아내림이 있는지 없는지를 잘 살펴봐야 해.

❶ 145 − 62 = 83

❷ 138 − 77 = 61

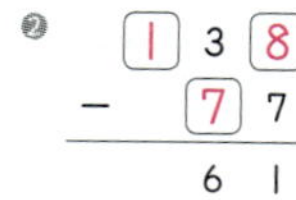

❸ 154 − 56 = 98

❹ 134 − 86 = 48

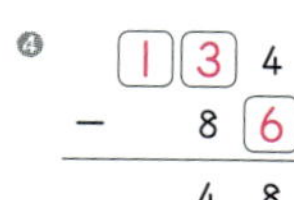

❺ 152 − 79 = 73

❻ 125 − 86 = 39

공부한 날 월 일

66 · 67

394 세 수의 뺄셈

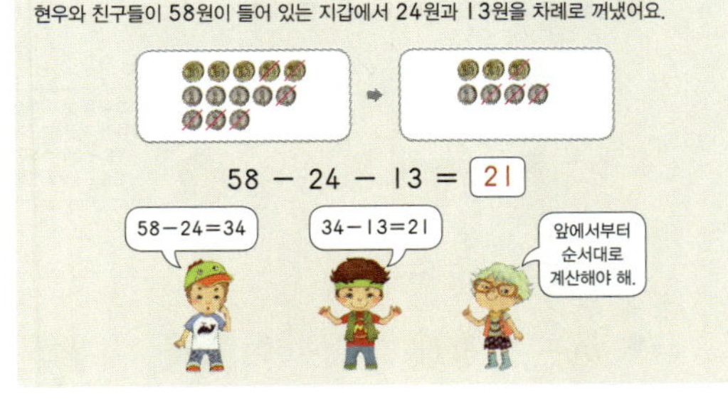

현우와 친구들이 58원이 들어 있는 지갑에서 24원과 13원을 차례로 꺼냈어요.
58 − 24 − 13 = 21
58−24=34
34−13=21
앞에서부터 순서대로 계산해야 해.

그림을 보고 세 수의 뺄셈을 하세요.

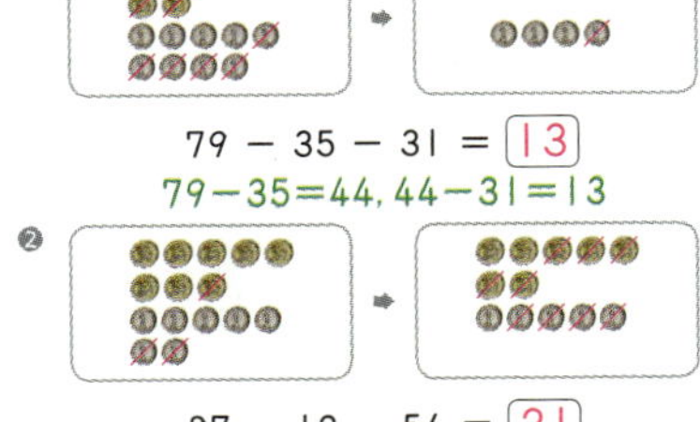

❶ 79 − 35 − 31 = 13

79−35=44, 44−31=13

❷ 87 − 12 − 54 = 21

□ 안에 알맞은 수를 쓰세요.

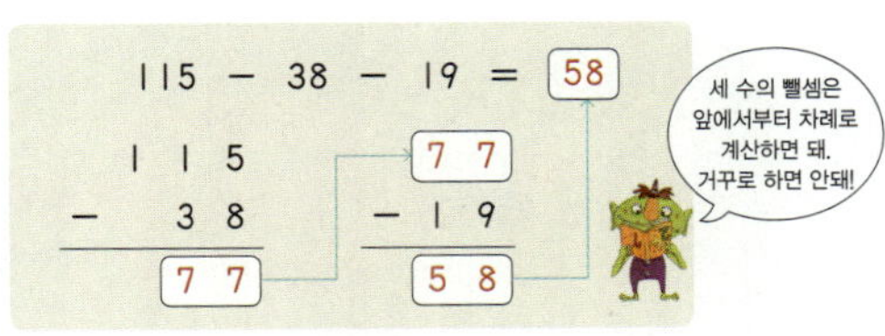

115 − 38 − 19 = 58
115 − 38 = 77
77 − 19 = 58
세 수의 뺄셈은 앞에서부터 차례로 계산하면 돼. 거꾸로 하면 안돼!

❶ 65 − 14 − 18 = 33

65 − 14 = 51, 51 − 18 = 33

❷ 131 − 82 − 14 = 35

131 − 82 = 49, 49 − 14 = 35

68 · 69

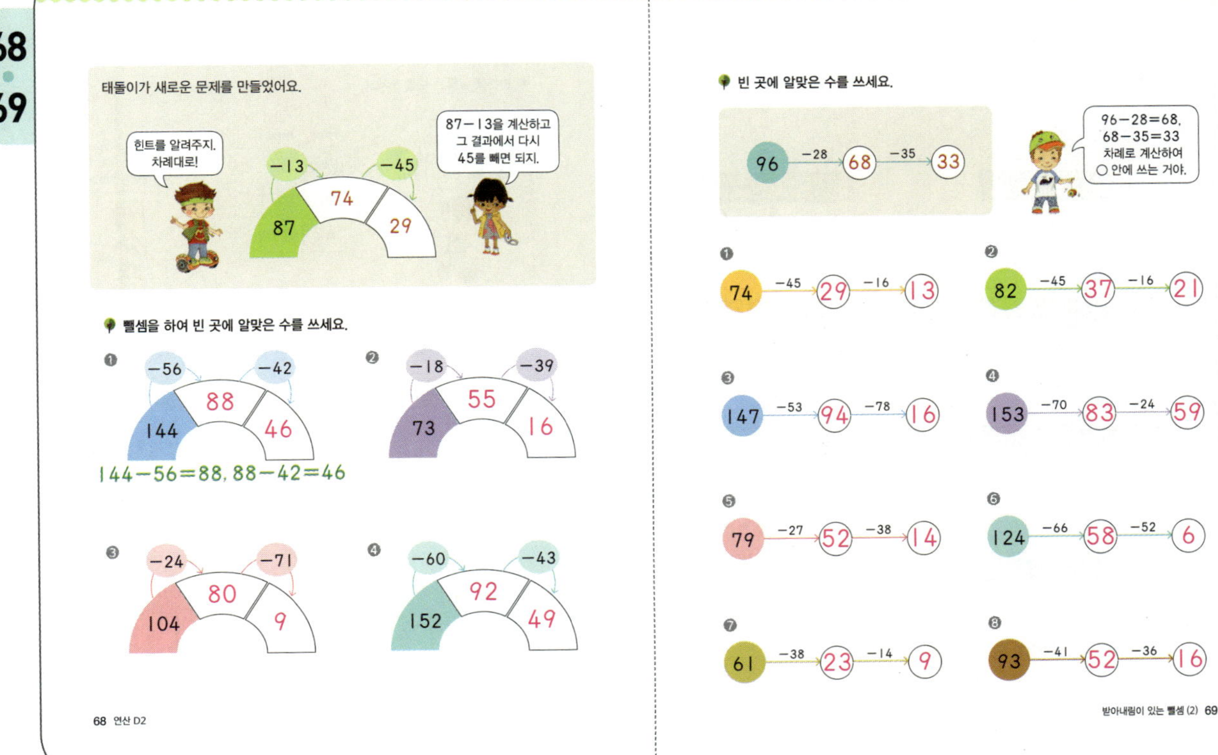
태돌이가 새로운 문제를 만들었어요.

힌트를 알려주지. 차례대로!
87−13을 계산하고 그 결과에서 다시 45를 빼면 되지.
87 −13 74 −45 29

빼셈을 하여 빈 곳에 알맞은 수를 쓰세요.

❶ 144 −56 88 −42 46

144−56=88, 88−42=46

❷ 73 −18 55 −39 16

❸ 104 −24 80 −71 9

❹ 152 −60 92 −43 49

빈 곳에 알맞은 수를 쓰세요.

96 −28 68 −35 33

96−28=68, 68−35=33 차례로 계산하여 ○ 안에 쓰는 거야.

❶ 74 −45 29 −16 13

❷ 82 −45 37 −16 21

❸ 147 −53 94 −78 16

❹ 153 −70 83 −24 59

❺ 79 −27 52 −38 14

❻ 124 −66 58 −52 6

❼ 61 −38 23 −14 9

❽ 93 −41 52 −36 16

공부한 날 월 일

70
71

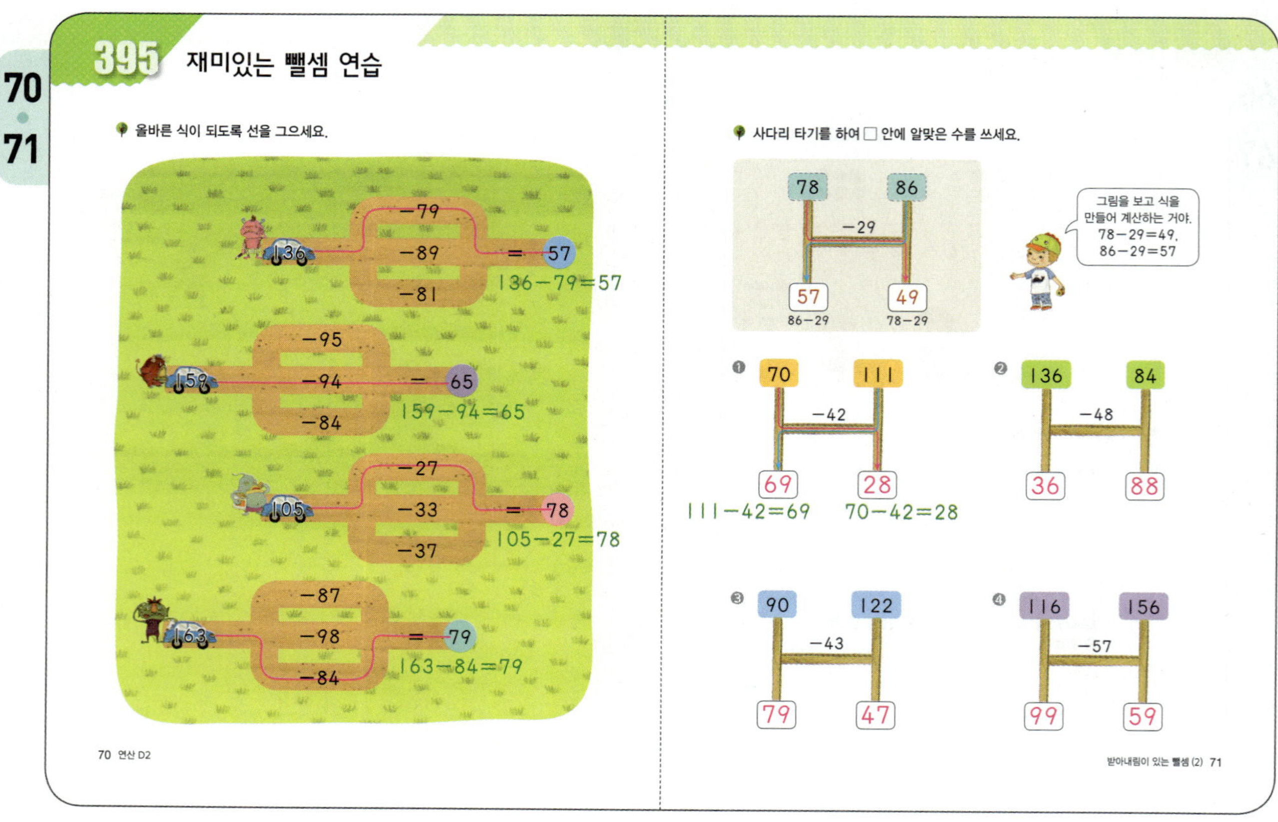
395 재미있는 뺄셈 연습

올바른 식이 되도록 선을 그으세요.

136
−79
−89
−81
= 57
136−79=57
159
−95
−94
−84
= 65
159−94=65
105
−27
−33
−37
= 78
105−27=78
163
−87
−98
−84
= 79
163−84=79

70 연산 D2

사다리 타기를 하여 □ 안에 알맞은 수를 쓰세요.

78
86
−29
57
49
86−29
78−29
그림을 보고 식을 만들어 계산하는 거야. 78−29=49, 86−29=57
❶ 70 111 −42 69 28
111−42=69 70−42=28
❷ 136 84 −48 36 88
❸ 90 122 −43 79 47
❹ 116 156 −57 99 59

받아내림이 있는 뺄셈 (2) 71

72
73

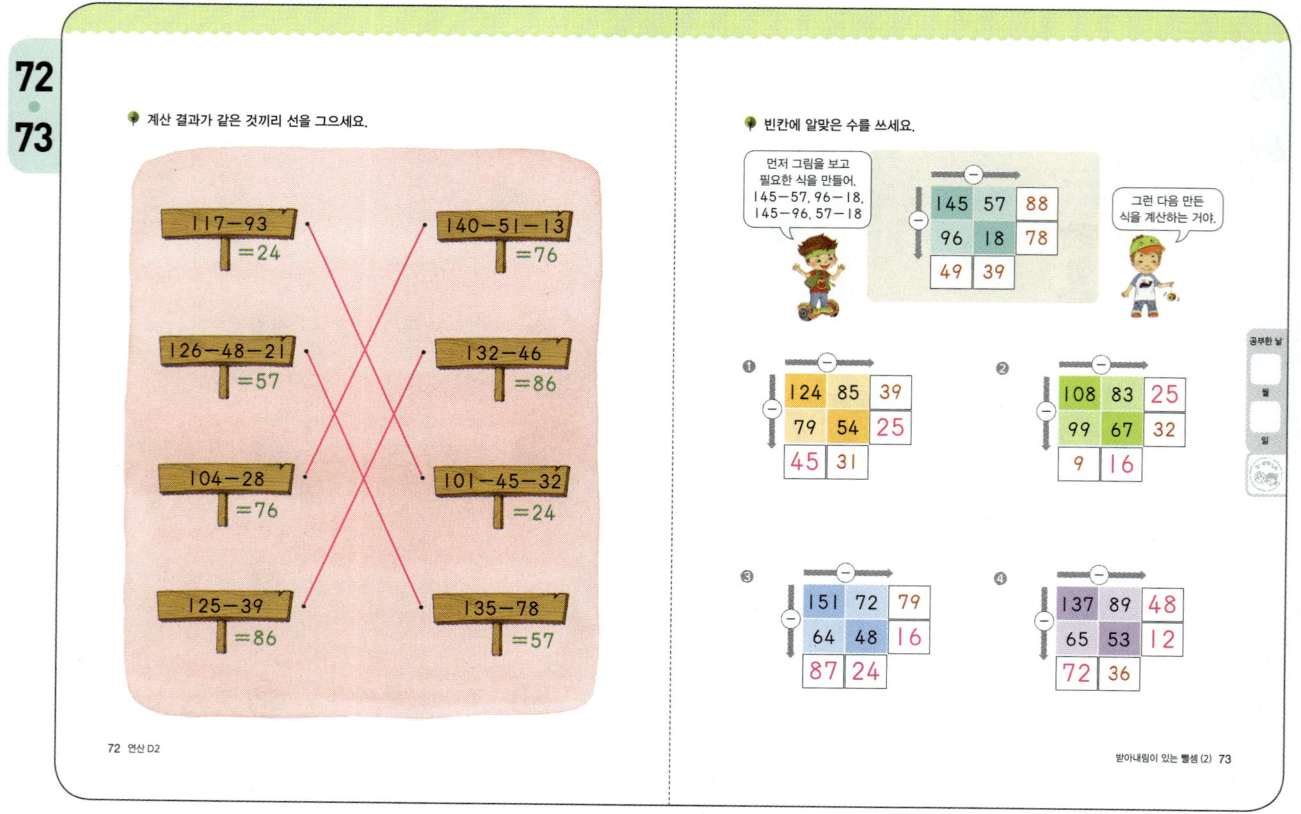
계산 결과가 같은 것끼리 선을 그으세요.

117−93 =24
140−51−13 =76
126−48−21 =57
132−46 =86
104−28 =76
101−45−32 =24
125−39 =86
135−78 =57

72 연산 D2

빈칸에 알맞은 수를 쓰세요.

먼저 그림을 보고 필요한 식을 만들어. 145−57, 96−18, 145−96, 57−18
그런 다음 만든 식을 계산하는 거야.

145	57	88
96	18	78
49	39	

❶

124	85	39
79	54	25
45	31	

❷

108	83	25
99	67	32
9	16	

❸

151	72	79
64	48	16
87	24	

❹

137	89	48
65	53	12
72	36	

받아내림이 있는 뺄셈 (2) 73

74·75

무엇을 배웠을까요

▲ 그림을 보고 뺄셈을 하세요.

❶  145 − 56 = [89]

▲ 뺄셈을 하세요.

❷ 125 − 79 = [4][6] (110 15)

❸ 132 − 68 = [6][4] (120 12)

▲ 빈칸에 알맞은 수를 쓰세요.

❹ 104 − 25 = [7][9] (10−1−2, 14−5)

❺ 105 − 87 = [1][8]

▲ 뺄셈을 하세요.

❻ 131 − 48 = [8][3]

❼ 107 − 38 = [6][9]

▲ □ 안에 알맞은 수를 쓰세요.

❽ 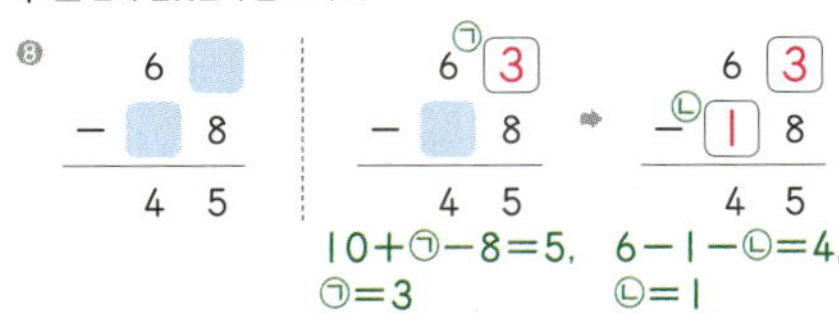
10+㉠−8=5, ㉠=3
6−1−㉡=4, ㉡=1

▲ □ 안에 알맞은 수를 쓰세요.

❾ 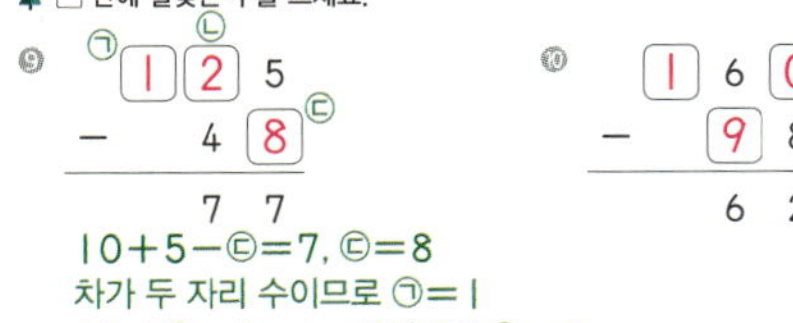
10+5−㉢=7, ㉢=8
차가 두 자리 수이므로 ㉠=1
10+㉡−1−4=7이므로 ㉡=2

❿ [1]6[0] − [9]8 = 62

▲ 빈칸에 알맞은 수를 쓰세요.

⓫ 137 − 48 − 15 = [74]
137 − 48 = [89], [89] − 15 = [74]

78·79

396 몇십과 몇으로 나누어 빼기

현우가 새로운 뺄셈 방법을 찾았다고 해요.

56−28
20 8
56−20→ 36
36−8→ 28
먼저 빼는 수 28을 20과 8로 갈라.
56에서 먼저 20을 빼. 56−20=36 계산 결과에서 8을 빼. 36−8=28

● 현우의 방법으로 뺄셈을 하려고 해요. □ 안에 알맞은 수를 쓰세요.

❶ 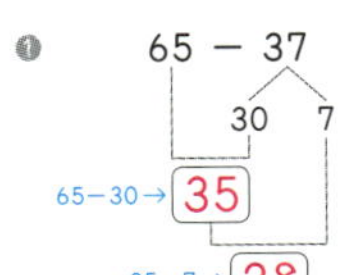
65 − 37 (30, 7): 65−30→[35], 35−7→[28]

❷ 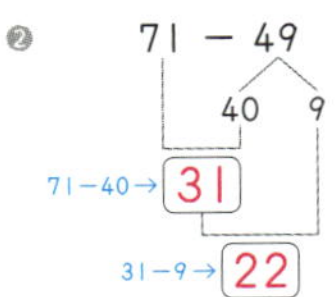
71 − 49 (40, 9): 71−40→[31], 31−9→[22]

❸ 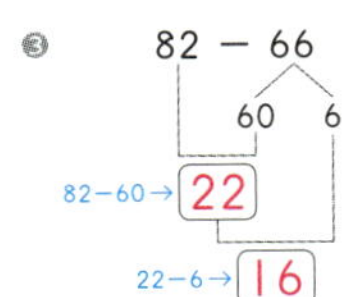
82 − 66 (60, 6): 82−60→[22], 22−6→[16]

❹ 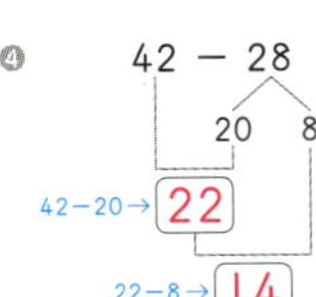
42 − 28 (20, 8): 42−20→[22], 22−8→[14]

● □ 안에 알맞은 수를 쓰세요.

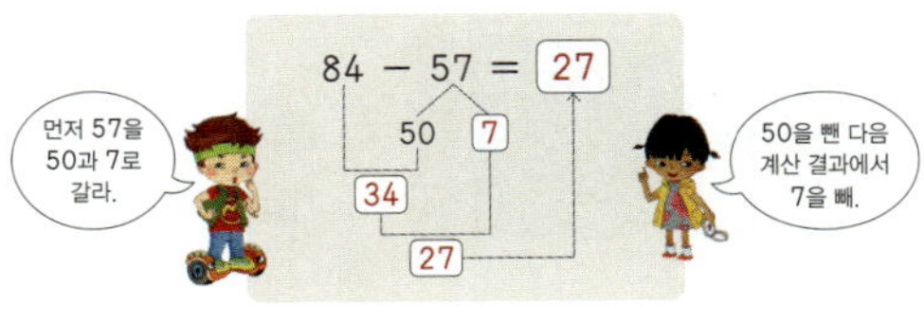
84 − 57 = 27
50 7
34
27
먼저 57을 50과 7로 갈라.
50을 뺀 다음 계산 결과에서 7을 빼.

❶ 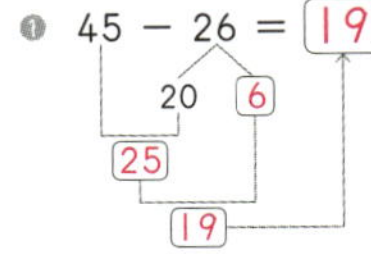
45 − 26 = [19] (20, [6]; [25], [19])

❷ 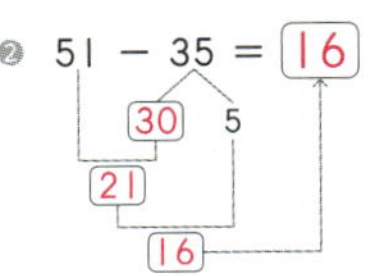
51 − 35 = [16] ([30], 5; [21], [16])

❸ 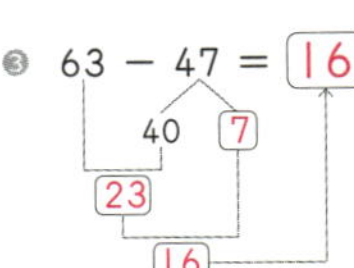
63 − 47 = [16] (40, [7]; [23], [16])

❹ 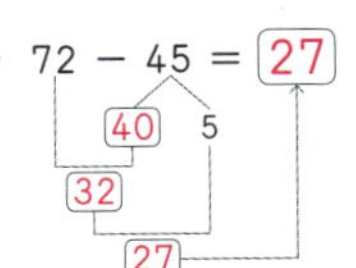
72 − 45 = [27] ([40], 5; [32], [27])

연산력 수학 노트 정답

80 · 81

태돌이는 현우의 뺄셈 방법을 식으로 나타내어 보았어요.

81－57
＝81－50－7
＝31－7
＝24
57을 50과 7로 나누어
50을 뺀 계산 결과에서
7을 빼면 돼.

□ 안에 알맞은 수를 쓰세요.

❶ 64 － 38
＝ 64 － [30] － 8 (－38은 －30－8과 같아요.)
＝ [34] － 8 (64－30을 먼저 계산해요.)
＝ [26] (위 계산 결과에서 8을 빼요.)

❷ 95 － 49
＝ 95 － [40] － 9 (－49는 －40－9와 같아요.)
＝ [55] － 9 (95－40을 먼저 계산해요.)
＝ [46] (위 계산 결과에서 9를 빼요.)

□ 안에 알맞은 수를 쓰세요.

83 － 67
＝ 83 － [60] － 7
＝ [23] － 7
＝ [16]

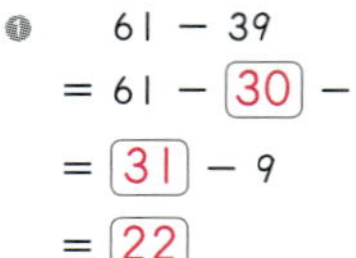
먼저 60을 뺀 다음
그 계산 결과에서
7을 빼는 방법이야.

❶ 61 － 39
＝ 61 － [30] － 9
＝ [31] － 9
＝ [22]

❷ 85 － 48
＝ 85 － 40 － [8]
＝ 45 － [8]
＝ [37]

❸ 93 － 75
＝ 93 － [70] － 5
＝ [23] － 5
＝ [18]

❹ 56 － 19
＝ 56 － 10 － [9]
＝ 46 － [9]
＝ [37]

82 · 83

397 빼고 더해 뺄셈하기

이번에는 큐리가 새로운 뺄셈 방법을 말하고 있어요.

72－39
－40 ＋1
32
33
39를 빼는 건
40을 뺀 다음
1을 더한 것과 같아.

큐리의 방법으로 뺄셈을 하려고 해요. □ 안에 알맞은 수를 쓰세요.

❶ 43 － 17 (－20 ＋3)
43－20→[23]
23＋3→[26]

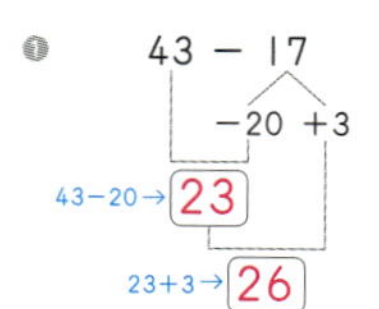

❷ 72 － 58 (－60 ＋2)
72－60→[12]
12＋2→[14]

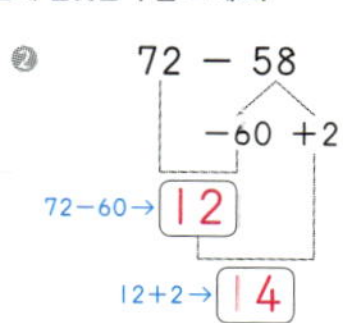

❸ 54 － 29 (－30 ＋1)
54－30→[24]
24＋1→[25]

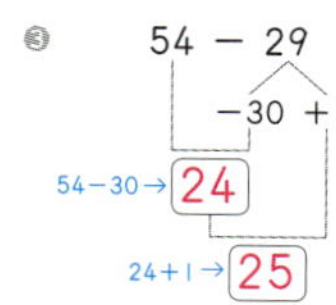

❹ 81 － 48 (－50 ＋2)
81－50→[31]
31＋2→[33]

□ 안에 알맞은 수를 쓰세요.

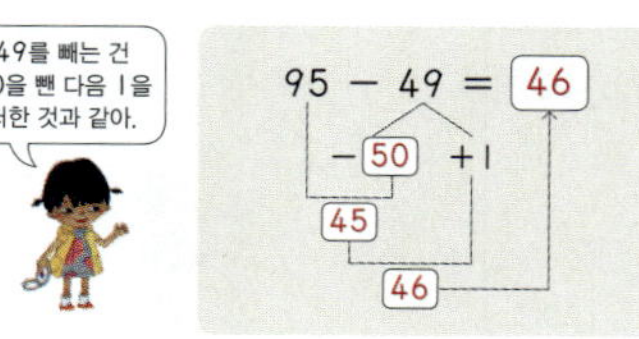
49를 빼는 건
50을 뺀 다음 1을
더한 것과 같아.
95 － 49 ＝ 46
－50 ＋1
45
46
계산을 순서대로
한 뒤 답을
마지막에 쓰는 거야.

❶ 86 － 39 ＝ [47] (－[40] ＋1) → [46] → [47]

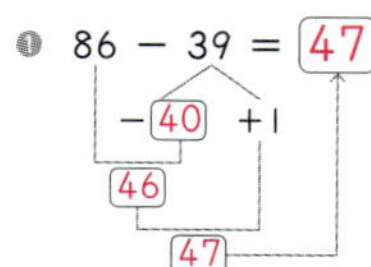

❷ 45 － 28 ＝ [17] (－30 ＋[2]) → [15] → [17]

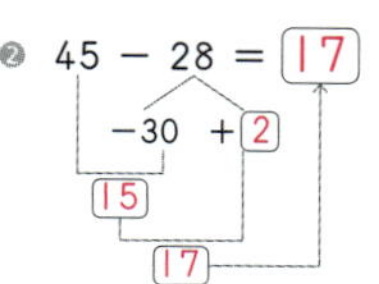

❸ 75 － 18 ＝ [57] (－[20] ＋2) → [55] → [57]

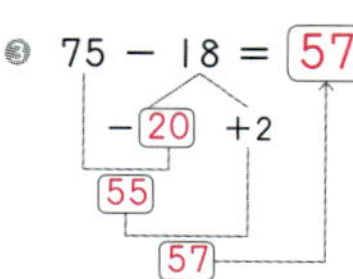

❹ 67 － 29 ＝ [38] (－30 ＋[1]) → [37] → [38]

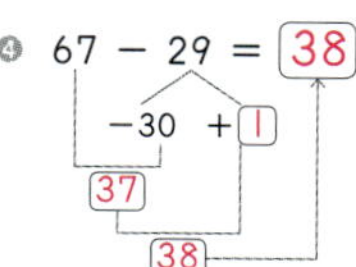

84·85

티나는 큐리의 뺄셈 방법을 식으로 나타내어 보았어요.

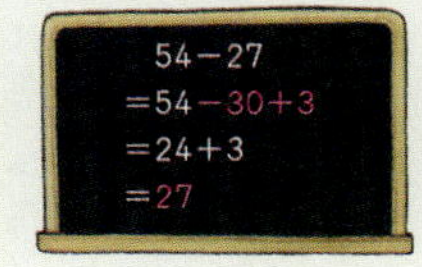

54−27
=54−30+3
=24+3
=27

−27은 −30을 한 다음 +3을 한 것과 같아.

□ 안에 알맞은 수를 쓰세요.

❶ 65 − 38
= 65 − [40] + 2 (−38은 −40+2와 같아요.)
= [25] + 2 (65−40을 먼저 계산해요.)
= [27] (위 계산 결과에 2를 더해요.)

❷ 72 − 59
= 72 − 60 + [1] (−59는 −60+1과 같아요.)
= [12] + 1 (72−60을 먼저 계산해요.)
= [13] (위 계산 결과에 1을 더해요.)

□ 안에 알맞은 수를 쓰세요.

63 − 29
= 63 − [30] + 1
= [33] + 1
= [34]

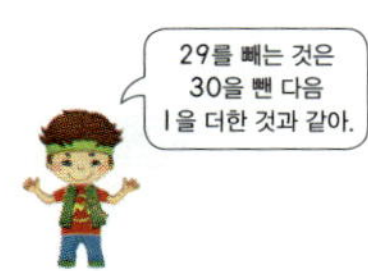

29를 빼는 것은 30을 뺀 다음 1을 더한 것과 같아.

❶ 82 − 58
= 82 − [60] + 2
= [22] + 2
= [24]

❷ 64 − 39
= 64 − 40 + [1]
= [24] + 1
= [25]

❸ 56 − 19
= 56 − [20] + 1
= [36] + 1
= [37]

❹ 76 − 48
= 76 − 50 + [2]
= [26] + 2
= [28]

공부한 날 월 일

86·87

398 같은 수 더해 뺄셈하기

태돌이가 두 식의 뺄셈 결과를 신기한 듯 보고 있어요.

37−18=19
+2 +2
39−20=19

빼는 수와 빼어지는 수에 같은 수 2를 각각 더했네. 왜?
왜냐하면, 계산을 쉽게 바꾼거지.

□ 안에 알맞은 수를 쓰세요.

❶ 52 − 39 = [13] (+1, +1) 53 − 40 = [13]

❷ 83 − 58 = [25] (+2, +2) 85 − 60 = [25]

❸ 46 − 17 = [29] (+3, +3) 49 − 20 = [29]

❹ 67 − 29 = [38] (+1, +1) 68 − 30 = [38]

❺ 72 − 49 = [23] (+1, +1) 73 − 50 = [23]

❻ 73 − 38 = [35] (+2, +2) 75 − 40 = [35]

같은 수를 더해 뺄셈을 한 것이에요. □ 안에 알맞은 수를 쓰세요.

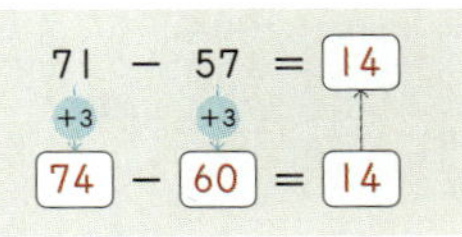

71 − 57 = 14
+3 +3
74 − 60 = 14

같은 수를 각각 더해 뺄셈을 해도 계산 결과는 같아.

❶ 82 − 48 = [34] (+2, +2) [84] − [50] = [34]

❷ 73 − 59 = [14] (+1, +1) [74] − [60] = [14]

❸ 95 − 68 = [27] (+2, +2) [97] − [70] = [27]

❹ 85 − 27 = [58] (+3, +3) [88] − [30] = [58]

❺ 46 − 19 = [27] (+1, +1) [47] − [20] = [27]

❻ 76 − 38 = [38] (+2, +2) [78] − [40] = [38]

연산력 수학 노크 정답

88 • 89

관계있는 것끼리 선으로 이으세요.

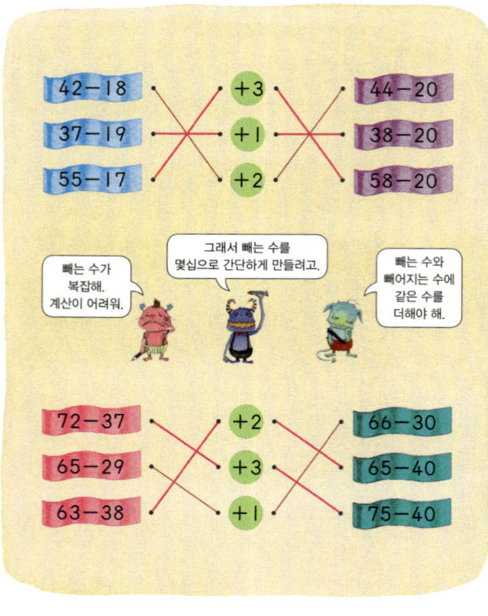

42−18
37−19
55−17
+3
+1
+2
44−20
38−20
58−20
빼는 수가 복잡해. 계산이 어려워.
그래서 빼는 수를 몇십으로 간단하게 만들려고.
빼는 수와 빼어지는 수에 같은 수를 더해야 해.
72−37
65−29
63−38
+2
+3
+1
66−30
65−40
75−40

같은 수를 더해 뺄셈을 한 것이에요. □ 안에 알맞은 수를 쓰세요.

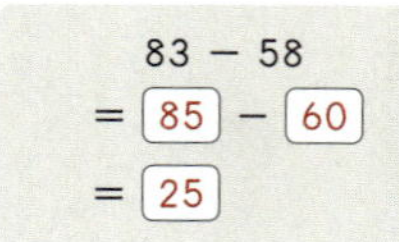

83 − 58
= 85 − 60
= 25

빼는 수 58을 60으로 만들어야 해.
같은 수 2를 더해 빼면 되겠군.

❶ 72 − 39 = 73 − 40 = 33

❷ 65 − 28 = 67 − 30 = 37

❸ 86 − 37 = 89 − 40 = 49

❹ 52 − 19 = 53 − 20 = 33

❺ 73 − 58 = 75 − 60 = 15

❻ 44 − 27 = 47 − 30 = 17

90 • 91

399 몇십 만들어 빼기

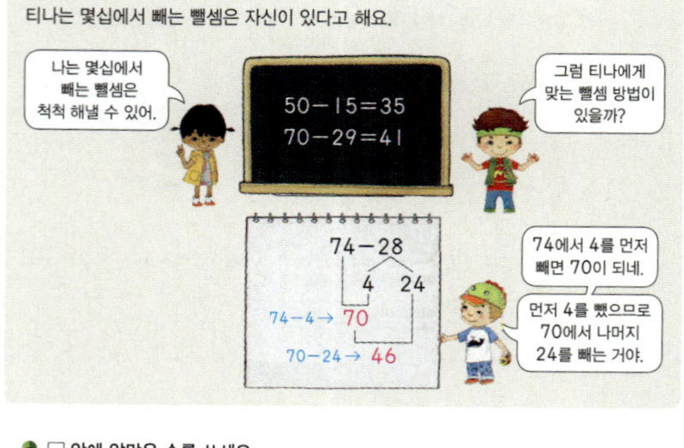

티나는 몇십에서 빼는 뺄셈은 자신이 있다고 해요.
나는 몇십에서 빼는 뺄셈은 척척 해낼 수 있어.
50−15=35
70−29=41
그럼 티나에게 맞는 뺄셈 방법이 있을까?
74−28
4 24
74−4→ 70
70−24→ 46
74에서 4를 먼저 빼면 70이 되네.
먼저 4를 뺐으므로 70에서 나머지 24를 빼는 거야.

□ 안에 알맞은 수를 쓰세요.

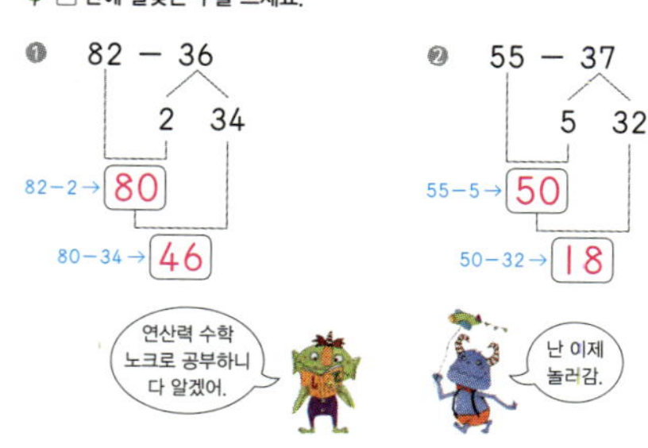

❶ 82 − 36
2 34
82−2→ 80
80−34→ 46
❷ 55 − 37
5 32
55−5→ 50
50−32→ 18
연산력 수학 노크로 공부하니 다 알겠어.
난 이제 놀러감.

□ 안에 알맞은 수를 쓰세요.

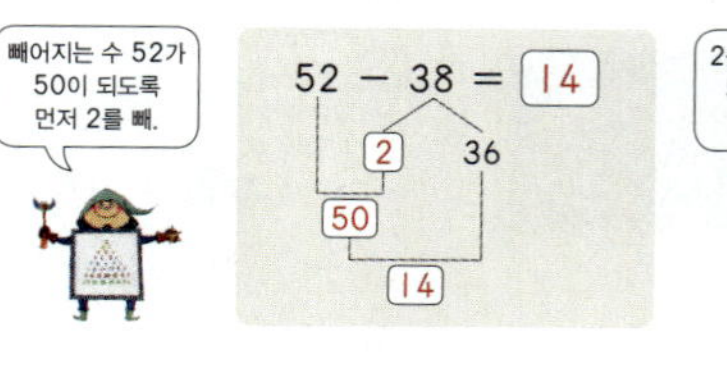

빼어지는 수 52가 50이 되도록 먼저 2를 빼.
52 − 38 = 14
2 36
50
14
2를 먼저 뺐으므로 50에서 나머지 36을 빼.

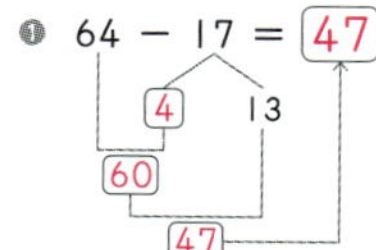

❶ 64 − 17 = 47
4 13
60
47

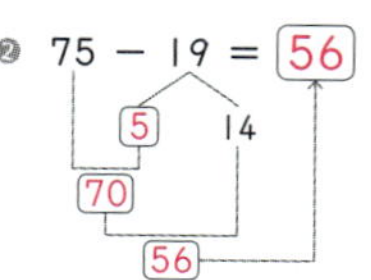

❷ 75 − 19 = 56
5 14
70
56

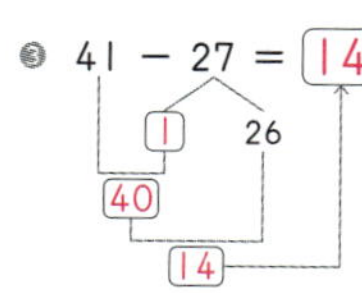

❸ 41 − 27 = 14
1 26
40
14

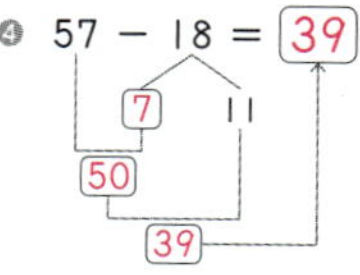

❹ 57 − 18 = 39
7 11
50
39

92 · 93

티나는 현우가 알려준 뺄셈 방법을 식으로 나타내어 보았어요.

52−19
=52−2−17
=50−17
=33
52가 50이 되도록 먼저 2를 빼.
50에서 남은 수 17을 빼면 돼.

□ 안에 알맞은 수를 쓰세요.

❶ 85 − 36
= 85 − [5] − 31 (−36은 −5−31과 같아요.)
= [80] − 31 (85−5를 먼저 계산해요.)
= [49] (위의 계산 결과에서 31을 빼요.)

❷ 96 − 58
= 96 − 6 − [52] (−58은 −6−52와 같아요.)
= 90 − [52] (96−6을 먼저 계산해요.)
= [38] (위의 계산 결과에서 52를 빼요.)

□ 안에 알맞은 수를 쓰세요.

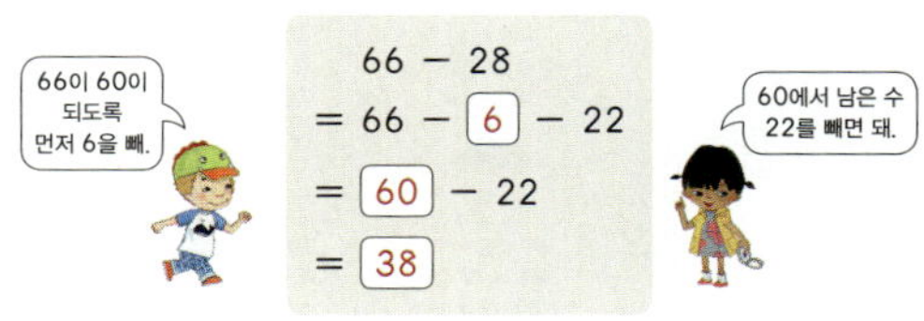

66이 60이 되도록 먼저 6을 빼.
66 − 28
= 66 − [6] − 22
= [60] − 22
= [38]
60에서 남은 수 22를 빼면 돼.

❶ 75 − 39
= 75 − [5] − 34
= [70] − 34
= [36]

❷ 83 − 57
= 83 − 3 − [54]
= 80 − [54]
= [26]

❸ 56 − 28
= 56 − [6] − 22
= [50] − 22
= [28]

❹ 98 − 49
= 98 − 8 − [41]
= 90 − [41]
= [49]

공부한 날 월 일

94 · 95

400 여러 가지 방법으로 뺄셈하기

태돌이와 친구들이 여러 가지 방법으로 뺄셈을 했어요.

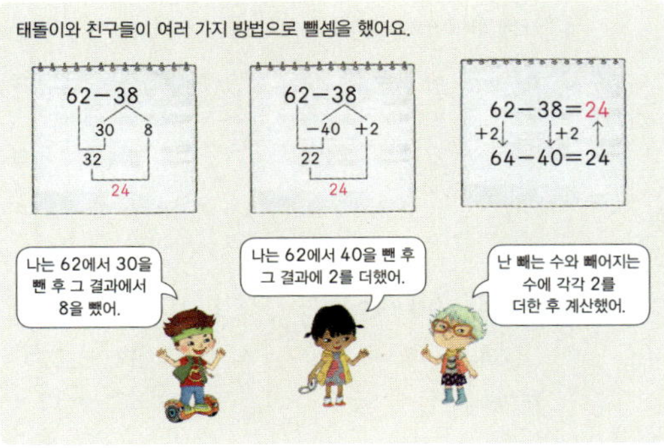

62−38 (30, 8) 32 24
62−38 (−40 +2) 22 24
62−38=24
+2 +2
64−40=24
나는 62에서 30을 뺀 후 그 결과에서 8을 뺐어.
나는 62에서 40을 뺀 후 그 결과에 2를 더했어.
난 빼는 수와 빼어지는 수에 각각 2를 더한 후 계산했어.

여러 가지 방법으로 뺄셈을 한 것이에요. □ 안에 알맞은 수를 쓰세요.

❶
71 − 39 (30, 9) → [41] → [32]

71 − 39 (−40, +1) → [31] → [32]

71 − 39 = [32]
+1 +1
[72] − [40] = [32]

여러 가지 방법으로 뺄셈을 했어요. □ 안에 알맞은 수를 쓰세요.

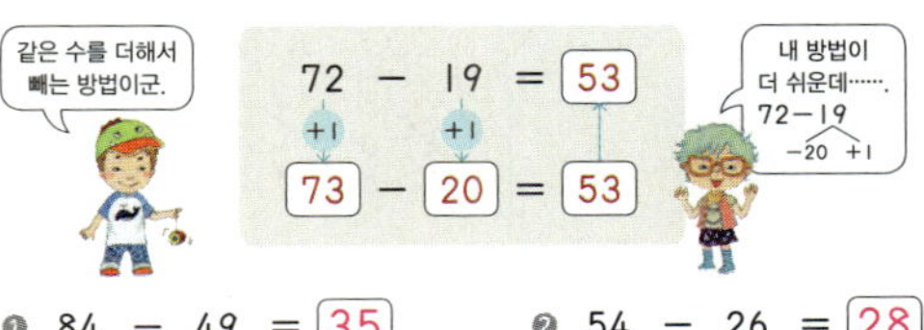

같은 수를 더해서 빼는 방법이군.
72 − 19 = [53]
+1 +1
[73] − [20] = [53]
내 방법이 더 쉬운데……. 72−19 −20 +1

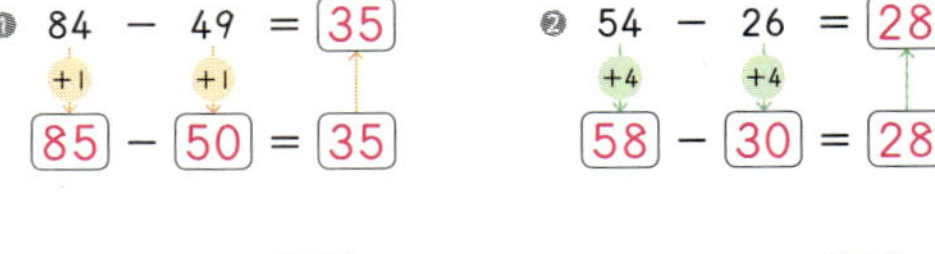

❶ 84 − 49 = [35]
+1 +1
[85] − [50] = [35]
❷ 54 − 26 = [28]
+4 +4
[58] − [30] = [28]

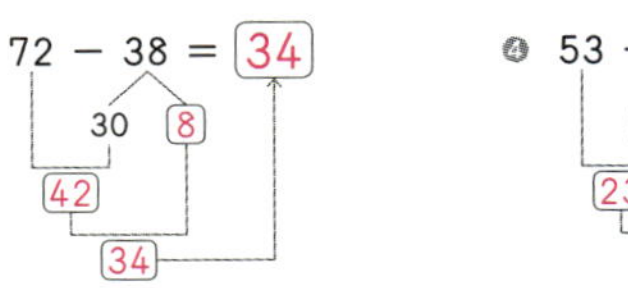

❸ 72 − 38 = [34]
30 [8]
[42]
[34]

❹ 53 − 37 = [16]
[30] 7
[23]
[16]

❺ 85 − 57 = [28]
5 [52]
[80]
[28]
❻ 96 − 67 = [29]
6 [61]
[90]
[29]

연산력 수학 노크 정답

96 · 97

태돌이와 친구들이 하나의 뺄셈식을 여러 가지 방법으로 계산했어요.

74−68
=74−60−8
=14−8
=6

74에서 60을 뺀 후 그 결과에서 8을 뺐어.

74에서 70을 뺀 후 그 결과에서 2를 더했어.

74−68
=74−70+2
=4+2
=6

74−68
=76−70
=6

빼어지는 수와 빼는 수에 각각 2를 더한 후 뺐어.

74에서 4를 뺀 후 그 결과에서 64를 뺐어.

74−68
=74−4−64
=70−64
=6

하나의 뺄셈을 여러 가지 방법으로 계산한 것이에요. □ 안에 알맞은 수를 쓰세요.

❶ 83 − 67
= 83 − 60 − 7
= 23 − 7
= 16

83 − 67
= 83 − 70 + 3
= 13 + 3
= 16

83 − 67
= 86 − 70
= 16

83 − 67
= 83 − 3 − 64
= 80 − 64
= 16

여러 가지 방법으로 뺄셈을 했어요. □ 안에 알맞은 수를 쓰세요.

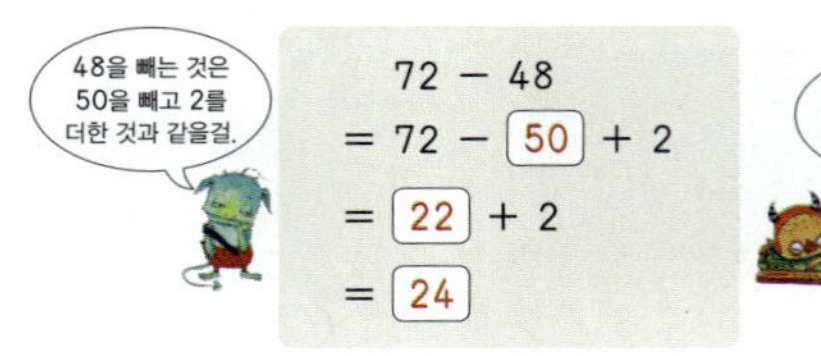
48을 빼는 것은 50을 빼고 2를 더한 것과 같을걸.
72 − 48
= 72 − 50 + 2
= 22 + 2
= 24
여러 가지 다른 방법이 있을지도…….

❶ 63 − 36
= 63 − 3 − 33
= 60 − 33
= 27

❷ 71 − 49
= 72 − 50
= 22

❸ 95 − 27
= 95 − 20 − 7
= 75 − 7
= 68

❹ 51 − 38
= 51 − 40 + 2
= 11 + 2
= 13

공부한 날 월 일

98 · 99

무엇을 배웠을까요

□ 안에 알맞은 수를 쓰세요.

❶ 73 − 58 = 15

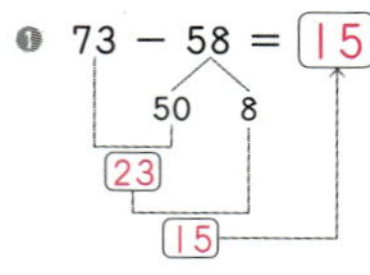
50
8
23
15

❷ 51 − 16 = 35
10
6
41
35

❸ 64 − 19 = 45
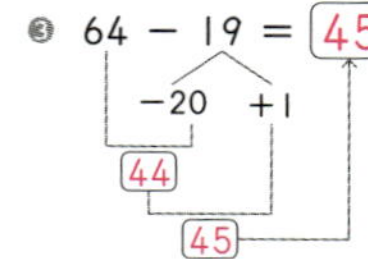
−20
+1
44
45

❹ 93 − 38 = 55
−40
+2
53
55

❺ 43 − 27 = 16
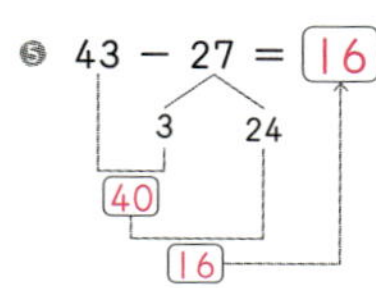
3
24
40
16

❻ 86 − 27 = 59
6
21
80
59

문제 생성기

□ 안에 알맞은 수를 쓰세요.

❼ 81 − 49 = 32
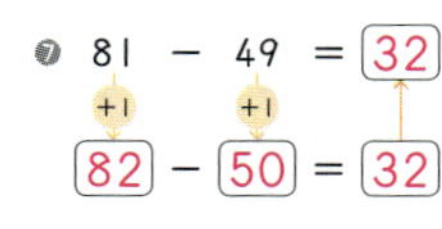
+1
+1
82 − 50 = 32

❽ 73 − 58 = 15
+2 +2
75 − 60 = 15

□ 안에 알맞은 수를 쓰세요.

❾ 64 − 47
= 64 − 40 − 7
= 24 − 7
= 17

❿ 83 − 29
= 83 − 30 + 1
= 53 + 1
= 54

⓫ 75 − 18
= 77 − 20
= 57

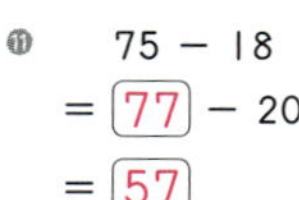

⓬ 54 − 29
= 54 − 4 − 25
= 50 − 25
= 25

공부한 날 월 일

102 · 103

받아내림이 없는 두 자리 수의 뺄셈

관련 쪽수: 6~23쪽

✣ □ 안에 알맞은 수를 쓰세요.

❶ 70 − 30 = 40　❷ 80 − 10 = 70

❸ 90 − 50 = 40　❹ 60 − 20 = 40

❺ 43 − 20 = 23　❻ 75 − 40 = 35

❼ 86 − 10 = 76　❽ 98 − 48 = 50

❾ 55 − 13 = 42　❿ 64 − 53 = 11

⓫ 72 − 61 = 11　⓬ 67 − 34 = 33

✣ □ 안에 알맞은 수를 쓰세요.

⓭ 90 − 40 = 50　⓮ 50 − 20 = 30　⓯ 40 − 30 = 10

⓰ 68 − 50 = 18　⓱ 71 − 10 = 61

⓲ 34 − 12 = 22　⓳ 56 − 41 = 15　⓴ 29 − 11 = 18

㉑ 75 − 24 = 51　㉒ 93 − 23 = 70

104 · 105

받아내림이 있는 뺄셈 (1)

관련 쪽수: 26~51쪽

✣ □ 안에 알맞은 수를 쓰세요.

❶ 30 − 12 = 18 (20 10)　❷ 40 − 25 = 15

❸ 51 − 47 = 4　❹ 83 − 19 = 64

❺ 36 − 18 = 18　❻ 62 − 15 = 47

❼ 108 − 21 = 87　❽ 117 − 34 = 83

❾ 82 − 48 = 34　❿ 165 − 70 = 95

⓫ 125 − 63 = 62　⓬ 142 − 91 = 51

✣ □ 안에 알맞은 수를 쓰세요.

⓭ 42 − 17 = 25 (3 10)　⓮ 67 − 49 = 18　⓯ 70 − 35 = 35

⓰ 95 − 59 = 36　⓱ 108 − 17 = 91

⓲ 134 − 61 = 73　⓳ 158 − 75 = 83　⓴ 81 − 43 = 38

㉑ 125 − 32 = 93　㉒ 147 − 85 = 62

연산력 수학 노크 정답

106·107

받아내림이 있는 뺄셈 (2)

관련 쪽수: 54~75쪽

✣ 뺄셈을 하세요.

❶ 125 − 86 = 39
❷ 114 − 27 = 87
❸ 105 − 49 = 56
❹ 150 − 72 = 78
❺ 134 − 85 = 49
❻ 127 − 98 = 29
❼ 114 − 86 = 28
❽ 105 − 67 = 38
❾ 86 − 42 − 15 = 29
❿ 140 − 54 − 16 = 70
⓫ 125 − 38 − 29 = 58

✣ 뺄셈을 하세요.

⓬ 127 − 39 = 88
⓭ 135 − 48 = 87
⓮ 102 − 26 = 76
⓯ 153 − 87 = 66
⓰ 120 − 49 = 71
⓱ 101 − 27 = 74
⓲ 105 − 38 = 67
⓳ 127 − 59 = 68
⓴ 131 − 74 = 57
㉑ 153 − 95 = 58

108

두 자리 수의 뺄셈의 활용

관련 쪽수: 78~99쪽

✣ □ 안에 알맞은 수를 쓰세요.

❶ 41 − 28 = 13 (20, 8 / 21 / 13)

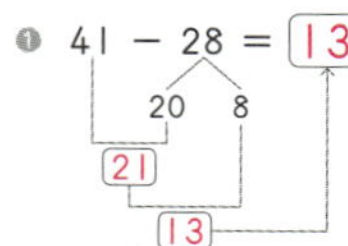

❷ 87 − 39 = 48 (7, 32 / 80 / 48)

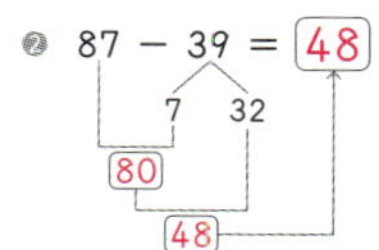

❸ 63 − 29 = 34
(+1, +1) 64 − 30 = 34

❹ 92 − 68 = 24
(+2, +2) 94 − 70 = 24

❺ 71 − 28
= 71 − 30 + 2
= 41 + 2
= 43

❻ 82 − 39
= 83 − 40
= 43

쉽고 재미있게
생각하는 연산!

연산력 수학

노크

쉽고 재미있게
생각하는 연산!

연산력 수학 노크

정답

D2
초2~초3

차가 두 자리 수인 뺄셈

천재교육

올바른 식이 되도록 선을 그으세요.

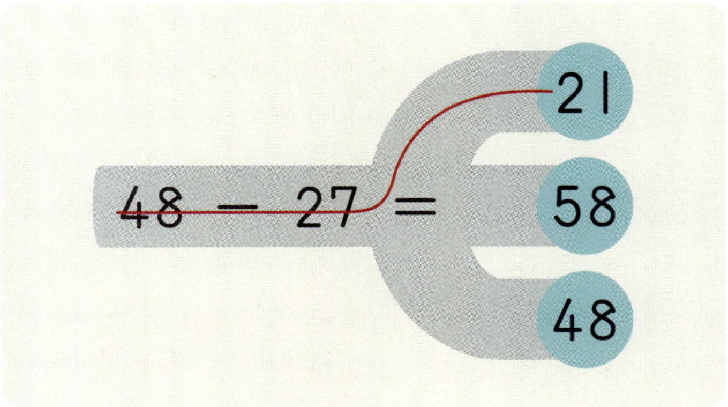
48 − 27 =
21
58
48

먼저 뺄셈을
한 후 알맞은 수를
찾아 선을 그어.
48−27=21

❶ 58 − 14 =

42 / 44 / 45

❷ 88 − 32 =

55 / 56 / 66

❸ 95 − 65 =

25 / 28 / 30

❹ 74 − 43 =

31 / 32 / 33

다람쥐가 길을 찾아가고 있어요. 계산 결과에 맞게 선을 그으세요.

출발
24－13
12
11
76－50
26
36
31
41
58－17
27
23
49－26
76－71
5
6
39－12
27
28

● 계산 결과를 찾아 색칠하세요.

73－41
25
42
35
32

뺄셈을 할 때에는
먼저 일의 자리끼리
뺄 수 있는지
살펴보도록 해.
axiom

❶ 63－52

10	11
20	21

❷ 96－13

62	63
73	83

❸ 49－43

6	7
12	15

❹ 85－42

17	38
43	52

❺ 74－54

20	22
23	25

❻ 57－31

26	27
32	36

공부한 날
월
일

무엇을 배웠을까요

▲ 그림을 보고 뺄셈을 하세요.

❶

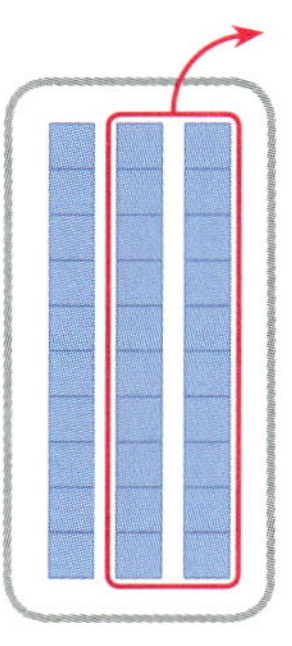

30 − 20 = □

❷

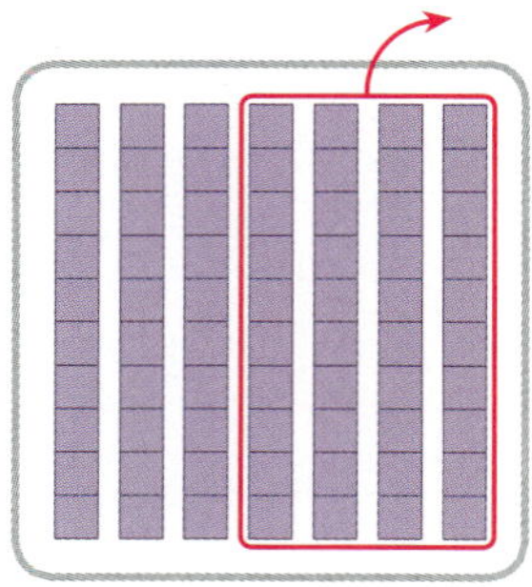

70 − 40 = □

▲ 뺄셈을 하세요.

❸

6 − 1 = □

60 − 10 = □

❹

9 − 2 = □

90 − 20 = □

▲ 그림을 보고 □ 안에 알맞은 수를 쓰세요.

❺

69 − 31 = □

❻

74 − 23 = □

문제 생성기

▲ □ 안에 알맞은 수를 쓰세요.

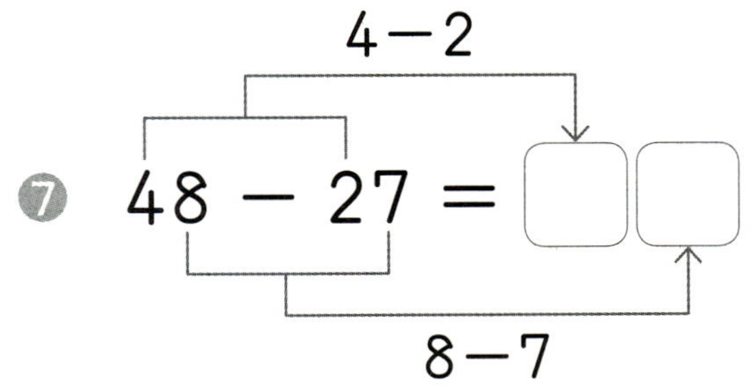
4−2
⑦ 48 − 27 = □□
8−7

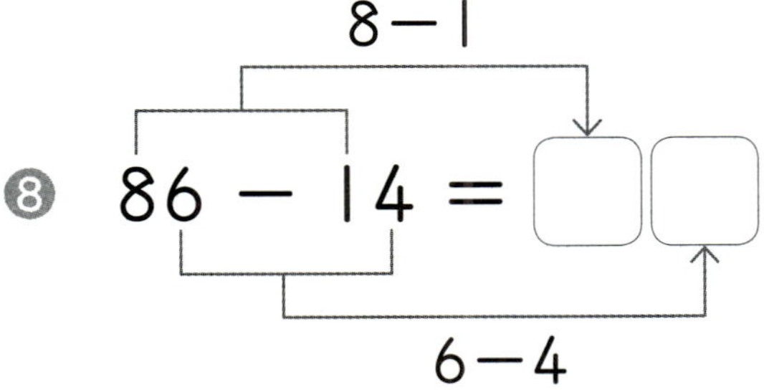
8−1
⑧ 86 − 14 = □□
6−4

▲ □ 안에 알맞은 수를 쓰세요.

⑨

$$\begin{array}{r} 7\ 3 \\ -\ 5\ 1 \\ \hline \end{array} \Rightarrow \begin{array}{r} 7\ 3 \\ -\ 5\ 1 \\ \hline \square \end{array} \Rightarrow \begin{array}{r} 7\ 3 \\ -\ 5\ 1 \\ \hline \square\square \end{array}$$

같은 자리끼리 계산하는 거 기억하고 있지?

공부한 날 월 일

▲ 뺄셈을 하세요.

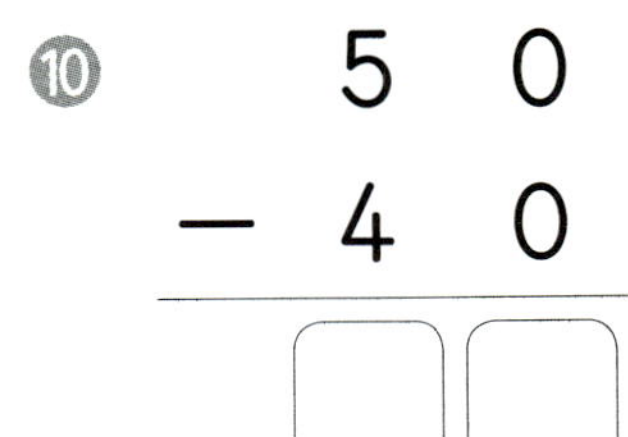
⑩ 5 0
− 4 0

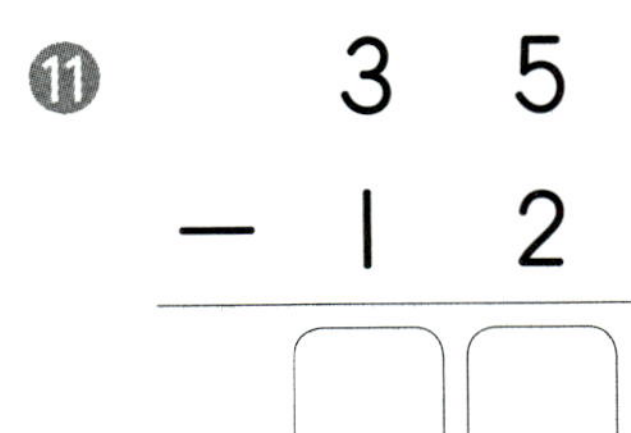
⑪ 3 5
− 1 2

⑫

$$\begin{array}{r} 9\ 7 \\ -\ 5\ 4 \\ \hline \square\square \end{array}$$

연산력 게임

PLAY

QR코드를 찍으면 다양한 연산 게임을 할 수 있어요.

신나는 튜브 미끄럼틀
45 − 24
21
22
23

출발선에 써 있는 두 수의 뺄셈을 해 보세요.

출발선에 써 있는 두 수의 뺄셈 결과를 아래의 세 튜브 중에서 누르세요.
21을 누르면 정답입니다.

연잎에 써 있는 두 수의 뺄셈을 해 보세요.

연잎에 써 있는 뺄셈 결과를 아래의 세 수 중에서 골라 빈 곳에 넣으세요.
32를 넣으면 정답입니다.

점프하는 개구리 왕자
56
−
24
=
30
31
32

받아내림이 있는 뺄셈 (1)

385 몇십에서 빼기 ········ 26

386 십의 자리에서 받아내림이 있는 뺄셈 ········ 30

387 받아내림이 있는 세로셈 (1) ········ 34

388 백의 자리에서 받아내림이 있는 뺄셈 ········ 38

389 받아내림이 있는 세로셈 (2) ········ 42

390 재미있는 뺄셈 연습 ········ 46

무엇을 배웠을까요 ········ 50

▶ 연산 보충 학습(104～105쪽)에서 더 풀어 보세요.

학부모 지도 가이드

이번 차시에는 받아내림이 1번 있는 두 수의 뺄셈을 공부합니다. C단계에서 공부했던 두 자리 수와 한 자리 수의 뺄셈을 완벽하게 이해했다면 이 차시도 이해하기 쉬울 거예요. 일의 자리부터 같은 자리끼리 계산하고, 같은 자리끼리 계산할 수 없으면 바로 윗자리에서 받아내림하여 계산한다는 것을 많은 연습을 통해 스스로 이해할 수 있도록 지도해 주세요.

$$\begin{array}{r} {\scriptstyle 3\ 10} \\ \not{4}\ 2 \\ -\ \ \ 8 \\ \hline 3\ 4 \end{array} \qquad \begin{array}{r} {\scriptstyle 6\ 10} \\ \not{7}\ 2 \\ -\ 1\ 8 \\ \hline 5\ 4 \end{array}$$

385 몇십에서 빼기

친구들이 수 모형을 이용하여 뺄셈을 하려고 해요.

14를 빼려면
십 모형 1개와 낱개 모형
4개를 빼야 하는 데
낱개 모형이 없어.

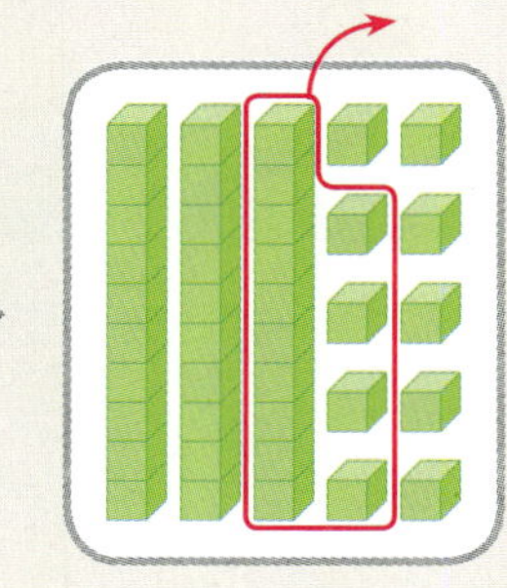

십 모형 1개를
낱개 모형 10개로
바꾸어 빼면 된단다.

40 − 14 = 26

그림을 보고 뺄셈을 하세요.

❶ 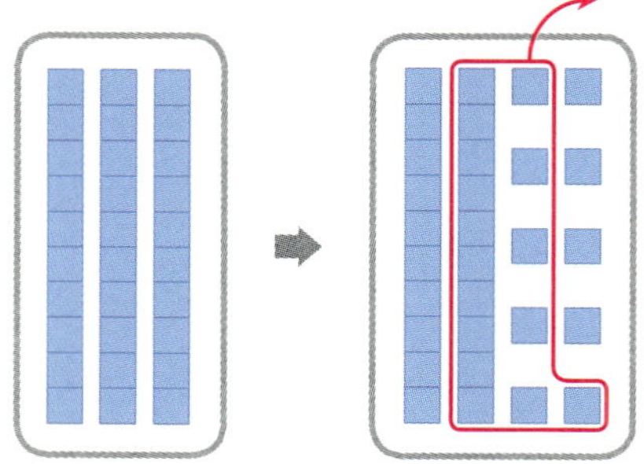

30 − 16 = ☐

❷ 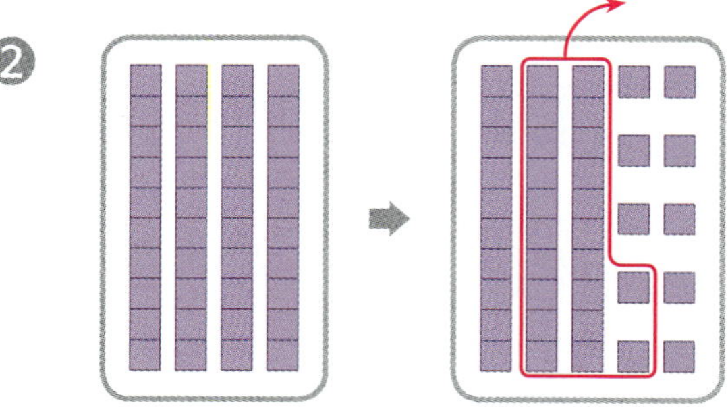

40 − 22 = ☐

❸ 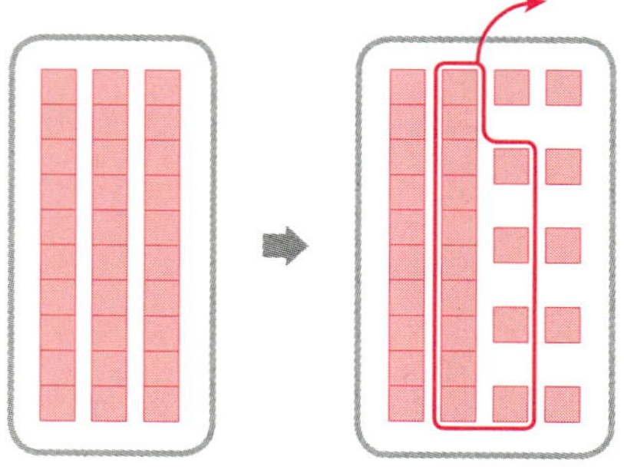

30 − 14 = ☐

❹ 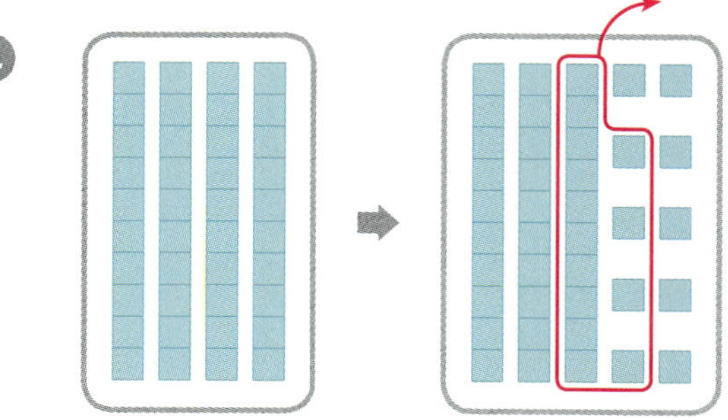

40 − 14 = ☐

🌳 뺄셈을 하세요.

$$50 - 26 = \boxed{2}\boxed{4}$$

(50 → 40, 10; 4−2 → 2; 10−6 → 4)

50을 40과
10으로 나눈 후
일의 자리는 10−6=4,
십의 자리는 4−2=2

❶ $30 - 18 = \square\square$ (30 → 20, 10)

❷ $50 - 32 = \square\square$ (50 → 40, 10)

❸ $60 - 37 = \square\square$ (60 → 50, 10)

❹ $80 - 25 = \square\square$ (80 → 70, 10)

❺ $70 - 46 = \square\square$ (70 → 60, 10)

❻ $90 - 61 = \square\square$ (90 → 80, 10)

❼ $40 - 13 = \square\square$ (40 → 30, 10)

❽ $60 - 28 = \square\square$ (60 → 50, 10)

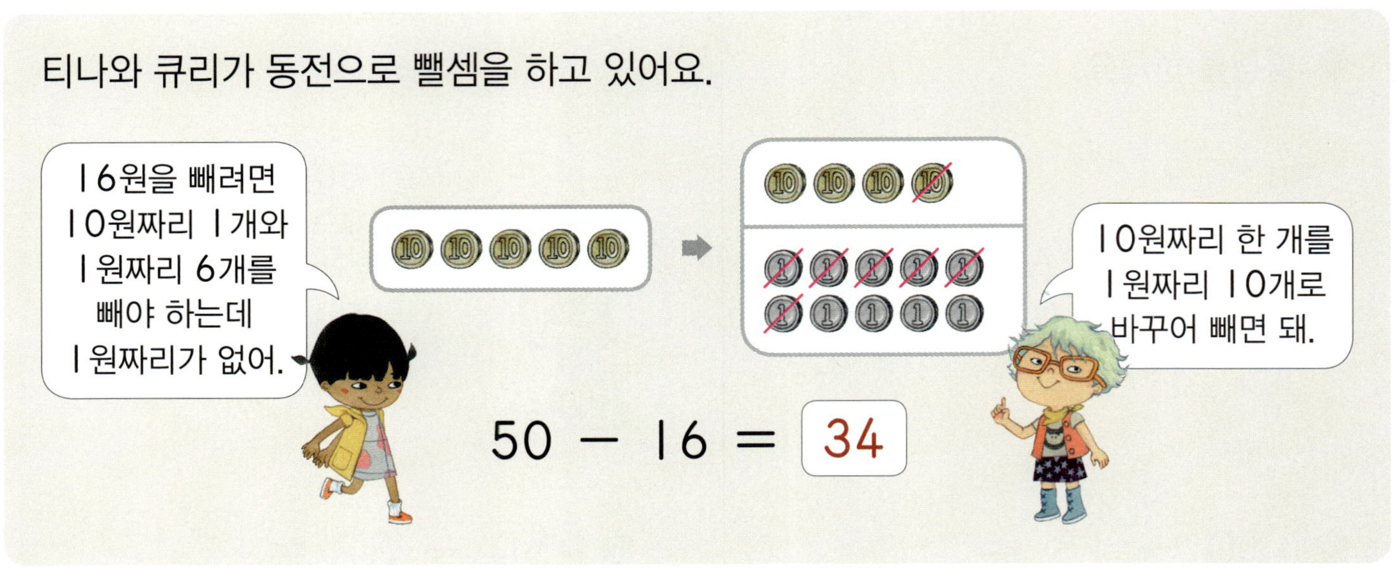
티나와 큐리가 동전으로 뺄셈을 하고 있어요.
ㅣ6원을 빼려면 ㅣ0원짜리 ㅣ개와 ㅣ원짜리 6개를 빼야 하는데 ㅣ원짜리가 없어.
ㅣ0원짜리 한 개를 ㅣ원짜리 ㅣ0개로 바꾸어 빼면 돼.
50 − ㅣ6 = 34

그림을 보고 뺄셈을 하세요.

❶ $40 - 23 = \square$

❷ $30 - 11 = \square$

❸ $50 - 28 = \square$

빨셈을 하세요.

80 − 17 = 63

80을 70과 10으로
나누어 생각해.

❶ 60 − 41 = ☐

❷ 30 − 23 = ☐

❸ 50 − 38 = ☐

❹ 70 − 35 = ☐

❺ 90 − 62 = ☐

❻ 40 − 11 = ☐

❼ 80 − 54 = ☐

❽ 60 − 28 = ☐

❾ 70 − 49 = ☐

❿ 50 − 32 = ☐

공부한 날
월
일

386 십의 자리에서 받아내림이 있는 뺄셈

태돌이가 곶감 34개 중에 18개를 친구에게 주었어요.

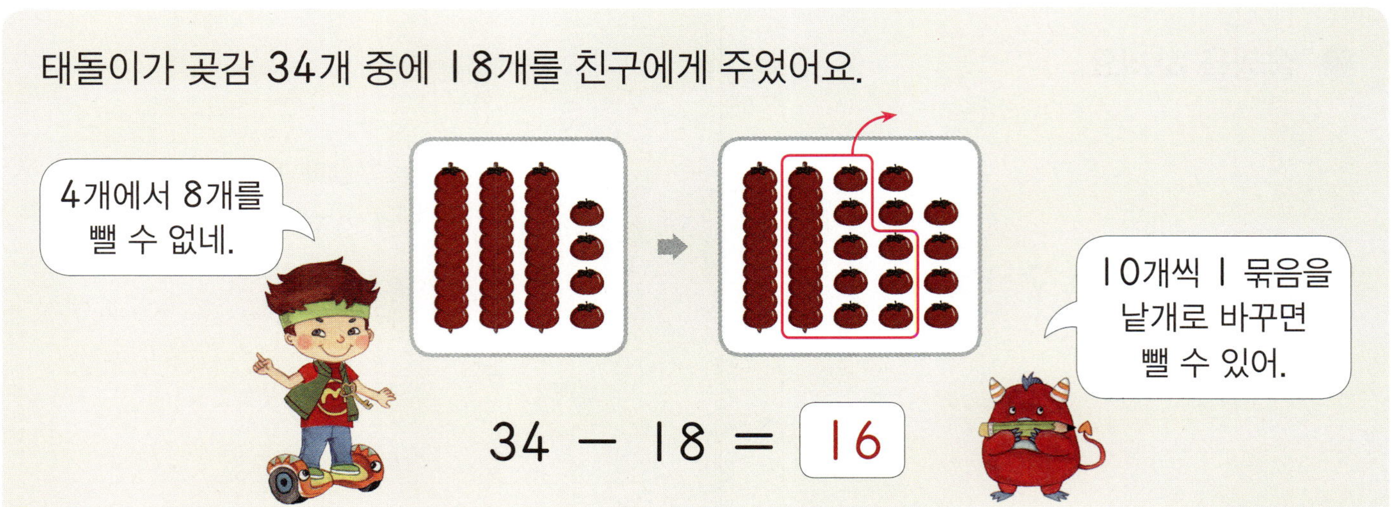
4개에서 8개를
뺄 수 없네.
10개씩 1 묶음을
낱개로 바꾸면
뺄 수 있어.

34 − 18 = 16

그림을 보고 뺄셈을 하세요.

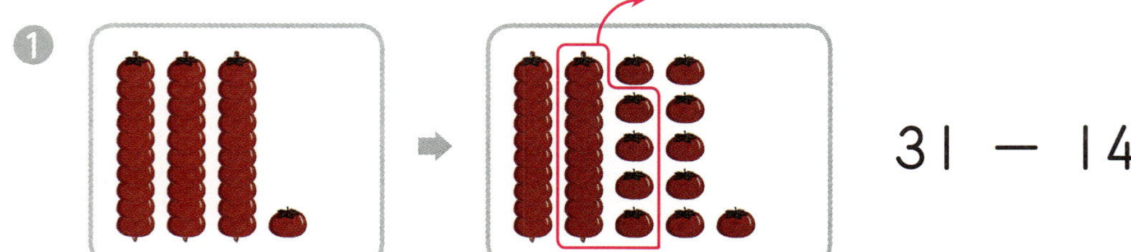

❶ 31 − 14 = ☐

❷ 43 − 16 = ☐

❸ 35 − 29 = ☐

● 뺄셈을 하세요.

$$64 - 27 = \boxed{3}\boxed{7}$$

(64 → 50, 14; 5−2 → 3; 14−7 → 7)

axioM

4에서 7을 뺄 수 없으니
64를 50과 14로
나눠 계산해.
일의 자리는 14−7=7,
십의 자리는 5−2=3

❶ $41 - 25 = \square\square$ (41 → 30, 11)

❷ $75 - 48 = \square\square$ (75 → 60, 15)

❸ $56 - 39 = \square\square$ (56 → 40, 16)

❹ $31 - 12 = \square\square$ (31 → 20, 11)

❺ $32 - 16 = \square\square$ (32 → 20, 12)

❻ $64 - 27 = \square\square$ (64 → 50, 14)

❼ $83 - 58 = \square\square$ (83 → 70, 13)

❽ $55 - 18 = \square\square$ (55 → 40, 15)

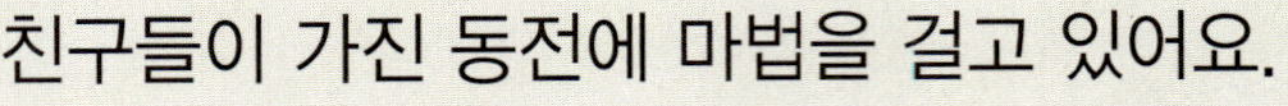

친구들이 가진 동전에 마법을 걸고 있어요.

수리수리 마수리
19원아~ 사라져라!
1원짜리 4개밖에
없어 안되나 봐.

10원짜리 하나를
1원짜리 10개로 바꾸어
마법을 걸어야겠군.
19원아~ 사라져라!

34 − 19 = 15

그림을 보고 뺄셈을 하세요.

❶

42 − 26 = □

❷

35 − 17 = □

❸

44 − 28 = □

◆ 뺄셈을 하세요.

5에서 7을 뺄 수 없으니 65를 50과 15로 나눠야 해.

65 − 27 = 38

일의 자리는 15−7=8, 십의 자리는 5−2=3

❶ 31 − 13 = ☐

❷ 26 − 19 = ☐

❸ 82 − 46 = ☐

❹ 43 − 25 = ☐

❺ 54 − 39 = ☐

❻ 67 − 48 = ☐

❼ 76 − 17 = ☐

❽ 35 − 26 = ☐

❾ 81 − 34 = ☐

❿ 95 − 57 = ☐

공부한 날 ☐ 월 ☐ 일

387 받아내림이 있는 세로셈 (1)

태돌이와 친구들이 두 자리 수의 뺄셈을 하고 있어요.

3 2
− 1 7
2 10
3 2
− 1 7
5
2 10
3 2
− 1 7
1 5

세로 형식으로 쓸 때는 자리를 잘 맞추어야 해.

십의 자리에서 받아내림하여 일의 자리를 계산하면 12−7=5

받아내림을 했으니 십의 자리는 2−1=1

□ 안에 알맞은 수를 쓰세요.

❶

$$\begin{array}{r} 5\ 3 \\ -\ 2\ 9 \\ \hline \end{array} \Rightarrow \begin{array}{r} \square\ \square \\ \not{5}\ 3 \\ -\ 2\ 9 \\ \hline \square \end{array} \Rightarrow \begin{array}{r} \square\ \square \\ \not{5}\ 3 \\ -\ 2\ 9 \\ \hline \square\ \square \end{array}$$

❷

$$\begin{array}{r} 4\ 5 \\ -\ 2\ 8 \\ \hline \end{array} \Rightarrow \begin{array}{r} \square\ \square \\ \not{4}\ 5 \\ -\ 2\ 8 \\ \hline \square \end{array} \Rightarrow \begin{array}{r} \square\ \square \\ \not{4}\ 5 \\ -\ 2\ 8 \\ \hline \square\ \square \end{array}$$

● 뺄셈을 하세요.

일의 자리 계산에서
3에서 6을 뺄 수 없어.
그러니까 받아내림해서
13−6=7

$$\begin{array}{rr} \boxed{5} & \boxed{10} \\ \not{6} & 3 \\ - \; 2 & 6 \\ \hline \boxed{3} & \boxed{7} \end{array}$$

십의 자리 계산에서
받아내림한 것을 잊지마.
5−2=3

❶ $\begin{array}{rr} \square & \square \\ \not{5} & 3 \\ - \; 1 & 4 \\ \hline \square & \square \end{array}$

❷ $\begin{array}{rr} \square & \square \\ \not{4} & 1 \\ - \; 2 & 3 \\ \hline \square & \square \end{array}$

❸ $\begin{array}{rr} \square & \square \\ \not{8} & 5 \\ - \; 4 & 7 \\ \hline \square & \square \end{array}$

❹ $\begin{array}{rr} \square & \square \\ \not{7} & 2 \\ - \; 5 & 6 \\ \hline \square & \square \end{array}$

❺ $\begin{array}{rr} \square & \square \\ \not{9} & 4 \\ - \; 3 & 8 \\ \hline \square & \square \end{array}$

❻ $\begin{array}{rr} \square & \square \\ \not{5} & 6 \\ - \; 2 & 9 \\ \hline \square & \square \end{array}$

❼ $\begin{array}{rr} \square & \square \\ \not{6} & 4 \\ - \; 1 & 5 \\ \hline \square & \square \end{array}$

❽ $\begin{array}{rr} \square & \square \\ \not{7} & 3 \\ - \; 4 & 4 \\ \hline \square & \square \end{array}$

눈사람 앞에 뺄셈 팻말이 있어요. □ 안에 알맞은 수를 쓰세요.

6 10
7 4
− 1 9
5 5
4 5
− 2 9
3 2
− 1 6
5 2
− 1 5
9 6
− 7 8
8 2
− 4 7

● 빈 곳에 알맞은 수를 쓰세요.

그림을 보고 식을 만들면 절반은 성공!

42
56
—
18
38
56—18
34
8
42—34

만든 식을 계산해서 답을 쓰면 완전 성공!

❶
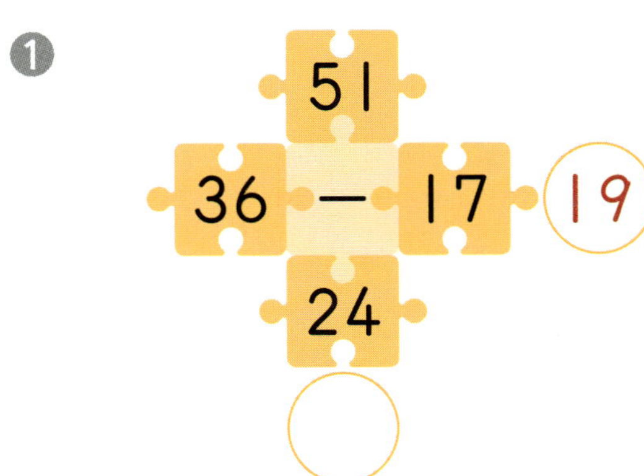
51
36
—
17
19
24

❷
31
78 — 49
13
18

공부한 날
월
일

❸
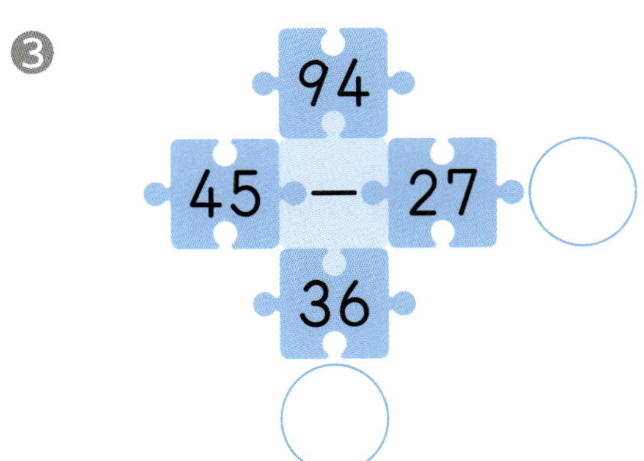
94
45
—
27
36

❹
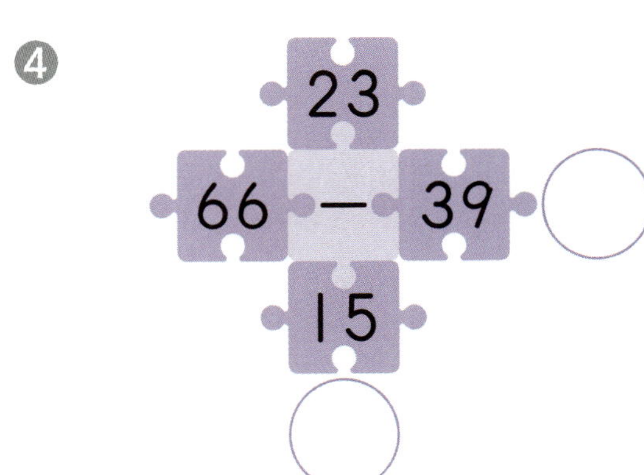
23
66
—
39
15

388 백의 자리에서 받아내림이 있는 뺄셈

현우와 큐리가 수 모형으로 뺄셈을 하고 있어요.

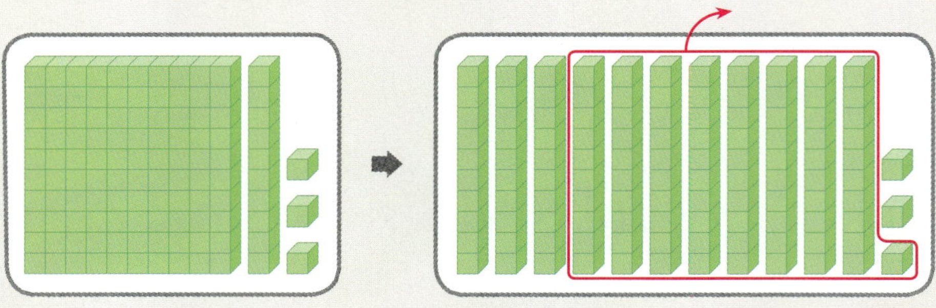

8 I을 빼려면
십 모형 8개와
낱개 I 개를
빼야 해.

I I3 − 8 I = 32

백 모형 I 개를
십 모형 I 0개로
바꾼 다음
빼면 되겠군.

그림을 보고 뺄셈을 하세요.

❶

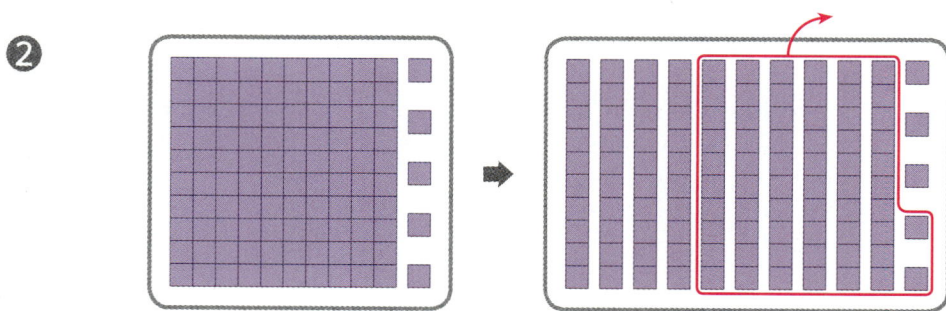

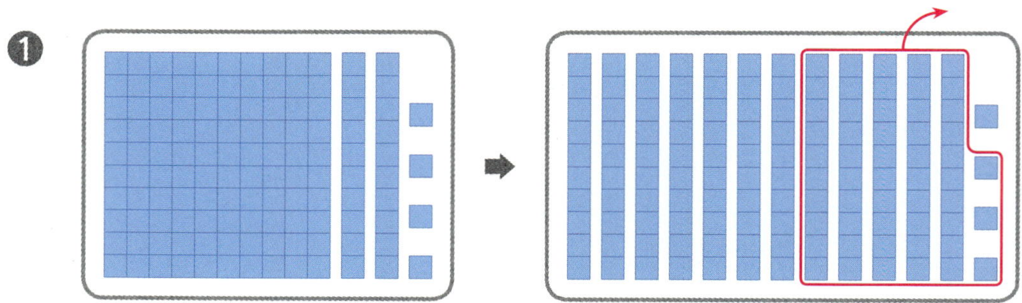

I 24 − 53 = ☐

❷

I 05 − 62 = ☐

● 뺄셈을 하세요.

일의 자리
계산에서
8−6=2

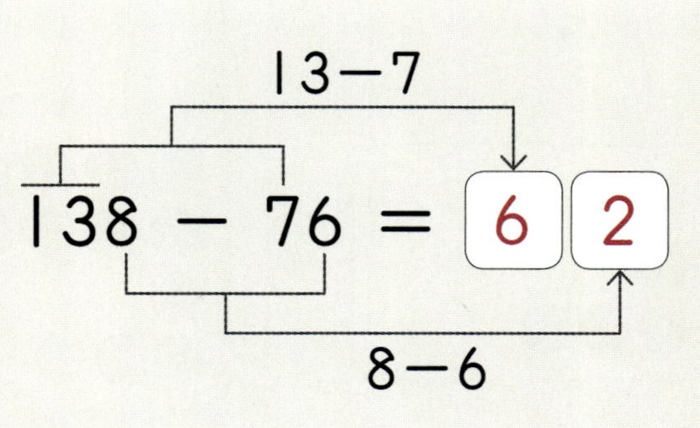
13−7
138 − 76 = 6 2
8−6

십의 자리는
뺄 수 없으니
받아내림하여
13−7=6

❶ 154 − 81 = □□ (15−8, 4−1)

❷ 119 − 27 = □□ (11−2, 9−7)

❸ 147 − 63 = □□ (14−6, 7−3)

❹ 126 − 95 = □□ (12−9, 6−5)

❺ 129 − 56 = □□ (12−5, 9−6)

❻ 157 − 75 = □□ (15−7, 7−5)

태돌이가 동전을 티나에게 주려고 해요.

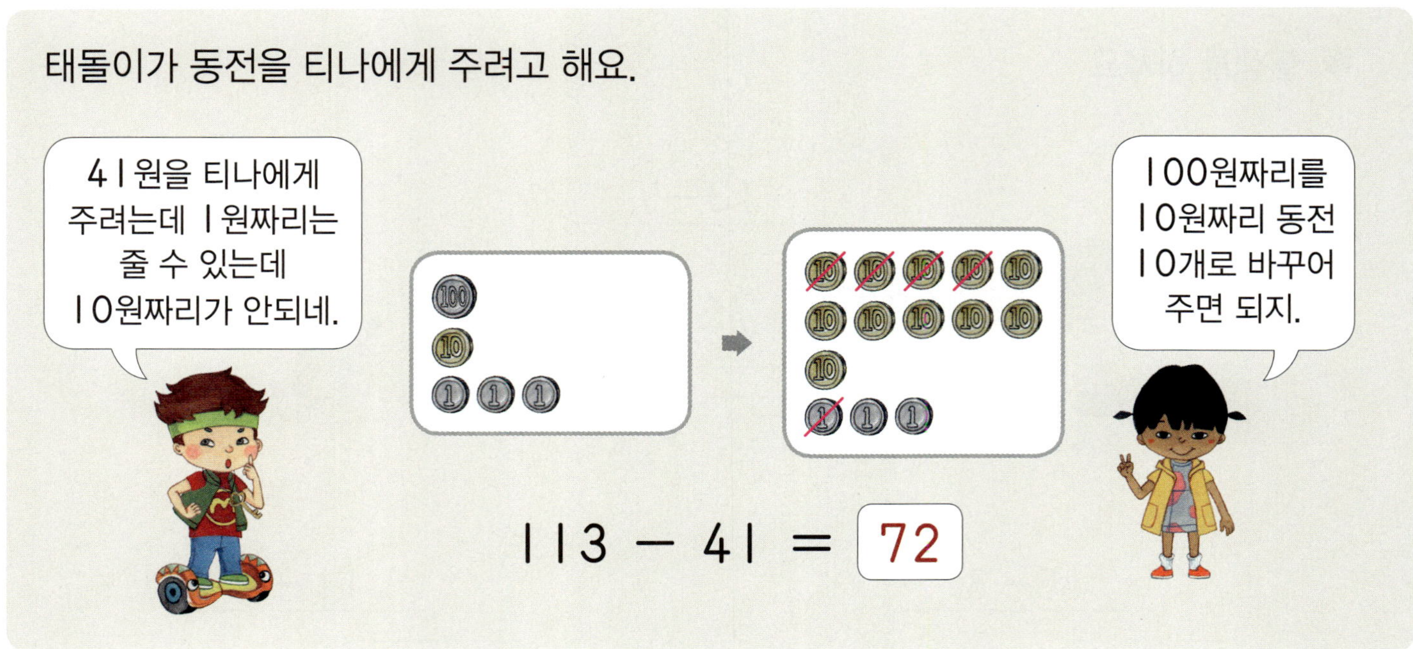
41원을 티나에게 주려는데 1원짜리는 줄 수 있는데 10원짜리가 안되네.
100원짜리를 10원짜리 동전 10개로 바꾸어 주면 되지.
113 − 41 = 72

100원짜리 동전을 10원짜리 동전 10개로 바꾸어 빼는 수만큼 동전을 /로 지웠어요. □ 안에 알맞은 수를 쓰세요.

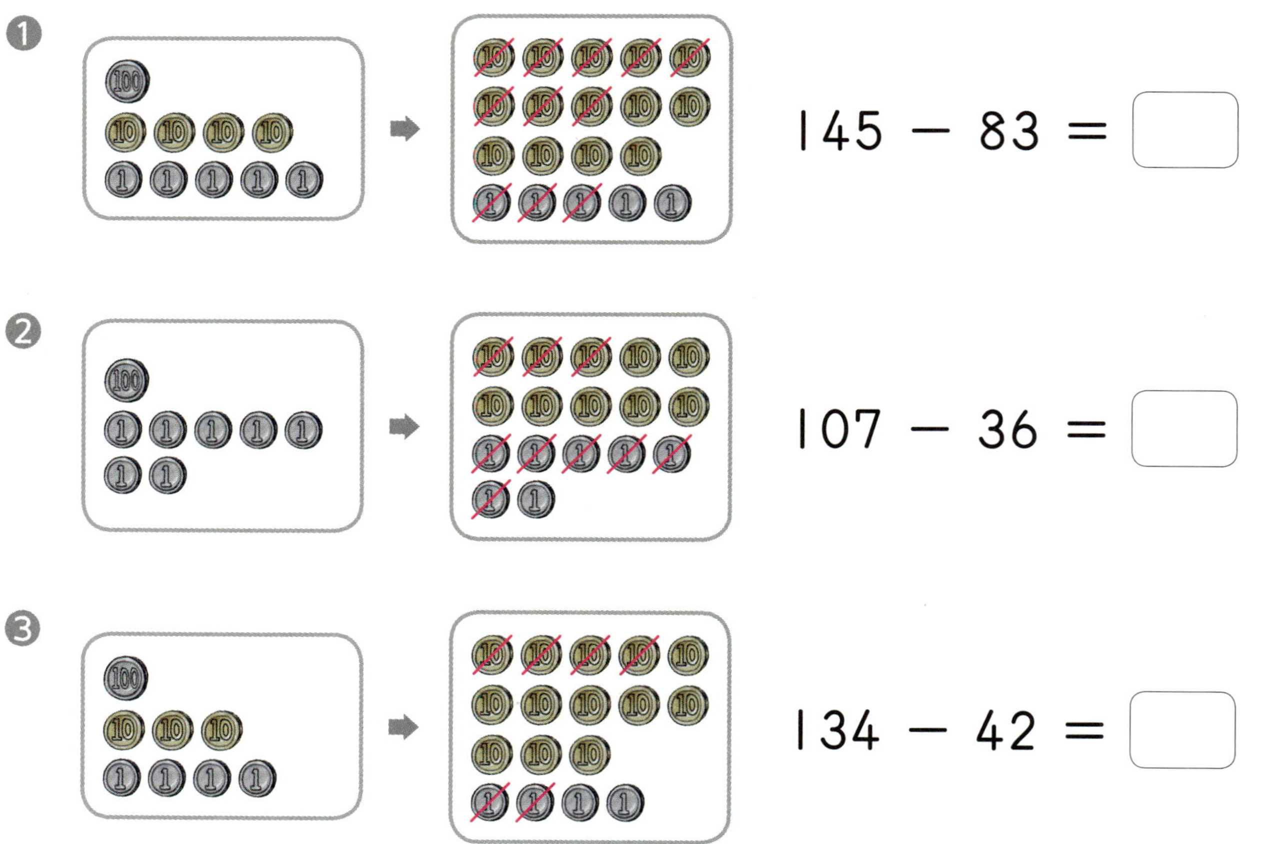

❶ 145 − 83 = □

❷ 107 − 36 = □

❸ 134 − 42 = □

● 뺄셈을 하세요.

$146 - 75 = $ 71

6－5는 계산할 수 있고,
4에서 7은 뺄 수 없으니까
14에서 7을 빼는 거네.
간단하군.

❶ $129 - 64 = $ ☐

❷ $173 - 90 = $ ☐

❸ $158 - 76 = $ ☐

❹ $117 - 27 = $ ☐

❺ $143 - 51 = $ ☐

❻ $136 - 84 = $ ☐

❼ $104 - 43 = $ ☐

❽ $168 - 74 = $ ☐

❾ $135 - 91 = $ ☐

❿ $124 - 81 = $ ☐

공부한 날

월

일

389 받아내림이 있는 세로셈 (2)

현우와 친구들이 두 수의 뺄셈을 하고 있어요.

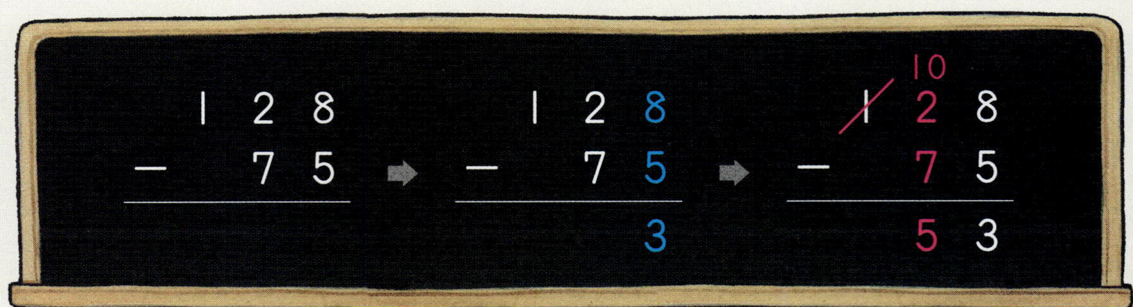

1 2 8 − 7 5
1 2 8 − 7 5 / 3
10
1 2 8 − 7 5 / 5 3

세로 형식으로 쓸 때는 자리를 잘 맞추어야 해.

일의 자리끼리 뺄셈을 해. 뺄 수 있으니 받아내림이 없어. 8−5=3

2에서 7을 뺄 수 없으니 백의 자리에서 받아내림해야 해. 12−7=5

□ 안에 알맞은 수를 쓰세요.

❶

$$\begin{array}{r} 1\ 4\ 6 \\ -\ \ \ 5\ 1 \\ \hline \end{array} \Rightarrow \begin{array}{r} 1\ 4\ 6 \\ -\ \ \ 5\ 1 \\ \hline \square \end{array} \Rightarrow \begin{array}{r} \square\ \ \\ \not{1}\ 4\ 6 \\ -\ \ \ 5\ 1 \\ \hline \square\ \square \end{array}$$

❷

$$\begin{array}{r} 1\ 1\ 9 \\ -\ \ \ 3\ 7 \\ \hline \end{array} \Rightarrow \begin{array}{r} 1\ 1\ 9 \\ -\ \ \ 3\ 7 \\ \hline \square \end{array} \Rightarrow \begin{array}{r} \square\ \ \\ \not{1}\ 1\ 9 \\ -\ \ \ 3\ 7 \\ \hline \square\ \square \end{array}$$

● 뺄셈을 하세요.

10
1 3 7
− 6 5
7 2

axiom

일의 자리부터 계산해~
7−5는 계산할 수 있으니
바로 계산하고,
3−6은 계산할 수 없으니
윗자리에서 받아내림하는 거야.

❶ 114 − 83 = □□ (받아내림 □)

❷ 175 − 92 = □□ (받아내림 □)

❸ 156 − 73 = □□ (받아내림 □)

❹ 128 − 46 = □□ (받아내림 □)

❺ 162 − 71 = □□ (받아내림 □)

❻ 134 − 44 = □□ (받아내림 □)

❼ 153 − 90 = □□ (받아내림 □)

❽ 127 − 55 = □□ (받아내림 □)

꼬마 요괴들이 뺄셈 두루마리를 들고 있어요. □ 안에 알맞은 수를 쓰세요.

1 6 7
− 8 2
1 0 3
− 7 1
1 4 5
− 6 2
1 2 6
− 9 5
1 5 4
− 7 2
먼저 자리를 맞추어 썼는지 확인해. 그다음 일의 자리부터 계산하는거야.

뺄셈을 하고, 계산 결과가 같은 것끼리 선으로 이으세요.

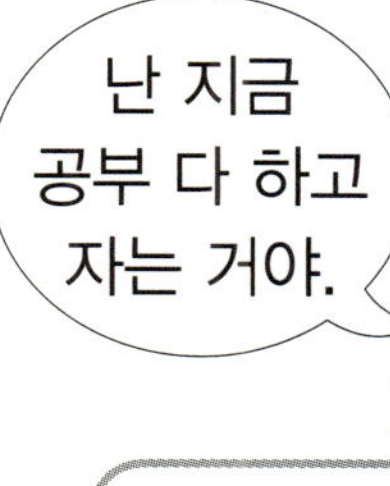
난 지금
공부 다 하고
자는 거야.

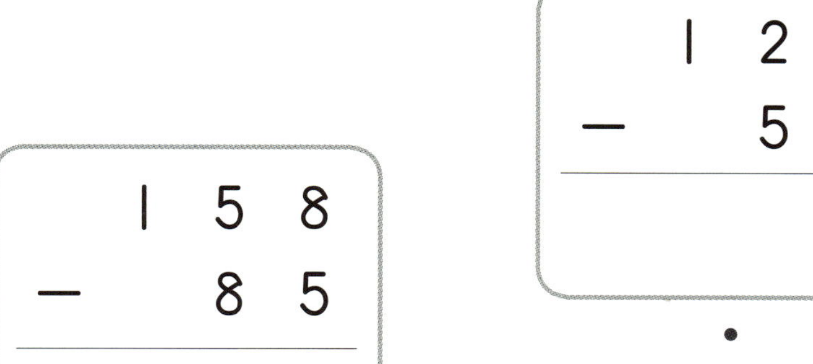

$$\begin{array}{r} 158 \\ -\ 85 \\ \hline 73 \end{array}$$

$$\begin{array}{r} 123 \\ -\ 52 \\ \hline \end{array}$$

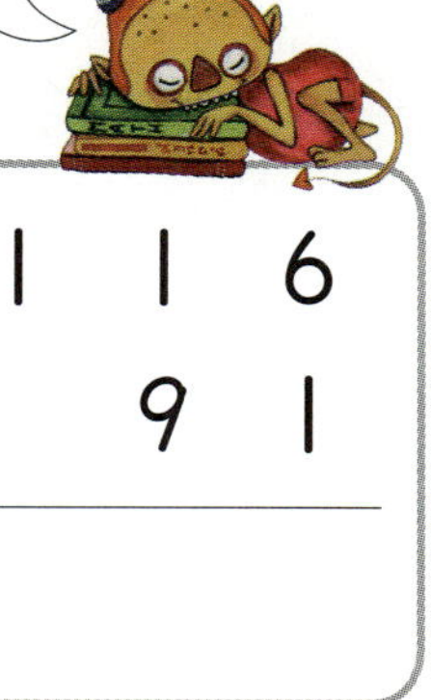

$$\begin{array}{r} 116 \\ -\ 91 \\ \hline \end{array}$$

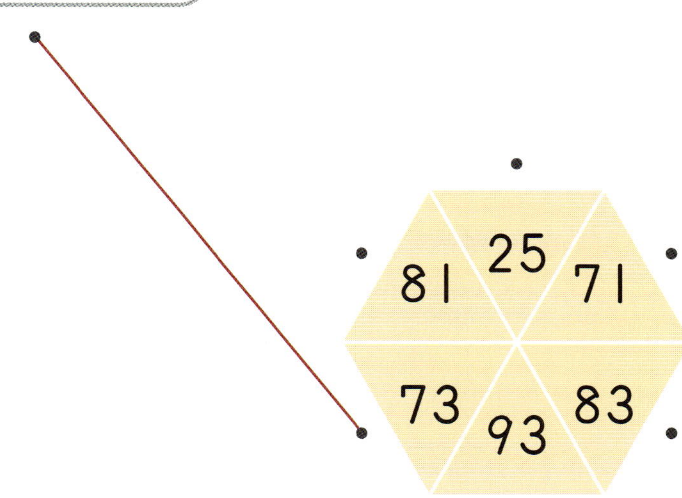
25
81
71
73
93
83

$$\begin{array}{r} 145 \\ -\ 64 \\ \hline \end{array}$$

$$\begin{array}{r} 167 \\ -\ 84 \\ \hline \end{array}$$

$$\begin{array}{r} 133 \\ -\ 40 \\ \hline \end{array}$$

공부한 날
월
일

390 재미있는 뺄셈 연습

강아지가 집을 찾아가도록 선을 이으세요.

출발
42－14
28
60
－27
47
83
－56
33
32
33
37
96－48
38
137－85
62
72
－17
65
58
52
67
53－34
17
86－59
27
154
－91
63
23
37
73
마법사님~
뺄셈을 할 때 가장
주의할 점이 뭔가요?
일의 자리부터 계산하고
같은 자리끼리 계산할 수 없으면
받아내림해야 하는 것을
잊지 말아야 해.

🌳 **이웃한 두 수의 차를 아래 빈 곳에 쓰세요.**

이웃한 두 수는 바로 옆에 있는 두 수를 말하는 거지.
87 33 14
87−33 54 19 33−14
35 54−19
두 수의 차는 큰 수에서 작은 수를 뺀 값이야.
❶ 127 31 12
96
❷ 92 42 16
26
❸ 75 54 37
❹ 158 85 48
❺ 136 53 28
❻ 115 60 25

빈 곳에 알맞은 수를 쓰세요.

84
−
47 − 19 =
=
118 − =
복잡해 보여서
멍~ 하네.
135 − 92 =
−
56 − 38 =
=
109 − =
빨리 다 하고
같이 놀러 가자.

● 계산 결과를 찾아 색칠하세요.

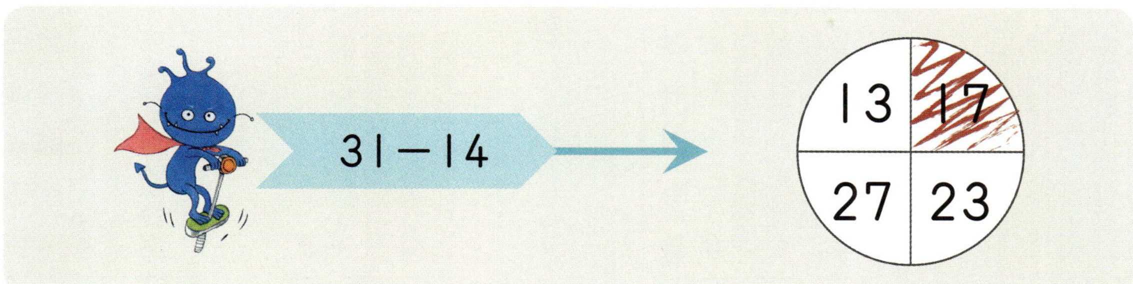

31－14
13
17
27
23

❶ 62－28

46	44
34	36

❷ 165－93

72	73
83	82

❸

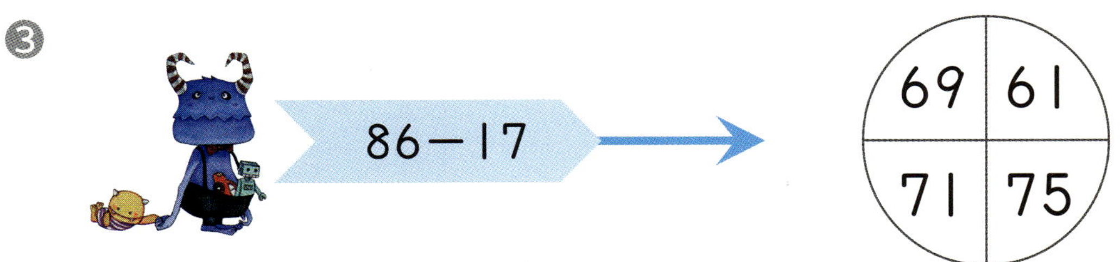

86－17
69
61
71
75

❹ 54－36

22	12
28	18

공부한 날
월
일

참 잘했어요

무엇을 배웠을까요

▲ 그림을 보고 뺄셈을 하세요.

❶

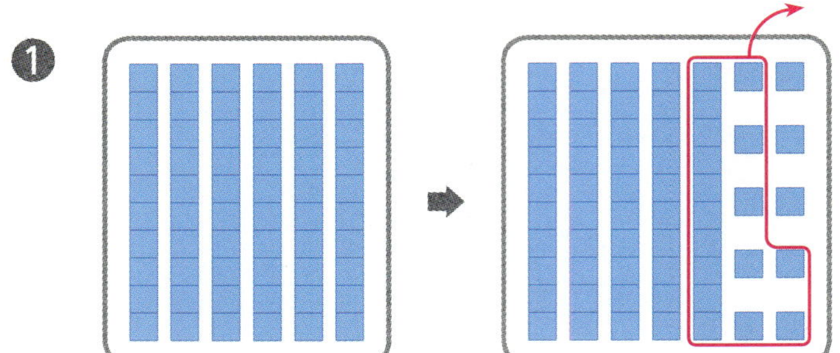

60 − 17 = ☐

❷

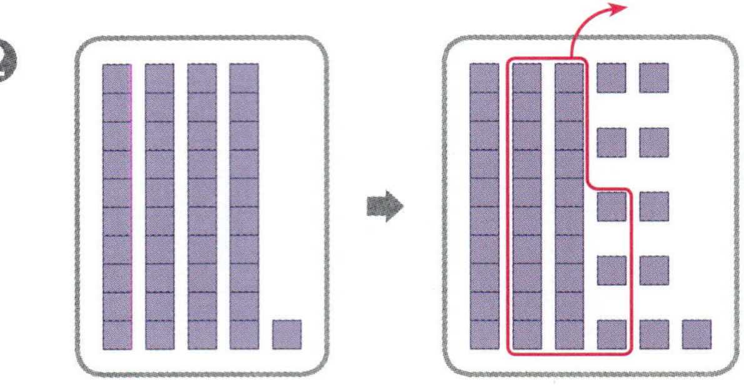

41 − 23 = ☐

❸

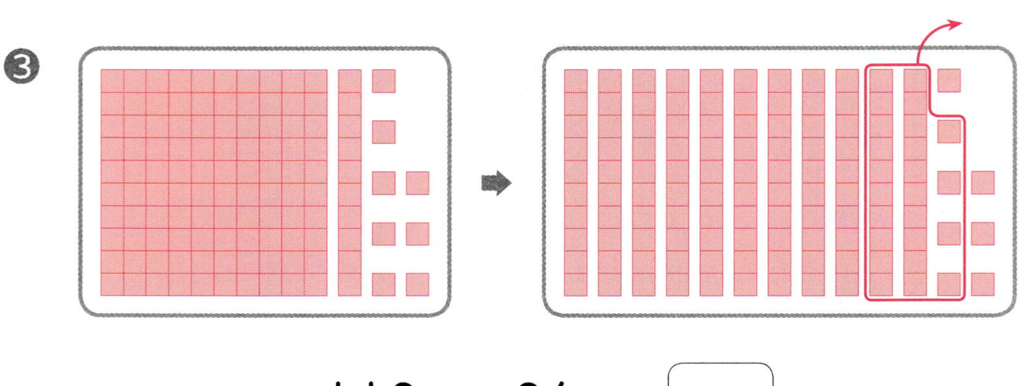

118 − 24 = ☐

▲ 뺄셈을 하세요.

❹ 80 − 43 = ☐☐

70 10

❺ 57 − 39 = ☐☐

40 17

❻ 60 − 15 = ☐☐

❼ 92 − 56 = ☐☐

문제 생성기

공부한 날 월 일

▲ □ 안에 알맞은 수를 쓰세요.

❽

$$\begin{array}{r} 72 \\ -\ 16 \\ \hline \end{array} \Rightarrow \begin{array}{r} \square\ \square \\ \not{7}\ 2 \\ -\ 1\ 6 \\ \hline \square \end{array} \Rightarrow \begin{array}{r} \square\ \square \\ \not{7}\ 2 \\ -\ 1\ 6 \\ \hline \square\ \square \end{array}$$

❾

$$\begin{array}{r} 128 \\ -\ 47 \\ \hline \end{array} \Rightarrow \begin{array}{r} 128 \\ -\ 47 \\ \hline \square \end{array} \Rightarrow \begin{array}{r} \square\ \ \ \ \ \\ \not{1}\ 2\ 8 \\ -\ 4\ 7 \\ \hline \square\ \square \end{array}$$

▲ 빈칸에 알맞은 수를 쓰세요.

❿

$$\begin{array}{r} 50 \\ -\ 19 \\ \hline \square \end{array}$$

⓫

$$\begin{array}{r} 32 \\ -\ 16 \\ \hline \square \end{array}$$

⓬

$$\begin{array}{r} 119 \\ -\ 67 \\ \hline \square \end{array}$$

연산력 게임

PLAY

QR코드를 찍으면 다양한 연산 게임을 할 수 있어요.

토끼의 식사 시간

26
–
19
=

3
5
7

당근에 쓰여져 있는 두 수의 뺄셈을 해 보세요.

아래쪽에서 두 수의 뺄셈 결과가 써 있는 당근을 찾아 빈 곳에 넣으세요.
7을 넣으면 정답입니다.

채널을 맞춰요

차

76	19

1 2 3
4 5 6
7 8 9
지우기 0 확인

두 수의 뺄셈을 해 보세요.

왼쪽에 있는 두 수를 보고 큰 수에서 작은 수를 빼세요.
계산 결과를 아래쪽 리모컨으로 누르고 확인 버튼을 누르세요.
5, 7, 확인 버튼을 순서대로 누르면 정답입니다.

받아내림이 있는 뺄셈 (2)

391 받아내림이 2번 있는 뺄셈 ······ 54

392 받아내림이 2번 있는 세로셈 ······ 58

393 벌레 먹은 셈 ······ 62

394 세 수의 뺄셈 ······ 66

395 재미있는 뺄셈 연습 ······ 70

무엇을 배웠을까요 ······ 74

▶ 연산 보충 학습(106～107쪽)에서 더 풀어 보세요.

학부모 지도 가이드

이번 차시에는 받아내림이 2번 있는 두 수의 뺄셈을 공부합니다. 수학은 특히 단계적으로 이어지는 개념을 이해하는 것이 중요합니다.

수의 개념 ➡ 10 가르기와 모으기 ➡ 한 자리 수의 덧셈과 뺄셈 ➡ 두 자리 수의 덧셈과 뺄셈

받아내림은 같은 자리끼리 뺄 수 없을 때 윗자리에서 빌려와 계산하는 것임을 아이에게 이해시켜 주세요.

391 받아내림이 2번 있는 뺄셈

티나는 134원에서 태돌이에게 99원을 주면 얼마가 남는지 알아보려고 해요.

4원에서 9원을 뺄 수가 없어.

그래서 10원짜리 1개를 1원짜리 10개로 바꾸었어.

아하~! 100원짜리 1개도 10원짜리 10개로 바꾸면 되겠군.

동전이 많아진 것 같은데……. 그래도 티나에게 남은 것이 있으니 다행이야.

$$134 - 99 = \boxed{35}$$

그림을 보고 뺄셈을 하세요.

❶

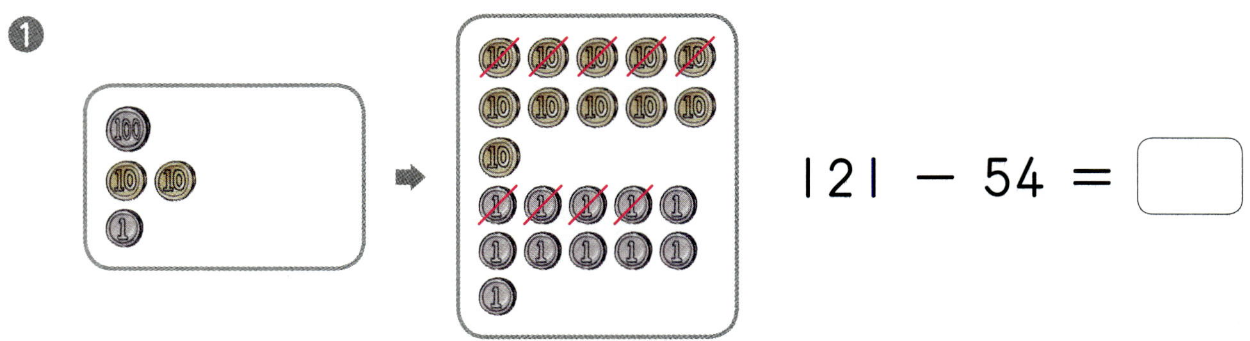

$121 - 54 = \square$

빨셈을 하세요.

$$136 - 47 = \boxed{8}\boxed{9}$$

136 → 120, 16 (12−4, 16−7)

어렵지? 내가 알려줄게.
6에서 7을 뺄 수 없으므로
136을 120과 16으로 나눠.
일의 자리는 16−7=9,
십의 자리는 12−4=8

❶ $135 - 79 = \square\square$

135 → 120, 15 (12−7, 15−9)

❷ $154 - 68 = \square\square$

154 → 140, 14

❸ $121 - 98 = \square\square$

121 → 110, 11

❹ $108 - 39 = \square\square$

108 → 90, 18

❺ $142 - 88 = \square\square$

142 → 130, 12

❻ $112 - 76 = \square\square$

112 → 100, 12

❼ $101 - 55 = \square\square$

101 → 90, 11

❽ $153 - 84 = \square\square$

153 → 140, 13

큐리와 티나가 뺄셈을 하고 있어요.

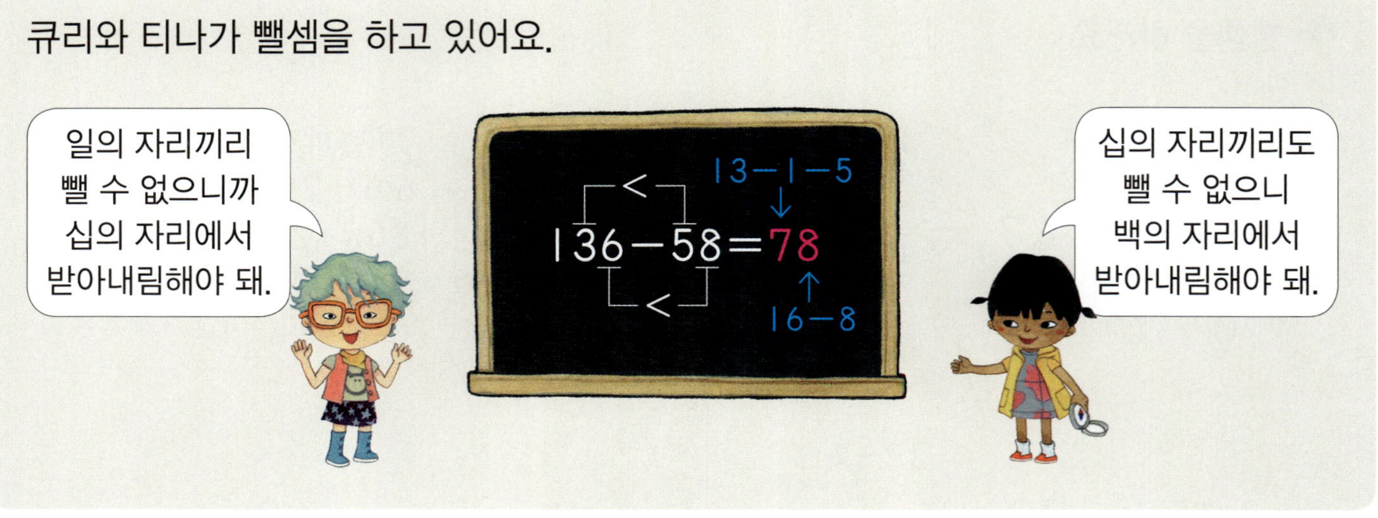

일의 자리끼리 뺄 수 없으니까 십의 자리에서 받아내림해야 돼.
13−1−5
136−58=78
16−8
십의 자리끼리도 뺄 수 없으니 백의 자리에서 받아내림해야 돼.

빈칸에 알맞은 수를 쓰세요.

❶ 105 − 58 = □□ (10−1−5, 15−8)

❷ 152 − 84 = □□ (15−1−8, 12−4)

❸ 114 − 77 = □□ (11−1−7, 14−7)

❹ 134 − 79 = □□ (13−1−7, 14−9)

❺ 132 − 46 = □□ (13−1−4, 12−6)

❻ 123 − 94 = □□ (12−1−9, 13−4)

빈칸에 알맞은 수를 쓰세요.

$$102 - 49 = 53$$

(10−1−4, 12−9)

십의 자리 숫자가
'0'이어도
계산 방법은 같아.

❶ $104 - 65 = \square\square$ (10−1−6, 14−5)

❷ $108 - 29 = \square\square$ (10−1−2, 18−9)

❸ $107 - 39 = \square\square$

❹ $105 - 56 = \square\square$

❺ $101 - 83 = \square\square$

❻ $103 - 27 = \square\square$

❼ $105 - 77 = \square\square$

❽ $106 - 38 = \square\square$

공부한 날
월
일

392 받아내림이 2번 있는 세로셈

친구들이 받아내림이 2번 있는 뺄셈을 하고 있어요.

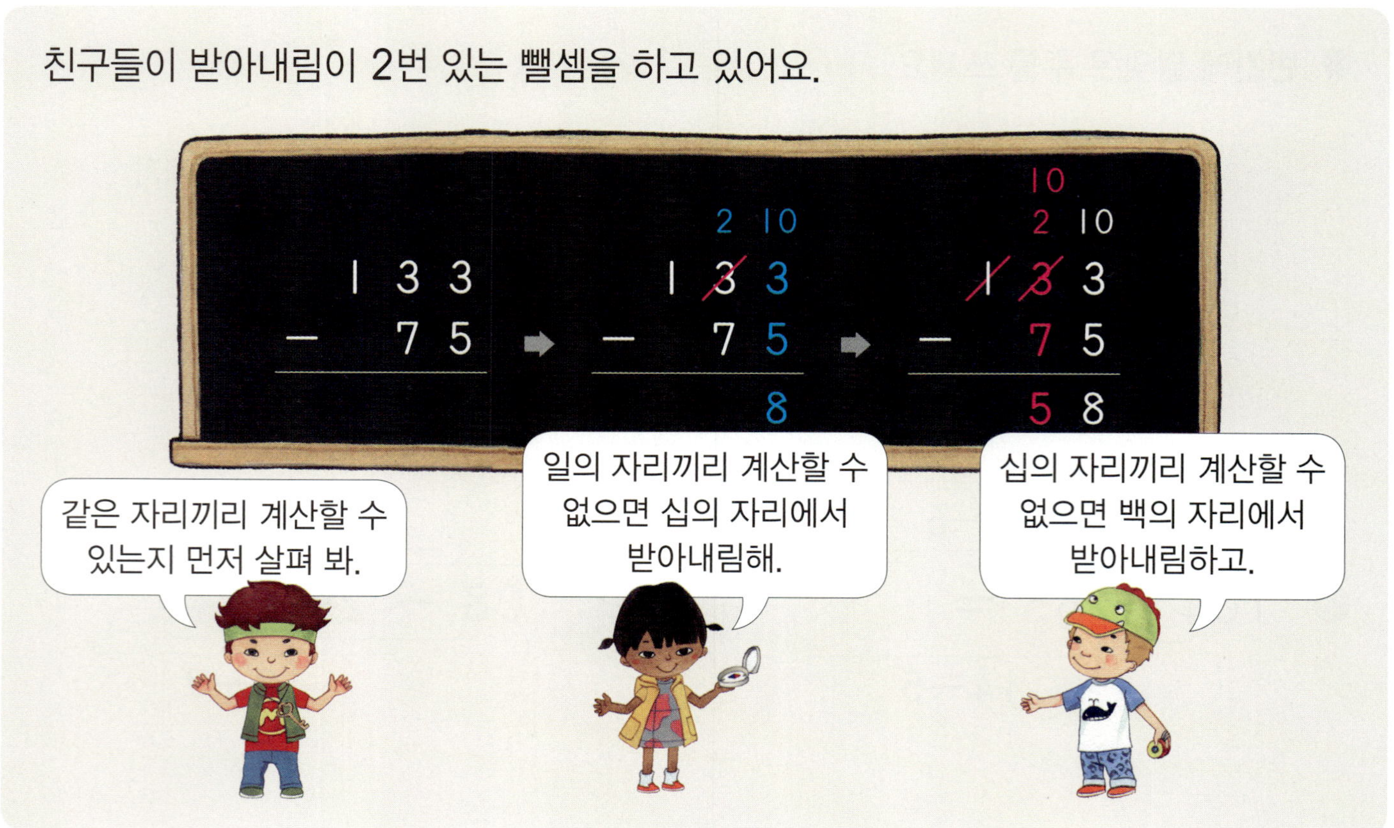

같은 자리끼리 계산할 수 있는지 먼저 살펴 봐.
일의 자리끼리 계산할 수 없으면 십의 자리에서 받아내림해.
십의 자리끼리 계산할 수 없으면 백의 자리에서 받아내림하고.

□ 안에 알맞은 수를 쓰세요.

❶

$$\begin{array}{r} 1\ 2\ 4 \\ -\ \ 5\ 8 \\ \hline \end{array} \Rightarrow \begin{array}{r} \overset{1\ \square}{1\ \not{2}\ 4} \\ -\ \ 5\ 8 \\ \hline \square \end{array} \Rightarrow \begin{array}{r} \overset{10}{\overset{1\ \square}{\not{1}\ \not{2}\ 4}} \\ -\ \ 5\ 8 \\ \hline \square\ \square \end{array}$$

❷

$$\begin{array}{r} 1\ 4\ 2 \\ -\ \ 7\ 9 \\ \hline \end{array} \Rightarrow \begin{array}{r} \overset{3\ \square}{1\ \not{4}\ 2} \\ -\ \ 7\ 9 \\ \hline \square \end{array} \Rightarrow \begin{array}{r} \overset{10}{\overset{3\ \square}{\not{1}\ \not{4}\ 2}} \\ -\ \ 7\ 9 \\ \hline \square\ \square \end{array}$$

뺄셈을 하세요.

10
2 10
1 3 6
− 8 7
4 9

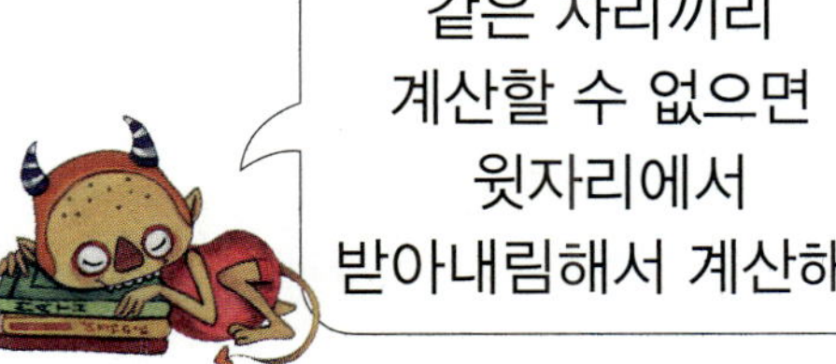
같은 자리끼리
계산할 수 없으면
윗자리에서
받아내림해서 계산해.

❶
$$\begin{array}{r} 144 \\ -\ \ 59 \\ \hline \square \end{array}$$

❷
$$\begin{array}{r} 126 \\ -\ \ 88 \\ \hline \square \end{array}$$

❸
$$\begin{array}{r} 163 \\ -\ \ 95 \\ \hline \square \end{array}$$

❹
$$\begin{array}{r} 131 \\ -\ \ 47 \\ \hline \square \end{array}$$

❺
$$\begin{array}{r} 182 \\ -\ \ 96 \\ \hline \square \end{array}$$

❻
$$\begin{array}{r} 115 \\ -\ \ 36 \\ \hline \square \end{array}$$

❼
$$\begin{array}{r} 150 \\ -\ \ 71 \\ \hline \square \end{array}$$

❽
$$\begin{array}{r} 174 \\ -\ \ 89 \\ \hline \square \end{array}$$

친구가 뺄셈 문제가 이상하다고 해요.

1 0 5
− 3 7
9 10
1 0 5
− 3 7
8
9 10
1 0 5
− 3 7
6 8

일의 자리를 계산하려는데
십의 자리에서 받아내림
할 수가 없어. 엉엉~

먼저 백의 자리에서
십의 자리로 받아내림한 후
일의 자리로 받아내림하면 돼.

□ 안에 알맞은 수를 쓰세요.

1

$$\begin{array}{r} 1\ 0\ 3 \\ -\quad 7\ 4 \\ \hline \end{array} \rightarrow \begin{array}{r} 9\ \square \\ \not{1}\ 0\ 3 \\ -\quad 7\ 4 \\ \hline \square \end{array} \rightarrow \begin{array}{r} 9\ \square \\ \not{1}\ 0\ 3 \\ -\quad 7\ 4 \\ \hline \square\ \square \end{array}$$

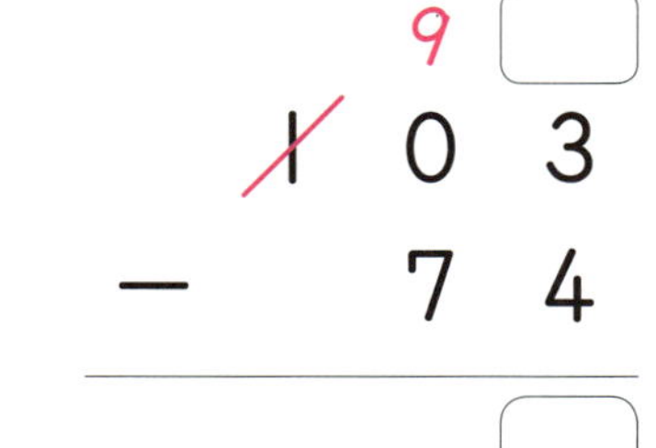

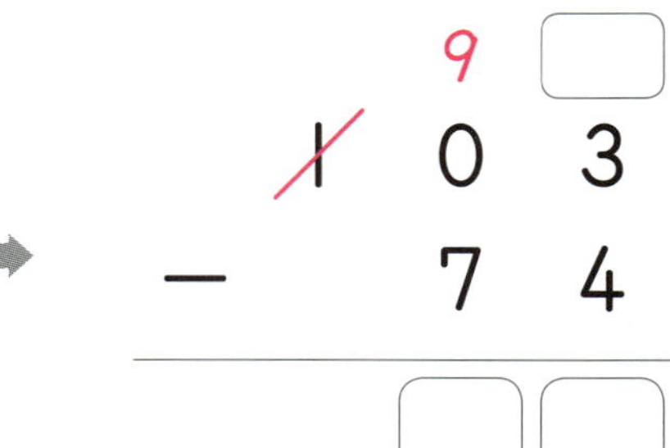

2

$$\begin{array}{r} 1\ 0\ 1 \\ -\quad 2\ 3 \\ \hline \end{array} \rightarrow \begin{array}{r} 9\ \square \\ \not{1}\ 0\ 1 \\ -\quad 2\ 3 \\ \hline \square \end{array} \rightarrow \begin{array}{r} 9\ \square \\ \not{1}\ 0\ 1 \\ -\quad 2\ 3 \\ \hline \square\ \square \end{array}$$

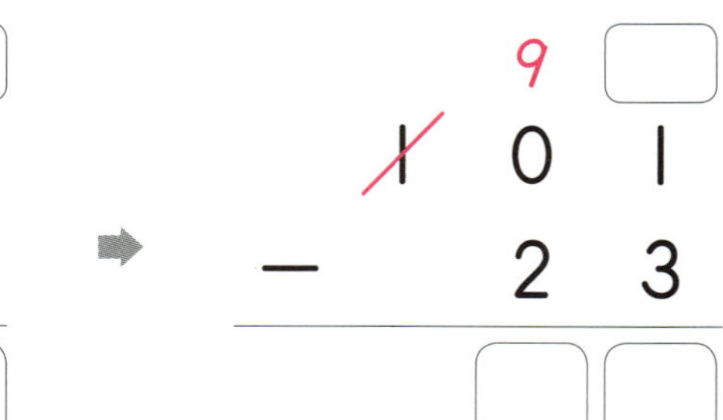

빼셈을 하세요.

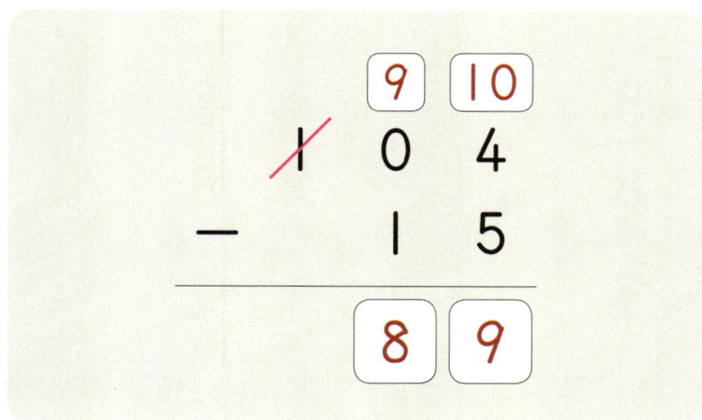

백의 자리에서
받아내림하고,
다시 일의 자리로
받아내림하는 거야.

❶
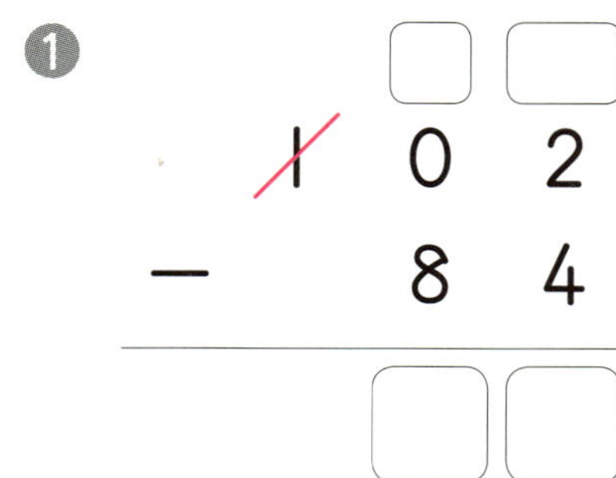

❷
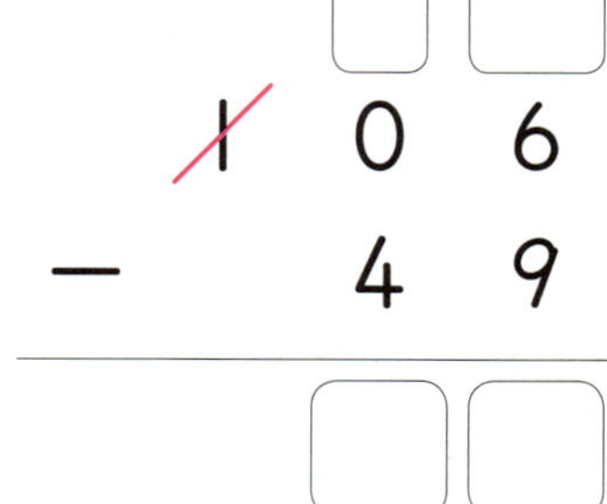

❸
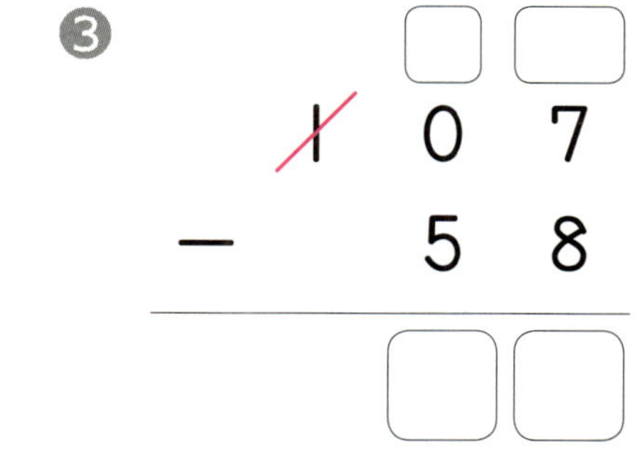

공부한 날 월 일

❹
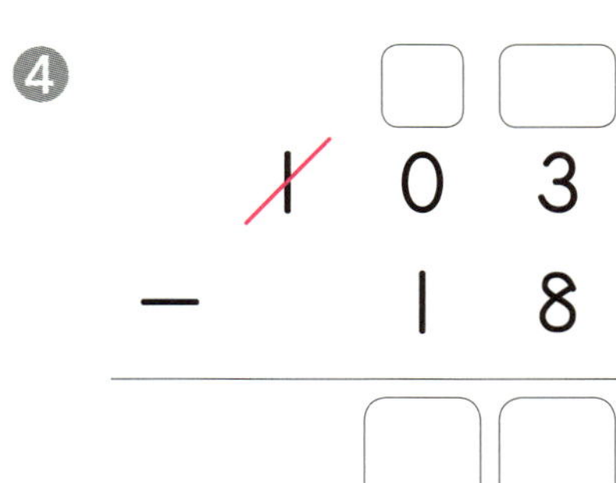

❺
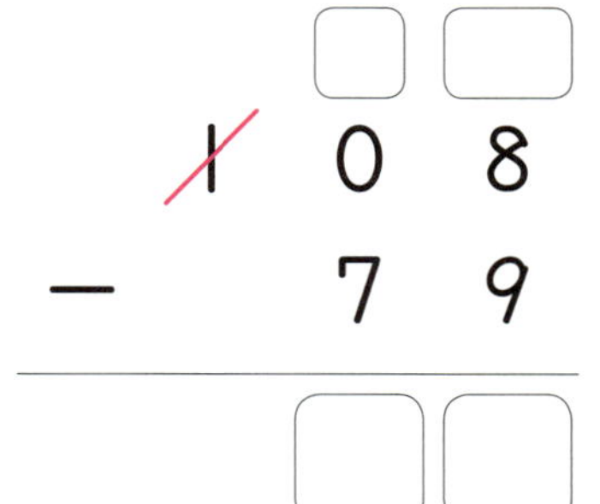

❻
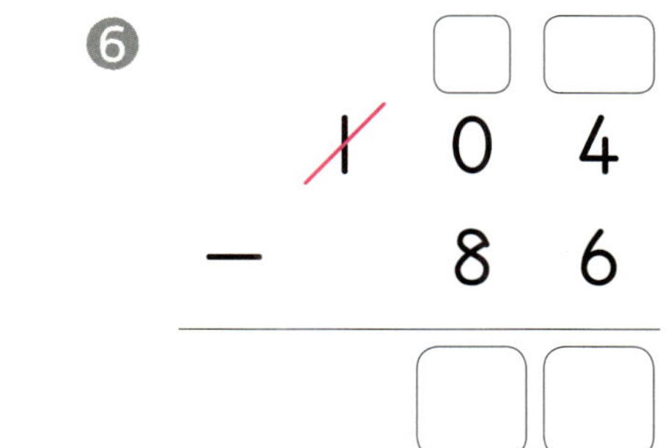

우와~ 열심히
공부하네. 그럼 나도
열심히 해야지.

393 벌레 먹은 셈

벌레가 나뭇잎을 먹어 뺄셈식이 잘 보이지 않아요.

4 5
− 2 □
□ 7

3 10
~~4~~ 5
− 2 8
□ 7

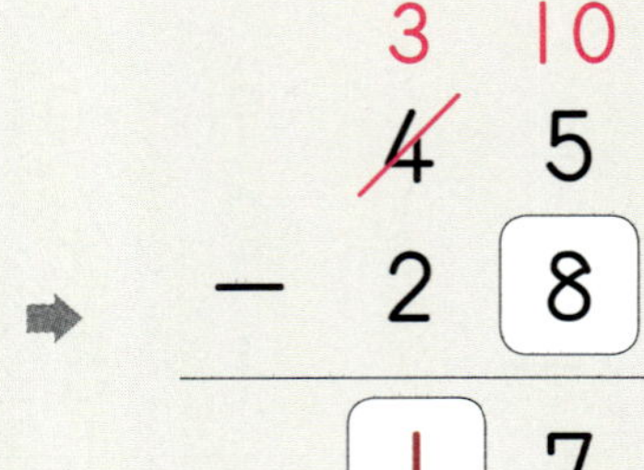

3 10
4 5
− 2 8
1 7

일의 자리 계산에서 5에서
어떤 수를 빼면 7이 될 수 없으므로
십의 자리에서 받아내림한 거야.
15−□=7, □=8

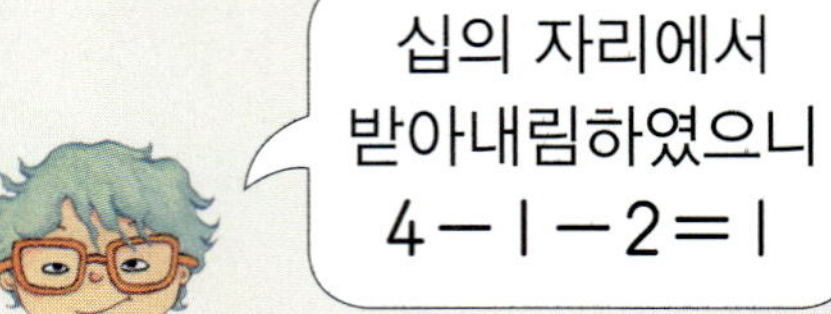

십의 자리에서
받아내림하였으니
4−1−2=1

□ 안에 알맞은 수를 쓰세요.

❶

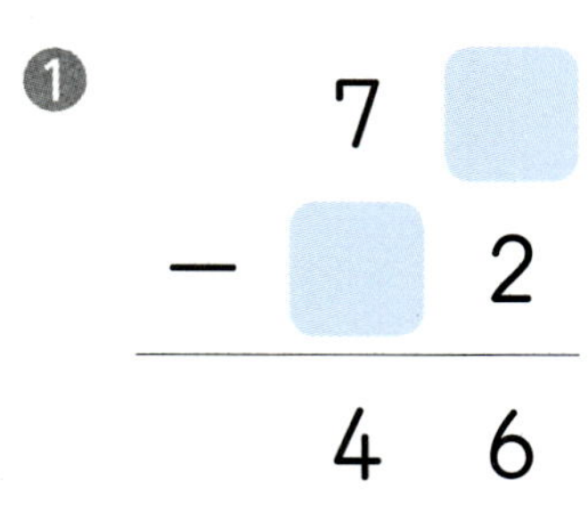

7 □
− □ 2
4 6

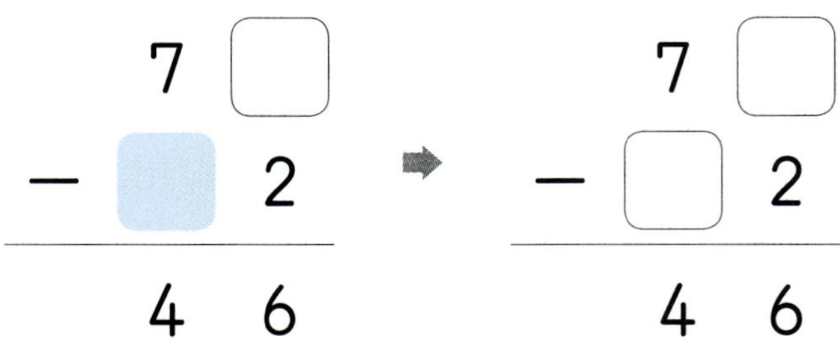

7 □
− □ 2
4 6
7 □
− □ 2
4 6

❷

□ 4
− 2 6
3 □

□ 4
− 2 6
3 □

□ 4
− 2 6
3 □

주어진 숫자 카드 중 2장을 사용하면 올바른 뺄셈식을 만들 수 있어요. 필요한 숫자 카드에 모두 ○표 하고, □ 안에 알맞은 수를 쓰세요.

일의 자리부터 살펴 봐.
8－□가 9가 되는 경우는
없으니 십의 자리에서
받아내림한 거야.

❶ 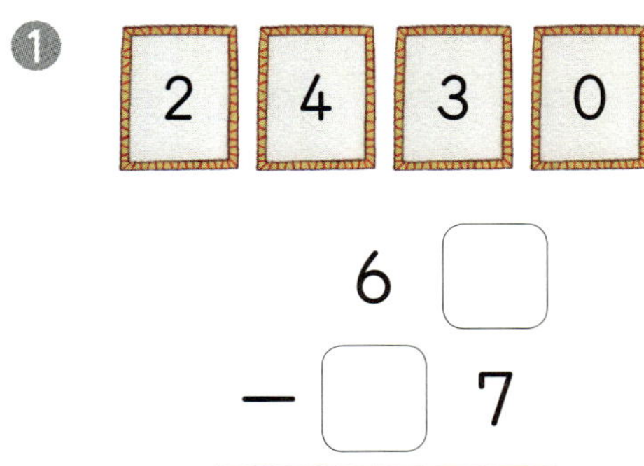

❷ 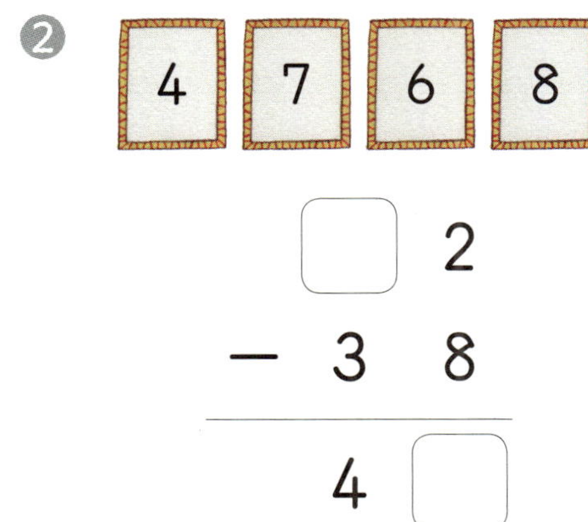

❸ 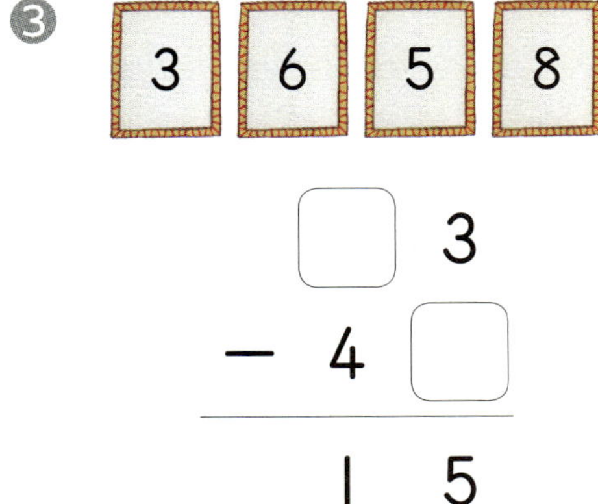

❹ 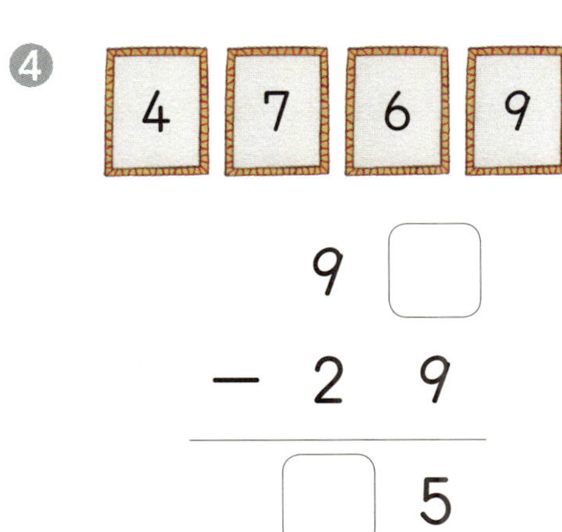

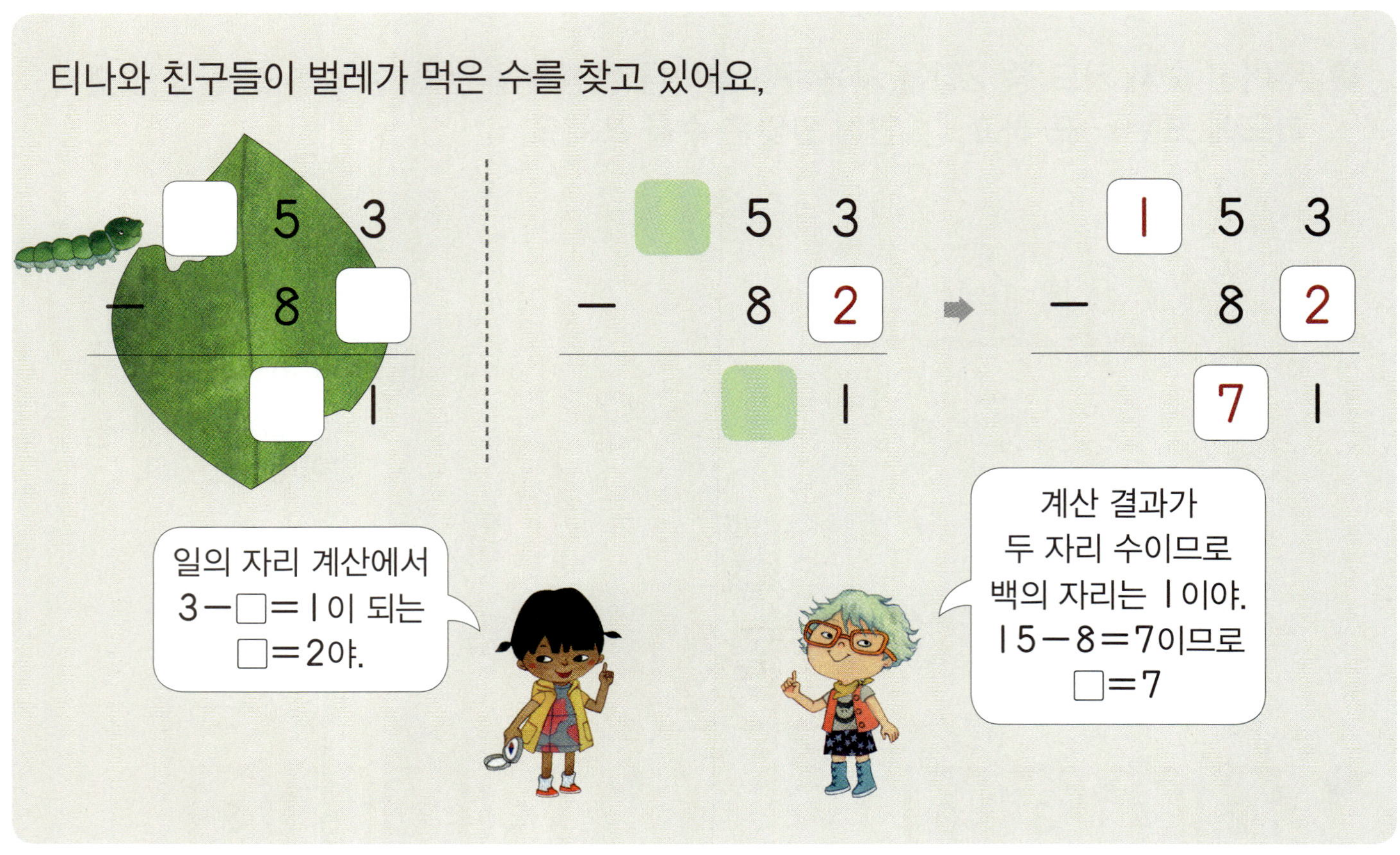
티나와 친구들이 벌레가 먹은 수를 찾고 있어요.
5 3
− 8
1
5 3
− 8 2
1
1 5 3
− 8 2
7 1
일의 자리 계산에서 3−□=1이 되는 □=2야.
계산 결과가 두 자리 수이므로 백의 자리는 1이야. 15−8=7이므로 □=7

□ 안에 알맞은 수를 쓰세요.

❶

$$\begin{array}{r} \square\,\square\,4 \\ -\;\;8\,\square \\ \hline 5\,2 \end{array} \Rightarrow \begin{array}{r} \square\,\square\,4 \\ -\;\;8\,\square \\ \hline 5\,2 \end{array} \Rightarrow \begin{array}{r} \square\,\square\,4 \\ -\;\;8\,\square \\ \hline 5\,2 \end{array}$$

❷

$$\begin{array}{r} \square\,\square\,2 \\ -\;\;5\,\square \\ \hline 6\,5 \end{array} \Rightarrow \begin{array}{r} \square\,\square\,2 \\ -\;\;5\,\square \\ \hline 6\,5 \end{array} \Rightarrow \begin{array}{r} \square\,\square\,2 \\ -\;\;5\,\square \\ \hline 6\,5 \end{array}$$

🌳 □ 안에 알맞은 수를 쓰세요.

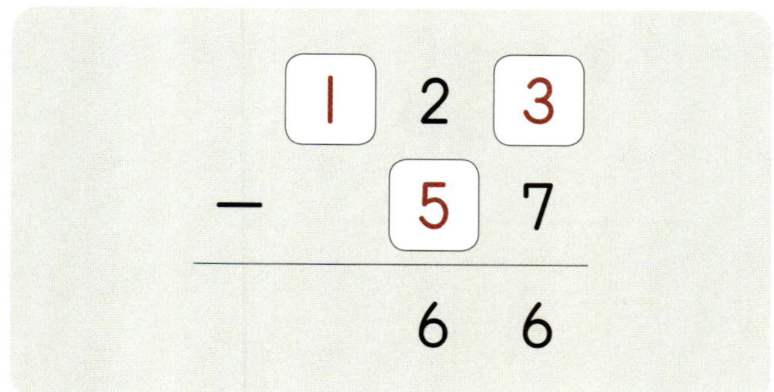

받아내림이
있는지 없는지를
잘 살펴봐야 해.

❶

	□	□	5
−		6	□
		8	3

❷

	□	3	□
−		□	7
		6	1

❸

	□	5	□
−		□	6
		9	8

❹

	□	□	4
−		8	□
		4	8

❺

	□	5	□
−		□	9
		7	3

❻

	□	□	5
−		8	□
		3	9

공부한 날

□ 월

□ 일

394 세 수의 뺄셈

현우와 친구들이 58원이 들어 있는 지갑에서 24원과 13원을 차례로 꺼냈어요.

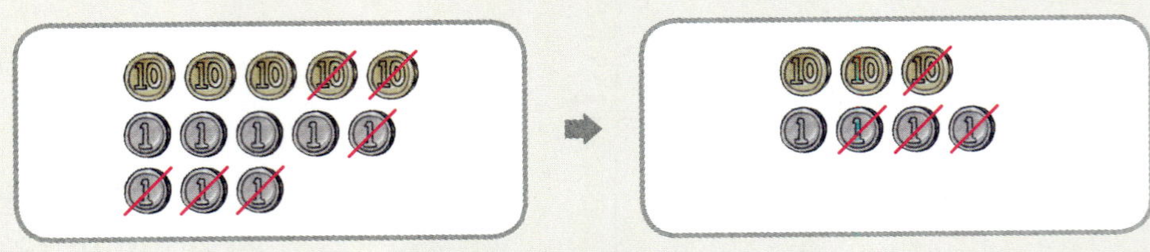

58 − 24 − 13 = 21

58−24=34
34−13=21

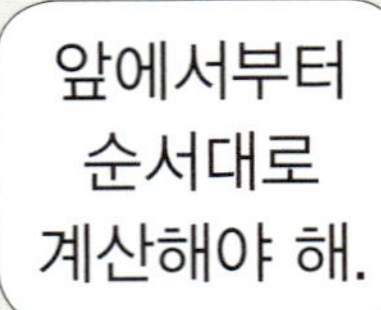

앞에서부터
순서대로
계산해야 해.

그림을 보고 세 수의 뺄셈을 하세요.

1

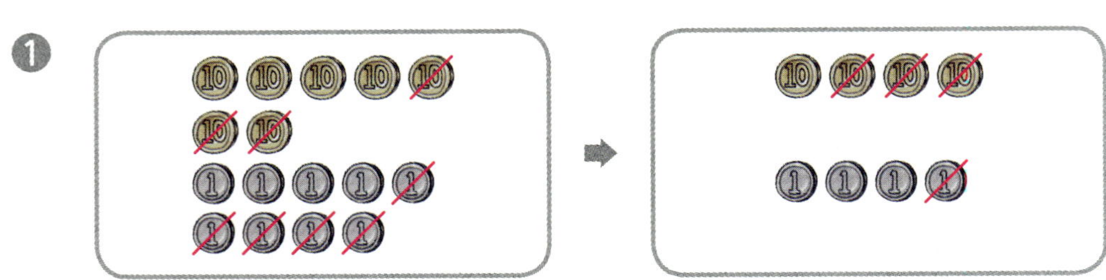

79 − 35 − 31 = □

2

87 − 12 − 54 = □

□ 안에 알맞은 수를 쓰세요.

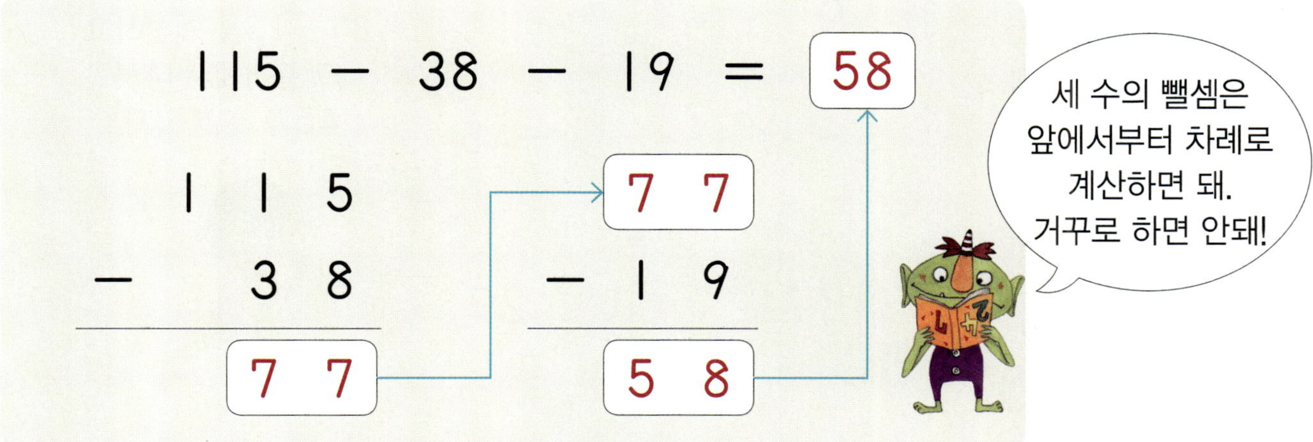
115 − 38 − 19 = 58
1 1 5
− 3 8
7 7
7 7
− 1 9
5 8
세 수의 뺄셈은
앞에서부터 차례로
계산하면 돼.
거꾸로 하면 안돼!

❶ 65 − 14 − 18 = □

$$\begin{array}{r} 65 \\ -\ 14 \\ \hline \square \end{array} \qquad \begin{array}{r} \square \\ -\ 18 \\ \hline \square \end{array}$$

❷ 131 − 82 − 14 = □

$$\begin{array}{r} 131 \\ -\ 82 \\ \hline \square \end{array} \qquad \begin{array}{r} \square \\ -\ 14 \\ \hline \square \end{array}$$

태돌이가 새로운 문제를 만들었어요.

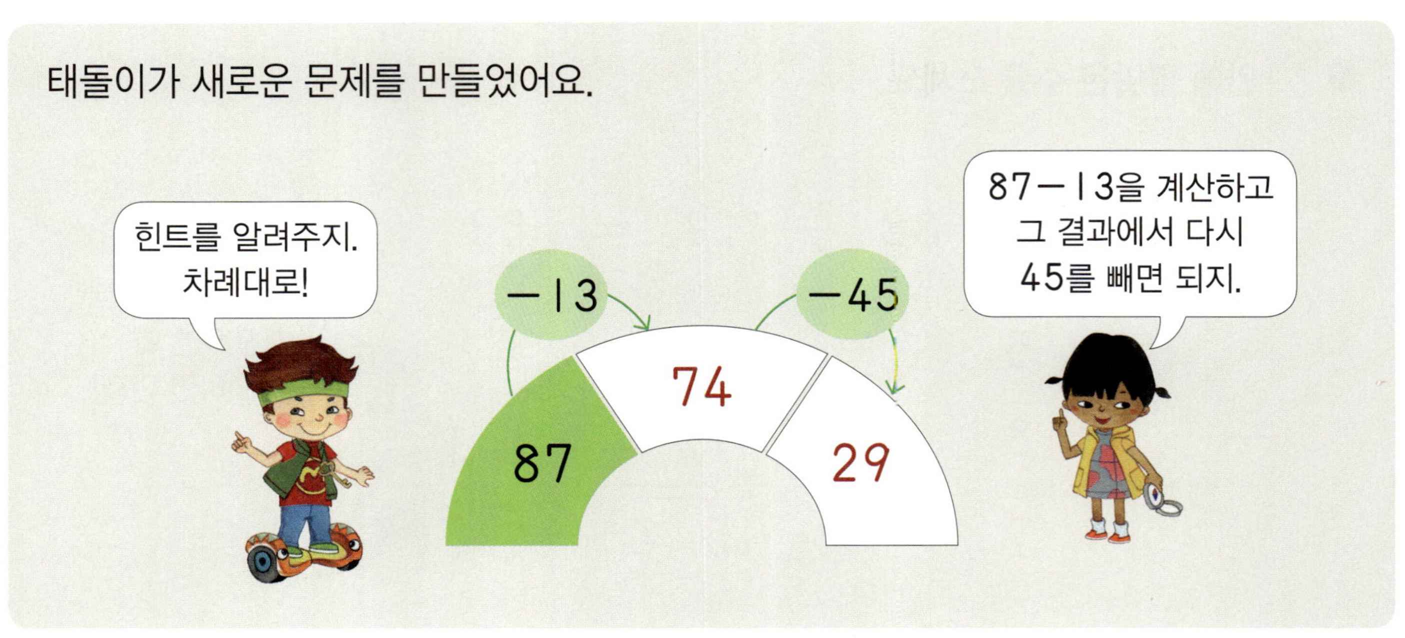
힌트를 알려주지.
차례대로!
87－13을 계산하고
그 결과에서 다시
45를 빼면 되지.
－13
－45
87
74
29

빨셈을 하여 빈 곳에 알맞은 수를 쓰세요.

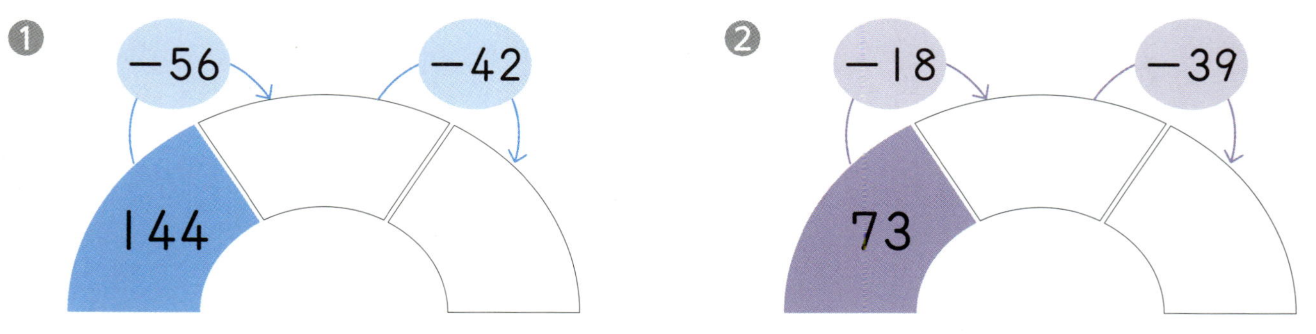
❶
－56
－42
144
❷
－18
－39
73

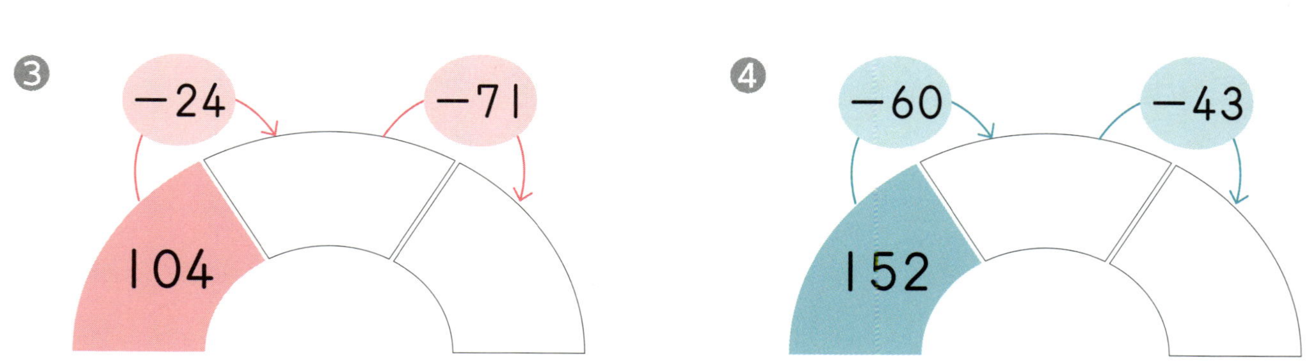
❸
－24
－71
104
❹
－60
－43
152

빈 곳에 알맞은 수를 쓰세요.

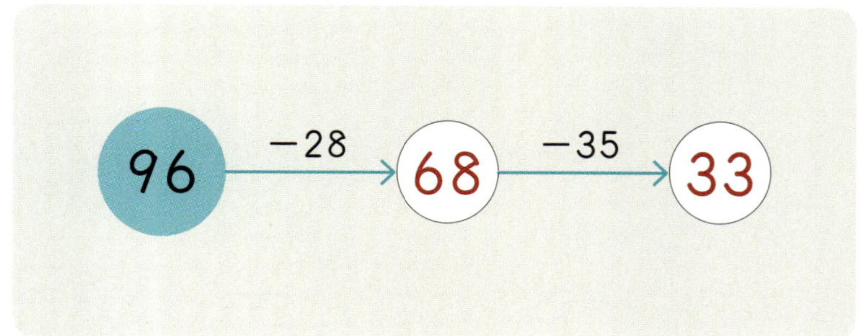
96
−28
68
−35
33

96−28=68,
68−35=33
차례로 계산하여
○ 안에 쓰는 거야.

❶

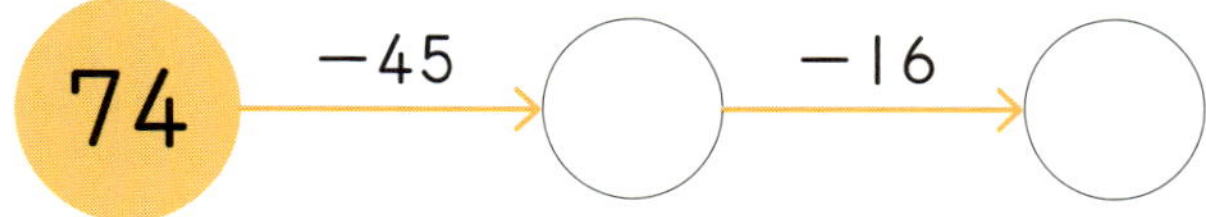
74
−45
−16

❷

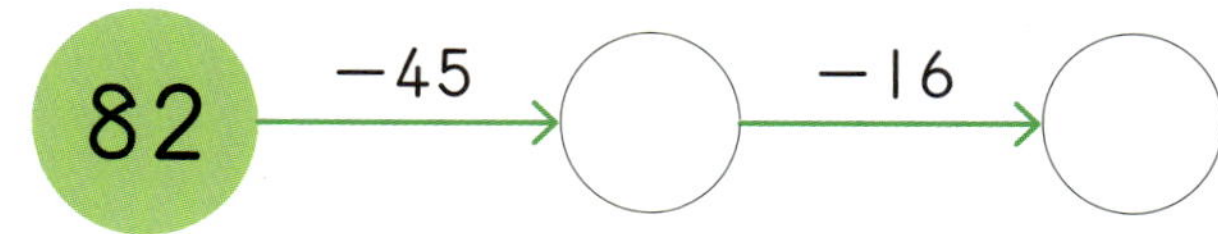
82
−45
−16

❸

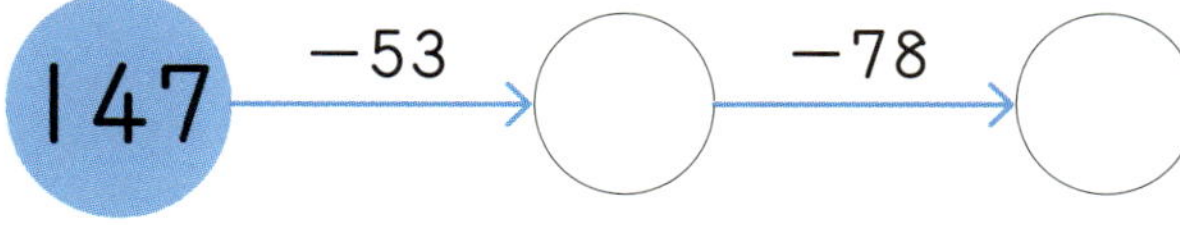
147
−53
−78

❹

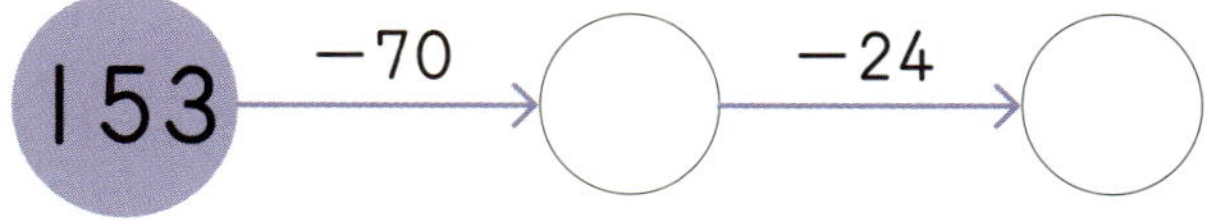
153
−70
−24

❺

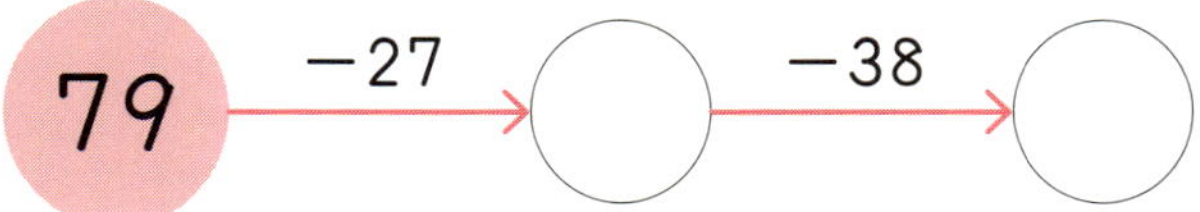
79
−27
−38

❻

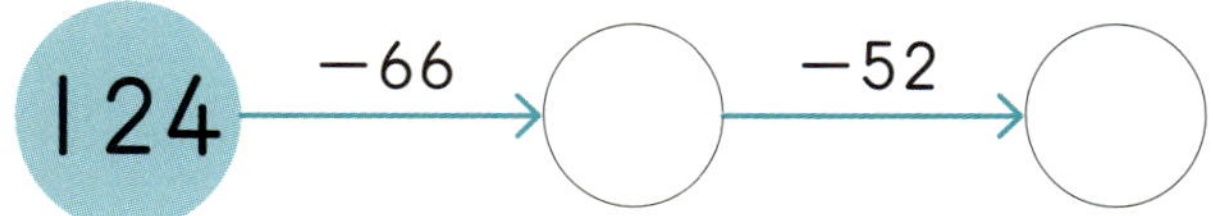
124
−66
−52

❼

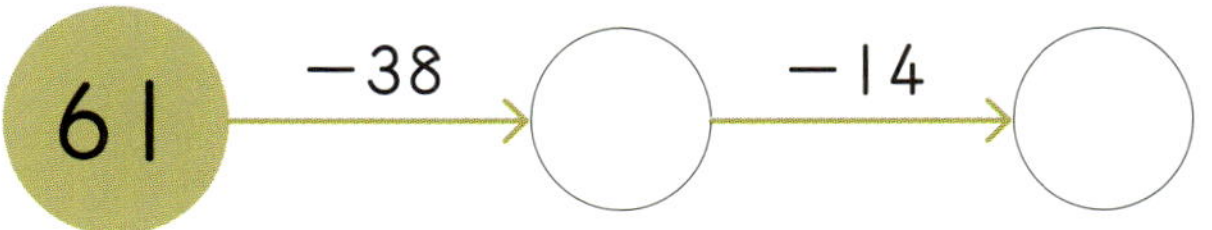
61
−38
−14

❽

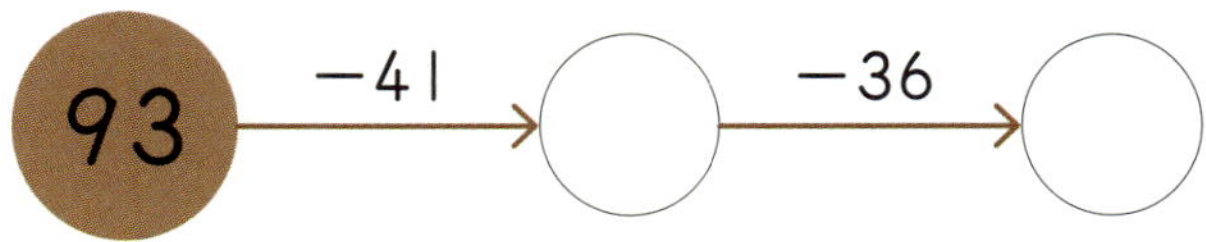
93
−41
−36

공부한 날
월
일

395 재미있는 뺄셈 연습

올바른 식이 되도록 선을 그으세요.

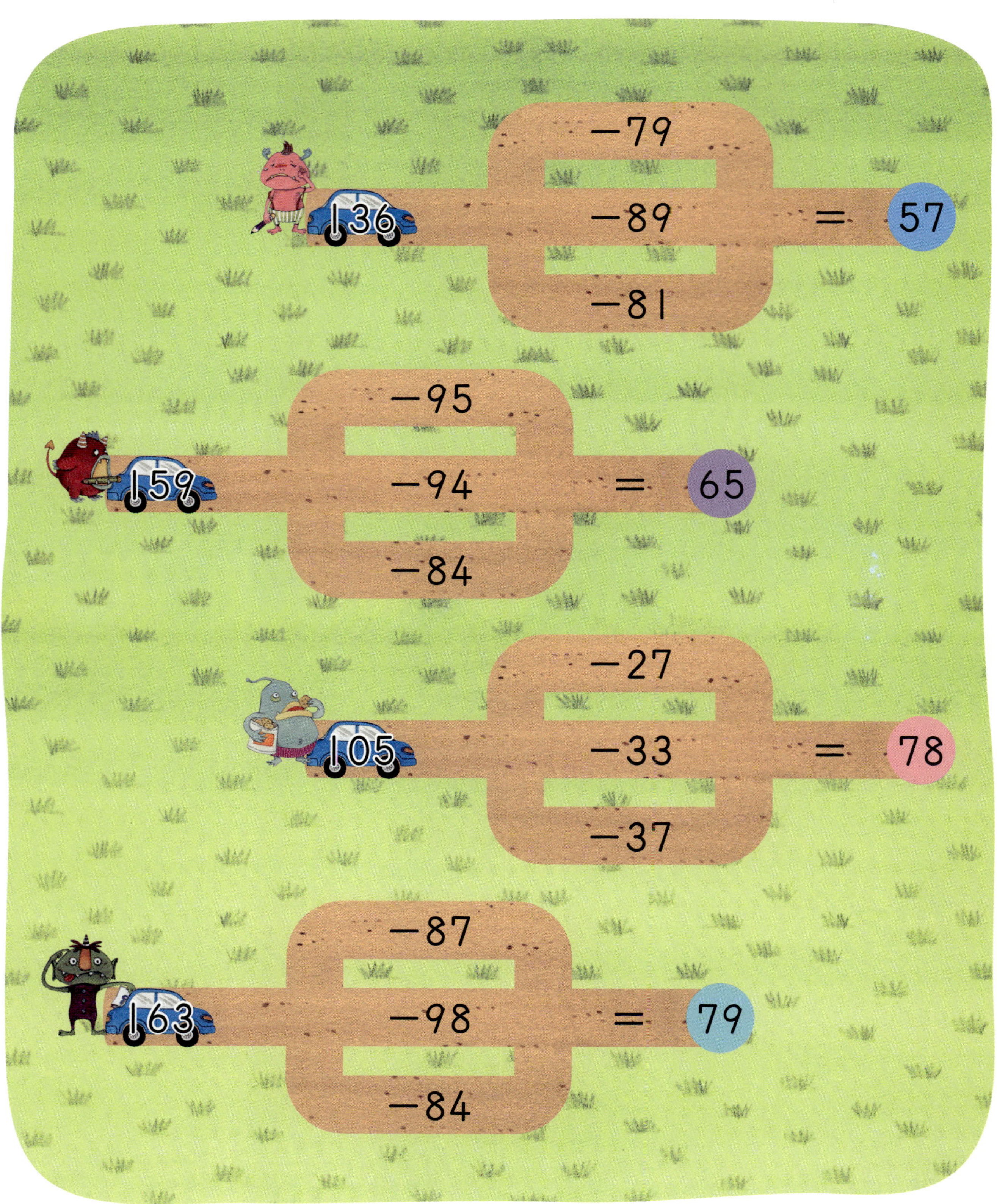

136
-79
-89
-81
=
57
159
-95
-94
-84
=
65
105
-27
-33
-37
=
78
163
-87
-98
-84
=
79

사다리 타기를 하여 □ 안에 알맞은 수를 쓰세요.

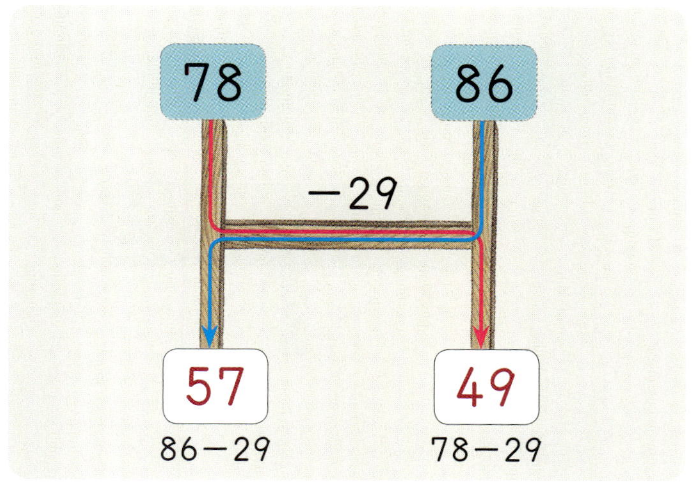
78
86
−29
57
49
86−29
78−29

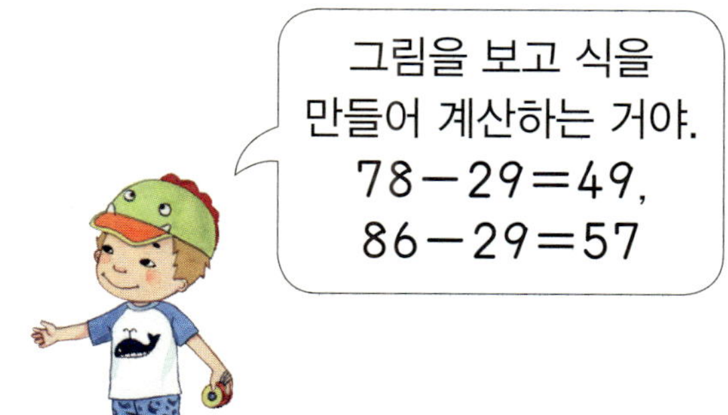
그림을 보고 식을
만들어 계산하는 거야.
78−29=49,
86−29=57

1
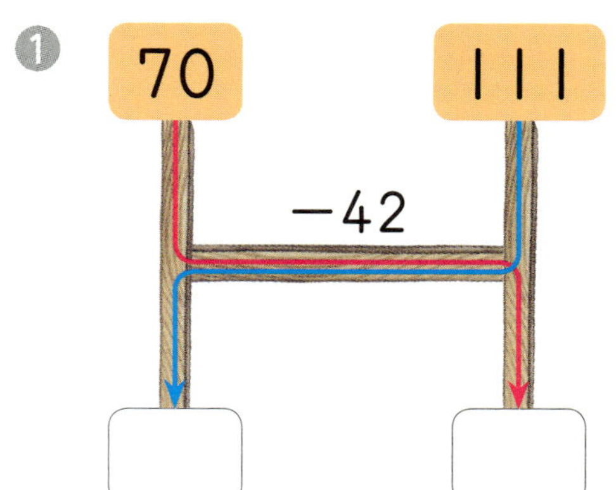
70
111
−42

2

136
84
−48

3
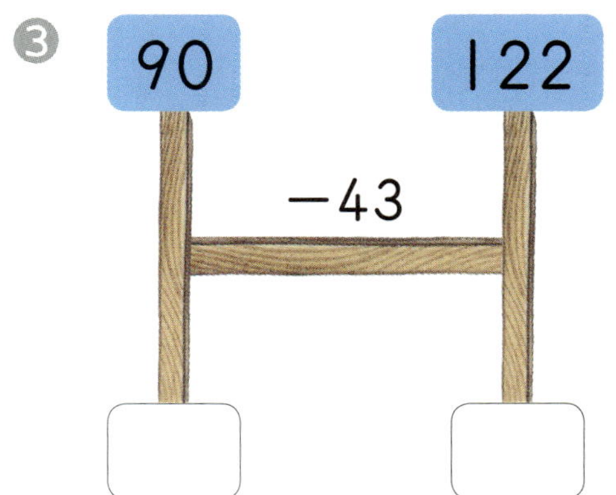
90
122
−43

4

116
156
−57

계산 결과가 같은 것끼리 선을 그으세요.

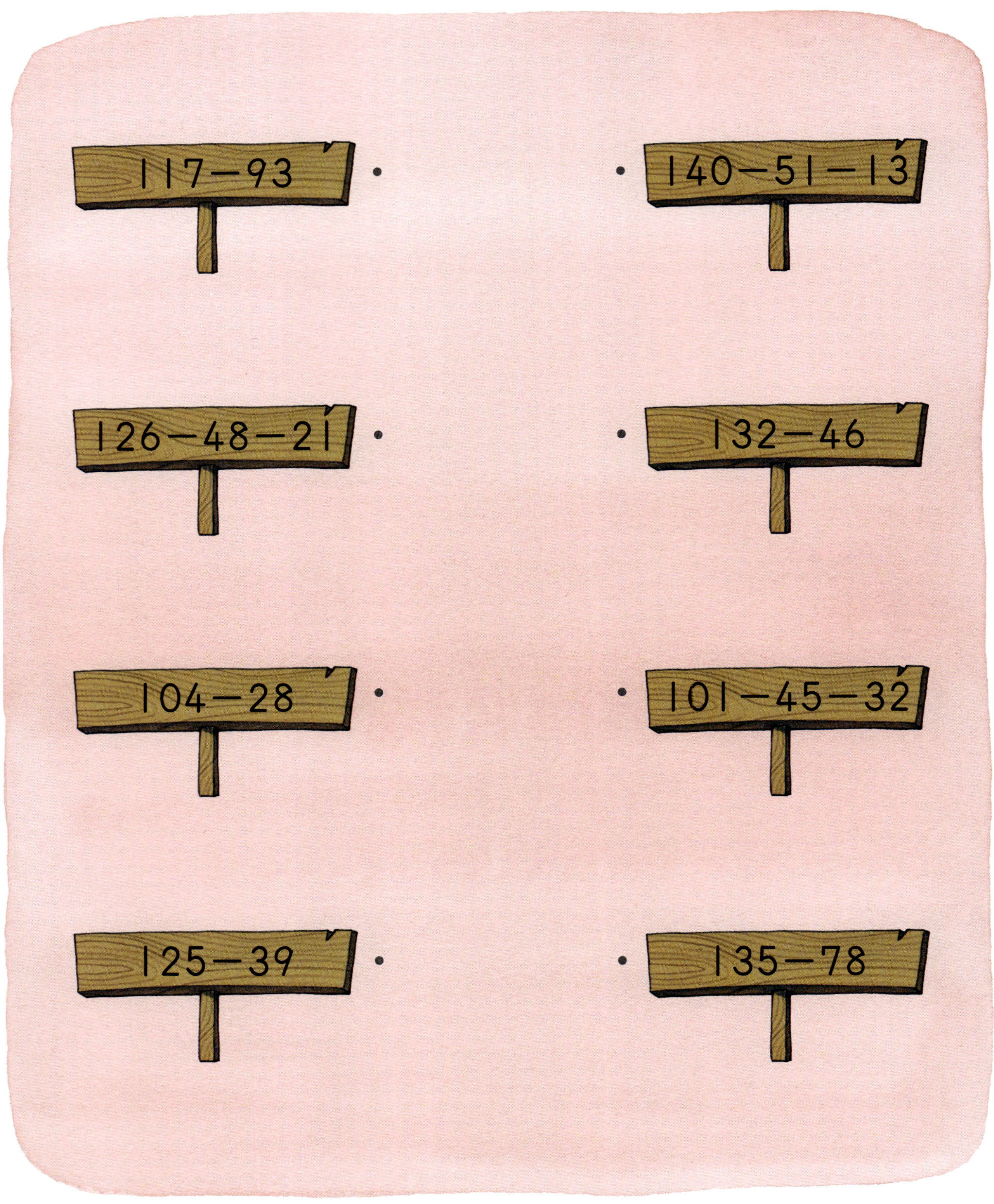
117−93
140−51−13
126−48−21
132−46
104−28
101−45−32
125−39
135−78

빈칸에 알맞은 수를 쓰세요.

먼저 그림을 보고
필요한 식을 만들어.
145－57, 96－18,
145－96, 57－18

－ →		
145	57	88
96	18	78
49	39	

그런 다음 만든
식을 계산하는 거야.

공부한 날 월 일

❶

－ →		
124	85	39
79	54	
	31	

❷

－ →		
108	83	
99	67	32
9		

❸

－ →		
151	72	79
64	48	

❹

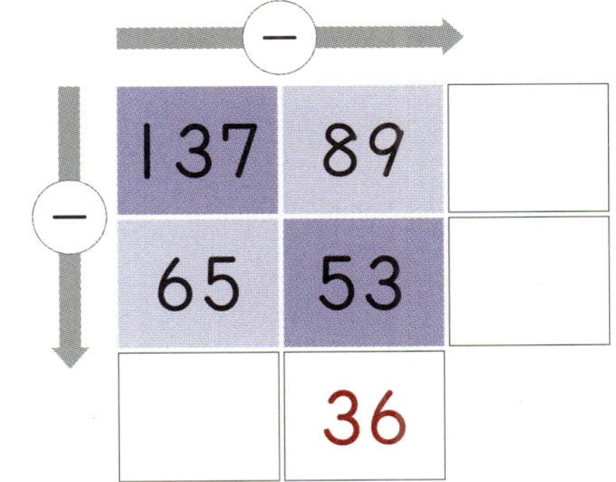

－ →		
137	89	
65	53	
	36	

무엇을 배웠을까요

▲ 그림을 보고 뺄셈을 하세요.

❶

145 − 56 = □

▲ 뺄셈을 하세요.

❷ 125 − 79 = □□

110 15

❸ 132 − 68 = □□

120 12

▲ 빈칸에 알맞은 수를 쓰세요.

❹ 104 − 25 = □□

10−1−2

14−5

❺ 105 − 87 = □□

▲ 뺄셈을 하세요.

❻

$$\begin{array}{r} 131 \\ -\ \ 48 \\ \hline \square \end{array}$$

❼

$$\begin{array}{r} 107 \\ -\ \ 38 \\ \hline \square \end{array}$$

문제 생성기

□ 안에 알맞은 수를 쓰세요.

⑧

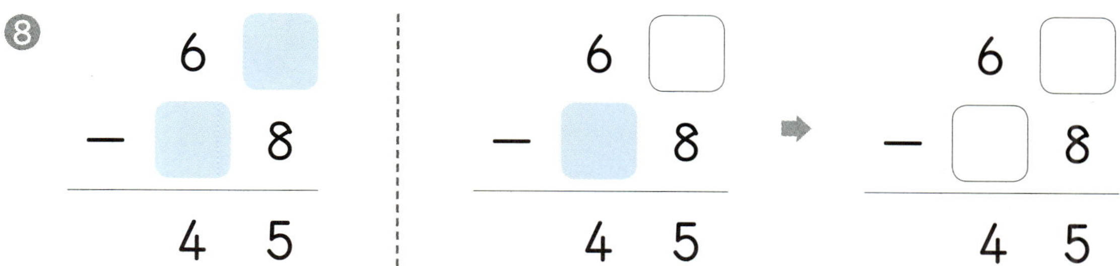

□ 안에 알맞은 수를 쓰세요.

⑨

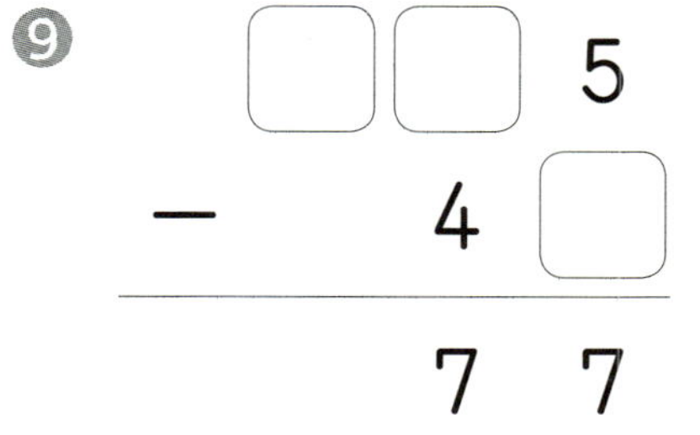

⑩

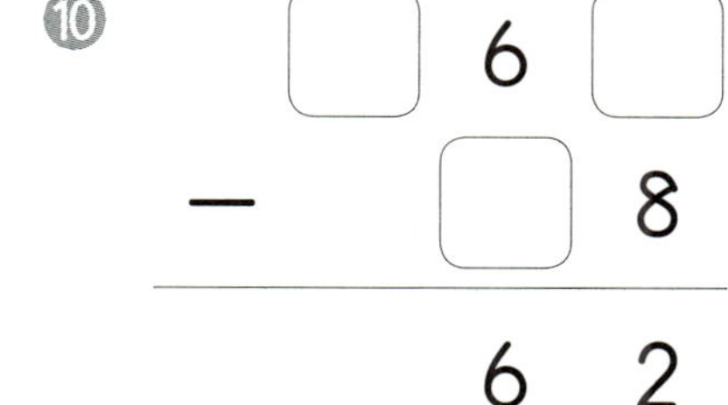

공부한 날
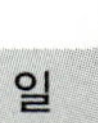
월
일

빈칸에 알맞은 수를 쓰세요.

⑪ 137 − 48 − 15 = □

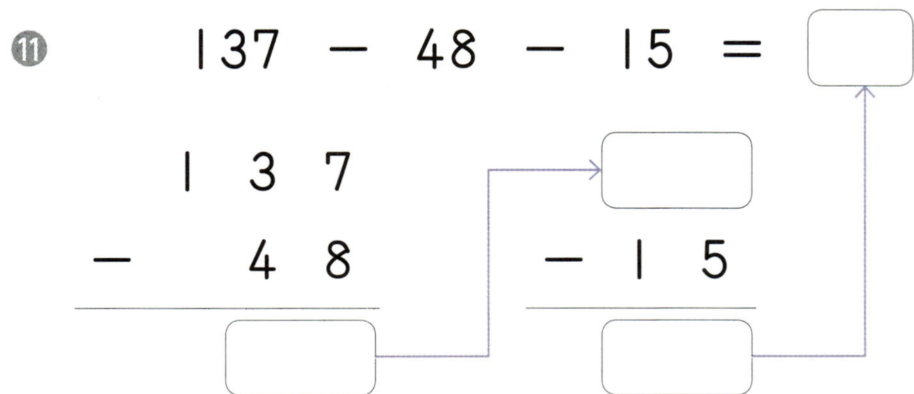

연산력 게임

PLAY

QR코드를 찍으면 다양한 연산 게임을 할 수 있어요.

캠핑을 떠나요
124
58
66
67
68

두 수의 뺄셈을 해 보세요.

차에 써 있는 두 수의 뺄셈 결과를 아래에서 찾아 빈곳에 넣으세요.
66을 넣으면 정답입니다.

자물쇠를 열 수 있는 열쇠를 찾아보세요.

자물쇠에 있는 두 수의 뺄셈 결과가 쓰여진 열쇠를 찾아 누르세요.
24를 누르면 정답입니다.

열려라! 자물쇠
차
117
93
24
25
26

두 자리 수의 뺄셈의 활용

396	몇십과 몇으로 나누어 빼기	78
397	빼고 더해 뺄셈하기	82
398	같은 수 더해 뺄셈하기	86
399	몇십 만들어 빼기	90
400	여러 가지 방법으로 뺄셈하기	94
	무엇을 배웠을까요	98

▶ 연산 보충 학습(108쪽)에서 더 풀어 보세요.

학부모 지도 가이드

이번 차시에는 차가 두 자리 수인 뺄셈을 여러 가지 방법으로 계산하는 것을 공부합니다. 일반적인 뺄셈의 계산 방법은 일의 자리부터 같은 자리를 계산하는 것이지만 이번 차시에서는 각자 자기가 편리한 방법으로 계산할 수 있다는 것을 알게 하고, 또 자기만의 방법으로 계산할 수 있도록 지도해 주세요.

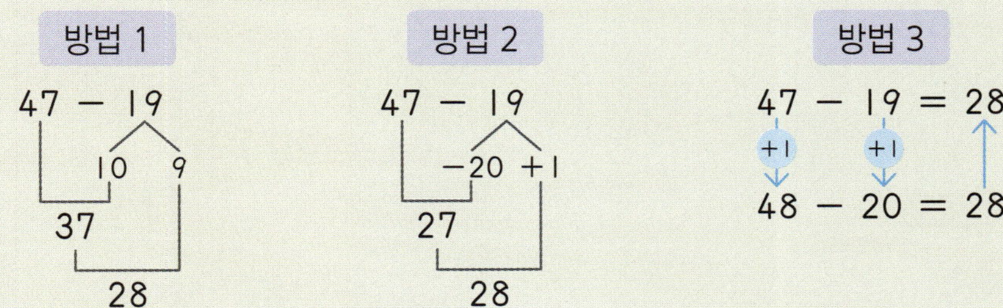

방법 1
47 − 19
10 9
37
28
방법 2
47 − 19
−20 +1
27
28
방법 3
47 − 19 = 28
+1 +1
48 − 20 = 28

396 몇십과 몇으로 나누어 빼기

현우가 새로운 뺄셈 방법을 찾았다고 해요.

56−28
20 8
56−20→ 36
36−8→ 28

먼저 빼는 수 28을
20과 8로 갈라.
56에서 먼저 20을 빼.
56−20=36
계산 결과에서 8을 빼.
36−8=28

현우의 방법으로 뺄셈을 하려고 해요. □ 안에 알맞은 수를 쓰세요.

❶ 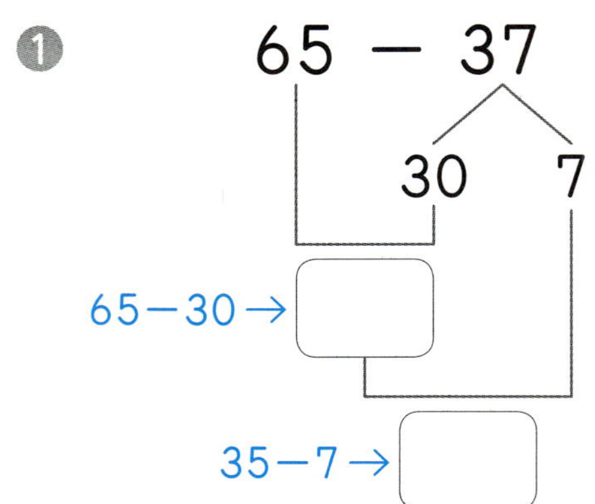
65 − 37
30 7
65−30→
35−7→

❷ 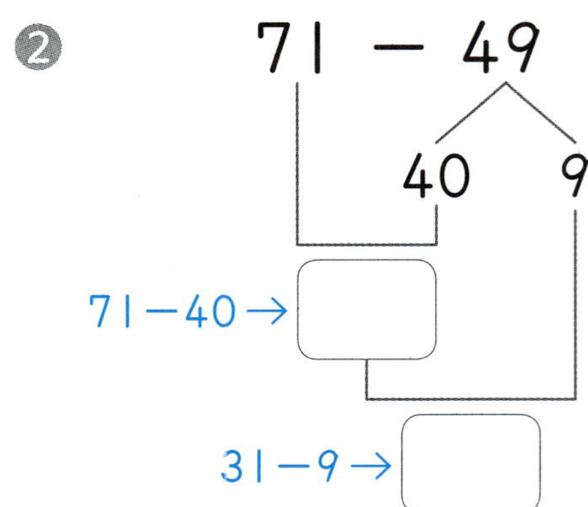
71 − 49
40 9
71−40→
31−9→

❸ 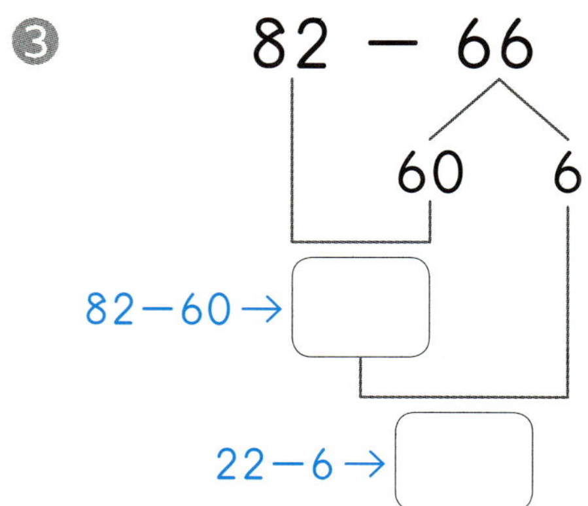
82 − 66
60 6
82−60→
22−6→

❹ 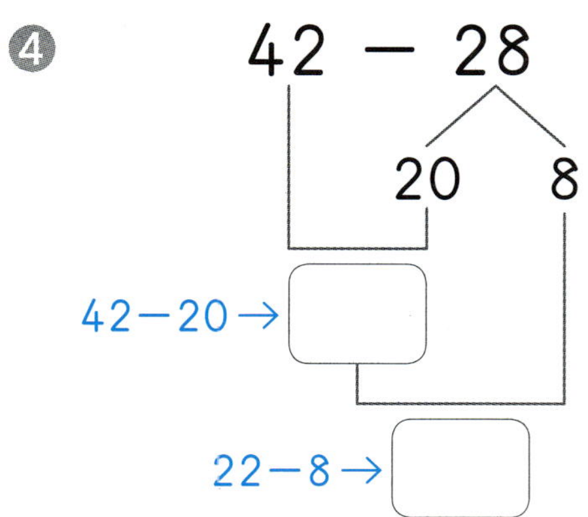
42 − 28
20 8
42−20→
22−8→

□ 안에 알맞은 수를 쓰세요.

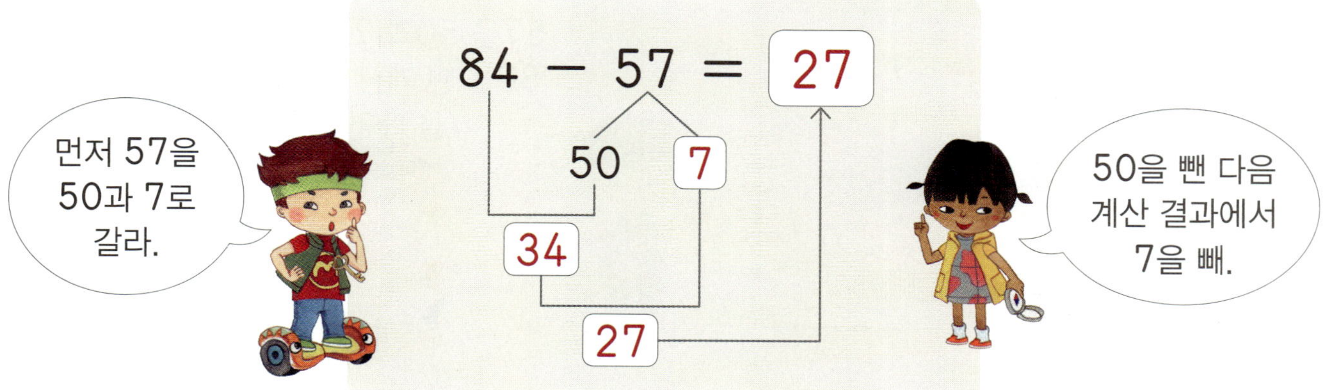
84 − 57 = 27
50
7
34
27
먼저 57을 50과 7로 갈라.
50을 뺀 다음 계산 결과에서 7을 빼.

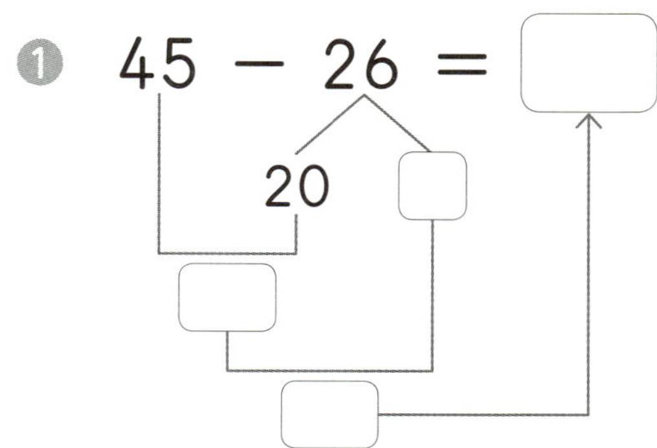
❶ 45 − 26 = □
20

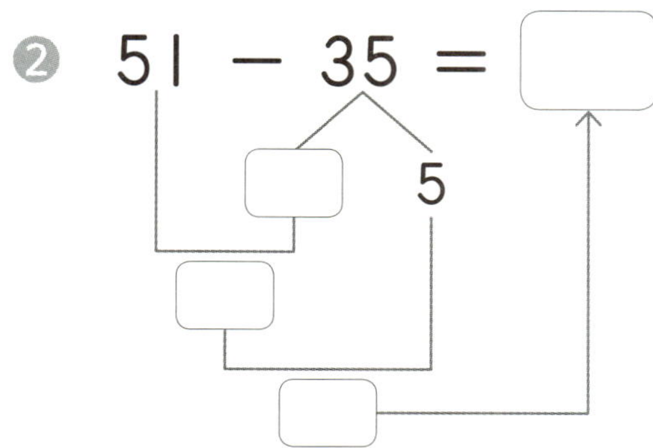
❷ 51 − 35 = □
5

❸ 63 − 47 = □

40

❹ 72 − 45 = □

5

태돌이는 현우의 뺄셈 방법을 식으로 나타내어 보았어요.

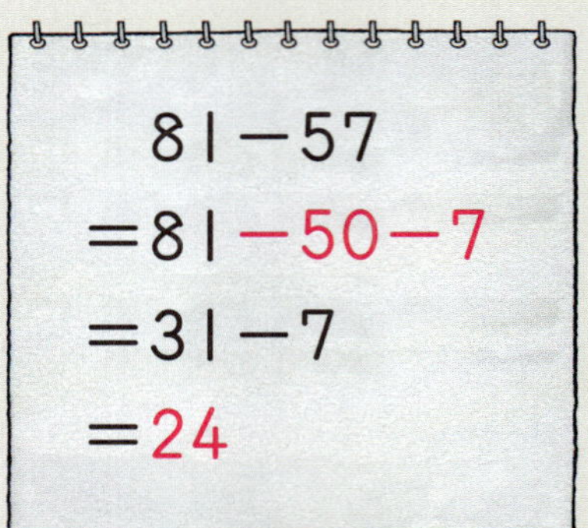
81−57
=81−50−7
=31−7
=24

57을 50과 7로 나누어
50을 뺀 계산 결과에서
7을 빼면 돼.

□ 안에 알맞은 수를 쓰세요.

❶ $64 - 38$

$= 64 - \square - 8$ (−38은 −30−8과 같아요.)

$= \square - 8$ (64−30을 먼저 계산해요.)

$= \square$ (위 계산 결과에서 8을 빼요.)

❷ $95 - 49$

$= 95 - \square - 9$ (−49는 −40−9와 같아요.)

$= \square - 9$ (95−40을 먼저 계산해요.)

$= \square$ (위 계산 결과에서 9를 빼요.)

□ 안에 알맞은 수를 쓰세요.

$$\begin{aligned} & 83 - 67 \\ &= 83 - \boxed{60} - 7 \\ &= \boxed{23} - 7 \\ &= \boxed{16} \end{aligned}$$

먼저 60을 뺀 다음
그 계산 결과에서
7을 빼는 방법이야.

❶
$$\begin{aligned} & 61 - 39 \\ &= 61 - \square - 9 \\ &= \square - 9 \\ &= \square \end{aligned}$$

❷
$$\begin{aligned} & 85 - 48 \\ &= 85 - 40 - \square \\ &= 45 - \square \\ &= \square \end{aligned}$$

❸
$$\begin{aligned} & 93 - 75 \\ &= 93 - \square - 5 \\ &= \square - 5 \\ &= \square \end{aligned}$$

❹
$$\begin{aligned} & 56 - 19 \\ &= 56 - 10 - \square \\ &= 46 - \square \\ &= \square \end{aligned}$$

공부한 날 월 일

397 빼고 더해 뺄셈하기

이번에는 큐리가 새로운 뺄셈 방법을 말하고 있어요.

72−39
−40 +1
32
33

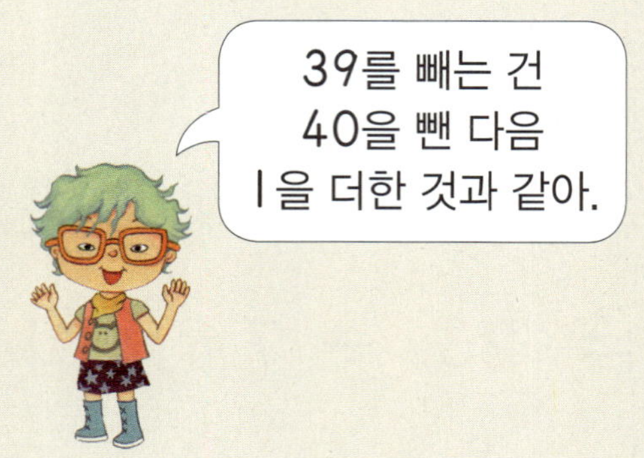

39를 빼는 건
40을 뺀 다음
1을 더한 것과 같아.

큐리의 방법으로 뺄셈을 하려고 해요. □ 안에 알맞은 수를 쓰세요.

❶ 43 − 17

−20 +3

43−20 → □

23+3 → □

❷ 72 − 58

−60 +2

72−60 → □

12+2 → □

❸ 54 − 29

−30 +1

54−30 → □

24+1 → □

❹ 81 − 48

−50 +2

81−50 → □

31+2 → □

□ 안에 알맞은 수를 쓰세요.

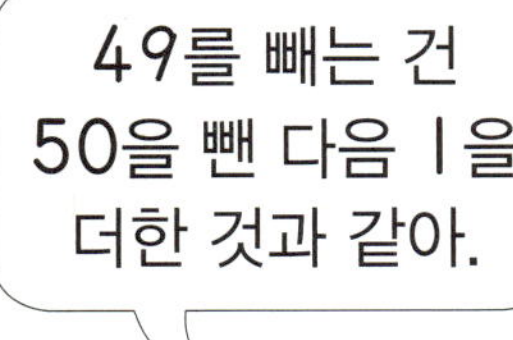
49를 빼는 건
50을 뺀 다음 1을
더한 것과 같아.

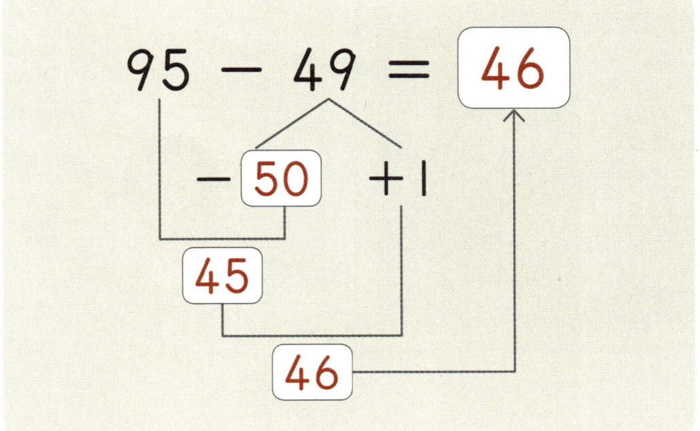
95 − 49 = 46
−50 +1
45
46

계산을 순서대로
한 뒤 답을
마지막에 쓰는 거야.

❶ 86 − 39 = □

−□ +1

□

□

❷ 45 − 28 = □

−30 +□

□

□

❸ 75 − 18 = □

−□ +2

□

□

❹ 67 − 29 = □

−30 +□

□

□

티나는 큐리의 뺄셈 방법을 식으로 나타내어 보았어요.

54−27
=54−30+3
=24+3
=27

−27은 −30을
한 다음 +3을
한 것과 같아.

□ 안에 알맞은 수를 쓰세요.

❶ 65 − 38
= 65 − □ + 2 (−38은 −40+2와 같아요.)
= □ + 2 (65−40을 먼저 계산해요.)
= □ (위 계산 결과에 2를 더해요.)

❷ 72 − 59
= 72 − 60 + □ (−59는 −60+1과 같아요.)
= □ + 1 (72−60을 먼저 계산해요.)
= □ (위 계산 결과에 1을 더해요.)

□ 안에 알맞은 수를 쓰세요.

$$63 - 29 = 63 - \boxed{30} + 1 = \boxed{33} + 1 = \boxed{34}$$

29를 빼는 것은
30을 뺀 다음
1을 더한 것과 같아.

❶ $82 - 58 = 82 - \square + 2 = \square + 2 = \square$

❷ $64 - 39 = 64 - 40 + \square = \square + 1 = \square$

❸ $56 - 19 = 56 - \square + 1 = \square + 1 = \square$

❹ $76 - 48 = 76 - 50 + \square = \square + 2 = \square$

공부한 날 월 일

잘! 했어요

398 같은 수 더해 뺄셈하기

태돌이가 두 식의 뺄셈 결과를 신기한 듯 보고 있어요.

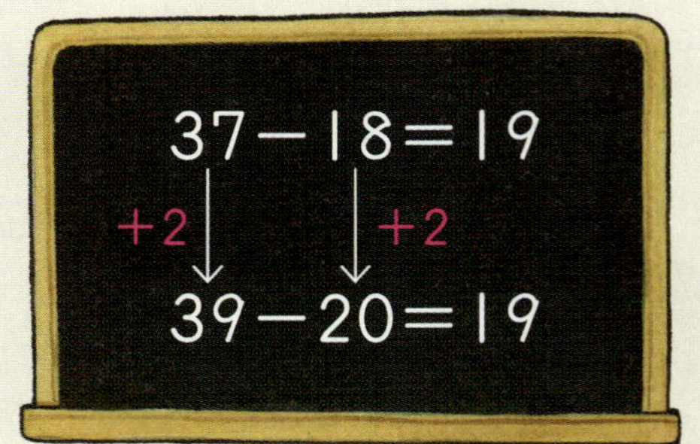
37－18＝19
＋2
＋2
39－20＝19

빼는 수와 빼어지는 수에 같은 수 2를 각각 더했네. 왜?

왜냐하면, 계산을 쉽게 바꾼거지.

□ 안에 알맞은 수를 쓰세요.

❶ $52 - 39 = \square$ (＋1, ＋1) $53 - 40 = \square$

❷ $83 - 58 = \square$ (＋2, ＋2) $85 - 60 = \square$

❸ $46 - 17 = \square$ (＋3, ＋3) $49 - 20 = \square$

❹ $67 - 29 = \square$ (＋1, ＋1) $68 - 30 = \square$

❺ $72 - 49 = \square$ (＋1, ＋1) $73 - 50 = \square$

❻ $73 - 38 = \square$ (＋2, ＋2) $75 - 40 = \square$

같은 수를 더해 뺄셈을 한 것이에요. □ 안에 알맞은 수를 쓰세요.

71 − 57 = 14
(+3) (+3)
74 − 60 = 14

같은 수를 각각 더해
뺄셈을 해도
계산 결과는 같아.

❶ 82 − 48 = □
(+2) (+2)
□ − □ = □

❷ 73 − 59 = □
(+1) (+1)
□ − □ = □

❸ 95 − 68 = □
(+2) (+2)
□ − □ = □

❹ 85 − 27 = □
(+3) (+3)
□ − □ = □

❺ 46 − 19 = □
(+1) (+1)
□ − □ = □

❻ 76 − 38 = □
(+2) (+2)
□ − □ = □

관계있는 것끼리 선으로 이으세요.

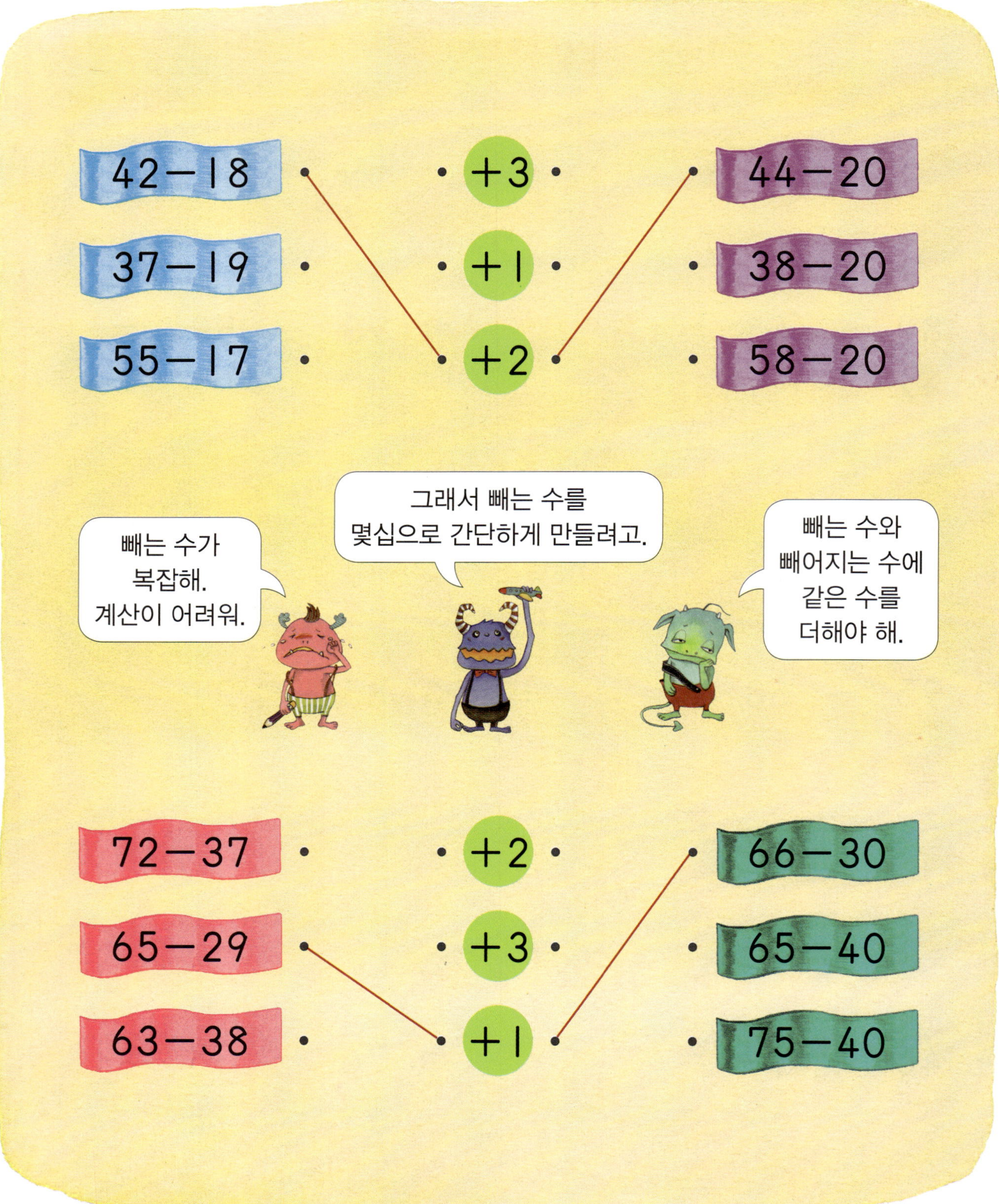

42−18
37−19
55−17
+3
+1
+2
44−20
38−20
58−20
빼는 수가 복잡해. 계산이 어려워.
그래서 빼는 수를 몇십으로 간단하게 만들려고.
빼는 수와 빼어지는 수에 같은 수를 더해야 해.
72−37
65−29
63−38
+2
+3
+1
66−30
65−40
75−40

같은 수를 더해 뺄셈을 한 것이예요. □ 안에 알맞은 수를 쓰세요.

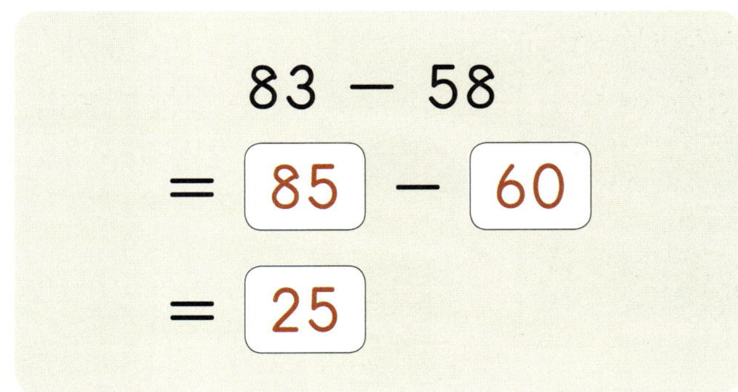
83 − 58
= 85 − 60
= 25

빼는 수 58을 60으로 만들어야 해.
같은 수 2를 더해 빼면 되겠군.

❶ 72 − 39
= □ − 40
= □

❷ 65 − 28
= □ − 30
= □

❸ 86 − 37
= □ − □
= □

❹ 52 − 19
= □ − □
= □

❺ 73 − 58
= □ − □
= □

❻ 44 − 27
= □ − □
= □

공부한 날
월
일

399 몇십 만들어 빼기

티나는 몇십에서 빼는 뺄셈은 자신이 있다고 해요.

나는 몇십에서 빼는 뺄셈은 척척 해낼 수 있어.
50－15＝35
70－29＝41
그럼 티나에게 맞는 뺄셈 방법이 있을까?
74－28
4 24
74－4 → 70
70－24 → 46
74에서 4를 먼저 빼면 70이 되네.
먼저 4를 뺐으므로 70에서 나머지 24를 빼는 거야.

□ 안에 알맞은 수를 쓰세요.

❶ 82 － 36
2 34
82－2 →
80－34 →
❷ 55 － 37
5 32
55－5 →
50－32 →
연산력 수학 노크로 공부하니 다 알겠어.
난 이제 놀러감.

□ 안에 알맞은 수를 쓰세요.

빼어지는 수 52가
50이 되도록
먼저 2를 빼.

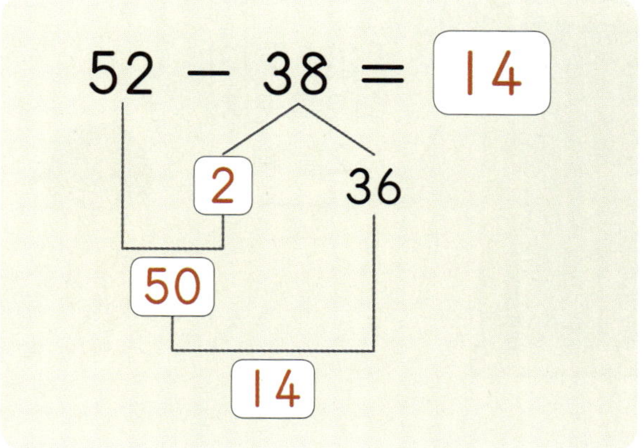
52 − 38 = 14
2
36
50
14

2를 먼저 뺐으므로
50에서 나머지
36을 빼.

❶ 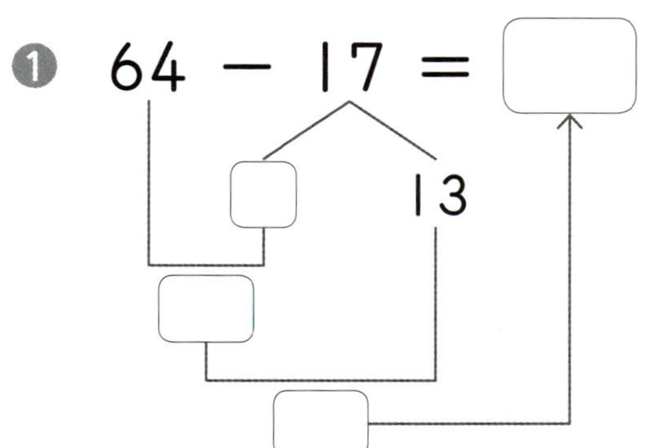
64 − 17 =
13

❷ 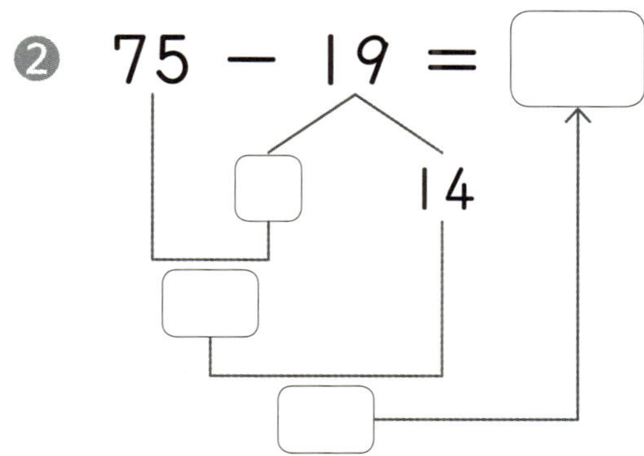
75 − 19 =
14

❸ 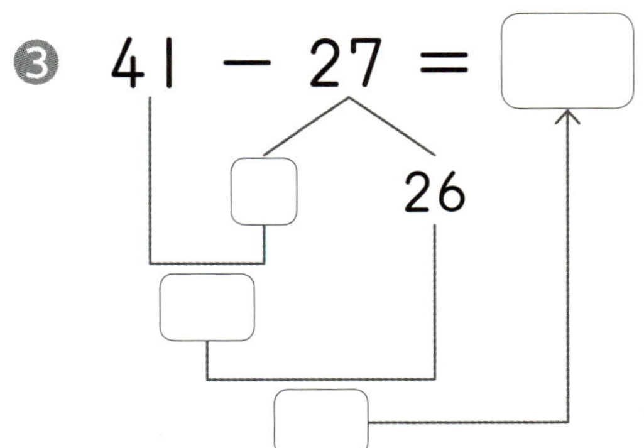
41 − 27 =
26

❹ 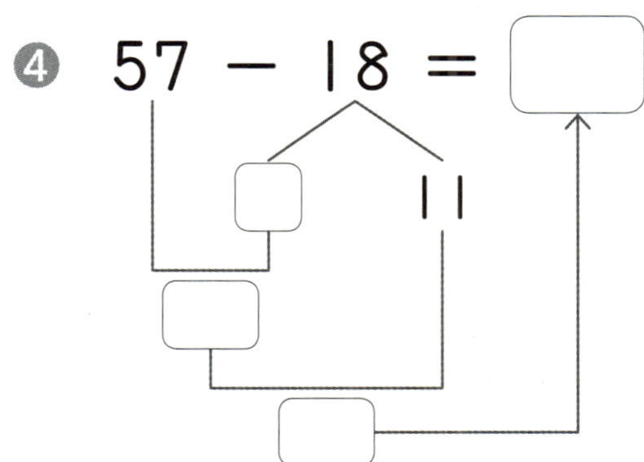
57 − 18 =
11

티나는 현우가 알려준 뺄셈 방법을 식으로 나타내어 보았어요.

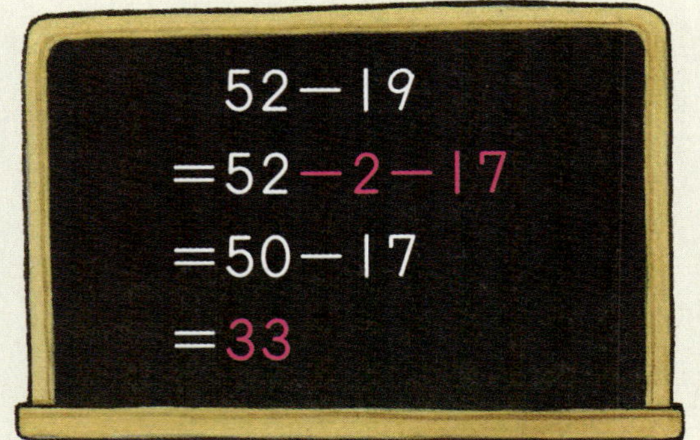
52−19
=52−2−17
=50−17
=33

52가 50이 되도록 먼저 2를 빼.
50에서 남은 수 17을 빼면 돼.

□ 안에 알맞은 수를 쓰세요.

❶ $85 - 36$

$= 85 - \square - 31$ (−36은 −5−31과 같아요.)

$= \square - 31$ (85−5를 먼저 계산해요.)

$= \square$ (위의 계산 결과에서 31을 빼요.)

❷ $96 - 58$

$= 96 - 6 - \square$ (−58은 −6−52와 같아요.)

$= 90 - \square$ (96−6을 먼저 계산해요.)

$= \square$ (위의 계산 결과에서 52를 빼요.)

□ 안에 알맞은 수를 쓰세요.

66이 60이
되도록
먼저 6을 빼.

66 − 28
= 66 − [6] − 22
= [60] − 22
= [38]

60에서 남은 수
22를 빼면 돼.

공부한 날
월
일

❶ 75 − 39
= 75 − [5] − 34
= □ − 34
= □

❷ 83 − 57
= 83 − 3 − [54]
= 80 − □
= □

❸ 56 − 28
= 56 − □ − 22
= □ − 22
= □

❹ 98 − 49
= 98 − 8 − □
= 90 − □
= □

400 여러 가지 방법으로 뺄셈하기

태돌이와 친구들이 여러 가지 방법으로 뺄셈을 했어요.

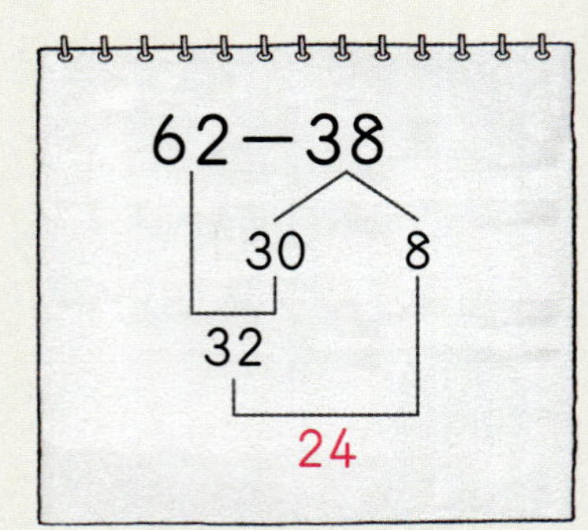
62−38
30 8
32
24

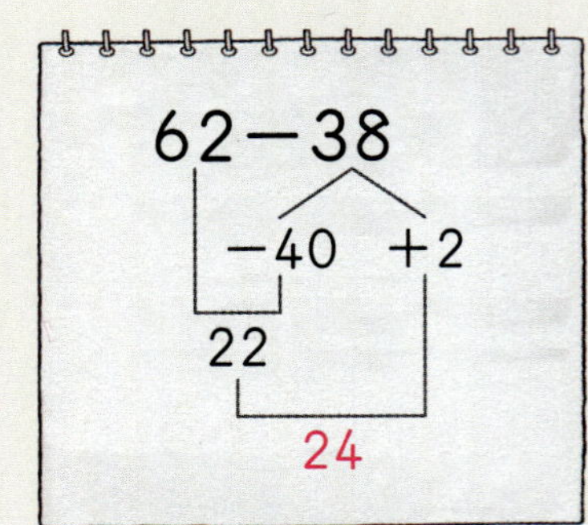
62−38
−40 +2
22
24

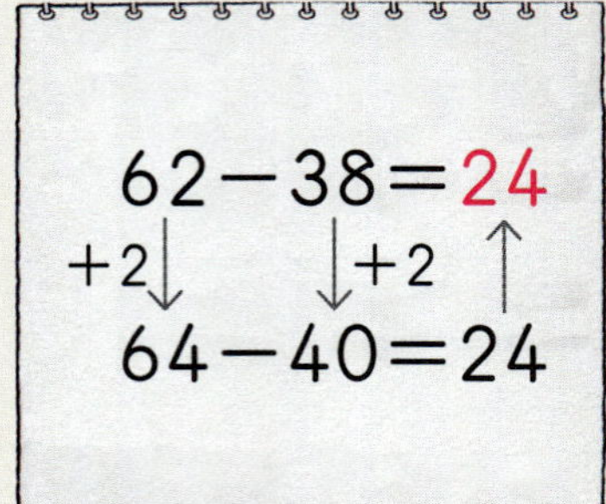
62−38=24
+2 +2
64−40=24

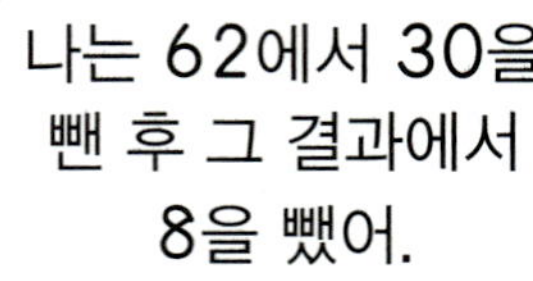
나는 62에서 30을 뺀 후 그 결과에서 8을 뺐어.

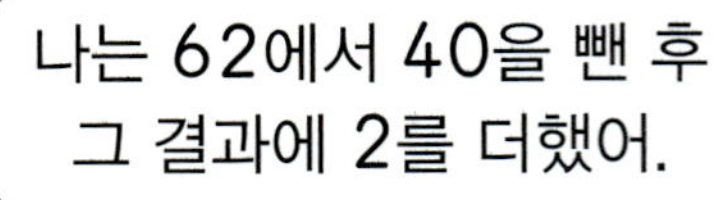
나는 62에서 40을 뺀 후 그 결과에 2를 더했어.

난 빼는 수와 빼어지는 수에 각각 2를 더한 후 계산했어.

여러 가지 방법으로 뺄셈을 한 것이에요. □ 안에 알맞은 수를 쓰세요.

❶

71 − 39
30 9
□
□

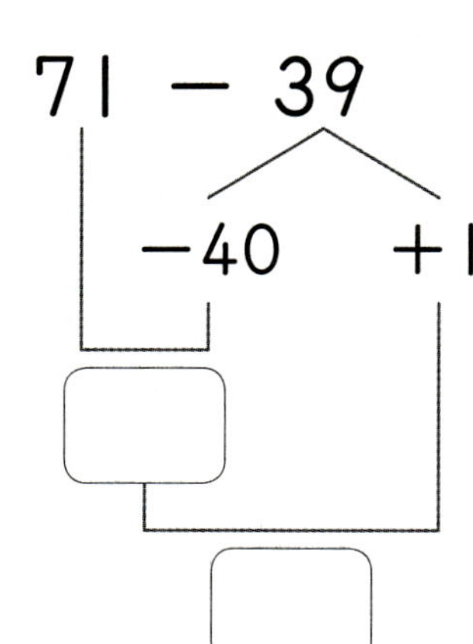
71 − 39
−40 +1

71 − 39 = □
+1 +1
□ − □ = □

여러 가지 방법으로 뺄셈을 했어요. □ 안에 알맞은 수를 쓰세요.

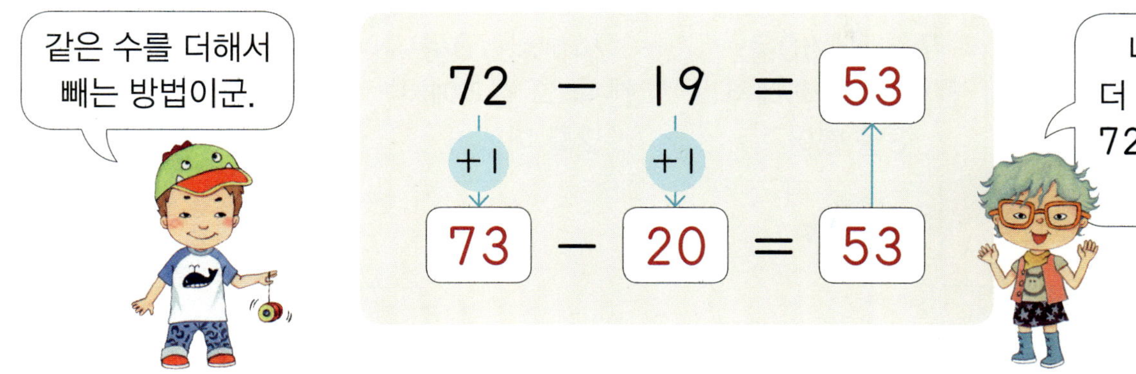

같은 수를 더해서 빼는 방법이군.
72 − 19 = 53
+1 +1
73 − 20 = 53

내 방법이 더 쉬운데…….
72−19
−20 +1

❶ 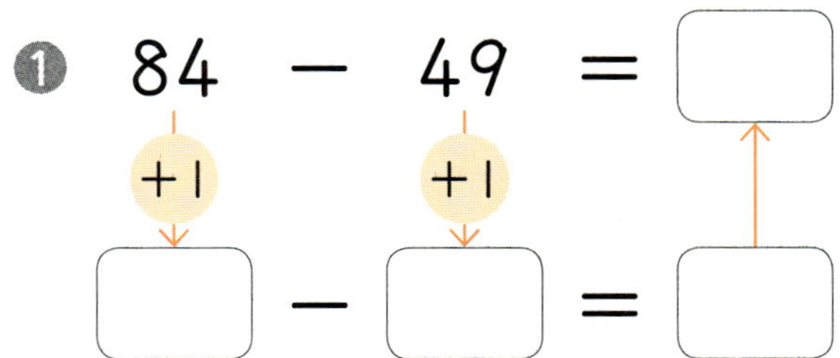

84 − 49 =
+1 +1
−
=

❷ 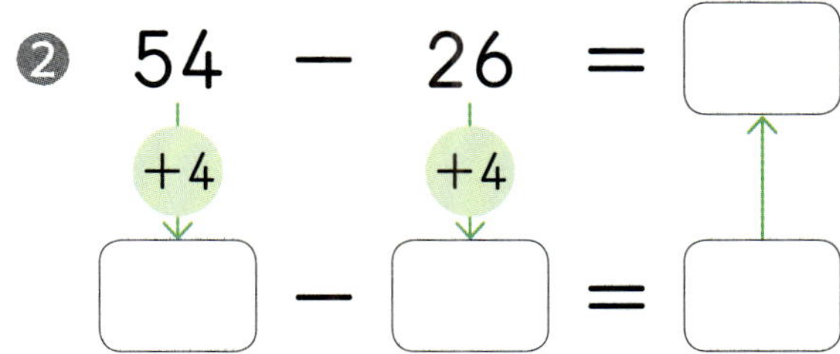

54 − 26 =
+4 +4
−
=

❸ 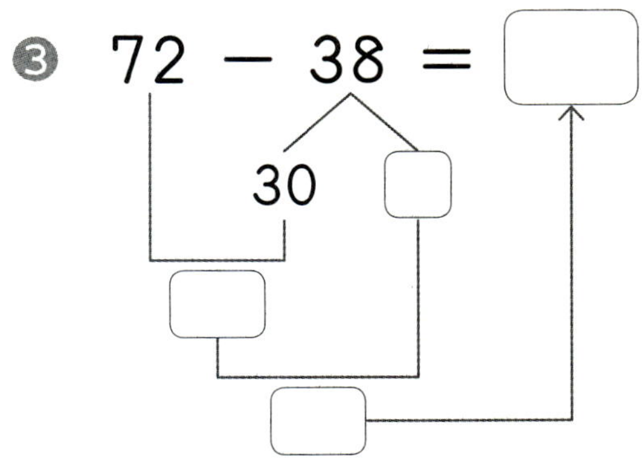

72 − 38 =
30

❹ 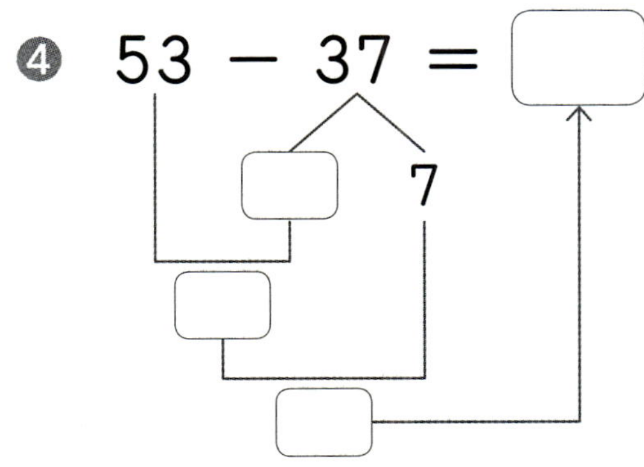

53 − 37 =
7

❺ 85 − 57 = □

5

❻ 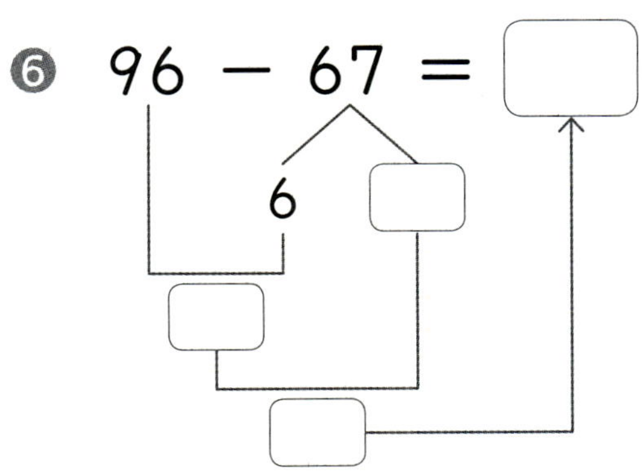

96 − 67 =
6

태돌이와 친구들이 하나의 뺄셈식을 여러 가지 방법으로 계산했어요.

$74-68$
$=74-60-8$
$=14-8$
$=6$

74에서 60을 뺀 후 그 결과에서 8을 뺐어.

74에서 70을 뺀 후 그 결과에서 2를 더했어.

$74-68$
$=74-70+2$
$=4+2$
$=6$

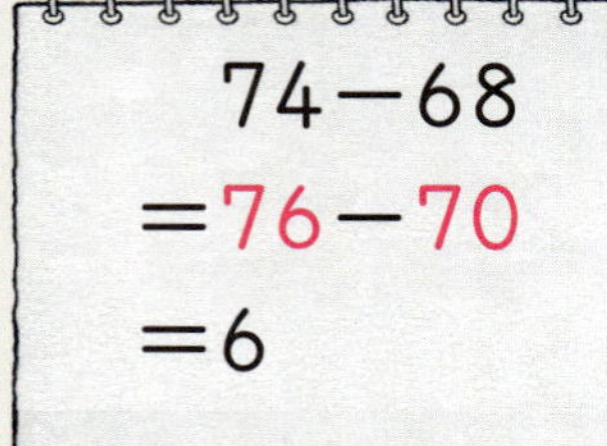

74−68
=76−70
=6

빼어지는 수와 빼는 수에 각각 2를 더한 후 뺐어.

74에서 4를
뺀 후 그 결과에서
64를 뺐어.

$74-68$
$=74-4-64$
$=70-64$
$=6$

하나의 뺄셈을 여러 가지 방법으로 계산한 것이에요. □ 안에 알맞은 수를 쓰세요.

❶

$83-67$
$=83-\square-7$
$=\square-7$
$=\square$

$83-67$
$=83-70+\square$
$=\square+3$
$=\square$

$83-67$
$=86-\square$
$=\square$

$83-67$
$=83-\square-64$
$=\square-64$
$=\square$

여러 가지 방법으로 뺄셈을 했어요. □ 안에 알맞은 수를 쓰세요.

48을 빼는 것은
50을 빼고 2를
더한 것과 같을걸.

$$72 - 48$$
$$= 72 - \boxed{50} + 2$$
$$= \boxed{22} + 2$$
$$= \boxed{24}$$

여러 가지
다른 방법이
있을지도…….

❶ $63 - 36$
$= 63 - \square - 33$
$= \square - 33$
$= \square$

❷ $71 - 49$
$= 72 - \square$
$= \square$

❸ $95 - 27$
$= 95 - 20 - \square$
$= \square - 7$
$= \square$

❹ $51 - 38$
$= 51 - \square + 2$
$= \square + 2$
$= \square$

공부한 날
월
일

무엇을 배웠을까요

▲ □ 안에 알맞은 수를 쓰세요.

❶
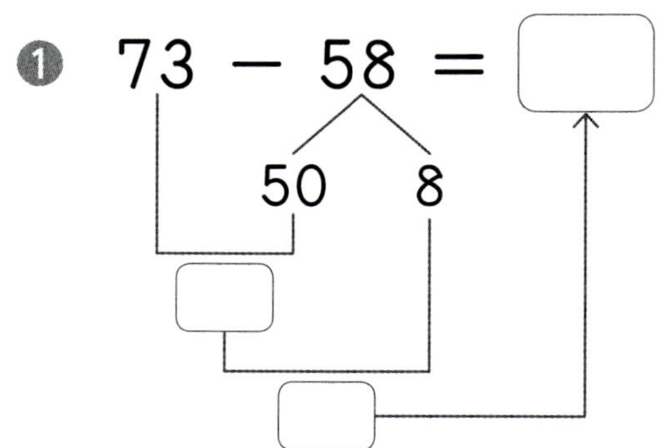

73 − 58 = □
50
8

❷
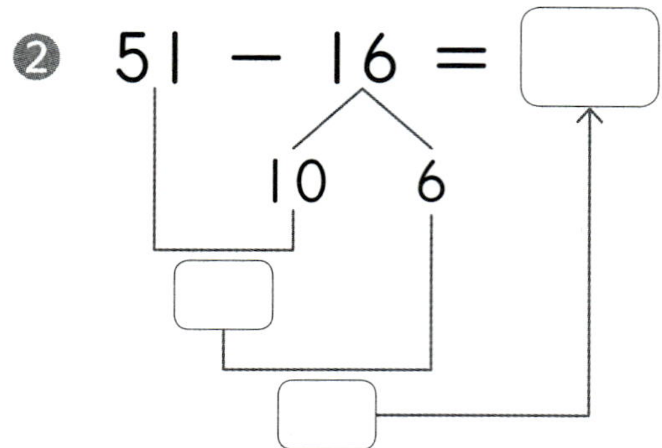

51 − 16 = □
10
6

❸ 64 − 19 = □

−20 +1

❹
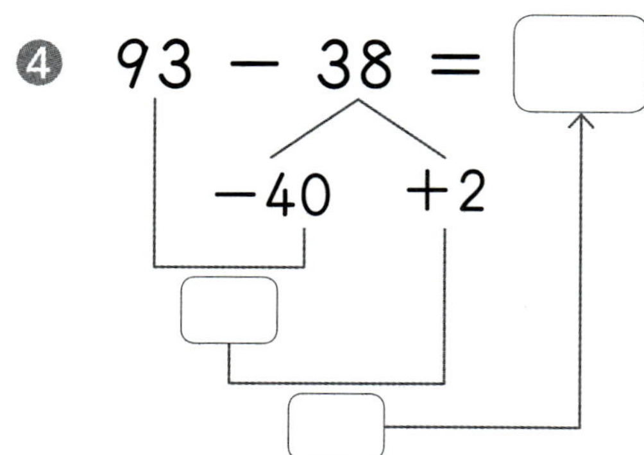

93 − 38 = □
−40
+2

❺
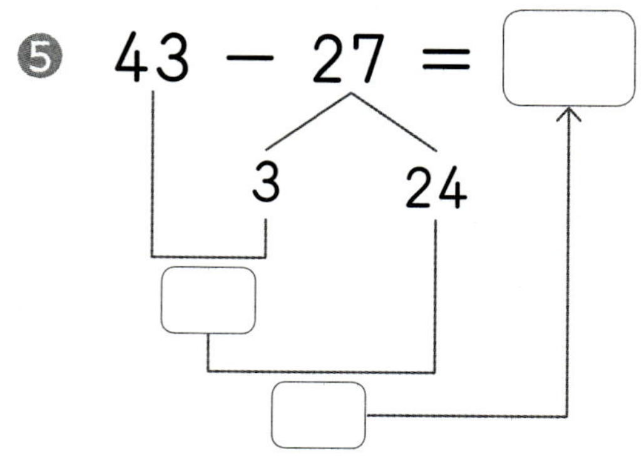

43 − 27 = □
3
24

❻
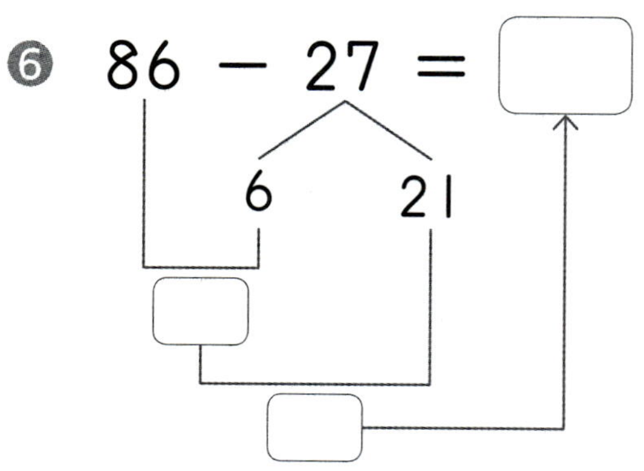

86 − 27 = □
6
21

문제 생성기

▲ □ 안에 알맞은 수를 쓰세요.

⑦ 81 − 49 = □

(+1) (+1)

□ − □ = □

⑧ 73 − 58 = □

(+2) (+2)

□ − □ = □

▲ □ 안에 알맞은 수를 쓰세요.

⑨ 64 − 47
= 64 − □ − 7
= □ − 7
= □

⑩ 83 − 29
= 83 − 30 + □
= □ + □
= □

⑪ 75 − 18
= □ − 20
= □

⑫ 54 − 29
= 54 − 4 − □
= □ − □
= □

공부한 날
□ 월
□ 일

연산력 게임

PLAY

QR코드를 찍으면 다양한 연산 게임을 할 수 있어요.

칙칙폭폭 뺄셈 기차
65
27
38
48
58

axioM

기차에 써 있는 두 수의 뺄셈을 해 보세요.

기차에 써 있는 두 수의 뺄셈 결과를 아래에서 찾아 비어 있는 기관차에 넣으세요.
38을 넣으면 정답입니다.

뽑기를 해서 나오는 두 수의 뺄셈을 해 보세요.

시작 버튼을 누르면 수가 쓰여진 공이 2개 나옵니다. 이 두 수 중 큰 수에서 작은 수를 뺀 수가 쓰여진 것을 오른쪽에서 누르세요.
53을 누르면 정답입니다.

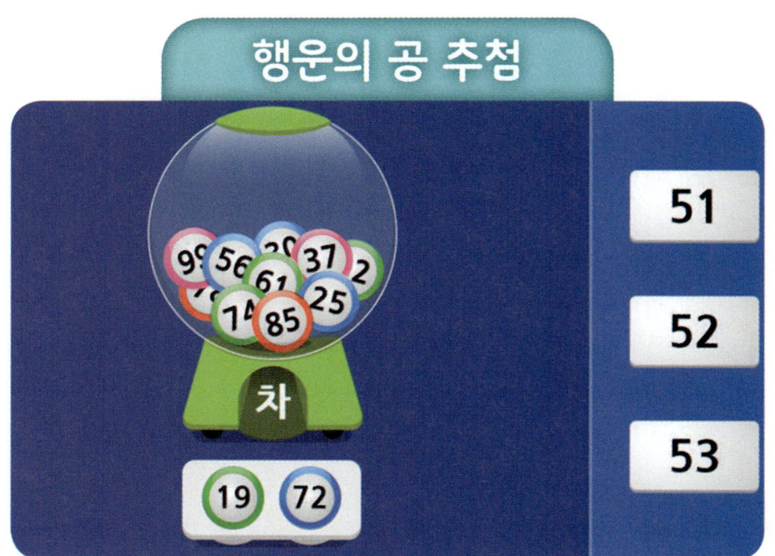
행운의 공 추첨
51
52
53
차
19
72

연산 보충 학습

- 받아내림이 없는 두 자리 수의 뺄셈 ······ 102
- 받아내림이 있는 뺄셈 (1) ······ 104
- 받아내림이 있는 뺄셈 (2) ······ 106
- 두 자리 수의 뺄셈의 활용 ······ 108

받아내림이 없는 두 자리 수의 뺄셈

관련 쪽수: 6~23쪽

❖ □ 안에 알맞은 수를 쓰세요.

❶ $70 - 30 = \square$

❷ $80 - 10 = \square$

❸ $90 - 50 = \square$

❹ $60 - 20 = \square$

❺ $43 - 20 = \square$

❻ $75 - 40 = \square$

❼ $86 - 10 = \square$

❽ $98 - 48 = \square$

❾ $55 - 13 = \square$

❿ $64 - 53 = \square$

⓫ $72 - 61 = \square$

⓬ $67 - 34 = \square$

✣ □ 안에 알맞은 수를 쓰세요.

⑬ $\begin{array}{r} 90 \\ -\ 40 \\ \hline \square \end{array}$

⑭ $\begin{array}{r} 50 \\ -\ 20 \\ \hline \square \end{array}$

⑮ $\begin{array}{r} 40 \\ -\ 30 \\ \hline \square \end{array}$

⑯ $\begin{array}{r} 68 \\ -\ 50 \\ \hline \square \end{array}$

⑰ $\begin{array}{r} 71 \\ -\ 10 \\ \hline \square \end{array}$

⑱ $\begin{array}{r} 34 \\ -\ 12 \\ \hline \square \end{array}$

⑲ $\begin{array}{r} 56 \\ -\ 41 \\ \hline \square \end{array}$

⑳ $\begin{array}{r} 29 \\ -\ 11 \\ \hline \square \end{array}$

㉑ $\begin{array}{r} 75 \\ -\ 24 \\ \hline \square \end{array}$

㉒ $\begin{array}{r} 93 \\ -\ 23 \\ \hline \square \end{array}$

받아내림이 있는 뺄셈 (1)

관련 쪽수: 26~51쪽

✣ □ 안에 알맞은 수를 쓰세요.

❶ $30 - 12 = \square$

❷ $40 - 25 = \square$

❸ $51 - 47 = \square$

❹ $83 - 19 = \square$

❺ $36 - 18 = \square$

❻ $62 - 15 = \square$

❼ $108 - 21 = \square$

❽ $117 - 34 = \square$

❾ $82 - 48 = \square$

❿ $165 - 70 = \square$

⓫ $125 - 63 = \square$

⓬ $142 - 91 = \square$

✣ □ 안에 알맞은 수를 쓰세요.

⑬ $42 - 17 = \square$

⑭ $67 - 49 = \square$

⑮ $70 - 35 = \square$

⑯ $95 - 59 = \square$

⑰ $108 - 17 = \square$

⑱ $134 - 61 = \square$

⑲ $158 - 75 = \square$

⑳ $81 - 43 = \square$

㉑ $125 - 32 = \square$

㉒ $147 - 85 = \square$

받아내림이 있는 뺄셈 (2)

관련 쪽수: 54~75쪽

✣ 뺄셈을 하세요.

❶ $125 - 86 = \square$

❷ $114 - 27 = \square$

❸ $105 - 49 = \square$

❹ $150 - 72 = \square$

❺ $134 - 85 = \square$

❻ $127 - 98 = \square$

❼ $114 - 86 = \square$

❽ $105 - 67 = \square$

❾ $86 - 42 - 15 = \square$

❿ $140 - 54 - 16 = \square$

⓫ $125 - 38 - 29 = \square$

✣ 뺄셈을 하세요.

⑫
$$\begin{array}{r} 127 \\ -\ \ 39 \\ \hline \end{array}$$
⑬
$$\begin{array}{r} 135 \\ -\ \ 48 \\ \hline \end{array}$$
⑭
$$\begin{array}{r} 102 \\ -\ \ 26 \\ \hline \end{array}$$
⑮
$$\begin{array}{r} 153 \\ -\ \ 87 \\ \hline \end{array}$$
⑯
$$\begin{array}{r} 120 \\ -\ \ 49 \\ \hline \end{array}$$
⑰
$$\begin{array}{r} 101 \\ -\ \ 27 \\ \hline \end{array}$$
⑱
$$\begin{array}{r} 105 \\ -\ \ 38 \\ \hline \end{array}$$
⑲
$$\begin{array}{r} 127 \\ -\ \ 59 \\ \hline \end{array}$$
⑳
$$\begin{array}{r} 131 \\ -\ \ 74 \\ \hline \end{array}$$
㉑
$$\begin{array}{r} 153 \\ -\ \ 95 \\ \hline \end{array}$$

두 자리 수의 뺄셈의 활용

관련 쪽수: 78~99쪽

❖ □ 안에 알맞은 수를 쓰세요.

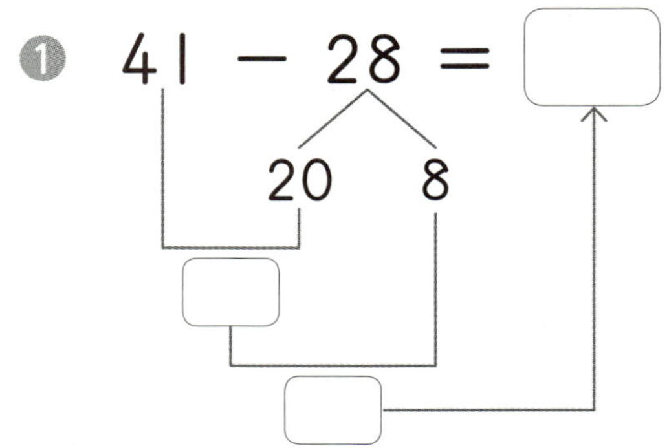

❶ 41 − 28 = □
20
8

❷ 87 − 39 = □

7　32

❸ 63 − 29 = □

+1　+1

□ − □ = □

❹ 92 − 68 = □

+2　+2

□ − □ = □

❺ 71 − 28

= 71 − 30 + □

= □ + □

= □

❻ 82 − 39

= □ − 40

= □